KB214811

복 있는 사람

오직 여호와의 율법을 즐거워하여 그 율법을 주야로 묵상하는 자로다.
저는 시냇가에 심은 나무가 시절을 좇아 과실을 맺으며 그 잎사귀가 마르지 아니함 같으니
그 행사가 다 형통하리로다. (시편 1:2-3)

헬무트 틸리케는 그의 대표작으로 사랑받는 이 책에서 예수의 비유를 "하나님의 그림책"으로 일컫는다. 여기서 그림은 보이도록 의도된 것이지만, 동시에 그 그림이 담고 있는 의미는 숨겨져 있다. 일상적이고 익숙하며 경험적인 것들을 통해 그려 낸 그림이지만 그 속에 "하나님의 말씀"과 "영생과 진리"가 숨겨져 있으므로, 그것을 해석하고 이해하고 삶에 적용하기 위해서는 "열쇠"가 필요한데, 틸리케는 그 열쇠로 예수 그리스도를 제시한다. 그러나 틸리케는 단지 그리스도론 중심의 성경 해석 방법론이나 비유 해석의 정답을 제공하려고 하지 않는다. 예수 그리스도는 성육과 십자가를 통해 우리의 "새로운 현실"이 되셨다. 그 새로운 현실은 매 순간 우리의 세상적 과제 가운데 하나님을 새롭게 바라보도록 요구하며, 동시에 하나님과의 관계 속에서 우리가 살아 내야 할 세상적 과제를 늘 새롭게 바라보도록 주문한다.

틸리케는 단순해 보이는 예수의 비유를 통해 우리의 내밀한 자기변명과 자기중심성을 고발한다. 그리고 그 고발과 함께 우리에게 기도할 것을 호소한다. 세상 없는 하나님, 하나님 없는 세상. 이것이 오늘날 우리 세상이고 우리 그리스도인이다. 이를 극복하기 위한 첫걸음은 언제나 기도다. 비유 말씀을 통한 하나님과의 만남과 그 만남 속에서 우리 현실의 새로워짐은, 말씀 없이는, 그리고 그 말씀이 말씀이 되도록 하기 위한 신실한 기도 없이는 불가능하다. 현재 한국교회는 급격한 교세 감소로 진통을 안고 있다. 이와 관련해 틸리케가 인용한 니체의 말은 상당한 울림을 준다. "내가 그들의 구원자를 믿으려고 했을 때, 그들은 구원받은 자의 모습을 보여주지 못했다." 틸리케의 설교를 통해 우리의 적나라한 모습을 직시하고, 새로운 희망과 방향을 찾을 수 있기를 기대한다.

박일영, 전 루터대학교 총장

헬무트 틸리케는 경건한 신앙인이요 심오한 사상가이며 상상력 가득한 문학가다. 그의 글은 진지한 구도심으로 길어 올린 심층수와 같고, 딱딱하게 굳어 버린 의식의 벽을 사정없이 무너뜨리는 망치와도 같다. 내 스스로도 인정할 수 없어 속으로 감추고 있던 허위와 위선을 고스란히 눈앞에 드러내 무장 해제시키고 하나님의 은혜 앞에 두 손 들고 항복하게 만든다. 이 책에는 신학자요 사상가요 문학가로서 틸리케의 장점이 가장 잘 드러나 있다. 그의 비유 설교를 읽는 동안 다 안다고 생각했던 예수의 말씀들이 낯설어지고 고개를 끄덕이게 되고 무릎을 치게 되었다. 그는 치열한 성찰과 묵상을 통해 분석과 비평만으로는 가닿을 수 없는 의미의 깊은 차원으로 독자를 안내한다. 복음서를 전공한 학도로서 내가 그동안 접해 온 예수의 비유 해설 중 단연 최고다.

김영봉, 와싱톤사귐의교회 담임목사

기다리는 아버지

Helmut Thielicke

Die Gleichnisse Jesu
—das Bilderbuch Gottes

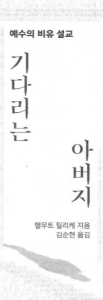

예수의 비유 설교

기다리는 아버지

헬무트 틸리케 지음
김순현 옮김

복 있는 사람

기다리는 아버지

2023년 10월 23일 초판 1쇄 발행
2024년 9월 27일 초판 2쇄 발행

지은이 헬무트 틸리케
옮긴이 김순현
펴낸이 박종현

(주) 복 있는 사람
주소 서울특별시 마포구 연남동 246-21(성미산로23길 26-6)
전화 02-723-7183, 7734(영업·마케팅) 팩스 02-723-7184
이메일 hismessage@naver.com
등록 1998년 1월 19일 제1-2280호

ISBN 979-11-7083-023-8 03230

Die Gleichnisse Jesu—das Bilderbuch Gottes
by Helmut Thielicke

차례

해설의 글

　여러분이 손에 든 이 책,『기다리는 아버지』의 저자 헬무트 틸리케(1908-1986)는 2차 세계대전 이후 독일 신학계에서 큰 두각을 나타낸 신학자이자 가장 영향력 있던 설교자입니다. 틸리케는 우리나라에 비교적 덜 알려져 있지만, 일본과 미국에서는 일찍이 명성을 떨쳤습니다. 일본의 경우, 틸리케의 문제작『허무주의』(*Der Nihilismus*, 1950)가 소개되었기 때문일 것입니다. 이 책은 전후 누더기가 되어 튀빙겐 대학교로 돌아온 독일 학생들에게 했던 그의 강의를 담은 것으로, 당시 독일인들뿐만 아니라 일본인들에게도 영적 공허로 인한 갈증을 해소해 준 면이 있습니다. 미국에서는『기다리는 아버지』를 비롯해 몇 권의 설교집과 에세이집이 먼저 번역되고, 이후 그의 주저인『신학 윤리』(*Theologische Ethik*, 총 4권) 축약본과『개신교 신앙』(*Der evangelische Glaube*, 총 3권)이 완역되어 나왔습니다. 이 두 책은 단순히 학술서에 머물지 않고, 기독교가 더 이상 삶에 영향을 미치지 못하는 상황에서 어떻게 현실을 총체적으로 파악하며 그리스도인으로 책임

있게 살아갈지 고민하고 씨름한 생생한 삶의 보고서입니다. 영어권에서 설교자나 기독교 작가 정도로 알려져 있던 틸리케는, 이러한 학문적 저작이 소개되면서 바르트나 틸리히, 또는 불트만이나 본회퍼에 견줄 만한 신학자로 인정받게 되었습니다.

저는 무엇보다 틸리케가 매우 실천적인 신학자라는 사실에 주목합니다. 그의 윤리학과 조직신학을 보면 어떤 이론가에게도 뒤떨어지지 않습니다. 하지만 그의 저작은 학문 분류에 따라 대학 강의실에서 사용할 수 있는 이론적인 교과서와는 거리가 있어 보입니다. 그리스도를 따르는 삶의 가능성을 모색하며 우리가 몸담고 있는 삶의 현실, 삶의 실재를 이런저런 구조와 양상으로 드러내려고 애쓰지만 결국 그의 목적은 실천적인 데 있었기 때문입니다. 틸리케는 자신의 신학 작업을 통해 주일 강단에서 선포되는 설교에 신학적, 윤리학적, 해석학적 근거를 제공해 주고, 그로써 설교가 제대로 수행되어 주의 백성이 각자 처한 삶의 자리에서 그리스도인으로 온전히 살아갈 수 있도록 돕고자 했습니다. 삶에 관한 이론(윤리학)이든, 신앙에 관한 이론(조직신학)이든 모든 이론은 삶과 관련해 추구되어야 하고, 예배 가운데 행하는 설교도 그리스도인이 살아가는 삶의 현실에 관심을 집중해야 한다는 믿음을, 틸리케는 자신의 신학 작업에 일관되게 적용했습니다. 그는 한 손에는 성경을, 다른 한 손에는 삶의 현실을 거머쥔 채, 성경 텍스트와 삶의 현실을 함께 읽고 함께 성찰하며 글을 쓰고 강의와 설교를 준비했습니다. 틸리케 자서전(*Zu Gast auf einem schönen Stern*, 1984)에 인용된 "나는 글을 쓴다. 그러므로 나는 존재한다"(Scribo ergo sum)라는 말을 우리는 이런 배경에서 이해할 수 있습니다. 그의 글쓰기는 자기표현이나 현실에 대한 의견 표명을 위한 것이 아니라 삶의 현실 속에

기다리는 아버지

서 말씀을 붙들고 응답하는 방식이었고, 이것이 그에게는 존재 이유였습니다. 달리 표현해 보면, 한편으로는 십자가와 부활의 그리스도에게서 시작된 종말론적 현실을 직면하고, 다른 한편으로는 갈등과 반목, 고통과 질곡의 현실을 경험하는 가운데도 여전히 믿음과 소망과 사랑으로 구체적 현실을 살아가야 할 그리스도인의 삶과 신앙을 '말씀을 토대로' 묵상하고, 그것을 말하고 글로 쓰는 일이 틸리케의 삶 전체를 지배하고 있었다고 하겠습니다. 이것이 우리가 여전히 틸리케에게 주목해야 하는 이유라고 저는 생각합니다.

이와 관련해서 틸리케 신학의 프레임이 되고 있는 한 면을 지적해 두어야 하겠습니다. 그것은 다름 아니라 '세속화'입니다. 틸리케의 설교와 강연, 저술 활동에는 그가 살고 있는 시대가 사람들이 더 이상 종교에 의존하지 않고 과학기술이나 경제, 정치나 예술에 의존하는 '세속 시대'라는 의식이 깊고 넓게 깔려 있습니다. 세속화, 곧 삶의 모든 분야에서 종교의 소멸 또는 영향의 감소는 삶의 초월적인 면을 배제하고 물질적이고 가시적인 '이 세계', 곧 '현세'에 제한하여 보는 '세속주의'를 삶의 기본 태도로 삼도록 부추깁니다. 세속주의는 1차 세계대전 이후, 그리고 2차 세계대전 전후 독일과 유럽에서 틸리케가 경험한 삶의 방식이며, 필연적으로 허무주의로 귀결되는 삶의 방식입니다. 2차 세계대전 직후 틸리케의 강의 첫 주제가 '허무주의'였다는 것은 우연이 아닙니다. 다른 한편으로는, 당시 기독교의 실패를 두 눈으로 목도하고 나치 치하의 고된 삶을 살면서 온전한 세계, 곧 타인과 함께 하나님 앞에서 살아가는 창조 세계를 잃어버린 기독교에 대한 비판도 늘 그의 철학적, 신학적 반성의 대상이 되었습니다. 그리스도의 복음을 통해 '하나님 없는 세상'을 극복하는 동시에 '세상 없는 하나님'을 극복할 제3의 길을 틸리케는 모색했다고 말할 수 있습니다. 점점 쇠락해 가는 오늘날 한국교회가 틸리케와 함께 생각해야 할 주제가 바로 "세속 한가운데서 하나님 앞에, 이웃과 더불어 살아가는 삶"이 아닐까 생각합니다.

여러분이 이제 읽으려는 이 책은 틸리케가 1950년대 중반 튀빙겐과 함부르크에서 예수의 비유를 본문으로 행한 설교들을 담고 있습니다. 1957년 초판 독일어 원제는 '하나님의 그림책'(das Bilderbuch Gottes)이었습니다. 이 책이 영어로 번역될 때 '기다리는 아버지'(The Waiting Father)로 제목이 바뀌었고 우리나라에 처음 소개될 때 영어 제목을 따랐기 때문에, 이번 판도 이 제목을 그대로 유지한 듯합니다. 그러나 이번에는 독일어 원문에서 직접 번역하여 틸리케의 목소리를 보다 생생하게 들을 수 있을 것입니다. 책은 스스로 말하기 때문에 내용에 대해서는 자세히 언급하지 않겠습니다. 다만 이 책을 읽으면서 여러분이 마음에 담았으면 하는 몇 가지를 이야기해 보겠습니다.

틸리케의 비유 해석은 우리가 익숙하게 알고 있는 것과 여러 면에서 차이를 보입니다. 그의 해석 방법을 저는 '낯설게 읽기'라고 이름 붙이고자 합니다. 그는 비유 본문을 마치 처음 읽는 사람처럼 읽습니다. 사실 이것이 우리가 성경을 읽을 때 가져야 하는 태도이기도 합니다. 성경 텍스트에 우리가 너무 익숙하기 때문에 그 속에 담겨 있는 물음과 메시지를 보지 못한 채, 선입견을 가지고 해석하고 묵상하고 마치 모두 이해한 듯 읽기를 끝내 버리고 맙니다. 그러나 틸리케는 너무나 잘 알고 있는 텍스트를 매우 낯설게, 새롭게, 우리 삶의 실존 밑바닥까지 훑어 내는 방식으로 읽고 들려줍니다. 이러한 읽기 방식에는 텍스트를 한쪽에서만 보지 않고, 돌려서 보고, 둘러보고, 뒤집어 보는 방식도 개입됩니다. 여기서 질문의 중요성을 지적하지 않을 수 없습니다. 돌려서 보고, 뒤집어 볼 때 틸리케는 새로운 질문을 던집니다. 이 책을 읽을 때 무엇보다 틸리케가 던지는 질문에 주목해 보십시오. 그가 던지는 질문은 단순히 수사적인 것이 아닙니다. 그 질문을 통해 틸리케는 텍스트의 씨줄과 날줄을 하나씩 풀어내어, 그것이 과거에 예수께서 제자들에게 하신 말씀으로만 머무는 것이 아니라, 다른 시대, 다른 삶의 정황 속에 있는 우리에게, 아니 나 자신에게 직접 하시는 말씀으로 살려 냅니다. 그가 말씀을 풀어내는 방식은 설교자가 말씀을 가지고 무엇을 해야 할지, 어떻게 해야 할지를 보여주는 하나의 모범입니다.

'낯설게 읽기'에는 끊임없이 던지는 질문 못지않게, 말씀을 나에게, 다른 사람이 아니라 바로 나에게 하시는 말씀으로 인정하는 것이 중요합니다. 예컨대 요아킴 예레미아스(Joachim Jeremias)나 찰스 도드(Charles H. Dodd)의 비유 연구를 읽어 보면, 비유의 구조와 의미를 훨씬 더 잘 이해할 수 있습니다. 그러나 그 말씀이 곧 나를 겨냥하고 있다는 사실은 이들의 연구에서 보이지 않습니다. 이것이 성경 연구와 설교의 차이겠지요. 틸리케는 비유 본문뿐만 아니라 다른 본문으로 설교할 때도 설교자는 언제나 회중 가운데 단 한 사람을 겨냥해야 한다고 자신의 자서전에서 밝히고 있습니다. 말씀은 살아 있어 사람의 폐부를 건드리고 마음을 뒤흔들어 주께로 돌아오게 하는 힘이 있기 때문에, 설교는 대중 강연과 같지 않으며 수천 명의 회중이 있더라도 그 가운데 단 한 사람을 바라보고 설교해야 한다는 것입니다. 여러 사람들에게 적용하느라 일반화된 이야기를 늘어놓다 보면 아무에게도 가 닿지 않는 결과를 가져온다고 본 것이지요.

틸리케의 관점은 설교를 듣는 우리의 태도에도 적용할 수 있습니다. 설교를 대중의 한 사람으로서 일반적으로, 보편적으로 들을 것이 아니라, 하나님 앞에 선 외톨이로, 말씀 앞에 홀로 선 사람으로, 그 말씀을 나에게 주는 말씀으로 들어야 한다는 것입니다. 말씀 앞에 나를 적나라하게 드러내 놓고, 말씀을 나에게 곧이곧대로 적용해야 한다는 것입니다. 그러면 내가 말씀 앞에 물음이 되어 곧바로 서야 하고, 말씀이 나에게 답이 되어 돌아올 때 내가 다시 그 말씀 앞에 응답해야 하는 상황에 처합니다. 이때 성령이 우리를 있는 모습 그대로 그리스도 안에서 아버지께로 데려가시며, 하나님의 자녀로서 우리는 이 땅에서 당당하고도 겸손하게 살아갈 수 있는 은혜를 흠뻑 체험하게 됩니다.

이 책은 분명 여느 설교집과는 다릅니다. 그냥 쉽게 은혜받을 요량으로 읽어 나갈 수 없습니다. 우리의 지성과 감정과 의지를 총동원하기를 요구합니다. 그러므로 이 책을 읽을 때 한꺼번에 빨리, 너무 많이 읽기보다는 설교 한 편을 읽고 멈추어 생각에 깊이 잠긴 뒤 며칠이 지나 다른 한 편을 읽으며 그 속에 푹 잠겨 보기를 바랍니다. 내가 알아야 할 것이 무엇이고, 내가 느껴야 할 것이 무엇이며, 내가 결단해야 할 것이 무엇인지, 개인뿐만 아니라 공동체에 주는 메시지가 무엇인지, 어떤 변화와 형성이 수반되어야 하는지 생각해 보면 좋겠습니다.

마지막으로, 이 책은 틸리케가 말씀을 구체적인 현실에 얼마나 탁월하게 적용하고 있는지 잘 보여줍니다. 여기에는 그의 철학과 신학뿐만 아니라 문학 이해가 매우 중요한 소재로 쓰이고 있습니다. 그의 인간 이해도 여기에 크게 작용합니다. 인간을 그는 단순하게 보지 않았습니다. 매우 다면적이고 복합적인 면을 배운 사람이나 배우지 않은 사람, 힘 있는 사람이나 힘 없는 사람, 남자나 여자가 다 같이 지니고 있음을 그는 누구보다 잘 알고 있었습니다. 20대에 '윤리적인 것과 감성적인 것의 관계'라는 주제로 철학박사 학위 논문을 쓰고, '역사와 실존'을 주제로 신학박사 학위 논문을 쓴 경험과 넓고도 깊은 문학 독서가 그의 인간 이해에 중요한 배경이 되었으리라 짐작합니다. 또한 그의 삶의 경험과 그 경험에 대한 깊은 성찰, 그리고 그가 늘 잃지 않았던 유머 감각도 한몫했으리라 짐작합니다. 어릴 때 손위 아이들로부터 따돌림을 당한 경험, 불치병을 앓다가 갑자기 치유받은 경험, 나치 치하에서 교수 생활을 하며 겪은 고초, 게슈타포와 히틀러 청년단(Hitlerjugend)이 앉은 자리에서 설교할 때 경험한 긴장과 고통, 튀빙겐과 함부르크에서 다양한 계층의 사람들과의 교제 등 그의 풍부한 인생 경험은 그의 인간 이해에 깊이를 더했을 것입니다. 나치에 저항하면서 신학을 형성하고, 하나님의 말씀을 읽고 자기 삶에 적용하며 절망의 시대에 희망을 노래한 신학자요 탁월한 설교자, 뛰어난 문학가의 설교를 이제 들어 보십시오. 천천히 그의 질문에 귀 기울이면서 우리에게 어떤 삶의 변화를 요구하는지, 자신을 어떤 모습으로 빚어 가야 하는지 관심을 두면서 들어 보십시오.

강영안

한동대학교 석좌교수

일러두기

• 이 책에 인용된 성경 구절은 '새번역'을 따랐으며, 부분적으로 문맥상 더 적합한 말로 바꾸기도 했다.
• 저자 주 끝에는 ** 표시를 했으며, 별도 표시가 없는 것은 모두 옮긴이 주다.

독자에게

    이 책에서 내가 예수의 비유를 "하나님의 그림책"이라 부르는 것이 여러분에게 도발적인 인상을 줄 것 같습니다. 씨와 추수, 고향과 타향, 새와 꽃 등 우리 세계의 모든 형상과 공간이 하나님의 비밀을 있는 그대로 나타내고 있을까요? 평범해 보이는 이런 광경들이 실제로는 그림으로 그려 낸 비유일 수 있을까요? 그렇다면 우리는 일상적 현실을 묘사하는 이 그림 문자에서 영원한 것을 쉽게 읽어 낼 수 있고, 어떤 설명도 필요하지 않을 것입니다.

    하지만 비유를 말하는 분이 암시하듯이, 들의 백합화나 공중의 새가 루네 문자처럼[1] 영원과 실존의 난해한 수수께끼를 풀어서 알도록 하는 것은 아닙니다. 오히려 비유는 이해하기 어려운 비밀로 둘러싸여 있지요. 그러니까 비유는 어려운 비밀로 우리를 이끄는 힘이 있습니다. 청중이 듣기는 해도 "이해하지는" 못하도록 하는 것, 청중을 아득하고 생경한 상태로 몰아넣는 것, 바로 이것이 비유의 목적입니다. 밝히지 않고 감추는 것, 영원을 향해 창을 열지 않고 막을 치는 것, 바로 이것이 비유가 많은 일입니다.

어떤 이가 "책에는 모든 모순과 무의미가 풀리는 지점이 있다"라고 말했습니다. 그렇지 않다면 그 책은 아무 의미가 없다는 것이지요. 예수 그리스도께서 베풀어 주신 비유도 마찬가지입니다. 예수의 비유는 "비유의 제공자"가 보는 시선과 다르게 세계를 보는 사람을 당황하도록 만들고, 비유가 담고 있는 풍성한 그림을 출구 없는 미궁으로 여기도록 합니다. 시선이 다른 사람에게는 문이 열리지 않고, 오히려 닫혀 버립니다. 그렇다면 공중의 새와 들의 백합화는 창조의 주님이 자기의 모든 피조물을 잊지 않고 돌보시며 먹이시는 것을 암시하는 걸까요? 아니면, 그것들은 그저 침묵으로 우리를 대하는 자연이고, 우리의 비애와 고독을 이해해 주기는커녕 오히려 간과하는 자연의 형상에 불과한 걸까요? 또한 별들이 정말 영원한 질서의 상징일까요? 아니면, 별들은 내 운명에 전혀 관여하지 않는, 단순하게 질서에 따른 운행 경로를 나타내는 것일까요? 그 별들이 아버지의 심장의 맥박을 느끼게 하지 않고, 오히려 우주의 한기를 느끼게 하진 않던가요? 아직 중요한 물음이 하나 더 남아 있습니다. 이 세상을 묘사하는 여러 그림 문자가 우리를 하나님께로 인도하는 것이 아니라, 오히려 우상에게로 인도하지 않을까요? 모든 가짜 절대성, 모든 ~주의(主義), 희귀한 세계 현상—그것이 정신이든, 물질이든, 이념이든 간에—에 궁극적인 실제의 특권을 부여하려는 세계관의 잡다한 시도는 무엇이지요? 혹시 이 모든 시도는 이 세상의 그림 문자를 해석하여, 거기서 마음에 드는 여러 상징을 끄집어내려는 우리의 욕망에서 유래하는 것은 아닐까요? 우리가 비유로 격상하는 일상적인 광경들은 우리를 어디로 인도하는지요? 어쩌면 그것은 그저 시인의 궤변(Dichter-Erschleichnis, 니체)이 아닐까요?

기다리는 아버지

예수의 비유는 정반대의 길을 걷습니다. 먼저 그분은 우리에게 자기 아버지를 분명히 알리십니다. 그러면서 우리에게 모든 사물의 "핵심"을 가리키시지요. 그때 비로소 거기서 사물들이 제 의미를 얻습니다. 이렇게 우리는, 하나님으로부터 시작하여 세상을 새롭게 발견하는 법을 배웁니다. 반면에, 세상으로부터 시작하여 하나님을 발견하려는 사람은 거울에 비친 피조물의 왜곡된 상을 가까스로 볼 것이고, "주님의 영"의 그림자만을 볼 것입니다.

이처럼 피조물을 묘사한 그림책은 우리를 피조물의 내적인 자기 성찰 안에 감금합니다. 그렇기에 이런 그림책은 우리에게 어떤 소용도 없습니다. 우리가 지닌 일시적이면서도 영원한 운명의 비밀은 하나님의 위대한 교과서인 말씀으로부터만 우리에게 열립니다. 하나님은 말씀 안에서 우리에게 자기가 누구이시며, 우리와 더불어 무엇을 하려고 하시는지 알려 주십니다. 그리고 하나님은 우리에게 말씀하실 때 우리가 몸담고 살아가는 세상의 이미지들을 사용하십니다. 이것은 다만 그분의 자기 낮춤이라는 은혜의 일부입니다. 그 이미지들은 우리에게 유용하고 위안이 되며, 아주 가까이 다가옵니다. 게다가, 우리에게 마치 고향에 돌아온 것 같은 느낌을 주지요. 그러면서 하나님은 우리가 접근하기 어려운 내세에 계시지 않고, 우리를 에워싼 모든 것—곡식과 과일뿐만 아니라 타향과 고향, 여름과 겨울, 등불과 밤, 돈과 옷, 결혼식과 죽음—을 그 핵심과 관련지으신다는 확신을 우리에게 선사합니다.

우리는 예수의 비유를 읽으면서, 정말로 가까운 세계, 곧 **우리의** 세계라는 시끌벅적한 무대에 둘러싸이게 됩니다. 그러므로 이 비유의 의미를 밝힐 수 있는 정확한 시작점을 확보하는 것이 정말 중요합니다. 우리는 이 그림들이 우리를 교과서로 안내하는 것이 아니라, 교과서가 우리에게 그림들을 해석해 준다는 사실을 잊어선 안 됩니다. 모든 사물의 **핵심**이 우리에게 사물을 열어 주는 것이지, 사물이 그 핵심을 열어 주는 것이 아닙니다. 그렇습니다. 정말 중요한 것은 "그 어떤 그림책"이 아니고 **"하나님의 그림책"**입니다.

이 강해 설교들은 슈투트가르트의 마가 교회(Markuskirche)에서 처음 행해졌습니다. 그 후 이 설교들은 개작되어 함부르크의 야코비 교회(Jakobikirche)에서 다시 선포되었지요. 그러나 공간 부족으로 인해 함부르크의 성 미카엘 교회(St. Michaelkirche)에서 속행되었는데, 많은 수의 청년과 노년, 계층과 교육 수준이 다양한 남녀들, 그리스도인과 비그리스도인 등, 청중이 곳곳에서 모여 섞여 있었습니다.

이 비유 설교집이 처음 출판된 것도 이 청중의 바람 때문이었습니다. 물론 저자인 나의 개인적인 바람도 거기에 한몫했습니다. 이 일련의 설교를 다룬 기사와 사진 보도가 여러 신문과 잡지에 실리고, 삽화가 들어 있는 몇몇 잡지에도 실렸지요. 그 가운데 몇 편은 유쾌하면서도 객관적이었고, 다른 것들은 그야말로 센세이션을 일으켰습니다. 마치 자극받은 풍문의 여신이 소문을 열심히 내는 것 같았지만, 아쉽게도 어느 기사에서도 실제로 무슨 일이 일어났고, 무엇이 언급되었는지를 정확하게 설명해 주지는 않았습니다. 사실 나는 이전에 출판된 설교집들²에서 알려진 노선을 정확하게 따랐습니다. 나의 진술 양식도 변한 게 없습니다. 어쩌면 나이가 들면 누구나 그렇듯이, 나에게 이전보다 더 심원한 깊이가 열렸는지도 모릅니다. 물론 나는 본문을 더 철저히 연구하고, 바람직한 언어 형식을 얻기 위해 깎고 다듬는 일(彫

琢)도 훨씬 많이 했습니다. 그러나 종종 문장을 다듬는 "대패질"은 하지 않았습니다. 독자들께서는 이것이 의도적으로 이루어졌음을 알아두시는 것이 좋겠습니다. 그렇지만 나에게 호감을 품고 계신 독자들 가운데 몇몇은, 설교단의 힘이 미치는 공간(das Kraftfeld)보다 강단의 힘이 미치는 공간에 더 어울리는 내가 도구(대패)를 업신여기지 않았음을 알아차릴 것입니다. 선포라는 단정적인 언어 형식은 사실상 안전장치가 없어야 하지요. 그렇기에 선포라는 형식은 저자인 나에게 대학의 "세련된" 진술 형식보다 훨씬 많은 수고와 어려움을 안겨 주었습니다. 어느 경우에는 지적이고 어느 정도 동질적인 청중과 독자층이 중요하겠지만, 다른 경우에는 큰 기대와 다양한 전제를 지니고 있는 무리도 중요하기 때문입니다. 그래서 나는 이 다양성 한가운데서 "꼭 필요한" 한 가지를 반드시 증언하되, 또다시 다양한 방식으로 언표할 수 있어야 한다고 생각했습니다. 제가 스스로 마주한 이 과제에 훨씬 못 미쳤다고 고백하더라도, 독자들께서는 저자가 위대한 주제를 위해 헌신하는 수고를 아끼지 않았다고 이해해 주실 것입니다.

"아, 이 세상에는 하나의 문제, 단 하나의 문제가 있습니다. 이를 테면, 어떻게 해야 사람들에게 영적인 의미, 영적인 불안을 되돌려 줄 수 있으며, 그레고리안 성가와 같은 영감(靈感)이 그들에게 조금이라도 내려오게 할 수 있느냐는 겁니다.……이봐요, 더는 냉장고, 정치, 대차대조표 계산, 십자말풀이에 기대어 살아서는 안 됩니다. 더는 그렇게 살아서는 안 됩니다."

앙투안 드 생텍쥐페리,
「한 장군에게 보낸 편지」에서

기다리는 아버지

01.

돌아온 탕자 I

예수께서 말씀하셨다. "어떤 사람에게 아들이 둘 있는데, 작은아들이 아버지에게 말하기를 '아버지, 재산 가운데서 내게 돌아올 몫을 내게 주십시오' 하였다. 그래서 아버지는 살림을 두 아들에게 나누어 주었다. 며칠 뒤에 작은아들은 제 것을 다 챙겨서 먼 지방으로 가서, 거기서 방탕하게 살면서, 그 재산을 낭비하였다. 그가 모든 것을 탕진했을 때에 그 지방에 크게 흉년이 들어서, 그는 아주 궁핍하게 되었다. 그래서 그는 그 지방의 주민 가운데 한 사람을 찾아가서 몸을 의탁하였다. 그 사람은 그를 들로 보내서 돼지를 치게 하였다. 그는 돼지가 먹는 쥐엄 열매라도 좀 먹고 배를 채우고 싶은 심정이었으나, 그에게 먹을 것을 주는 사람이 없었다. 그제서야 그는 제정신이 들어서 이렇게 말하였다. '내 아버지의 그 많은 품꾼에게는 먹을 것이 남아도는데, 나는 여기서 굶어 죽는구나!' 내가 일어나 아버지에게 돌아가서, 이렇게 말씀드려야 하겠다. '아버지, 내가 하늘과 아버지 앞에 죄를 지었습니다. 나는 더 이상 아버지의 아들이라고 불릴 자격이 없으니, 나를 품꾼의 하나로 삼아 주십시오.' 그는 일어나서 아버지에게로 갔다. 그가 아직도 먼 거리에 있는데, 그의 아버지가 그를 보고 측은히 여겨서 달려가 그의 목을 껴안고, 입을 맞추었다. 아들이 아버지에게 말하였다. '아버지, 내가 하늘과 아버지 앞에 죄를 지었습니다. 이제부터 나는 아버지의 아들이라고 불릴 자격이 없습니다.' 그러나 아버지는 종들에게 말하였다. '어서, 가장 좋은 옷을 꺼내서 그에게 입히고, 손에 반지를 끼우고 발에 신을 신겨라. 그리고 살진 송아지를 끌어내다가 잡아라. 우리가 먹고 즐기자. 나의 이 아들은 죽었다가 살아났고, 내가 잃었다가 되찾았다.' 그래서 그들은 잔치를 벌였다."

누가복음 15:11-24

몇 해 전, 저는 어린 아들을 큰 거울 앞에 세워 둔 적이 있습니다. 처음에 아이는 거울 속의 자기 모습을 알아보지 못하더군요. 자기 모습을 알아보기에는 아이가 너무 어리고 둔감했던 것이지요. 아이는 유리 칸막이벽 앞에서 자기에게 미소 짓는 상냥한 다른 아이를 보며 그저 즐거워하고 있었습니다. 그러다가 어느 순간 갑자기 아이의 표정이 바뀌었습니다. 아이가 자기와 거울 속의 아이가 하는 동작이 닮아 있음을 보고는 "저 아이가 바로 '나'구나" 하고 알아채는 것 같았습니다.

이 이야기를 생각해 보면 우리도 그런 것 같습니다. 우리는 말씀을 들을 때, 처음에는 우리와 무관한 흥미로운 이야기로 듣습니다. "이 탕자는 이상하면서도 흥미를 끄는 사람이군! 우리가 언젠가 만난 적 있는 특별한 유형의 사람 같아." 그런 다음에 우리는 적당한 내적 거리를 유지하면서, 약간의 연민을 느끼는 것만으로도 충분히 만족할지도 모릅니다.

어느 순간 **우리**의 표정이 바뀝니다. 갑자기 우리는 "내가 바로 저기 저 사람이지! 다른 누구가 아닌 내가 저 사람이지!" 하고 인정합니다. 불현듯 우리가 이 이야기의 주인공이라는 느낌이 들면서, 이제 이야기 전체를 일인칭으로 읽을 수 있게 됩니다. 정말로 놀라운 충격입니다.

기다리는 아버지

우리는 예수 주변의 어떤 사람 중 하나와 우리 자신을 동일시하기까지 오랫동안 이리저리 배회할 수밖에 없습니다. 그 사람이 바로 우리 **자신**임을 알아채지 못하는 한, 우리는 **주님**도 알아볼 수 없기 때문입니다. 풍경을 그리는 화가는 오랫동안 이리저리 돌아다닌 뒤에야 자기 그림에 알맞은 경치를 찾아낸다고 합니다. 자전거를 타고 고지대를 통과할 때 두 나무우듬지 사이로 눈 덮인 산정의 윤곽을 보고 "저기가 샌티스(Säntis)로군" 하고 말하면서 곧바로 내려 이젤을 설치한다면, 그것은 아무 가치가 없을지도 모릅니다. 왜냐하면 "샌티스"라고 하기에는 윤곽이 불확실하고, 그곳이 다른 산일 수도 있기 때문입니다. 그래서 그는 샌티스 산의 모든 특징을 보여주는 지점을 발견할 때까지 오래도록 찾아다녀야만 합니다. 그럴 때만 그는 "정말로 환상적인 풍경이야"라고 섣불리 말하거나, 샌티스 산을 다른 산과 혼동해서 그릴 위험이 없게 될 것입니다.

이처럼 우리도 주님을 아무런 왜곡 없이 정확하게 볼 수 있는 알맞은 자리를 찾아야 합니다. 주님을 어떤 유력자나 영웅으로, 도덕 설교가나 종교 창시자로 착각하지 않을 수 있는 자리를 찾아야만 합니다. 이를 위해서 우리가 주님과 만나는 인물들, 혹은 그분의 비유들 가운데 한 사람이 서 있는 자리로 다가가는 것이 가장 좋겠습니다. 예컨대 요한이 투옥되어 절망적인 물음 속에서 주님을 부르는 자리, 주인의 식탁에서 떨어지는 빵부스러기 외에 아무것도 바라지 않은 가나안 여인이 서 있는 자리, 하나님의 자리에서 맘몬을 몰아내지 못하고 불행하게 떠나간 부자 청년이 서 있는 자리에 우리도 서 보는 겁니다.

그러면 우리는 기이한 것을 발견하게 될 겁니다. 갑자기 이 모든 인물 속에서 우리 자신의 초상화가 보일 겁니다. 이 모든 이야기에서 우리 삶의 지도를 그리게 될 겁니다. 탕자는 다름 아닌 나 자신이고, 바로 여러분입니다. 아버지는 우리를 기다리시는 하늘 아버지입니다. 그렇습니다. 다만 우리는 거울 앞에 서서 마음을 다해 "저 사람이 나"라는 것을 분명히 해야만 합니다.

본문은 먼저 한 사람을 두고 우리에게 말합니다. 그는 "한 집안의 자녀", 곧 자기 아버지의 집에 사는 자녀입니다. 이것은 애초부터 너무나 당연해서 그 아들이 인지하지 못하는 역설적인 사실입니다. 그는 주인의 아들로서 자기가 아동극의 주연을 맡는 것이 지극히 당연하다고 여깁니다. 이 역할은 자동으로 그의 차지가 되는 겁니다. 어느 날 그는 자기 친구 하나가 이렇게 말하는 것을 듣습니다. "아, 내가 한 시간만이라도 저런 주인의 아들, 저런 왕의 아들이라면 좋으련만. 나는 그저 가난한 소년일 뿐이고 아버지를 알지도 못하는 걸."

이 말을 듣자마자 아들은 갑자기 무언가를 깨닫게 됩니다. 자기가 한 집안의 자녀라는 사실이 당연한 게 아니라는 것을요. 그러고는 불현듯 자기 집과 친구들과 아버지를 새로운 눈으로 바라봅니다. 이 모든 것이 당연한 이유는 없습니다. 그는 자기가 이 집안의 자녀이며 종이 아니라는 게 대단히 과분한 사실이라는 것을 깊이 생각하게 됩니다. 이와 마찬가지로 우리가 그리스도인으로서 하늘에 계신 우리 아버지의 자녀가 되어 평화를 누리는 것도 결코 당연한 것이 아닙니다. 우리의 자연적인 존재 법칙에 따르면, 우리가 게르만 선조들처럼 무시무시한 미트가르트 뱀³에 에워싸이거나, 에리니에스⁴에게 추적당하여 허무에 넘겨지는 것은 충분히 있을 수 있는 일입니다. 이 모든 것이 달라져 우리가 고향을 얻고 영원한 보호를 받게 된 것은 당연한 게 결단코 아닙니다.

우리의 비유에 등장하는 아들은 그런 기분을 잠시만 느낍니다. 오히려 아버지가 자기 신경을 자주 건드린다고 생각합니다. 누구나 그처럼 자기 자신을 다스리지 못하곤 하지요. 그러나 아버지는 어떤 것도 바라지 않습니다. 아버지는 단지 "너는 ~하지 말라"라는 영원한 금령, 늘 되풀이되는 호각 소리와 함께 오실 뿐입니다. "자녀"인 아담과 이브도 낙원인 "아버지 집"에 있을 때, 그 소리를 듣고 몇 번이고 분개했을 겁니다. 거기에는 "너는 ~하지 말라"라는 금지 표시판이 있었지요. 이 표시판은 공교롭게도 아버지의 비밀이자 묘한 매력을 지닌 생명나무에 걸려 있었습니다. 거기에는 처음부터 성가신 경계가 있었지요. 아담과 이브는 자녀들과 손자, 손녀들 앞에서 종종 탄식조로 말했을 것입니다. "자유란 이런 거야. 경계들과 금지 표시판들에 끊임없이 걸려 넘어지더라도, 저 아버지가 집안의 교의들로 끊임없이 간섭하더라도 인간은 자기를 실현하고 자기 삶을 마음껏 살아야 해."

물론 **아버지**께서는 그에 대해 다르게 생각하십니다. 그분이 금지령과 명령을 내리시는 것은, (그럴 필요가 있다는 듯이!) 주인인 체하려는 것도 아니고, 불쌍한 자녀들을 괴롭히려는 것도 아니며, 그들 안에 자리한 "열등감"을 깨우려는 것도 아닙니다. 다만 그분이 그렇게 하시는 까닭은 자녀들이 인도받아야 하고 경계들을 존중할 필요가 있다는 것을 알고 계시기 때문입니다. 우리도 세속의 부모가 시행하는 교육의 결과, 곧 "자유 안에서만 훈련받은" 결과를 어느 정도 알고 있습니다. 그리고 그 결과로 아이가 정말로 참기 어려운 악동이 되곤 하는 것도 잘 압니다. 그 결과는 다른 이들에게만 견디기 어려운 게 아니지요. 무엇보다도 아이 자신에게 짐이 되고, 자신 때문에 고생하면서 그 스스로 무너집니다. 두려움과 경외와 경계를 조금도 알지 못하는 아이는 거짓 자유 안에서 극도로 불행해지기 마련입니다.

비유 속 아버지와 아들은 이를 놓고 몇 번이고 이야기했을 것입니다. 아들은 이렇게 말했을 것입니다. "아버지, 저는 독립하고 싶습니다. 아버지, 저에게 자유를 좀 주십시오. 끊임없이 '너는 ~하여라. 너는 ~해선 안 된다'라고 하시는 말씀을 더 이상 듣지 못하겠습니다." 그러자 아버지가 말합니다. "사랑스러운 아이야, 너는 정말로 너에게 자유가 없다고 생각하느냐? 너는 이 집 자녀다. 너는 언제라도 내 방에 드나들 수 있고, 너를 괴롭히는 것은 무엇이든 내게 가져올 수 있단다. 다른 사람이 너와 같은 권리를 가지고 있다면 얼마나 기뻐하겠니? 보아라. 나의 온 나라가 너의 소유란다. 나는 너를 사랑하여 너에게 일용할 양식을 주었다. 네가 마음의 짐을 내게 가져오면, 나는 너의 죄를 용서하여 너를 평안하게 해주었다. 너는 완전히 자유의 몸이고 누구에게도 예속되어 있지 않단다. 너는 나 외에는 누구도 신경 쓸 필요가 없단다. 그런데도 너는 자유롭지 않다고 탄식하는 것이냐?"

그러자 아들이 버럭 화를 냅니다. "아니요, 아버지. 솔직히 말해서 그런 건 중요하지 않아요. 저는 끝없는 가르침을 참지 못하겠어요. 저는 자유를, 내가 원하는 걸 해도 되는 것으로 생각하거든요!" 아버지가 침착하게 대답합니다. "나는 자유를, 네가 마땅히 되어야 할 존재가 되는 것으로 이해한단다. 예를 들어, 너는 네 정욕의 종이 되어서도 안 되고, 네 공명심의 노예, 네 맘몬의 노예, 네 거만한 태도의 노예가 되어서도 안 된다. 아, 나는 더 긴 목록을 제시할 수도 있단다. (인간은 정욕, 곧 육체적 정욕과 영적 정욕의 영역에 관한 많은 목록을 가지고 있기 때문이지.) 그래서 내가 너에게 그토록 많은 일들을 금하는 거란다. 너의 자유를 제한하려는 게 아니고, 오히려 네가 그 모든 것에 구속당하지 않게 하려는 것이란다. 다만 네 근원에 합당한 존재가 되게 하려는 거야. 네가 자녀의 신분에 걸맞게 자유인이 되게 하려는 거야. 너는 왕의 아들이니 말이야. 내 명령과 금지령의 뒷면에 자리하고 있는 것이 바로 사랑이란 걸 이해하지 못하겠니?"

그러나 아들은 문을 쾅 닫고 원망하며 방을 떠납니다. 당연히 그는 아버지의 말씀이 옳다는 걸 알고 있습니다. 그러나 그는 올바른 것을 더는 필요로 하지 않습니다. 그는 다른 것을 계획했기 때문에 이제 아버지의 말씀은 그 계획에 맞지 않습니다. 좀 더 정중히 표현하면, 아버지의 말씀은 **그가** 자기 삶을 설계하고 영위하는 방식과 맞지 않습니다. 아버지의 말씀은 아들의 눈에 너무나 협소해 보입니다. 그리고 밖에서는 삶의 신비들이 그를 유혹하고 있습니다. 그의 피가 용솟음치고, 열정이 끓어오릅니다. 건강한 생기의 근원적 힘이 범람하려고 합니다. 정말 이 모든 것은 밖으로 나오면 안 되는 걸까요?

아들은 자기가 생을 만끽하지 못하고 조금이라도 놓치게 될까 몹시 불안합니다. '그게 나쁜 걸까' 하고 그는 자문해 봅니다(이렇게 스스로 묻는 이유는 그의 내면이 불량하지는 않기 때문입니다). 그는 엄청난 실행 의욕을 느끼고, 담차게 실행하여 자기를 입증하고 싶어 합니다. "매정해 보이더라도—그렇게 보지 않기를!— 나는 내가 무엇을 할 수 있는지 보여주겠어. 내 안에는 선한 것과 악한 것이 자리하고 있어. 나는 내 안의 선한 구석과 악한 구석도, 창조력과 열정도, 그리고 과감하게 내 주장을 관철하려는 당당한 열망까지 모두 보여줄 테야."

그는 이 모든 것을 생각하면서 아버지의 얼굴을 떠올립니다. 그는 자기가 생을 긍정하는 것은 이 모든 것을 마음대로 해볼 때뿐이라고 생각하면서도, 아버지의 얼굴이 자기를 고소하는 것을 어렴풋이 느낍니다.

그런데도 그는 쉽게 포기하지 않습니다. "딱 **한 번**이라도 내 마음 대로 해볼 테야. 그런 다음 돌아오지 뭐. 딱 **한 번만** 내 몸을 마음껏 굴려 볼 테야. 딱 **한 번만** 마음껏 취해 볼 테야. 사람은 그 정도는 할 수 있어야 해. 그렇지 않으면 '제대로 된 사람'이 아니지. 그런 사람은 자기의 엔텔레키[5], 자기에게 각인된 형상의 온갖 가능성을 펼칠 수 없어. 나는 그런 걸 다 해본 다음에 돌아올 테야! 왜냐하면 누구든 집이 있어야 하고, 누구든 자기 근원을 버려선 안 된다는 것쯤은 잘 알고 있으니까. 그러니까 지금은 나에게 선과 악, 하나님과 악마, 아버지와 어머니를 안중에 두지 않는 기간이 필요해. 그렇지 않으면 나는 삶과 연결되지 못하고 삶을 놓치게 될지도 몰라. 그런 기간이 허락되면, 나는 그 세월을 다 보내고 난 다음에 돌아와 경건한 사람이 될 거야. 그러나 당분간은—하나님, 감사합니다—뇌가 굳는 것과 같은 경건한 기분은 멀리할 테야."

그는 이렇게 말하면서도 무뢰한이 되기를 바라지 않고 그저 활기찬 청년이 되고 싶어 합니다. 이제 여러분에게 첫 질문을 드립니다. 우리에게도 이와 비슷한 경험이 있습니까? 영혼의 불화 속에서 외치는 아들처럼, 때때로 우리도 그렇게 목소리를 내지는 않았는지요?

아들이 다시 아버지의 집무실 앞에 서 있습니다. 그는 집무실에 들어서면서 결연히 말합니다. "저는 제 삶의 주인이 되기 위해서 내일 당장 떠나겠습니다. 제 상속분을 넘겨 주세요!"

아마도 그다음 식사 시간에 이 "날벼락"을 놓고 가족 간 대화가 이루어졌을 겁니다. 그리고 마침 그 자리에 인생을 아는 삼촌도 있었다고 생각해 봅시다. 삼촌이 조카를 옹호합니다. "한 번 따끔히 맛을 보고 나서 정신을 차리는 것도 좋습니다. 타지에서는 더 성숙해지기 마련입니다. 확실히 젊은이는 여러 수렁에 빠져들지요. 당연한 것은 '인간적인, 너무나 인간적인' 모험으로 받아들이는 수밖에 없습니다. 하지만 그가 거기서 버둥거리다가 다시 벗어나는 게 정말 중요할 겁니다. 그러고 나면 인생을 알고 어엿한 성인이 되겠지요. 그러니까 무릇 사내아이는 모험을 해봐야 사람들을 얻을 수 있습니다. 흠 없는 귀염둥이로 얌전히 집에 머무르기보다는 죄과와 수렁을 통과하는 게 더 나아요."

그때 형이 말을 가로막으며 말합니다. "뭐라고요?" 그는 나중에 비유의 말미에서도 이 말을 합니다. "뭐라고요? 아버지에게서 벗어나 수렁과 나락이 있는 세상에서 방랑 생활을 하는 게 일반적이라고요? 그 애가 자신의 뿌리를 등지고 자기가 진정으로 연결되어 있던 곳을 버리는 것이, 자기 **아버지**와 결별을 선언하는 것이 나쁜 과실이 아니라고요? 그 애가 정말로 가겠다면, 하나님께서 그를 지켜 주시기를 빌겠습니다. 하지만 그 애는 어떤 보호도 받으려고 하지 않을 겁니다."

이것이 근본적인 물음에 대한 가족들의 목소리입니다. 그리고 서로 다른 의견을 표명하며 일치하지 않는 다양한 사람들의 목소리이기도 합니다.

이제 그들은 아버지를 바라봅니다. 아버지는 이 쟁점을 어떻게 해결할까요? 아버지는 말을 한 마디도 하지 않습니다. 아버지는 말없이 금고로 가서, 또 말없이 상속분을 넘겨 줍니다. 아버지는 아들에게 집에 머무르라고 강요하지 않았습니다. 아들이 제 자유를 누리는 게 마땅하다고 생각한 것입니다. 그렇습니다. 하나님은 누구에게도 강요하지 않으십니다. 아담과 이브에게도 금단의 열매를 불법으로 소유하는 일을 중단하라고 강요하신 적이 없습니다.

아버지는 아들을 떠나보내며 그 헤어지는 뒷모습을 말없이 바라보실 뿐입니다.

아버지는 침묵합니다. 아버지가 침묵하는 동안 극도의 비애가 그의 얼굴에 드리웁니다. 그 그늘이 아버지의 마음을 온전히 드러내는 것 같습니다. 그렇지만 아버지는 '저 아이가 타지에서 더 성숙해지겠지'라고 생각하지 않고, '저 아이가 어떤 모습으로 돌아올까'라는 불안한 물음을 던집니다.

아버지는 그 아들을 잊지 않고 생각할 것입니다. 다만 그 아들을 기다리며 줄곧 내다볼 것입니다. 아버지는 아들이 발걸음을 뗄 때마다 고통을 느낍니다. 지금 아들은 홀가분하게 스스로 선택한 행복한 삶으로 나아가고 있지만, 아버지는 아들보다 더 많은 것을 알고 있기 때문입니다. 그럼에도 아버지의 마음은 아들이 걷는 길 위에서 아들과 동행할 것입니다.

이제 아들은 자기 마음대로 할 수 있습니다.

그는 통 크게 삽니다. 남녀 친구들도 많이 생겼습니다. 그가 환히 빛나는 새 옷을 입고 지나가면, 거리에 있는 사람들이 그를 향해 고개를 돌립니다. 그가 사는 집은 높은 미적 수준을 갖추고 있습니다. 그러던 어느 날, 그는 자신의 새로운 삶의 여정을 결산해 봅니다. 그에게는 추종자들이 있습니다. 미적 감각과 교양도 있습니다. 모든 것이 이해할 수 없게 손가락 사이로 빠져나가고 있지만, 그는 이제 제법 유력한 사람입니다.

물론 그는 자기 자리에서 단 한 가지 사실을 잊어서는 안 됩니다(하지만 그는 잊었습니다!). 이를테면, 그가 소유한 모든 것은 다 그의 아

기다리는 아버지

버지에게서 온 것이라는 사실입니다. 그러나 그는 아버지를 **제쳐 둔 채** 그 모든 것을 사용합니다. 그가 치장하고 마음대로 돌아다닐 때, 많은 이들이 흠뻑 반하는 그의 몸은 아버지에게 받은 것이지요. 그의 모든 재산—돈, 옷, 신발, 음식과 음료—도 아버지가 그에게 준 상속분에서 얻은 것입니다. 물론 그것들 자체는 좋은 것입니다. 그렇지 않다면 아버지가 아들에게 주지도 않았을 것입니다. 그러나 그 좋은 것들이 그의 손안에서 불행의 근원이 되고 말았습니다. 그가 그것들을 자기를 위해 썼기 때문입니다. 그가 그것들을 아버지를 제쳐 두고 썼기 때문입니다.

그런 까닭에 이 모든 것이 바뀌었습니다. 그의 몸은 제어되지 않는 열정의 운반자가 되었고, 전에 빛나는 생기를 뿜내며 기대하던 것과는 완전히 다른 것이 되고 말았습니다. 그리고 그가 상속받은 재산, 아버지가 준 지참금은 어떻게 되었을까요? 그 돈은 그를 허약하게 만드는 데 쓰였습니다. 그 돈은 그를 과대망상자로 만들었고 유흥에 빠뜨렸습니다. 그 돈은 그가 "매수하고" 싶은 사람들을 오히려 의지하도록 만들었습니다(왜냐하면 자신이 중요하게 여기는 친구들의 사랑과 동료들의 존경이 그가 생활 수준을 낮추거나, 더 이상 구매력을 지니지 못하게 되는 순간 바로 식어 버릴 것을 정확하게 느끼고 있었기 때문입니다).

모든 것이 비밀 가득한 수수께끼처럼, 악몽처럼 변했습니다. 아버지가 주신 재산으로 얻을 수 있었던 환희도 이제 그에게 무덤덤해지고 있습니다.

문명이 가져다준 꿈의 기계인 냉장고, 거기서 차가운 술을 끝없이 꺼낼 수 있는 게 아닙니다. 언젠가는 반드시 취하기 마련입니다. 그러나 취하면 모든 것이 끔찍하게 지루해집니다. 그러다가 도대체 이 목적 없는 지루함 속에서 '나는 어디로 가고 있는 건지'라는 의문이 들겠지요. 텔레비전 화면만 응시하고 있을 수도 없을 겁니다. 오, 십 분 후면 찾아오는 이 끔찍함이여, 내가 텔레비전으로 잠시 따돌리려 했던 이 경악스러운 공허함이여!

본문이 다시 우리를 향하여 손을 내밉니다. 우리는 우리의 자서전의 한 부분을 듣고 있다고 생각하지만, 본문은 지금의 우리 세대 전체를 향해서도 손을 내밉니다.

유럽, 곧 기독교 서구는 우리의 근원으로부터, 그 은혜의 원천으로부터 떨어져 나가는 바로 이 도상(途上)에 있지 않나요? 「반츠베크의 전령」⁶이 자신의 저녁 노래에서 "온 세상이 주님의 손안에 있으면 저 고요한 방이 나타나리니, 너희는 그곳에서 잠자며 하루의 걱정을 잊어라"라고 노래하는 평화, 곧 아버지 집의 평화를 과연 누가 알고 있나요? 냉장고나 텔레비전이 나쁜 것이어서가 아니라, 우리가 그것들을 우리의 공허하고 불안정한 삶을 기만적으로 채워 주는 도구로 삼았기 때문에 우리가 그 위에 자리를 깔고서 앉아 있겠다고 하는 것은 아닐까요? 그러는 동안 우리는 이 모든 교만하고 하찮은 것에 깊은 감명을 받고, 심지어 어떤 사람들은 우리가 "어느 날" 우리에게 덤벼드는 공산주의자들에게 이 모든 허섭스레기로 깊은 감명을 줄 수 있다는 환상에 빠져 있기까지 합니다. 오, 나는 두렵습니다. 아버지께서 주신 재산을 탕진하며, 부패한 기독교 이념을 들고서 싸움터를 배회하는 사람의 악취 나는 부(富) 앞에서 공산주의자들이 코를 틀어막을까 봐요. 유럽, 곧 "기원후"(A.D.)의 기독교 서구는 도무지 믿을 수 없게 된 것 같습니다.

확실히 우리가 가진 모든 것은 우리의 아버지에게서 온 것입니다. 우리의 능력, 우리의 근면, 우리의 기술적 창의력은 한결같이 그분에게서 온 것입니다. 그러나 우리가 그분을 제쳐 놓고서 그 모든 것을 사용한다면, 다시 말해 우리가 그것을 당연한 소유로 여겨 우리 마음대로 처리한다면 그것은 우리 손안에서 못쓰게 되고 말 것입니다.

예를 들어, **이성**을 생각해 봅시다. 이성은 아버지께서 주신 가장 고상한 지참금입니다. 이성은 실제로 우리가 동물계를 능가하게 하지요. 그런데 원래 이성은 아버지의 영원한 말씀에 맞춰진 "듣는" 기관(器官)입니다. 그러나 이성이 우리를 짐승보다 더 짐승 같게 하는 데 복무하다니, 이 기이한 일은 언제부터 일어난 것일까요? 하나님을 비난하는 모든 논증—철학적 논증과 여타의 논증—은 **타지**로 나아간 이성이 지참금을 함부로 남용한 것이 아닐까요? 소련의 비밀경찰(GPU)[7]과 나치스의 비밀경찰(Gestapo)[8]은 극도로 명민한 이성, 곧 아버지에게게서 받은 이성을 불법적으로 악용한 것이 아닐까요?

우리 시대의 위대한 물리학자들과 기술공학자들이 괴테의 『마법사의 제자』의 환영을 반복적으로 불러내다가 흠칫 놀란다면, 그들 **역시** 탕자가 제 상속분을 남김없이 날리던 것과 유사한 것이 아닐까요? 그들은 "우리의 이성은 끝났구나. 아버지께서 '땅을 정복하라'며 우리에게 선사하신 그 말씀이 이제는 우리에게 등을 돌리는구나!"라고 생각하지 않겠습니까? 하나님이 창조의 능력을 현실로 만들어 주셨건만, 우리는 이 현실을 다시 눈먼 힘으로 바꾸고 있습니다!

우리의 **예술**은 어떻습니까? 창조의 구상이 더는 예술작품에 반영되지 않고 예술작품으로 실체화되지 않는다면, 예술도 상속분의 낭비가 되지 않겠습니까? 예술가가 창조주의 생각을 알지 못하고 중심 주제를 놓치면서 어찌 존재의 신비를 형상화할 수 있겠습니까? 그래서 예술에서는 이것을 "중심의 상실"이라는 (물론 너무나 일방적인) 표어로 지칭합니다. 바로 이것이 오늘 말씀의 **탕진**을 가리키는 것은 아닐까요? 그러므로 예술은 몽롱한 꿈의 표현, 곧 "나는 말해야만 해. 그런데 내가 이야기하려는 게 뭐였더라?"라고 들릴락 말락 말하는 사람의 몽상이 되지는 않을까요?

이 몽상은 아버지에게서 떨어져 나간 정처 없는 사람의 몽상, 아버지 집의 창문이 더는 불빛을 비추지 않아 끝없는 거리에서 헤매는 사람의 몽상이 아닐까요? 그것은 구원을 잃어버리고 나서 이상적인 세계를 더 이상 알지 못하는 사람의 몽상이 아닐까요?

여러분, 이 자리에서 저는 부정적인 비평가로만 비쳐지고 싶지는 않습니다. 예술가에게서도 예수께서 부자 청년과 가지셨던 만남이 틀림없이 되풀이될 수 있으니까요. 그렇게 되면 저 거리에서 길을 잃었다고 해도 위대하고 훌륭한 예술가가 될 수 있을 겁니다. "예수께서 그를 눈여겨보시고, 사랑스럽게 여기셨다."[9] 예수께서 그를 그렇게 바라보시는 바로 그 순간, 그는 자기가 타향에서 꿈을 꾸고 있으며, 어떤 고향이 자기를 기다리고 있는지 갑자기 깨닫게 될 것입니다.

그렇지만 예술가는 이상적인 세계를 날조해선 안 됩니다. 예술가는 요제프 하이든과 아달베르트 슈티프터의 삶과 예술을 정확하고 자세하게 알고 있으며, 자기가 그 세계를 소유하고 있다는 듯 함부로 여겨서는 안 됩니다. 그렇게 위선자처럼 행동해선 안 됩니다. 탕자가 자기가 여전히 집에 있다고 여기듯 지내선 안 되는 것처럼 말이지요. 물론 실존주의가 하는 것처럼 정직하게 절망하며, 타향의 이름을 말하고 타향을 예술작품 속에 형상화하는 것도 때때로 존경받을 만한 일입니다. 그러나 아버지가 기다리고 있다는 말을 예술가가 듣는다면 이제 많은 일이 생길 것입니다. 이성도, 예술도 집으로 돌아올 수 있습니다. 그러면 예술가는 영원한 눈을 떠서 충만함을 발견하게 될 것입니다.

각 시대가 나름의 독특한 타향을 알고 있었듯이 우리의 시대도 그런 낯선 대상을 알고 있습니다. 이 모든 소외에는 어떤 공통된 특징들이 있습니다. 즉, 우리가 일할 때 아버지의 재산, 우리의 활동력, 고도로 발달한 이성, 기술적 재능, 위대한 일들과 이상에 감격할 줄 아는 능력—이 모두가 아버지께서 우리에게 주신 것이므로!—을 그분 **없이** 사용하면서, 감격의 순간에만 섭리와 전능자의 이름을 입술에 담는 것입니다. 그래서 우리는 앞으로 나아가지 못하고 있습니다. 그래서 우리의 내적 자본이 계속 감소하는 것이지요. 그래서 이 소유가 우리의 손안에서 폭발하여 우리를 불구로 만들기도 하는 것입니다. 이는 현대인이 홀로 있을 때, 정신을 조금 차리는 듯하다가 즉시 불안한 꿈을 꾸는 것과 같습니다. 이 때문에 현대인이 기분 전환을 위해 라디오를 켜거나 영화관으로 달려갈 수밖에 없는 것입니다. 사실 이 모든 것은 우리 모두의 초상이며, 우리 시대 전체의 초상입니다.

이 초상은 다음과 같습니다. 아들이 불행과 파멸을 느끼면 느낄수록 더욱 광분하며 축제를 벌이고, "친구들"의 동아리로 뛰어들며, 기분 전환을 더 많이 하려 한다는 것입니다. "그가 기분을 전환한다." 이 말이 무슨 뜻인지 이해하시겠습니까? 무엇보다 그가 더는 혼자 있을 수 없어서 자기 주위를 북적이게 해야만 한다는 말입니다. 제가 방금 어떻게 말했지요? 제가 방금 한 말 가운데 중요한 것은, 그는 더는 혼자 "있을 수(kann) 없다"와 그는 기분 전환을 "해야만 한다"(muss)라는 단어입니다. 언젠가는 이 "할 수 없다"(Nicht-Können)와 "해야만 한다"(Müssen)가 우리에게**도** 닥칠 것입니다(장차 하나님이 은혜를 베풀어 우리 눈에서 가리개를 벗겨 주실 때 우리 모두에게도 닥칠 것입니다). 그가 더는 "할 수" 없어서 다른 것을 "해야만 한다"면, 이제 그는 더 이상 **자유로운** 게 아닙니다! 그렇습니다. 하나님은 그가 자유롭지 않다는 것을 아십니다. 그도 문득 이 새로운 사실을 깨닫습니다. 자유인이 되겠다고, 아버지로부터 자유로워지겠다고 나선 몸이었는데 말입니다.

그는 향수병에 **매여** 있습니다. 그래서 그는 **즐겁게 지내야만 합니다.**

그는 정욕에 **매여** 있습니다. 그래서 그것을 **충족시켜야만 합니다.**

그는 호화로운 생활에 **매여** 있습니다. 그래서 그것을 **포기할 수** 없습니다.

그는 기꺼이 거짓을 말하고 속이며, 온갖 경건한 결심을 몰아내려고 할 것입니다. 그렇지만 그럴수록 그는 엄청난 속박을 받으며 살 것입니다.

그러므로 아버지의 집 밖에서 누리는 자유는 그저 "매여" 있고, 이런저런 일을 "해야만" 하고, "사로잡혀" 있으며, 자기가 찾아 나선 새로운 방법에 따라 그 길을 완주 "해야만" 하는 상태입니다. 친구들과 그와 비슷한 무리가 그를 보면서 생각합니다. "영향력이 큰 늙은 주인에게서 독립하다니, 너는 정말 당당한 자유인이야! 원칙과 교육도 중요시하지 않는다니, 너야말로 주권을 가진 군주 같은 사람이고 자유의지의 원형이야."

그러나 이 사람, 바로 탕자는 자기의 내면을 보면서 자기가 실제로는 그렇지 않음을 알게 됩니다. 외부 세계는 그의 겉모습만을 보고, 이 실패한 인생의 쇼윈도에 진열된 것만을 보았지요. 하지만 그는 이제 눈에 보이지 않는 사슬의 덜거덕거리는 소리를 듣습니다. 그는 그 사슬을 차고 다니며 그것에 시달리기 시작합니다. 누구도 그를 도와

주지 않고, 누구도 그의 사정을 알지 못합니다. 멀리 떨어져 있는 아버지, 멀리서 눈으로 작별을 고하며 배웅하던 아버지만이 그의 사정을 이해할 수 있습니다.

그 후의 상황은 점점 심해집니다. 그는 재산을 탕진하고 가난해져 한 농부 밑에서 고용살이합니다. 이제껏 사람을 의지한 적이 없고, 자기 아버지에게만 복종했던 몸인데 말입니다. 그는 이제 다른 사람들을 섬기며 바깥 어딘가에서 일하지 않으면 안 됩니다. 가축보다 더 열악하게 살게 되었지요. 누군가가 그에게 가축의 먹이를 주어도 그는 기꺼이 먹었을 것입니다. 물론 그는 불평합니다. 하지만 그의 불평은 받아들여지지 않습니다. 이제 그는 한 주인—어떤 한 사람—을 섬깁니다. 이 주인은 그에게 관심이 없습니다. 이 주인에게 그는 아무것도 아니기 때문입니다. 그는 이제야 비로소 아버지와 함께하지 않는 것, 한 집안의 자녀가 아니라는 것이 무슨 뜻인지를 헤아리기 시작합니다. 그렇게 헤아리는 동안 그의 자유와 자유의지, 그리고 모든 사람이 황금 같다고 칭송하던 모든 것이 끝나고 있습니다.

우리는 언제나 한 주인을 섬깁니다. 하나님을 섬기면, 우리는 아버지 집에 거하면서 하나님의 자녀가 누리는 자유를 얻습니다. 그리고 종이 아닌 아들로서 아버지의 방에 들어갈 권리를 얻게 됩니다. 하지만 그렇지 않을 경우 우리는 우리의 정욕을 섬기고, 그렇게 우리 자신을 섬깁니다. 아니면 사람을 지나치게 의존하거나, 우리의 마음속을 온통 차지하고 있는 불안을 섬기거나, 걱정이나 맘몬을 섬기기도 합니다.

여기에 두 주인 사이의 중립 지대는 존재하지 않습니다. 이제 우리는 루터가 우리의 인생을 두 주인 사이의 싸움터로 여기며 말하려고 했던 것을 어렴풋이 느낍니다. 탕자는 두 주인 중 하나를 선택하려 했지만, 우리는 두 주인 중 어느 편도 아니며 진짜 주인들 사이의 "싸움터"에 불과합니다. 다만 우리는 "한 주인의 자녀가 되려는가, 아니면 다른 주인의 종이 되려는가?"라는 물음을 마주하고 있습니다.

'**나**는 자유인이 되고 싶었다'라고 탕자는 자신에게 말합니다. 어쩌면 큰소리로 외쳤는지도 모르지요. "**나**는 나 자신이 되고 싶었어. 아버지, 내 근원으로부터 분리되어서 이 모든 것을 얻을 수 있다고 생각했다니, 내가 바보지! 내가 얻은 것은 고작 사슬뿐이야." 그러자 돼지 죽통에서 쓴웃음 소리가 올라옵니다.

이제 그는 아버지에게서 분리되려고 했던 것을 터무니없게 여깁니다. 이는 마치 누군가가 공기에 의지하다가 자유라는 이름으로 코를 틀어막으면서 화를 내는 것과 같습니다. 실제로 미치지 않고서는 자기 삶의 근본요소에서 분리될 수 없습니다. 누구든 벌을 받지 않고서는 옷을 벗듯이 하나님을 벗어날 수도 없습니다. 아버지로부터의 분리는 사실상 "불신앙"일 뿐 아니라 엄청난 바보짓입니다. 그렇지만 지금 인류는 마치 사육제의 가장행렬처럼 보이지 않습니까? 인류가 균형과 방향을 상실한 사람처럼 비틀거리고 있지 않습니까?

지금 탕자의 상태도 그렇습니다. 그의 인생에 위기가 찾아왔습니다. 이제 그는 귀향을 갈망하기 시작합니다. 반성하며 되돌아가려고 하는 것입니다.

이 전환 장면을 상상하실 수 있나요? 이제 그는 자기 자신에 대해 구토를 느끼고 있습니다. 구토를 느끼면 느낄수록, 그가 잃어버려 더 이상 소유권이 없는 아버지 집의 지붕이 그의 내면에서 더욱더 반짝이며 아른거립니다. 그렇지만 그에게는 이제 자녀의 권리가 없습니다.

기다리는 아버지

그런데도 그는 따스한 시선으로 자기를 배웅하던 아버지의 얼굴을 떠올리다가, 갑작스러운 양심의 가책과 함께 아버지가 자기를 기다리고 있다는 것을 깨닫습니다. 자기의 빈손을 봅니다. 이제는 눈마저 더러워져 아버지를 뵐 수 없겠다고 생각하지만, 그래도 그는 여전히 아버지가 자기를 기다리고 있다는 것을 알고 있습니다.

빌헬름 라베(Wilhelm Raabe)의 『아부 텔판』(*Abu Telfan*)에서 지혜로운 여인 클라우디네(Claudine)는 이렇게 말합니다. "내 아들아, 어떤 방울보다, 타향의 모든 울림보다 더 잘 울리는 종이 있단다." 이 종소리가 탕자의 삶 속에서 멈추지 않고 계속 울렸습니다. 이제 그는 그 소리를 따라갑니다.

탕자의 회개는 부정적인 것만 있는 것은 아닙니다. 따지고 보면, 구토만 회개인 것이 아니라 향수병도 회개입니다. 그것은 ~를 등지는 것이 아니라 ~로 돌아가는 것이기 때문입니다. 그래서 신약성경에서 회개를 언급하는 대목마다 그 배경에 큰 기쁨이 자리하고 있습니다. 이는 "지옥에 삼킴을 당하지 않도록 회개하라"는 뜻이 아니고, "**하늘나라가 가까이 왔으니 회개하라**"는 뜻입니다. 탕자가 "나는 끝났어!"라고 말할 때 비로소 하나님은 그분의 길을 시작하십니다. 인간이 보는 끝과 하나님이 보시는 시작, 바로 이것이 회개입니다. 물론 자기에 대하여 구토를 느낀다고 해서 인간이 구원을 얻는 것은 아닙니다. 자기에 대한 구토는 사람을 허무주의자로 만들지언정 결코 그에게 귀로를 제시하진 않습니다. 오히려 정반대입니다. 먼저 아버지와 아버지집이 그의 앞에 나타났기 때문에 그가 자기에 대한 구토를 느끼는 것이고, 그것이 그를 고향으로 데려가는 유익한 구토가 될 수 있습니다. 그 구토는 아버지로부터 먼 거리에서 일어난 작용입니다. 그 구토는 그가 자신이 어디에 속해 있었는지를 알게 되자 갑자기 생겨난 부산물입니다. 그렇습니다. 그는 타향이 싫어서 귀향길에 오른 것이 아니라, 고향을 의식했기 때문에 타향을 싫어하게 된 것입니다. 그래서 타향과 쓸쓸함이 어떤 것인지를 비로소 알게 된 것입니다. 그에게 엄습한 것은 세상일로 아파하는 것, 곧 죽음에 이르게 하는 마음 아픔이 아니라 하나님의 뜻에 맞는 마음 아픔이었습니다(고후 7:10).

이제 탕자는 일어서서 집으로 갑니다. 그는 온통 누더기를 걸친 채 담대하게 아버지 집을 향해 갑니다. 아버지는 그를 어떻게 맞아들일까요? 갑자기 아버지 앞에 설 때 그는 무슨 말을 하게 될까요? "아버지, 저는 타향에서 더 성숙해졌습니다. 아버지, 저는 온갖 죄과를 놓고 괴로워하며 회개했습니다. 그러니 저를 받아들여 주세요! 저는 삶의 위험을 감수했고요. 좋든 나쁘든 어른이 되었습니다. 이제 아버지는 저를 받아들여 주십시오. 저는 완전히 지쳤습니다." 이것이 탕자가 아버지 앞에 나타나서 할 말일까요?

프랑스 작가 앙드레 지드(André Gide)는 다수의 독일 사상가들과 마찬가지로 다음과 같은 견해를 갖고 있습니다. 그는 탕자의 비유를 개작했지요. 그의 이야기에서 집에 돌아온 동생은 형을 타향에 보냅니다. 그 결과 형은 타향에서 더 성숙한 사람이 되었습니다. 어쨌든 지드는 "탕자가 한동안 길을 잃은 건 좋은 일이었다. 그가 죄를 지은 것도 좋은 일이었다. 우리도 바로 이 운명을 거쳐야 한다. 이제 우리는 용기를 내어 하나님에게 절교를 선언해야 한다. 그런 뒤에야 그분에게 받아들여질 수 있다. 그 아들은 인생의 풍부한 양극성을 통과했다"라고 말합니다.

그러나 예수의 비유에는 그런 내용이 조금도 들어 있지 않습니다. 집에 돌아온 아들은 그저 "아버지, 내가 하늘과 아버지 앞에 죄를 지었습니다"라고만 말합니다. 그러니까 "나는 아버지께 아무 권리가 없습니다"라고 한 것입니다.

탕자가 다시 받아들여진 것은 그가 더 성숙해져서가 아니라 하나님의 사랑의 기적 덕분입니다. 하나님의 사랑의 기적은 아무것도 요구하지 않습니다. 그저 하나님께 놀라며 기습당하는 일만 가능합니다. 하나님께서 잃은 것을 찾으시는 것, "한 사람"이 돌아올 때 하늘이 잔치 분위기로 가득한 것이야말로 은혜와 자비가 풍성하신 하나님의 사랑의 수수께끼입니다.

이제 우리 앞에 마지막 물음이 버티고 서 있습니다. 바로 "예수 그리스도는 이 이야기의 어디에 나타나시는가? 직접적인 그분의 흔적이 없는데 도대체 그분을 이 이야기의 어디에서 찾을 수 있는가? 아버지는 이미 자발적으로 그리고 완전하게 홀로 친절과 호의를 베풀며, 용서할 준비가 되어 있지 않은가? 그렇다면 왜 십자가가 필요한가? 왜 중재와 화해와 그리스도론이 필요한가? 이 이야기는 있는 그대로 하나님의 순전함과 순수함을 전하는 이야기가 아닌가? 결국 이 이야기는 그리스도가 **없는** 이야기가 아닌가?"라는 질문입니다.

이렇게 묻는 것은 우리가 처음은 아닙니다.

우리는 앞서 한 가지 중요한 사실을 살펴보았습니다. 탕자가 제때 집으로 돌아갈 수 있었던 것은 하늘과 아버지가 그를 맞이할 준비가 되어 있었기 때문이라는 것입니다. 만약 그렇지 않았다면, 그는 최선의 상태로(곧 개전의 빛이 전혀 없는 사람이나 허무주의자가 되지 않은 상태로) 벌떡 일어서서 꼿꼿하고 바른 자세를 취하기만 했을 것입니다. 하지만 내면의 가책은 남아 있었겠지요. 꼿꼿하고 바른 자세에 기대는 그를 양심이 계속 비난했을 것입니다.

그러나 예수께서는, 상황이 다르며 완전한 해방이 우리에게 선물로 주어질 것을 가르치려고 하십니다. 그분은 이렇게 말씀하십니다. **"너희** 자신을 살펴보며, 길을 잃었다고 고백하는 너희 말이 옳다. 도대체 누가 거짓말을 하지 **않고**, 살인을 하지 **않고**, 간음을 하지 **않는** 사람이냐? 누구의 마음속에 그런 가능성이 잠복해 있지 **않겠느냐?** 너희가 길을 잃었다니, 너희 말이 옳다. 그러나 보아라. 너희의 이러한 마음과 다른 차원의 일, 너희를 위해 준비된 일이 일어날 것이다. 하나님 나라가 너희 한가운데 거할 것이다. 아버지 집이 활짝 열릴 것이다. 내가 곧 문이요, 길이요, 생명이며, 아버지의 손이다. 나를 보는 사람은 곧 아버지를 보는 것이다. 그런데 너희는 도대체 나를 보면서 무엇을 보는 것이냐? 너희가 보는 그가 너희를 심층, 곧 너희가 이를 수 없는 곳으로 들어가게 할 것이다. 너희는 하나님이 세상을 '이처럼' 사랑하셔서 나 곧 자기 아들을 이 심층에 들여보내셨음도 알게 될 것이다. 너희는 그분이 너희를 구원하시려고 적지 않은 값을 치르셨으며, 이 일이 하나님의 아픔을 지나 이루어졌음을 알게 될 것이다. 하나님이 너희 죄과를 없애 주시기 위하여, 너희와 하나님 사이의 심연을 진지하게 대하셨고, 그것을 극복하시기 위하여 자기를 거스르는 일을 하실 수밖에 없었던 것을 알게 될 것이다."

예수 그리스도께서는 이 비유를 이야기하시며 비유의 모든 행간에서, 그리고 모든 말 뒤에서 자기 자신을 가리키십니다. 누군가가 선한 아버지에 관한 이야기를 한다면, 우리는 그저 웃으면서 이렇게 말할 것입니다. "나를 찾는 신, 나의 쓸쓸함에 관심을 기울이는 신, 나 때문에 괴로운 신이 있다니, 당신은 그것을 어떻게 알게 되었나요? 어째서 그런 옛날이야기를 하는 거죠? 신이 **있다면** 그는 행성계를 정상적으로 작동시키는 것만으로도 만족할 겁니다. 신이 해야 할 일이 없을 때, 정말 마음에 드는 사람이나 위대한 영웅의 행적을 보고 기뻐하겠지요. 그런데 타락한 사람들을 구세군처럼 뒤쫓아 다닌다니요? 참으로 훌륭한 신이군요!"

또는 이렇게 말하는 사람도 있을 겁니다. "당신이 주장하는 것이 **무엇이죠**? 신이 용서와 새로운 시작으로 개입하려고 한다고요? 아닐 겁니다. 신은 죄와 속죄에 관하여 영원한 법을 집행할 뿐입니다. '신'은 균형을 잡는 세계 질서의 표현이거나, 세계사의 다른 표현에 지나지 않습니다. 세계사는 곧 세계 심판입니다. '모든 죄과는 이 세상에서 벌을 받기 때문입니다!' 친구여, 신이 꾀하는 건 **심판**이지 용서가 아닙니다." 이는 실제로 누군가가 우리에게 선한 아버지에 관해 이야기했을 때, 우리가 할 수밖에 없었던 말입니다.

그러나 지금 우리에게 말씀하는 분은 "누군가"가 아니라 예수 그리스도 자신입니다. 예수께서 우리에게 **전하는** 아버지는 어떤 이야기 속 아버지가 아니라 그분 안에 계신 아버지**입니다**. 그분이 우리에게 보여주시는 것은 죄인들에게 열려 있다는 하늘의 사진이 아니라 그분 안에, 곧 우리 한가운데 있는 하나님 나라입니다. 그분은 죄인들과 더불어 식탁에 앉는 분이 아닙니까? 그분은 잃어버린 사람들을 찾아 나서는 분이 아닙니까? 그분은 우리가 다른 모든 이를 남겨 두고 죽을 수밖에 없을 때도 우리와 함께하는 분이 아닙니까? 그분은 어둠 가운데서도 빛나는 분이 아닙니까? 그분은 타향 한복판에서도 우리를 엄습해 오는, 이제 귀향해도 된다고 기쁜 소식으로 우리를 찾아오는 하나님의 심장 소리가 아닙니까?

이 이야기의 궁극적인 주제는 탕자가 아니라 우리를 찾으시는 아버지입니다. 인간의 불성실함이 아니라 하나님의 성실하심이 이 이야기의 궁극적인 주제입니다.

이러한 이유로 이야기는 떠들썩한 축제로 끝납니다. 용서를 설교하는 곳에는 기쁨이 있고 나들이옷이 있습니다. 우리는 이 이야기를 진실로 읽고, 그 말씀이 의미하는 대로 우리가 전혀 생각하지 못한 기쁜 소식으로 들어야 합니다. 그렇습니다. 우리가 이 말씀을 들을 때, 우리를 깜짝 놀라게 하는 소식으로 들어야 합니다. 하나님과 함께하면 모든 것이 우리가 생각하거나 두려워하던 것과는 전혀 다르게 될 것이라는 소식으로 들어야 합니다. 하나님께서 자기 아들을 우리에게 보내셔서 우리를 형언할 수 없는 기쁨으로 초대하신다는 소식으로 들어야 합니다.

이 이야기의 궁극적인 비밀은 이것입니다. 바로 우리 모두에게는 고향이 있어서 귀향도 있다는 것입니다.

기다리는 아버지

02.

돌아온 탕자 Ⅱ

"그런데 큰아들이 밭에 있다가 돌아오는데, 집에 가까이 이르렀을 때에, 음악 소리와 춤추면서 노는 소리를 듣고, 종 하나를 불러서, 무슨 일인지를 물어보았다. 종이 그에게 말하였다. '아우님이 집에 돌아왔습니다. 건강한 몸으로 돌아온 것을 반겨서, 주인어른께서 살진 송아지를 잡으셨습니다.' 큰아들은 화가 나서, 집으로 들어가려고 하지 않았다. 아버지가 나와서 그를 달랬다. 그러나 그는 아버지에게 대답하였다. '나는 이렇게 여러 해를 두고 아버지를 섬기고 있고, 아버지의 명령을 한 번도 어긴 일이 없는데, 나에게는 친구들과 함께 즐기라고, 염소 새끼 한 마리도 주신 일이 없습니다. 그런데 창녀들과 어울려서 아버지의 재산을 다 삼켜 버린 이 아들이 오니까, 그를 위해서는 살진 송아지를 잡으셨습니다.' 아버지가 그에게 말하였다. '얘야, 너는 늘 나와 함께 있으니 내가 가진 모든 것은 다 네 것이다. 그런데 너의 이 아우는 죽었다가 살아났고, 내가 잃었다가 되찾았으니, 즐기며 기뻐하는 것이 마땅하다.'"

누가복음 15:25-32

이야기를 전개하는 방법을 조금이라도 이해하는 사람은 이 비유의 2부에서 분위기가 완전히 바뀌는 것을 느낄 것입니다. 1부에서는 모든 것이 극적으로 움직였지요. 아버지와 아들의 고된 투쟁, 곧 아들이 자기 뜻을 관철하여 타향에 가기까지의 분투가 관심사였습니다. 아들이 제 자유를 누린 것은 잠시였고, 그다음 다른 모든 것이 자연스럽게 찾아왔습니다. 그 모든 것은 필연적으로 돼지 죽통이라는 비참함에 이르기까지 점점 더 깊이 내려갔습니다. 이 모든 것 속에서 우리는 나자신을 재인식하고, 우리 인생의 위치도 다시 돌아보게 되었습니다.

그렇습니다. 우리가 잠시 자유롭게 되어 우리가 하는 결정의 주인이 될 수는 있습니다. 그렇지만 그다음 우리 뒤에서 문이 쾅 하고 닫히면, 우리는 이제 끝없는 회랑의 복도를 따라갈 수밖에 없습니다. 그렇게 된다면 탕자처럼 더는 맞설 수 없는 죄과와 새로운 죄과의 가파른 언덕 아래로 빠져들 것입니다.

그러나 이 죄와 보응의 법 한가운데 놀라운 기적이 일어납니다. 탕자가 귀향해도 된다는 소식입니다. 그는 다시 자유로워지고, 다시 자녀가 됩니다. 그를 묶은 사슬이 철커덩 소리를 내며 바닥에서 끊어지고, 한 사람이 돌아온 일로 떠들썩한 기쁨이 아버지의 집을 가득 채웁니다.

이 행로를 살펴보면, 1부에서는 격하고 극적인 긴장, 한 사람의 갑작스럽고 비참한 추락, 마지막 순간에 이루어지는 은혜로운 받아들임이 중요하다는 것을 알게 됩니다. 이 부분에서는 우리 삶의 방황과 거듭 잘못된 진로 결정, 그런데도 우리를 붙잡는 영원한 팔이 중요합니다. 1부에서는 인간 삶의 거의 모든 결정적인 문제를 전례 없이 압축하여 다루고 있습니다.

반면에 비유의 2부는 형이 그 중심에 서 있고, 1부에 비해서 조금 지루하고 무미건조한 인상을 줍니다. 그렇지만 엄밀히 말해 이 이야기에는 적당한 결말이 없습니다. 처음 읽을 때는 이야기가 쓸쓸하게 무한히 계속되는 것처럼 보이지만요.

2부의 중심에 서 있는 사람은 "아슬아슬하게" 살고 있지 않습니다. 그에게는 사르트르(Sartre)가 명명한 "더러운 손"도 없습니다. 아버지에게 순종적이고 충실하면서 "어떠한 위험도 감수하려 들지 않은" 사람이 있을 뿐입니다.

오늘날 늙은이든 젊은이든 간에 형의 모습과는 다르게 사는 사람들이 많습니다. 그래서 많은 이들은 동생의 모습 속에서 자기를 재인식합니다. 어쩌면 우리는 대부분 삶의 궁극적인 일들에 몰두할 시간이 없다고 생각하는지도 모르겠습니다. 우리는 으레 사업 활동이라는 회전목마에 앉아 구상과 계산으로 하루를 보냅니다. 그러다가 저녁이 되면 무슨 일을 어디서부터 다시 시작해야 할지 몰라서 방황하고, 그래서 하나님이 어디에 계시는지도 잊곤 합니다. 왜냐하면 그것을 알기 위해서는 자기를 위해 하는 생각을 쉬어야만 하기 때문입니다.

우리 가운데는 조금 다른 사람들도 있습니다. 아마도 그들은 젊은 이들일 것입니다. 그들은 자기 인생의 의미 문제를 심각하게 받아들입니다. 그들은 니체나 마르크스주의나 인지학(人智學)을 공부하곤 하지요. 그러다가 크게 긴장하면서 공허에 빠지는 걸 종종 두려워합니다. 그래서 그들은 때로 그리스도인이 되고 싶어 하고, 평화와 확고한 발판을 갈망합니다(누가 그러지 않겠습니까?). 하지만 그들은 너무 이른 귀향은 피합니다. 약해진 상태로 어떤 종교의 따뜻한 난롯가에 숨어들기를 바라지 않기 때문입니다. 그러니까 그들은 하나님의 문제를 심각하게 여기기 때문에, 하나님을 편안한 베개처럼 삼는 것을 바라지 않는 것입니다.

이 두 인간 유형은 확실히 서로 다릅니다. 그러나 다음 한 가지 면에서는 확실히 일치한다고 볼 수 있겠습니다. 이를테면 형은 아버지 집에서 평화를 너무 싼값에 누리고 위험을 전혀 알지 못하며, "어떠한 위험도 감수하려 들지 않았기 **때문에**" 그런 유형의 사람들을 좋아하지 않습니다.

그렇다면 도대체 이 형은 어떤 사람일까요? 그의 인간적 비밀은 무엇일까요?

형은 방탕한 말썽꾸러기 동생이 몹시 가난하고도 심한 웃음거리가 된 채 집에 돌아왔지만, 돌아왔다는 이유만으로 온 집안이 뒤죽박죽되고, 잔치가 열리고, 노래가 불리고, 악기가 연주되고, 창문이 밝아지는 걸 이해하지 못합니다. 이것이 그의 특징인 것 같습니다. 보아하니 동생에게는 남은 것이 전혀 없습니다. 동생의 자루는 텅 비어 있고, 그의 육신도 상당히 지쳐 보입니다. 그의 비참한 상태를 보니 꼭 죄가 심각한 표정을 짓는 것 같습니다. 앞서 인용한 것처럼 먼저 따끔히 맛을 보고 나서 정신을 차린 것이 저런 모습이라면, 차라리 고향 집의 구석에 처박혀 얌전히 있는 게 더 나을 것 같습니다.

이 전향 이야기 전체는 "밖에서" 보면 평범해 보입니다.

거세게 휘몰아치는 청춘을
노화 현상이 차차 뒤쫓기 시작하면,
인간은 덕스럽게 바뀐다.
달리할 수 있는 게 더는 없으므로.

기다리는 아버지

이것은 우리가 익히 알고 있는 풍자 시구입니다. 밖에서 보면 한 인간의 전향은 이 시구처럼 종종 진부해 보일지도 모릅니다. 그러나 우리의 짐스러운 과거 전체가 제거되고 채무 증서가 찢기는 것이 어떤 일인지를 몸으로 경험하지 못한 사람, 다시 말해 자신이 새롭게 받아들여져 곧바로 다시 시작할 수 있게 된 것이 어떤 일인지를 경험하지 못한 사람은 본문에 등장하는 형과 똑같이 행동하게 마련입니다. 아버지가 우리를 한순간도 잊지 않았다는 것을 무시한 채, 그분이 두 팔 벌려 우리를 꼭 껴안으시는 것이 어떤 기쁨이며 축제인지를 경험하지 못하는 것, 다른 사람의 전향을 무능한 죄인의 무기력한 항복이나, 자포자기한 자의 우스꽝스러운 행동으로만 여기는 것, 바로 이러한 것들이 형이 취하는 태도입니다.

이처럼 "밖에서는" 전향, 곧 신적인 기적을 **도무지** 파악할 수 없습니다. 들여다볼 수 없고, 겪어야만 하는 진실들이 있습니다. 그러므로 **왜** 아버지가 이토록 끔찍이 기뻐하시며, **왜** 온 하늘이 환호하는지 형이 곧바로 깨닫지 못하는 건 당연합니다. 그는 그것을 불공평한 처사로 여깁니다. 저 쓸모없는 자가 자기 주위의 모든 것을 제정신이 아닌 것이 되게 했건만, 줄곧 집에 머물러 있어 귀향할 필요가 없는 자신을 보고는 누구도 흥분하지 않고 숫염소 한 마리라도 잡아서 잔치를 벌여 주지 않았던 것입니다. 마치 그는 성실한 교인이며, 기독교 서구의 원주민이며, 전통의 수호자이자 대변자인 사람들 같습니다. 이야기 속에서 그는 생의 응달에서 살아가는 사람처럼 여겨집니다.

그런데 그가 정말 응달에서 살아가는 사람입니까? 아니겠지요. 결국 아버지는 자신의 사랑을 그에게도 이해시키기 위해 말합니다. "애야(!), 너는 늘 나와 함께 있으니 내가 가진 모든 것은 다 네 것이란다." 이 말씀은 정말 주목할 만한 고백입니다. 이 말씀 속에 담긴 인정(認定)은 건성으로 들어 넘길 수 있는 것이 아닙니다. 아버지는 "너는 시기심이 많고 참 고루한 사람이구나. 너는 죄를 지을 용기도 없잖니. 너는 냉담한 상태에서 도무지 벗어나지 못했구나"라고 말하지 않으십니다. 오히려 아버지는 충실히 섬겨 준 그 아들을 **존중하십니다.** 그리고 예수께서는 이 말씀을 하시면서 다음과 같이 이해시키십니다. 이를테면 형은 자신의 윤리적 의무와 종교적 의무를 매우 진지하게 여기는 바리새파 사람의 전형이라는 것입니다. 그렇지만 그분은 바리새파 사람(오늘의 신앙 공동체 안에서도 이런 사람이 얼마나 많이 발견되는지요)에게 그의 은밀한 상처를 알려 주시면서도, 그를 조금도 조롱하지는 않으십니다. 반면에 우리는 어떻습니까? 우리는 우리가 즐겨하는 모욕 목록에 "바리새파 사람"이라는 개념을 수록하고 있지요. 우리는 그렇게 즐겨 조롱하고 남의 불행을 기뻐하는 마음을 품습니다. 바로 이것이 우리가 전 생애 동안 날마다 성경을 성실히 읽고, 날마다 기도하고, 하나님의 계명들을 그대로 따른다고 하면서도 줄곧 하는 일입니다.

또다시 밖에서 **이 모습을** 본 다른 사람이 이렇게 말합니다. "이것은 종교적 시민 도덕이고 사람들의 균일한 기질이야. 그들은 결코 '안달하지' 않고, 그 결과로 맡은 역할에서 벗어나지 않아. 재미는 없지만 제일가는 본성이지."

그러나 아버지의 생각은 그렇지 않습니다. 아버지는 큰아들의 삶도 **안에서** 보십니다. 아버지는 그렇게 마음으로 보며 말하십니다. "진실로 너는 내 사랑하는 아들이다. 너는 언제나 나와 함께 있다. 그래서 우리가 모든 것을 공유하는 거란다."

이것이야말로 아버지의 끝없는 선함입니다. 사람들은 탕자의 전향을 값싼 항복으로 여기지만, **아버지**는 탕자의 전향을 불행한 영혼의 복된 귀향으로 여기십니다. 사람들은 큰아들의 성실함을 고루하고 형식적인 성실로 여기지만, 아버지는 그 성실함을 자녀로서 아버지에게 순종하는 마음의 신뢰로 여기십니다. 아버지의 이 사랑이 얼마나 넓은지요. 아버지의 사랑은 사람의 연약한 모든 가능성을 끌어안으십니다. 아버지의 사랑은 여러분과 제가 아무리 별난 사람이어도 우리를 마음에 품으시고 보호하십니다!

큰아들이 불이익을 당한 것처럼 여겨도, 큰아들이 "내 삶은 실제적인 충만을 거절당했어. 내 삶은 빛나는 발전이 하나도 없고, 짜릿하고 감동적인 기쁨이 전혀 없어. 내 삶은 격렬히 갈망하는 열정도 전혀 없어. 이 삶에는 축제가 없고 그저 지루하고, 그러면서도 지극히 진지한 일상만이 있을 뿐이야"라고 말해도 그렇게 하십니다.

그런데 정말로 이상한 점이 있습니다. 흔히 사람들은 '아버지 가까이에 있으면 그것이 곧 충만일 거야. 그러면 무력하게 살지 않고, 정말로 **살게** 될 거야. 그러면 삶에 의미와 방향이 생길 거야'라고 생각하는데도, 무언가가 부패하기 마련이라는 것입니다. 경건함과 순종은 있는 것 같은데 그 위에 곰팡이가 슬어 있고, 경직시키는 무언가가 있습니다. 명랑하지 않은 것이 자리하고 있어서 그 경건함과 복종을 제대로 기뻐하지 못하게 되는 것이지요. 그렇습니다. "경건한 사람"은 많습니다. 그런데 경건한 사람들이 도무지 기뻐하지 않으며, 자기의 경건 시간에 조금도 따뜻해지지는 않습니다. 그러다가 마음이 약해지면, 그들은 무언가를 "경험할" 수 있는 타향을 남모르게 동경합니다. 물론 그들은 성실하고, 진지하고, 자발적인 사람들입니다. 그러나 그들이 때때로 하나님을 지루한 분으로 여긴다는 것은 숨길 수 없는 사실입니다. 이러한 사람들은 본문 속 큰아들의 거울을 들여다보지 않으면 안 됩니다. 도대체 큰아들이 느끼는 이 지루함과 불만은 어디서 연유하는 것일까요?

형이 어려서부터 살아온 모습을 상상해 보십시오. 그는 날마다 아침부터 저녁까지 아버지 집의 분위기와 보호 가운데 생활합니다. 당연히 그는 아버지를 **사랑하고**, 아버지와의 친밀함도 **사랑합니다**. 그가 아버지를 사랑하고, 그 응답으로 아버지에게 **사랑을 받는 것**은 사람들이 거의 인지하지도 못하고 언급하지도 않을 만큼 자명한 사실입니다. 그가 아버지에게 "아버지, 나는 아버지를 정말로 사랑해요"라고 말한다면, 그 순간 어딘가 이상해 보였을 것입니다. 우리는 공기와 호흡의 관계처럼 우리에게 자명하고, 우리 가까이에 있는 것에 대해서는 숙고하지도 **감사하지도** 않습니다. 오래된 부부의 관계도 마찬가지입니다. 오래된 부부는 서로 익숙한 나머지 서로에게 품은 생각을 거의 말로 표현하지 않고, 상대가 여행 중이거나 홀로 공동묘지 앞에 남게 될 때 비로소 그때에야 상대가 자기에게 어떤 의미인지를 알게 됩니다. 큰아들이 아버지에 대해 느끼는 감정도 대체로 이와 같을 것입니다.

대다수의 그리스도인도 이러한 관계와 비슷하지 않을까요? 대체로 그리스도인들은 일찍부터 "하나님"이 계신다는 말을 들었을 겁니다. 그들은 용서받아야 할 죄를 경험하기도 전에 주님의 용서와 화해의 죽음에 대해서도 어느 정도 들었을 것입니다. 그러나 용서가 습관적이고 당연한 것이 되면, 그것은 은연중에 변조되고 맙니다. 그러면 "하나님"을 절대 화내지 않는 분으로, 도무지 곡해하지 않는 분으로, 까다롭게 하지 않는 분으로 이해하게 되겠지요. 그렇지만 하늘을 매번 막아서면 하늘이 고무 벽이 됩니다. 거기에 달려가서 머리를 부딪혀

심하게 다치는 일은 절대 일어나지 않습니다. 결국 용서의 기적은 시시한 것이 되고 맙니다.

"믿음"이 더는 기쁨도 아니고 해방도 아니라는 걸 깨닫는 데 엄청난 통찰이 필요한 것은 아닙니다. 우리가 "아빠, 아버지"라고 말할 수 있고, "나의 주, 나의 하나님"이라고 말할 수 있는 것이 진정한 기적이고 선물이며, 결코 당연한 것이 아님을 잊는다면, 이 모든 것을 더는 경험할 수 없게 될 것입니다. 그게 무엇이든 아프고 괴로운 양심을 안고 떠도는 것, 무의미라는 공허함에 시달리는 것, 우발적 사고와 운명의 감시를 받는 것, 남모르는 의무들에 묶이는 것, 그런 다음 다시 눈을 들어 아버지의 마음과 살아 계신 구원자를 모시는 것, 이 모든 것을 더는 경험할 수 없게 됩니다. 이 모든 것이 당연한 것이 아님을 잊는 것은, 우리 믿음의 죽음이 될 수 있습니다.

반드시 타향에 가야만, 호되게 살면서 죄를 지어야만 이 귀향의 기적을 경험할 수 있는 것은 아닙니다. 매일 아침 기도 시간에도 우리는 하나님과 **대화할 수 있습니다**. 그분이 우리의 기도를 들으시겠다고 약속하셨습니다. 그러므로 우리가 마음의 모든 짐을 그분 앞에 내려놓을 수 있다는 사실에 감사하면, 그것으로 충분할 것입니다.

제대로 감사하는 법을 배우려면, 나에게 일어난 기적이 어떤 것인지를 "곰곰이 생각"해야 합니다. 감사와 깊은 생각은 서로 긴밀한 관계에 있습니다. 이 둘은 한 쌍이므로 분리되어선 안 됩니다. 이 둘 모두가 날마다 우리가 수행해야 하는 신앙 수련입니다.

그리고 우리는 한 가지를 더 수행해야 합니다. 예수를 전혀 알지 못하는 이웃 사람들에 대해서도 깊이 생각하는 것입니다. 우리는 그들 다수가 삶의 무의미함과 허망함을 닦아 내려고 무엇을 하는지, 세상이 준비한 싸구려 술집으로 그들 자신을 어떻게 위로하려는지를 분명히 알고 있어야 합니다. 우리는 일찍이 공언된 적 없는 은밀한 외침, 곧 "먹고 마시자. 내일 죽더라도 오늘은 먹고 마시자!"라고 외치는 소리를 분간해서 들어야 합니다.

그런 외침을 잘 들으려면, 바리새파의 우월감을 가지고 "사악한 현세주의자들"의 행동을 보아선 안 됩니다. 우리는 아버지가 탕자를 눈으로 배웅하며 품었던 마음, 곧 연민에 사로잡힌 마음으로 세상을 보아야 합니다. 우리는 분에 넘치는 자비 덕분에 이 공허, 이 실존적 불안, 용서받지 못한 죄의 고통에서 벗어나게 되었습니다. 그러므로 우리는 하나님이 우리의 가련한 인생 위에 엄청난 기적을 일으키셨음을 의식하고 감사해야 합니다.

우리가 명심할 게 있습니다. 이를테면 그리스도인이라는 우리의 신분에 일어날 수 있는 최악의 상황은 우리가 그리스도인이라는 신분을 당연한 것으로 여겨 날마다 낡고 해지게 하는 것입니다. 마치 큰아들이 아버지 집에서 자신의 존재를 낡고 해진 셔츠처럼 여겼듯이요.

날마다 하나님께 감사의 예배를 드릴 때만, 하나님이 우리의 삶에 베푸신 은혜 가운데 전에는 들어 본 적 없는 일이 우리에게 열릴 것입니다. 감사하는 사람만이 하나님의 부성애의 기적을 생각할 수 있습니다. 이 기적을 생각하는 사람은 그리스도인의 신분이라는 신선한 샘물을 놓치지 않습니다. 그는 자신의 주님이요 구원자이신 분에 대한 생생한 기쁨을 밤낮으로 유지합니다. 우리는 이 모든 것이 단순한 생각이나 습관이 아니라, 생명이고 충만이며 기쁨임을 알아야 합니다.

이렇게 이해하지 않는다면, 바울이 고통스럽고 비참한 감금 상태에 있으면서도 거듭거듭 기뻐하라고 촉구한 것을 우리가 어찌 이해하겠습니까? 그의 서신 전체에 거세게 움직이며 흐르는 생명력을 어찌 알 수 있겠습니까? 바울을 이해할 때 중요한 것은, 그가 기독교를 일 반적인 "세계관"으로 여기지 않았다는 사실입니다. 그는 조금도 당연 하지 않은 삶, 곧 기적과 같은 삶을 살았음에도 불구하고 이 기적을 당연한 "제2의 천성"으로 삼지 않았습니다. 이전에 그는 그리스도를 박해하고 증오한 사람이었고, 뜨거운 열성과 저돌적인 움직임으로 그분에게 반항한 사람이었지만, 박해받는 그리스도께서는 놀랍게도 그에게 반격을 가하지 않으셨습니다. 그분은 그를 집으로 데려오시는 분, 곧 자비롭게 나무라시는 분으로서 그의 길을 가로막으셨습니다. 그래서 그가 증오라는 악마의 권역에서 급히 벗어날 수 있었던 것입니다.

몇 시간 전에 한 대학생이 저에게 들려준 이야기입니다. 그는 예수 그리스도에 대한 소식을 전혀 접하지 못한 채 자랐습니다. 그는 어린 시절에 어느 시골 마을에서 살았지요. 그 마을에 한 바보가 살고 있었는데, 마을 사람들이 그에게 "예수"라는 별명을 붙여 주었답니다. 그러자 아이들이 그 가련한 정신박약자의 뒤를 쫓아다니며 큰소리로 "예수"를 외쳤습니다. 이 젊은이가 나중에 그리스도의 메시지를 접했을 때, 그것을 어떻게 받아들였을까요? 물론 그가 어린 시절에 받은 예수 풍자의 첫인상을 극복하기 위해 여러 조정이 필요했으리라고 다들 짐작할 수 있을 것입니다. 그러나 이렇게도 예상할 수 있지 않을까요? 이 젊은 대학생이 예수 그리스도가 누구인지를 알게 되었을 때, 자신에게 일어난 전례 없는 기적을 당연한 것으로 여기는 상당수의 전통적인 교인보다 더 기쁘게, 더 독창적으로, 그리고 전혀 다른 혀로 자신의 새 주님을 찬양할 거라고요. (실제로 이 예상대로 되었습니다!)

요한계시록도 다른 것을 말하지 않습니다. 요한계시록은 "처음 사랑"에 관해 말합니다. 처음 사랑은 마력을 지니고 있습니다. 처음 사랑은 제2의 천성이 된 습관이 아닙니다. 처음 사랑은 우리의 삶에 큰 놀라움으로 다가옵니다. 예수가 계신다는 사실, 그분이 우리에게 아버지의 마음을 갖게 해주신다는 사실, 그분이 우리의 개인적인 삶을 파괴로부터, 그리고 공허함의 언저리에서 무력하게 영위하는 끔찍함으로부터 우리를 구해 내신다는 사실, 이 사실이야말로 큰 놀라움입니다. 그러므로 우리는 깊은 곳에서부터 소리쳐야 합니다. 그렇게 한다면 우리가 기진맥진하고 우리의 모든 인간적 위안거리가 부서지더라도, 우리가 그런 상황에 처해 있을 때도 그분이 우리를 구하신다는 사실을 이해하게 될 것입니다.

포로수용소에서 굶주림으로 쇠약해진 채 고문자의 채찍에 맞던 여러 병사에게도, 방공호에서 최후의 불안에 사로잡혀 벌벌 떨던 여러 사람에게도, 피난민 행렬의 끝없는 잿빛 길 위에 있던 여러 사람에게도 다음 사실을 깨닫는 것은 정말로 엄청난 경험이었을 겁니다. "우리의 운명은 겉보기와 달리 인간의 손안에 있지 **않아.** 더 고귀한 손이 인간의 모든 망상 가운데도 자리하여 우리의 모든 계산 논리와 병든 환상의 불안한 그림을 가로지르고, 내가 꿈도 꾸지 못했던 물가로, 항구로, 아버지 집으로 나를 인도하고 있어. 온통 어두워 보여도 고귀하고 이로운 손이 갑자기 나타나지. 내가 아주 확실한 **무언가를** 기대해도 된다면, 그것은 바로 놀랍게도 하나님이 함께 계시는 것이지."

우리가 큰아들에게서 알아챌 수 있는 또 하나의 특징이 있습니다. 그것은 그가 동생을 **판단한다**는 것입니다. 여기서 그의 판단은 동생이 돌아오는 것을 아예 막을 만큼 단호하지는 않습니다. 경박한 사람들, 경솔한 사람들, 현세주의자들, 나치들이나 공산주의자들이 열망할 경우, 신앙 공동체가 그들을 다시 받아들이는 것은 기독교의 일상 업무에 속합니다.

그러나 저는 자문합니다. 존경할 만하고 예의 바른 수많은 "현세주의자"를 교회 안으로 데려오기가 정말 어려운 것은 어떤 이유 때문입니까? 이미 여러 사람이 저에게 이런 말을 하더군요. "그래도 나는 당신이 대학교나 연주회장에서 강연한다면 기꺼이 가겠습니다. 하지만 교회는 딱 질색입니다. 성수(聖水) 주전자를 마주한 악마처럼요."

이것은 콤플렉스일 것입니다. 하지만 이 콤플렉스에는 매우 진지한 여러 이유가 있습니다. 우리의 흥미를 일으키는 것들이지요. 어떤 사람들은 그중 한 이유를 이런 식으로 말합니다. "교회는 다 완성된 사람들이 앉는 곳입니다. 저는 탐구자여서 그러기가 쉽지 않습니다. 그렇지만 교회의 사람들이 저보다 우월하다고 생각하진 않았으면 좋겠군요."

또 다른 사람은 저에게 이렇게 말합니다. "교회는 점잖은 사람들 (큰아들의 동류를 말하는 것 같습니다)이 앉는 곳이지 저와 같은 사람이 앉는 곳이 아닙니다. 저는 아슬아슬한 삶을 영위해 왔습니다. 저는 활기찬 사람이고, 점잖게 기도하는 형제자매님들과는 전혀 다른 사람입니다. 저는 밤을 신나게 보내고, 낮에는 직장에서 적당히 일합니다. 그렇지만 이런 세상 유혹에도 빠져 본 적이 없는 점잖은 신도들이 자신들이 나보다 낫다고 자부해서는 안 됩니다. 그리고 '늦긴 했지만 그가 왔어. 이졸란(Isolan) 말야.[10] 그가 마침내 모습을 보이다니 참 좋네. 우리는 이미 오래전에 이렇게 될 줄 알았어'라고 생각해서도 안 됩니다."

이것은 부당하고 일방적인 언사일지도 모릅니다. 하지만 여기에도 어느 정도 진실이 들어 있습니다. 그래서 이제 저는 다음과 같이 제

안합니다. 오늘 이 자리에도 두 부류의 사람들, 곧 교인들과 공교로이 찾아온 사람들, 그리고 주리고 목마른 사람들이 있습니다. 경건한 사람으로 불리는 우리는 모범적인 체하지 말고 참회 의자에서 우리의 형제자매들을 위해 기도해야 합니다.

만약 우리가 이렇게 외치면 듣는 사람들의 마음은 어떨까요? "어떤 경건한 사람들은 바리새주의의 녹에 부식되어 있다지만, 우리는 하나님이 오로지 은혜로 우리를 받아들여 주셨음을 아는 사람들입니다. 그러니까 우리는 단정하고 말쑥한 것을 제시합니다. 하나님이 우리와 당신들을 보셨고, 우리를 그분의 모임에 끌어당기셨습니다. 우리는 아무것도 믿지 않는 허무주의자들을 경멸하고, 발판이 없어서 니체(Nietzsche)나 릴케(Rilke)나 고트프리트 벤(Gottfied Benn)과 같이 '의심스러운 인물들'에게서 피난처를 찾는 사람들을 경멸합니다. 우리는 자연 속에서조차 휴대용 라디오와 다른 유사한 허섭스레기 없이는 살지 못하는 천박함의 전형들을 경멸합니다. 우리는 **우리의** 삶을 받쳐 주는 영원한 기초를 상당히 자랑합니다. 그 기초를 위하여 우리가 할 수 있는 게 그것뿐이라서요. 오, 우리는 훌륭한 머슴들입니다! 우리에게 내기를 거셨으니, 하나님은 기뻐하실 만합니다. 그분은 우리를 무엇으로 여길지 이미 알고 계셨습니다. 그래요, 우리는 세상의 소금입니다. 우리는 하나님 나라의 정예 부대입니다. 견실한 기독교 중산층이 없다면 세상이 어찌 되겠습니까!"

보십시오, 경건한 동무 여러분. 우리 영혼은 잠시 흥분을 느꼈지만, 우리 형제 허무주의자들은 움찔하며 뒤로 물러서고 있습니다. 우리는 졸지에 비유 속 큰아들의 동류가 되었습니다.

그러면 이제 본문의 미묘한 차이들에 주목해 보고 싶습니다. 형은 불쌍한 귀향자와 **거리**를 둡니다. 그는 "내 동생이 오니까"라고 말하지 않고, 분명한 거부의 움직임으로 "이 아들이 오니까"라고 말합니다. 그와 우리는 "**내** 동생이 길거리에서 (…)"라고 말하지 않고, "이 부랑자도 결국 하나님의 피조물이지"라고 말합니다. 형은 이어서 말합니다. "**나는** 늘 아버지와 함께 있었습니다."

형은 자기가 이렇게 말함으로써 더는 아버지와 함께 있지 않게 된다는 것을 모르는 걸까요? 지금 아버지는 극도의 위험에 처한 아들을 다시 곁에 두게 되어 더없이 행복합니다. 아버지의 가슴이 마구 뛰고 있습니다. 그렇지만 형은 **자기의** 심장이 아버지의 심장 박동과 다르게 뛰고 있다는 걸 모르는 걸까요? 얌전하고 성실한 자신이 아버지와 소원해졌다는 것도 모르는 걸까요? 경직되어 공허해진 인간의 심장 주변에서 얼음 표면이 녹는데도 온 마음으로 하나님과 함께 기뻐할 줄 모르는 사람, 길을 잃고 떠도는 이들에게 기울이시는 예수의 이글거리는 사랑에 함께 불타올라서 인간들을 **구하려고** 힘쓰지 않는 사람은 비록 그가 의식적으로는 결연하고 아버지와 함께 산다고 해도, 비록 그가 기도하고 성경을 읽고 교회 안으로 달려간다고 해도 은밀하고 섬뜩한 방식으로 아버지에게서 멀어진 사람입니다. 이 끔찍한 결점이 형에게도 있고, 여러분과 저에게도 있습니다. 형은 동생이 모든 재산을 탕진한 것에 격분했지요. 본분을 지키는 사람이자 꼼꼼한 사람인 형은 경박한 성격의 모험가인 동생이 선용하지 못하고 놓쳐 버린 수많은 시간을 생각하면서 분개했습니다. 형은 좀 더 생산적으로, 그리고 좀 더 기독교적으로 쓰면 좋았을 돈을 탕진한 것에 한탄합니다. 질풍노도에 휩싸인 젊은 투사이자 탐구자가 타향이라는 거대한 우회로를 거쳐 집에 돌아온 것을 경제적이지 못한 행동으로 여기는 것입니다. 처음부터 집에 있었다면 비용이 훨씬 저렴하게 들었으리라는 것입니다. 무엇을 위해 저 탐구자는 니체와 마르크스를 읽는 것이며, 오디세이의 모험과 같은 일에 뛰어드는 것일까요?

정말 이 폐인의 모습은 동정을 베풀 기분이 나게 하지 않습니다. 오히려 형을 거칠게 만들고, 그의 안에 잠자고 있던 질책의 물결을 출렁이게 합니다. 하지만 형은 이 모든 것으로 인해 자기가 아버지에게서 멀어졌다는 걸 알아채지 못합니다. **아버지**는 이 불쌍하고 거듭 길을 잃은 아들을 참으로 다르게 대합니다! 그는 돌아온 아들이 탕진한 재화와 잃어버린 모든 것을 생각하지 않습니다. 오히려 그 아들을 다시 곁에 두게 되어서 더없이 행복해합니다. 아버지에게는 잃어버린 재물이 아니라 되찾은 아들이 중요합니다. 사악하고 기력을 갉아먹은 열정의 상흔인 누더기를 걸쳤는데도, 그는 자기 **아들**을 다시 알아봅니다. 바로 이것이 복음의 핵심입니다.

우리는 살면서 때로 우리가 원하는 것을 몽땅 날렸는지도 모릅니다. 어쩌면 우리의 부부 관계를 날렸을 수도 있고, 우리의 좋은 평판을 날렸을 수도 있습니다. 우리의 신체나 우리의 상상력을 망쳤을 수도 있습니다. 질투와 바람직하지 않은 열정의 열기가 우리의 생각들을 물어뜯어 망가뜨렸을 수도 있습니다. 우리는 우리의 단순한 믿음을 하수 도랑에 처박고 허무주의자와 염세가가 되었는지도 모릅니다. 모든 게 그럴 수 있습니다. 그러나 대단히 놀라운 사실이 있습니다. 그럼에도 하나님이 나를 포기하지 않는다는 것입니다. 그분은 언제나 나를 당신의 자녀로 인정하십니다. 그분은 나를 잊지 않으시겠다고 말씀하십니다. 어떤 사람이 내 하늘 아버지께서 하시는 것만큼 많은 일을 나를 위해 했다면, 그가 자기의 가장 사랑하는 이를 나를 위해 희생했다면 그는 나를 **잊지 않을 것**입니다. 그런 까닭에 내가 돌아갈 수 있습니다. 하나님은 내가 **잃어버린** 것에 신경 쓰지 않으시고, 내가 **어떤지** 신경 쓰십니다. 그분이 마음 쓰시는 대상은 다시 문 앞에 서 있는 불행한 자녀입니다.

그런데 이 불행한 자녀가 내가 아니고 다른 사람, 곧 내 동료라면 어떨까요? 그럴 때 나는 어떤 태도를 보일까요? 아마도 형처럼 말할지도 모릅니다. "내 차례가 먼저입니다. 따지고 보면 나는 오랜 투사이니까요, 하나님!" 그러나 이것은 정말 섬뜩한 말이 아닙니까? 우리는 이렇게 말함으로써 아버지에게서 멀어진다는 것을 왜 알아채지 못하는 걸까요? 신뢰할 만하다는 우리 그리스도인들이 말입니다. **아버지께서 자기 자녀를 다시 알아보시는 곳에서 우리는 우리의 형제자매를 확실히 알아보아야 합니다.** 나는 아버지의 즐거움에 참여할 마음이 없는 걸까요? 그렇다면 "내가 가진 모든 것은 다 네 것이다"라는 아버지의 말씀은 곧바로 효력을 잃을 것이고, 나 자신도 효력을 잃게 될 것입니다. 하나님이 기뻐하시는 곳에서 우리가 더는 기뻐하지 않을 때, 하나님이 탄식하시는 곳에서 우리가 더는 탄식하지 않을 때, 우리의 심장이 아버지의 심장 박동과 다르게 뛸 때, 그 즉시 하나님과 더불어 누리던 평화가 우리에게서 떨어져 나갈 것입니다.

그러고 나서 훨씬 심각한 일이 벌어질 것입니다. 곧바로 우리는 본문에 등장하는 형이 하는 것처럼 아버지를 의심하기 시작할 것입니다. 형은 아주 진지하게 자문했을 것입니다. '아버지께서 이렇게 이상하게 행동하시다니, 이분이 정말 내 아버지란 말인가?' 그렇습니다. **형은 의심하고 있습니다.**

얼마나 많은 의심이 우리의 마음속으로 들이닥치는지를 숙고해

본 적이 있는지요?

우리는 실로 많은 사람을 의심하고 원망합니다! 우리는 전시에 보았던 참상을 생각하면서, 또는 포로수용소나 병실에서 직접 겪었거나 다른 사람들이 겪었던 고통을 생각하면서 자애로운 하나님이 계신다는 사실을 의심합니다. 우리는 동과 서의 혼란을 보면서, 역사의 주도권을 손에 넣으려는 허튼 생각의 봉기를 보면서 하나님의 전능과 능력을 의심합니다. 우리는 하나님이 죄와 보응의 법을 실제로 파기하신다는 사실을 의심합니다. 그렇게 우리는 모든 것을 의심합니다. 우리는 우리의 염려, 불안, 절망을 의심할 뿐 아니라 철석같이 믿기도 합니다. 하나님 주위는 대단히 고요한데, 우리는 그것을 조금도 느끼지 못합니다. 우리의 심장은 시끄럽게 뛰고 있습니다.

의심은 지성인들, 소위 합리적이면서도 소심한 사람들 안에만 뿌리박고 있는 게 아니라 전혀 다른 데에도 뿌리박고 있다는 것을 이해하시는지요? 더 자세하게 말하자면(형의 경우를 보십시오!) 하나님의 심장 박동과 다르게 뛰는 마음에서, 날마다 기독교 환경 안에 살면서도 아버지와 늘 함께하지 않는 마음에서 의심이 유독한 안개처럼 피어오른다는 것을 분명히 이해하셨는지요? **형제와 자매를** 잃고 어쩌면 염세가가 되어 누더기만 보는 마음에 의심이 있습니다. 이 누더기 안에 숨어 있는 사람, 그리스도께서 대신하여 죽으신 하나님의 잃었던 자녀를 보려고 하지 않는 마음에서 의심이 싹튼다는 것을 우리는 항상 기억해야 합니다.

바로 **여기에**, 여기에만 우리의 의심과 불화의 원인이 있습니다. 형은 우리가 아버지를 의심하는 것이 어떻게 가능한지, 우리가 불만을 품는 것이 어떻게 가능한지, 우리가 (주일 예배와 일상적인 성경 독서 한가운

기다리는 아버지

데서) 돼지 죽통에 앉는 것이 어떻게 가능한지를 생생히 보여줍니다.

우리 자신과 절연하는 이 시간을 마치기 전에 우리가 그리스도인으로서 정말로 해방되어 기뻐하는 사람들인지, 아니면 우리가 기독교 노예들인지 점검하는 것이 좋겠습니다.

우리가 아버지의 사랑에 감동하고 물들어서, 이 사랑을 누구에게 베풀 수 있는지를 돌아볼 때만, 곧 어떤 상처로 남몰래 피눈물을 흘리는 동료에게, 선한 충고가 필요한 이웃에게, 남이나 다름없게 되어 배회하며 우리가 알지 못하는 문제로 괴로워하는 미성년에게 이 사랑을 베풀 수 있는지를 돌아볼 때만 우리가 하늘에 계신 아버지의 마음을 알고, 형제처럼 보호하시는 우리 주님과 구원자의 마음을 아는 것이 어떤 의미이며 어떤 행복인지를 분명히 알게 될 것입니다. 우리가 그 사랑으로 따뜻해지고 감동할 때만 그렇게 될 것입니다. 그러면 우리는 노예처럼 성가신 의무로 급히 낭독하듯 일상적 기도를 드리는 것이 아니라, 아버지와 나누는 복된 대화로서 기도를 드릴 것입니다. 그러면 우리가 성실한 노예의 의무로 여겨 행했던 성경 읽기가 영원의 숨을 들이쉬는 일이 될 것입니다.

우리가 그리스도인을 자처하면서도 아버지 집 한가운데서 이방인이 되고 투덜거리는 의무자가 된다면, 이는 참으로 딱한 노릇입니다. 하지만 날마다 기적을 새롭게 알아채는 것은 참 멋진 일입니다. 우리의 말을 귀 기울여 들으시는 분, 우리를 기다리시는 분, 우리가 염려에 골몰하는 곳에서 우리를 위해 온갖 놀라운 일을 차례차례 일으키시는 분이 계심을 알아채는 것은 참 영광스러운 일입니다. 그분은 장차 우리가 우리 삶의 거친 모험을 끝내고 타향에서 귀향하는 마지막 시간에도 영원한 아버지 집 대문의 층계에서 우리를 기다리실 것입니다. 그분이 우리가 예수와 더불어 영원토록 대화할 수 있는 곳으로, 우리가 지금 여기서 맛보기 시작한 평화가 우리를 감싸는 곳으로 우리를 인도하실 것입니다.

기다리는 아버지

03.

부자와 가난한 나사로

"어떤 부자가 있었는데, 그는 자색 옷과 고운 베옷을 입고, 날마다 즐겁고 호화롭게 살았다. 그런데 그 집 대문 앞에는 나사로라 하는 거지 하나가 헌데투성이 몸으로 누워서, 그 부자의 상에서 떨어지는 부스러기로 배를 채우려고 하였다. 개들까지도 와서, 그의 헌데를 핥았다. 그러다가, 그 거지는 죽어서 천사들에게 이끌려 가서 아브라함의 품에 안기었고, 그 부자도 죽어서 묻히었다. 부자가 지옥에서 고통을 당하다가 눈을 들어서 보니, 멀리 아브라함이 보이고, 그의 품에 나사로가 있었다. 그래서 그가 소리를 질러 말하기를 '아브라함 조상님, 나를 불쌍히 여겨 주십시오. 나사로를 보내서, 그 손가락 끝에 물을 찍어서 내 혀를 시원하게 하도록 하여 주십시오. 나는 이 불 속에서 몹시 고통을 당하고 있습니다' 하였다. 그러나 아브라함이 말하였다. '얘야, 되돌아보아라. 네가 살아 있을 동안에 너는 온갖 호사를 다 누렸지만, 나사로는 온갖 괴로움을 다 겪었다. 그래서 그는 지금 여기서 위로를 받고, 너는 고통을 받는다. 그뿐만 아니라, 우리와 너희 사이에는 큰 구렁텅이가 가로놓여 있어서, 여기에서 너희에게로 건너가고자 해도 갈 수 없고, 거기에서 우리에게로 건너올 수도 없다.' 부자가 말하였다. '조상님, 소원입니다. 그를 내 아버지 집으로 보내 주십시오. 나는 형제가 다섯이나 있습니다. 제발 나사로가 가서 그들에게 경고하여, 그들만은

고통 받는 이곳에 오지 않게 하여 주십시오.'

그러나 아브라함이 말하였다. '그들에게는 모세와 예언자들이 있으니, 그들의 말을 들어야 한다.' 부자는 대답하였다. '아닙니다. 아브라함 조상님, 죽은 사람들 가운데서 누가 살아나서 그들에게로 가야만, 그들이 회개할 것입니다.' 아브라함이 그에게 대답하였다. '그들이 모세와 예언자들의 말을 듣지 않는다면, 죽은 사람들 가운데서 누가 살아난다고 해도, 그들은 믿지 않을 것이다.'"

누가복음 16:19-31

이 말씀은 어린아이들뿐 아니라 어른들도 자주 즐겨 듣는 이야기입니다. 이 이야기에서는, 비밀에 싸인 저승의 광경 앞을 가리던 막이 잠시 걷히고 천상과 지옥이 눈에 보이는 듯합니다. 살아 있는 동안 호사를 누린 부자가 지옥에서 심히 고통을 당하는 모습과 가난한 사람이 마침내 자신이 참고 견딘 모든 고통에 대해 보상받는 모습을 보는 것은 어린이의 상상에도 이로운 일이고, 특히 우리 어른들 안에 있는 옛 아담에게도 이로운 일입니다. 이 이야기는 저승에서 이루어지는 결산에 관한 것처럼 보입니다. 마치 우리가 어린 시절 동화를 들을 때 반가워하고, 아늑하던 그 분위기가 우리를 감싸는 것만 같습니다. 아마도 우리가 어린 시절부터 기억하는 "하나님" 이야기들과 같은 분위기일 것입니다.

그런데 이제 우리의 나이가 지긋해졌습니다. 그러므로 우리는 구원자께서 우리를 주시하시고, 이 이야기도 낯선 눈으로 우리를 주시하며, 다음과 같이 묻는 것을 들어야 합니다. "나사렛 예수가 우리가 어린 시절부터 알던 구원자, 일찍이 우리의 삶 속에 들어오셔서 다정하게 보호하시는 바로 그 구원자이신가?" 이제 우리는 다 자란 성인으로서 그분에 대한 전혀 다른 면을 읽습니다. 바로 그분이 평화가 아닌 칼을 주러 오셨다는 내용입니다. 실제로 우리는 역사가 그분을 위해 서로 싸우는 적대적인 군대들의 무기 소리로 가득 차 있었던 것을 봅니다. 우리는 그분이 출현하시고 전파되는 곳마다 적그리스도가 출현하는 것을 봅니다. 우리가 나사렛 예수로 인해 발생하는 영들의 싸움과 분열을 알아보기 위해 시간상 먼 과거나 공간상의 먼 데를 살펴볼 필요가 없을 정도입니다. 확실히, 이러한 모습은 악의 없는 어린 시절에 접했던 이야기와는 사뭇 달라 보입니다.

부자와 가난한 나사로에 관해 말하는 이 감동적인 "옛날이야기"도 달라진 눈으로 우리를 주시하며 묻습니다. "무덤 너머에서 이루어진 이 기묘한 운명의 역전이 과연 옳은 것인가? 저승에서 이루어지는 이 보상의 고안은, 운명을 바꿀 힘이나 선한 의지 없이 비참하게 살아가는 사람들을 달래려는 나쁜 동기에서 비롯한 게 아닌가? 이 보상은 언젠가 니체가 명명한 "내세의 부패"에 기인한 게 아닌가? 부자가 지옥에서 드러내는 생각은 불리해진 사람들(Zu-kurz-Gekommenen)의 증오심에서 비롯한 게 아닌가?

이 이야기를 이런 식으로 이해하는 것은 부적절합니다. 이 이야기를 이해할 때 결정적으로 중요한 것은, 이 이야기를 열어 줄 열쇠 구멍을 찾는 것입니다. 이 열쇠 구멍은 다름 아닌 아브라함의 말입니다. 아브라함은 사람이 자신의 영원한 운명과 더불어 깨끗한 곳으로 들어가려면, 모세와 예언자들의 말을 귀 기울여 들어야 한다고 말합니다. 이 이야기에서 중요한 것은 하나님의 말씀을 마주하여 올바른 위치를 잡는 것, 바로 우리를 다섯 형제 중 한 사람으로서 여기는 것입니다. 이 것이 이 이야기의 핵심입니다. 이 핵심에서만 이 이야기는 열리기 시작합니다.

우리는 뜻밖의 사실을 접하게 됩니다. 그것은 부자의 비밀과 비운이 그의 지갑에 있지 않고, 이 **말씀**과 맺는 관계에 있다는 사실입니다. 바로 이 관계에서 부자의 삶과 우리의 삶이 궁극적이고 엄밀하게 결정됩니다. 이제부터 이 결정의 문제에 비추어 두 양상을 관찰하고자 합니다.

"어떤 부자가 있었다." 이 사람의 삶에 무언가 옳지 않은 것이 있다는 게 이 말씀 안에 이미 표현되어 있습니다. 이 말씀은 부유하게 살면 악하고 불경하다는 것도 아니고, 가난하게 살거나 빚을 내서 사는 삶이 경건의 표지라는 것도 아닙니다. 그러나 어떤 사람을 두고 "그는 '부자'였다"라고 하는 것이 한 마디 남김없이 모든 것을 담은 말이라면, 그것은 실로 경악스러운 말일 것입니다. 저는 죽은 친척이나 친구를 위해 부고를 작성할 때면, 되도록 한 문장 안에 그의 특징을 담아서 말하려고 애씁니다. 예컨대 "그는 가족을 보살핀 착실한 아버지였습니다"라거나, "그는 사회적 기업의 지배인이었습니다"라거나, "그는 신의 있는 친구였습니다"라고 말하는 겁니다. 그러면 이제 한 사람을 두고, 부고에 "그는 매우 부자였다", "그는 날마다 즐겁고 호화롭게 살았다", "그는 호화찬란한 옷장을 마음껏 이용했다"라고 쓰는 것 이외에 할 말이 없다고 상상해 보십시오. 이웃에 대한 기억에 그런 것만 각인되어 있다고 상상해 보십시오. 보아하니, 그는 정말 부에만 마음을 쓴 것 같습니다.

그런 사람들은 자기의 부에 동화되어 왁자하게 떠들며 축제를 벌이면서도, 자신들의 생활 공간 가까이에 있는 또 하나의 현실을 보려고 하지 않습니다. 빛이 들지 않는 벙커와 허름한 막사와 같은 현실,

궤양을 앓으며 더러운 누더기를 걸치고 있는 나사로를 보려고 하지 않는 것입니다. 부자는 자신의 마차가 빈민가를 가로질러 갈 때면 눈을 감습니다. 그는 언젠가는 자기에게도 그런 일이 닥칠지 모른다는 우려, 곧 자기도 생활 수준을 잃으면 아무것도 아닐 수 있다는 우려를 참지 못합니다. 그는 소유의 껍질이 있어야만 공허한 공기처럼 흩어지지 않을 수 있습니다. 그의 속이 완전히 비어 있기 때문입니다. 혹여나 자신의 자색 옷과 비단옷을 상하게 하거나, 말끔히 씻어 향수까지 뿌린 피부를 가렵게 할까 봐 나사로의 헌데를 보지도 않습니다. 그는 나사로를 보지도 않으려고 뒷문으로 보내 버렸습니다.

장례 행렬이 지나갈 때, 부자는 창문도 가렸을 겁니다. 그는 죽음을 떠올리고 싶지도 않았기 때문입니다. 죽음이 그의 삶을 지탱해 주는 모든 것, 더 낫게 말하자면 그의 공허한 삶을 제법 부풀려 주는 모든 것에 작별을 고하도록 하기 때문입니다.

물론 그는 정신질환자 시설에 많은 액수의 돈을 기부할지도 모릅니다. 이 일은 공공의 이익에 이바지하는 것처럼 보이지요. 그렇지만 그가 이런 일을 하는 이유는 그런 사람들의 실제 모습을 피하려고 하기 때문입니다. 그는 자신의 부귀영화 한가운데서 다음과 같은 두려움을 품고 있습니다. '내 삶에 어둡고, 매우 위험한 상황이 닥치면 어쩌지? 어느 날 내 몸에 치명적인 악성 종양이 생기면 어쩌지?' 그래서 그는 이러한 비참한 광경들을 눈에서 필사적으로 닦아 냅니다.

부자가 멀리하는 이가 더 있습니다. 그이는 다름 아닌 **하나님**입니다. 부자는 세상을 다 얻은 사람입니다. 그는 별장과 고급 마차와 은행 계좌를 소유하고, 사람까지 부립니다. 그러나 어느덧 그는 인정 없고, 이기적이고, 겁에 질린 사람이 되었습니다. 그의 영혼에 손상을 입혔을 것으로 추정할 만한 원인은 많습니다. 그래서 그는 하나님 앞에서 자기 영혼의 상태에 대해 해명하는 것을 싫어합니다. 그래서 그는 이 해명의 의무를 일깨우는 이웃인 나사로에게 뒷문으로 가도록 지시합니다.

이 이야기의 의미를 놓쳐선 곤란합니다. 그 의미를 놓칠 경우, 우리는 고액 은행 계좌를 소유하지 않은 사람으로서 만족스럽게 고개를 끄덕이며 "우리는 조금 더 나은 사람들이지"라고 말하고 지나칠 수 있기 때문입니다. 어느 면에서는 우리도 저마다 부자입니다. 그러니까 우리의 삶이 어떤 위치에 있든지 간에, **우리도** 저 부자처럼 우리의 형제 나사로를 경멸하면서, 그에게 뒷문으로 가도록 마음속으로 지시하지는 않았는지 묻는 것이 정말 중요합니다.

어쩌면 우리는 이지적인 면에서 양서(良書)와 주요 위인전을 즐기는 타고난 부자인지도 모릅니다. 그래서 우리는 유약한 인상을 주는 소년과 소녀 가운데 영화와 섹스, 잡지와 바보상자인 텔레비전 사이를 오가며 생활하는 이들을 경멸하는지도 모릅니다. 그렇지만 이들이 얼마나 불행하게, 얼마나 공허하게 근근이 살아가고 있는지 생각해 보신 적이 있는지요? 우리가 우리의 풍부하고 깊이 있는 기독교적이며 영적인 생활의 우월감 안에서 그들을 점점 더 불행에 빠뜨리고, 뒷문 신세로 남아 있게 할지도 모른다는 것을 생각해 보신 적이 있는지요?

어쩌면 우리는 배우자와 자녀들과 친구들에게 사랑을 받고 있다는 점에서 부자인지도 모릅니다. 어느 이웃집의 괴팍한 노처녀가 입을 닫고 살아갑니다. 그 여인만 보면 어린아이들과 강아지들이 도망치지요. 그녀는 풍부하게 사랑받는 우리와 적절한 대조를 이룹니다. 사실, 우리는 이유 없이 사랑받는 게 아니라고 생각합니다. 우리는 우리가

기다리는 아버지

사랑받는 이유를 어느 정도 보여준다고 생각합니다. 그녀 주변의 수백 가지 작은 몸짓이 그녀를 매번 삶의 응달과 뒷문으로 추방하기에 그녀는 항상 통분을 느낍니다. 마침내 그녀의 통분은 최후 심판의 날에 사람들을 고소할 것입니다.

우리는 우리의 가까운 주변이나 먼 주변에서 발생하는 자살이나 신경 쇠약을 볼 때마다 깜짝 놀랍니다. 그러고는 불현듯 다음과 같은 사실을 깨닫습니다. "우리의 애정 없는 태도 때문에 파멸하여 그늘에서 살아가는 사람이 있습니다. 그늘에서 살아가는 저 사람을 우리가 외면했습니다. 우리는 그의 가난과 그를 싸늘하게 만드는 괴로움을 보고, 두려움과 불쾌감을 느꼈지요. 그렇게 우리가 그를 점점 더 깊은 외로움에 빠뜨리고 말았습니다. 그 사람을 고립과 행방불명 상태에서 끌어내어 사랑해 줄 사람이 아무도 없었군요."

그렇습니다. 이처럼 우리도 저마다 부자이기 때문에, 방법과 장소를 불문하고 우리의 문 앞에는 가난한 나사로가 누워 있습니다. 우리가 부자를 타락한 인간으로, 암거래상으로, 사회적인 짐승으로 여기며 "**우리는 그렇지 않아!**"라고 만족하며 단언하는 것으로 이 비유가 가진 폭발력을 성급히 완화해선 안 될 것입니다. 부자는 그런 사람이 아닐 수 있습니다. 그는 불행과 너무 밀접하게 접촉하는 것을 두려워했을 뿐이며, 가난한 사람의 냄새에 기겁했을 뿐입니다. 왜냐하면, 그 접촉과 냄새가 그의 생활과 주거를 아우르는 매끈한 인생행로를 의심하게 할 수 있기 때문입니다. 그는 부자이면서도 안전을 갈망했습니다. 안전하게 살려고 하는 사람은 의심하며 경계할 수밖에 없습니다.

그렇지만 깃털로 만든 침대도 깊은 밤에 찾아오는 부자의 고독을 몰아내진 못합니다. 그는 이따금 자기의 삶에 무언가 옳지 않은 게 있음을 느낍니다. 그럴 때면 그의 영혼 앞에 불안한 형상들이 나타났습니다. 불행한 사람들이 그의 곁을 지나가며 그를 주시했고, 그 시선에 호화주택이 갑자기 지저분한 막사로 변했습니다. 그가 낮에 밀어냈던 것이, 밤이 되어 꿈에 나타나 그의 불친절하고 무정한 마음을 고소합니다. 사람들 대다수가 이럴 때 하는 일을 이제 그도 합니다. 도의적 변명거리를 마련하려고 힘쓰는 것입니다. 그는 자기가 가난한 사람들을 위하는 마음도 갖추고 있으며, 인색하지도 않음을 자신과 타인에게 증명하려고 애씁니다. 그래서 가난한 사람들을 돕기 위한 자선 축제를 여러 차례 베풉니다. 축제는 신나는 분위기였고, 자선 자금도 상당히 많이 걷혔습니다. 그는 자기 예금 계좌에서 막대한 기부금을 떼어 국내 선교 기관과 자기 도시의 박애 단체에 희사합니다. 급기야 그는 공익 위원회 의장으로 선출되기도 했습니다. 물론 자기 선배들 가운데 한 사람을 통해 자기를 대신하게 했지만요. 그는 그저 사회봉사 단체들과 인도적인 단체들의 후원자로서 뒷전에 머무르기 좋아했습니다. 사람들은 그의 그런 점을 겸손으로 해석했지요. 하지만 사실상 이러한 행동들은 그가 자신과 불행 사이에 방어를 위한 매개물을 끼워 넣으려고 하는 의도가 담긴 것이었습니다. 그러니까 그는 "개인적으로" 나사로를 피한 것입니다. 그와 그의 동류(同類)가 보기에는 비인격적인 조직들의 뛰어난 계획을 통해 돕는 게 훨씬 나은 일이었습니다. 그는 이렇게 말했습니다. "사회적 조치도 계획적으로 해주면, 이분들에게 더 도움이 될 것입니다. 타인을 직접 개인적으로 돕는 것은 경제적이지 못한 일입니다. 고작 사람들은 두서넛의 가난한 사람에게만 가서, 이웃 사랑을 낱개로만 베풀게 될 것입니다. 반면에 저는 조직의 계획을 통해 이웃 사랑을 모개로 베풉니다." 그는 다달이 우편으로 (당연히 자동 주문 서비스를 통해!) 공공복지 사업에 기부금을 보내고, 그것만으로 사랑의 의무를 다했다고 생각합니다. 그에게 이 기부금은 내적 불안을 잠재우는 일종의 부적인 셈입니다. 그에게 이러한 부적이 필요한 까닭은, 바로 그가 평안하지 않기 때문입니다.

그는 자동차에 행운을 가져다준다는 꼭두각시를 걸어 두었습니다. 이제 그의 예금 계좌가 그에게 영원한 행복을 보장하는 것만 같습니다. 그런데 그는 그 모든 것을 충분히 누릴 수 있는데도, 어째서 "선한 일"에 이 돈을 사용하는 걸까요? 다들 그렇게 하기 때문입니다! 그는 이렇게 생각하면서, 자신의 오락장으로 돌아갑니다. 친구들의 웃음소리가 울리고, 세련된 와인 잔에 담긴 화이트 와인에 진주 같은 거품이 이는 그곳으로 돌아갑니다.

성경이 말하는 안팎으로 부자인 사람들이 우리 앞에 서 있습니다. 달란트를 많이 받은 사람들입니다. 안팎으로 부자인 이 사람들은 때때로 가장 위태로운 사람으로 여겨집니다. 우리의 삶을 위대하게 해 주고, 매혹하는 모든 것—우리의 돈이나 활력, 사랑받음이나 행복한 기질—이 하나님과 우리 사이에 끼어들 수 있기 때문입니다. 우리는 이 모든 것을 이기적으로 즐길 수 있습니다. 우리가 사귀는 친구 관계와 우리가 베푸는 도움도 이기적으로 즐기는 대상일 수 있습니다. 모든 선물 가운데 가장 큰 선물들, 곧 "재산, 명예, 자녀, 아내"는 우리가 이기적으로 즐길 대상이 아니라 우리의 영원을 팔아서 사야 할 값진 것입니다. 매매 행위는, 우리가 문 앞에 있는 나사로를 경멸하는 순간 매우 은밀하지만 지체 없이 시작됩니다.

이제 사건의 진행이 불가피하게 계속됩니다. 더 엄밀히 말하면, 모든 사람에게 매우 확실하게 일어날 수밖에 없는 일이 일어납니다.

부자가 죽은 것입니다. 그는 글자 그대로 "마지막 순간에" 자기가 하나님으로부터 멀리 떨어진 곳으로 추방되는 걸 봅니다. 여기서 하나님이 우리의 삶을 재는 척도가 매우 다르다는 사실이 드러납니다. 우리가 마음대로 우리 자신을 평가했다니, 참으로 한심합니다! 우리가 다른 이에게 마음대로 평가를 받다니요. 이 또한 정말 어처구니없군요!

그때 부자는 지옥에 앉아서 자기의 장례식을 바라봅니다. 그는 살아 있는 동안 음탕하고 허영심이 가득한 마음으로, 자기의 장례식이 얼마나 장엄할 것인지 상상하곤 했습니다. 다수의 자선 단체가 함께 행진하고, 그 도시의 가장 훌륭한 설교자가 그를 천상으로 올려 보낼 것을 상상했지요. 그에게서 여러 번 기증받은 가난한 사람들이 흐느껴 울며 손수건을 적실 거라고 상상했던 것입니다. 이제 그는 자신의 장례식을 지옥에서 실제로 보고 있습니다. 갑자기 지옥에서 바라보는 장면이 불가사의하게 변합니다. 답답하게도, 모든 것이 그의 들뜬 환상 중에 보이던 것과 다릅니다. 물론 그의 장례식은 장엄합니다. 그렇지만 이 장엄함은 그를 더는 기쁘게 하지는 못하고 오히려 고통을 줍니다. 지금 그의 모습은 그가 기대하던 모습과는 완전히 딴판이기 때문입니다.

그는 흙 한 삽이 우레 같은 소리를 내며 그의 관 위에 떨어질 때, 그의 가장 친한 친구가 그 관을 향해 말하는 것을 들었습니다. "이 친구는 훌륭한 삶을 영위했습니다." 부자는 소리를 질러 그 말을 중단시키려고 하지요(하지만 아무도 그의 소리를 듣지 못합니다). "아니야. 내 인생을 내가 그르쳤네. 그래서 이 불꽃 속에서 고통을 겪고 있다네!"

그때 흙 한 삽이 또 떨어지고, 흙덩이가 그의 마호가니 관 위로 다시 흘러내립니다. 그리고 다른 목소리가 들려옵니다. "그는 이 도시의

기다리는 아버지

가난한 사람들을 사랑했습니다." 그러자 부자는 소리를 질러 그 말을 중단시키려고 합니다. "오, 여러분이 진실을 알면 좋겠습니다! 나는 이 불꽃 속에서 고통을 겪고 있습니다!"

이번에는 수도회의 사랑받는 원장 성직자가 세 번째로 흙 한 삽을 던지며 말합니다. "그는 신심 깊은 분이었습니다. 그분은 우리에게 종, 유리창, 일곱 가닥 촛대도 기증했습니다. 그의 재에 평화가 함께하기를 바랍니다!" 다시 흙덩이들이 그의 관에 떨어져 부딪혀 콰르릉 소리를 냅니다. 그 소리는 지옥의 분화구에서 터져 나오는 우렛소리입니다. 이 소리를 들으며 부자는 다시 소리칩니다. "나는 이 불꽃 속에서 고통을 겪고 있습니다!"

하나님의 척도는 참으로 다르지요. 무서울 정도로 다릅니다!

이제 가난한 사람의 차례입니다. 그의 이름은 나사로입니다. 그 이름의 뜻은 다음과 같습니다. "하나님은 나를 불쌍히 여기시는 분이다." 그렇지만, 사실상 하나님 외에는 누구도 그를 주목하지 않습니다. 그는 자기 발 앞에 음식쓰레기처럼 떨어진 빵조각으로 연명합니다. 그는 부자의 집 뒷문 옆에서 숙식하지요. 그에 관해 표면적으로 말할 수 있는 내용은 사실상 이것이 전부입니다.

이미 아시겠지만, 우리가 앞서 부(富)의 저주에 대해 그랬던 것처럼 이제 하나님을 위하여 가난의 복에 대해서도 속단하여 말해선 안 됩니다. 부가 부자를 지옥에 데려간 것이 아니며, 가난이 가난한 사람을 천상에 데려간 것도 아닙니다.

가난한 나사로에게는 합격해야 할 시험들, 부자의 인생에 다가들었던 시험들이 없었습니다. 그러나 이것을 너무 단순하게 생각해선 안 됩니다. 그에게 조용한 뒷문 옆에서 영원한 것에 대해 숙고할 시간이 많이 있었다고 하더라도, 욥이 불행 가운데 결국 그 자신을 저주할 수밖에 없었던 것처럼 이 숙고의 시간이 그를 분노와 저주로 몰아넣었을 수도 있습니다. 또한 그가 공허하고 무의미하게 낭비되는 것 같은 모든 시간 가운데 "기도할 시간"을 **내려고** 했으나, 그러지 못했을 수 있습니다. 그의 삶이 너무 지치고 절망적이었기 때문입니다. 곤궁은 기도만 가르치는 게 아니라 저주도 가르쳐 주기 때문입니다.

성경은 "가난한 사람들"에 관해 다루면서 특별한 종류의 가난을 말합니다. 성경 안에서 가난이 반드시 돈의 부족과 관계있는 것은 아닙니다. 성경은 세리들과 창녀들, 공적과 업적이 전혀 없는 사람들에게 관심을 기울입니다. 그들은 삶의 한계에 맞닥뜨린 사람들이며, 삶의 끝자락에 이른 사람들이라는 면에서 가난한 이들입니다. 누구나 생의 어느 시기에 삶의 끝자락에 이르러, 몹시 가난하고도 절망적일 수 있습니다. 우리도 때때로 모든 안전장치가 부서지는 것을 경험한 적이 있을 겁니다. 공중전에서 경험했을지도 모르고, 포로수용소에서 경험했을지도 모릅니다. 혹은 어깨에 어마어마한 죄책을 짊어진 듯한 상태를 경험했을지도 모릅니다. 바로 그러한 상황들 속에서, 사물과 사람을 더는 믿을 수 없게 된 **그때** 하나님의 은총과 보호하심이 우리 가까이에 있는 것을 경험한 적이 있는지요. 바로 그 순간에 하나님의 약속은 효력을 발휘합니다. 더는 손아귀에 쥔 것이 없고 출구가 보이지 않을 때, 우리는 하나님께 모든 것을 맡기고 오로지 그분만이 우리를 돌보시도록 할 수 있습니다.

집이 없는 사람들과 이튿날 일용할 양식이 없는 사람들은—이를 허용하는 모든 인간의 죄과에도 불구하고—자신들의 불안전과 가난을 통해 하나님의 은혜를 알게 됩니다. 하나님께서 붙들어 주시지 않으면 제힘으로는 그들 자신을 지탱할 수 없지만, 하늘의 구름을 조종하시고 꽃들에게 옷을 입혀 주시는 주님이 그들을 위해서도 길을 평탄하게 하시며, 놀라운 선물을 가지고 기다리신다는 것을 알게 되지요. 또한 양심의 고통을 느끼는 사람들은 자신들의 불안전을 통해서 하나님의 은혜를 알게 됩니다. 제힘으로 얻을 수 있는 평안은 없으며, 하나님은 평안하지 않고 부서진 마음을 멸시하시지 않는다는 것을 깨닫게 됩니다. 하나님은 그분 앞에 빈손으로 서는 사람에게 사랑을 선사하십니다.

이제 장면이 바뀝니다. 저승의 장면입니다. 거대한 무덤의 저편과는 전혀 다른 가치 질서들이 나타납니다. 우리가 공허한 그늘과 밤으로 여겼던 많은 것이 반짝반짝 빛나고, 우리가 집의 토대로 삼았던 많은 것이 부서집니다.

사는 동안 나사로에게는 하나님의 자비를 기대하는 것, 그 한 가지 외에는 아무것도 없었습니다. 그러나 이 한 가지가 그를 천상으로 데려왔고, 그를 떠나지 않고 있습니다. 그는 하나님의 영원한 공동체 안에서 안식합니다. 그는 하나님 가까이에서 숨을 쉬고, 그분의 빛나는 얼굴 아래서 지냅니다.

반면에 부자는 생이 제공하는 모든 것을 소유했던 사람입니다. 하지만 그 모든 것은 그에게 임대된 것에 불과합니다. 그 모든 것은 사람이 영원히 작별을 고할 때 반환해야 하는 것이기도 하지요. 이제 부자는 저승에 앉아 무시무시한 고독에 싸였습니다. 그가 생전에는 능숙하게 숨겼던 고독입니다. 그는 먼 거리에서 나사로의 변용(變容)을 바라봅니다! 참으로 기이한 대조입니다!

이런 대조를 보게 하려고 지옥이 **존재합니다**. 지옥에 있다는 것은 목마른 사람이 은빛 샘을 발견하고도 마시지 못하는 것처럼, 하나님으로부터 멀리 떨어져서 그분을 바라보기만 하는 것을 의미하기 때문입니다. 하나님의 영광을 바라보기만 하고 접근해서는 안 되는 곳, 바로 그곳이 지옥입니다. 하나님이 주시는 평안의 반대쪽, 우리의 충만한 삶의 반대쪽은 가난한 자살자들이 추구하는 것과 같은 침묵하는 무(無)가 아니며, 무언의 무덤도 아니며, 입적(入寂)도 아닙니다. 영원한 보호의 반대쪽은 모든 영원한 것을 박탈당한 상태, 영원하고 장엄한 광채가 더는 우리를 비추지 않아서 우리가 일그러지는 상태를 견뎌야만 하는 곳입니다. 베르나노스(Bernanos)는 자신의 소설 『어느 시골 신부의 일기』에서 이렇게 말합니다. "그저 침묵을 지키시오. 처음 15분간 침묵을 지키시오. 그러면 자신들이 저항하던 '나는 길이요, 진리요, 생명이다'라고 말하는 것이 아니라, '나는 영원히 닫힌 문이며, 출구 없는 길이며, 거짓과 저주다'라고 말하는 것을 듣게 될 것입니다."

그러나 우리는 이렇게 물을지도 모르겠습니다. "무수히 많은 사람들이 생전에 이미 하나님으로부터 멀어진 채 살고 있지 않은가요? 그런데도 그들은 지옥에 있다는 인상을 주지는 않습니다. 그렇기는커녕 자신들의 구속받지 않는 상태를 즐기고, 아주 잘하면 하나님을 신뢰하는 나사로에게 자비심 깊은 연민을 품기까지 하니 말입니다."

그렇습니다. 하나님을 부인하는 사람의 삶은 지옥과는 두 가지 면에서 중요한 차이가 있습니다.

첫째, 부자, 곧 하나님을 부인하는 사람은 이 세상에서는 진정한 자신의 상태를 은폐할 수 있습니다. 사실 대단히 좋은 마취제들은 하나님의 선물을 악용한 것에 지나지 않지만, 그것들은 인생에 무엇이든 제공하는 것만 같습니다! 하지만 지옥, 곧 하나님이 확실하게 정하신 경계들 뒤에서는 안전장치들이 무너지게 마련입니다. 이승에서는 자책의 은밀한 섬광으로서 이따금 한 사람 안에서 명멸하다 재빨리 꺼지는 것이, 저승에서는 연기 나는 화염이 됩니다. 이승에서는 우리의 양심 안에서 낮은 소리로 째깍째깍하던 것이 저승에서는 갑자기 최후 심판의 나팔 소리가 되어 더는 흘려들을 수 **없게** 됩니다. 나사로는 자기가 믿던 것을 보도록 허락받았지만, 부자는 자기가 **믿지 않았던 것을 반드시 보아야만** 했습니다.

둘째, 모든 결정이 최종적으로 내려집니다. **이승에서는** 우리가 부름을 받고 **우리가** 결정을 내리지만, **언젠가는** 하나님이 책들을 펼치고 결정을 내리실 것입니다. 이승에서는 예수 그리스도께서 우리가 "살든지 죽든지" 그분을 "유일한 위안"으로 삼고자 하는지를 물으시지만, **언젠가는** 이 유익하고 위안이 되는 물음도 그칠 것입니다. 과연 하나님의 자비는 무한하지만, 무한히 제공되지는 않습니다. 이승에서는 우리가 쌍점(콜론)으로 표시되는 하나님의 은혜와 그리스도의 공로를 통해 살고, "유예"를 얻어 살다가 귀향할 수 있지만, 언젠가는 최종 결정이 이루어질 것입니다.

그때는 나사로도 우리에게 올 수 없고, 아브라함 조상도 그를 보낼 수 없습니다. 이 시점 이후에는 부드럽고 행복한 결말을 추가할 수 없습니다. 전에는 나사로가 부자의 식탁에서 떨어지는 빵부스러기를 기다렸지만, 이제는 부자가 나사로의 손가락에 달린 물방울을 기다리고 있습니다. 하지만 이미 시간은 다가왔습니다. 하나님의 자비의 시간은 흘러가 버립니다. "적기(適期)", 곧 "카이로스"는 그렇게 지나갑니다. 이제, 더는 벗어날 수 없는 심연이 입을 쩍 벌리고 있습니다.

부자는 이제 이 심연에서 극도의 곤경에 처한 채, 처음으로 사랑과 같은 것을 느낍니다. 하필이면, 그는 지옥에서 사랑을 느낍니다. 그는 지옥에서 사랑을 제대로 느끼지만, 더는 사랑을 실행할 수는 없습니다. 사랑은 이제 꽉 막혀 더는 흘러가지 못하는 것이기에, 그에게 고통이나 다름없습니다. 그는 자기의 다섯 형제를 떠올리고는, 그들이 순진하게도 우리의 삶에 영원의 운명이 얽혀 있음을 알아채지 못한 채 빈둥빈둥 살면서 비틀거리는 모습에 경악합니다. 부자가 지옥에서 그들을 생각만 하고, 바라보기만 해야 하는 것은 정말로 고통스러운 일입니다. 방황하는 사람들이 성숙한 이들의 말을 듣지 않는 것이 성숙한 이들의 고통이듯이, 살아 있는 사람들에게 경고할 수 없는 것이야말로 죽은 이들의 고통일 것입니다.

형제들은 이렇게 생각합니다. "우리는 우리의 생을 한층 더 즐기고, 방해받지 않고 그것을 누릴 테야. 그런 다음 지켜볼 거야. 셰익스피어의 『줄리어스 시저』에서도 '유예와 시간 벌기가 우리의 삶'이라고 말하잖아." 하지만 "지켜보는 것"은 아무 소용이 없습니다! **지금**이야말로 밭이 무르익어 추수할 때입니다. **지금**이야말로 적기입니다. **지금**이야말로 무화과나무에 열매를 요구할 때입니다. 이 자리에서 천국과 지옥에 관해 말하는 것은 저승의 지리학이 중요해서가 아니겠지요. 그런 지리학이 우리와 무슨 상관이 있겠습니까? 사람들이 지옥의 위치로 정할 만하다고 여겼던, 이글거리는 지핵(地核)이 우리와 무슨 상관이 있겠습니까! 이 자리에서 천국과 지옥에 관해 말하는 것은, 이 모든 것이 우리의 삶에 영향을 미치게 하려는 것입니다. 지금 이 자리에서 우리가 천국과 지옥에 관해 말하는 것은 "우리의 시간이 60분을 가진 것으로 규정되지 않고, 영원의 진지함을 담고 있는 것이며, 그리고 언젠가—장차 이 세상이 끝나고 최후의 심판의 날이 그 위에 임하듯이—끝나는 것으로 규정됨"을 말하려는 것입니다.

"당신도 부자의 다섯 형제 중 하나입니다." 바로 이것이 이 메시지에서 우리가 가장 중요하게 여겨야 할 핵심입니다. 아직 젊고 유망한 삶의 대로 위에서 움직이고 있다고 생각하고, 이 길의 불가사의한 목적지를 종교적 상상의 산물로 여기는 사람, 장차 마주할 교차로를 임의의 한 지점으로만 여기는 사람, 그 사람은 다른 이가 아닌 **당신**입니다.

저승에서 한 보고자가 와서, 모세의 책과 예언자들의 책에 있는 것, 사람들이 신화적인 것으로 여기는 것을 증명해 줄 수 있다고 생각하지 마십시오. 아브라함 조상은 당신에게 초자연적인 증명서를 보내지 **않습니다**. 하나님을 부지런히 피하려는 사람은 죽은 자의 출현을 허깨비와 망상으로 여길 것입니다. 하늘도 우리 위에 열리지 않을 것이고, 하나님도 기적을 일으켜 우리를 털썩 주저앉히지 않으실 것입니다. 하나님은 우리의 신경에 충격을 주려고 하는 분이 아니라, 우리를 자기 자녀로 여기며 사랑하시는 분이기 때문입니다. 하나님은 우리의 마음을 원하시는 분이기 때문입니다.

그러므로 죽은 사람도 오지 않고, 천국의 소리도 울리지 않으며, 구름 속 기적도 일어나지 않습니다. 이 모든 일은 부자의 다섯 형제 중 하나인 당신에게 일어나지 **않습니다**. 다만 우리에게는 육신이 되신 말씀, 십자가에 달리신 말씀이 있을 뿐입니다. 그분은 지금 조용하게, 이름 없이 오십니다. 그분은 자기 형제 나사로처럼 가난하고, 멸시받는 한 사람의 모습으로 우리에게 오십니다. 그분은 우리의 형제가 되고 싶어 하십니다. 그래서 그분은 음악대가 자기 앞을 행진하며 지나가게 하지 않으십니다. 그분은 왕의 호사를 포기하고, 명백한 성공과 무시할 수 없는 과시도 포기하셨습니다.

그분은 몹시 가난한 이들의 형제가 되고 싶어 하셨고, **그렇게 되셨습니다.** 그분은 가난한 이들의 형제가 되셔서 자기의 사랑을 나타내고자 하셨습니다. 헤르만 헤세(Hermann Hess)는 "우리가 그분을 사랑하는 것은, 그분이 베들레헴 마구간에서 태어나 자기 형제 나사로처럼 세상의 뒷문 옆에 누워 계셨기 때문"이라고 말합니다. 인간의 상상력이 하나님의 모습을 치장하는 것처럼 그분이 호화롭게 오셨다면, 아무도 그분의 사랑과 형제애를 믿지 않았을 것입니다.

그분은 사랑의 마음으로 큰 고요에 싸여 오십니다. 그래서 우리는 마음이 고요할 때만 그분의 말씀을 들을 수 있고, 그분을 뵐 수 있습니다. 우리는 그분이 이 땅에서 가난하고 조용한 사람들에게 하신 선한 말씀들을 들어야 합니다. 그분의 말씀을 들을 때는 세상의 시끄러운 소리를 듣는 것처럼, 라디오 소리를 듣는 것처럼, 신문 기사의 표제를 읽는 것처럼 해선 안 됩니다. 고요를 꺼리는 사람은 그분의 말씀을 **건성으로** 들을 수밖에 없습니다.

그분은 공공연한 기적도 좋아하지 않으셨습니다. 그런 까닭에 오늘날에도 인류의 대표격인 다섯 형제에게 저승 심부름꾼의 과시용 기적을 보여주지 않으십니다. 그런 기적은 오히려 그들에게 그분의 마음을 만나지 못하도록 할 뿐입니다. 그런 기적은 그저 그들의 신경질을 돋울 것입니다. 그런 기적은 그들을 구원하려는 진정한 사랑을 그들에게 숨길 뿐입니다.

그렇지만 다섯 형제나 다름없는 우리에게 "모세와 예언자들"이 있으며, 그들이 단 한 분을 두고 말한 모든 것이 있습니다. **이 세상에서**

듣지 않고, **이 세상에서** 구원받지 않는 사람에게는 **저 세상에서** 오는 메시지도 아무런 도움이 될 수 없습니다.

이 이야기는 얼핏 우리에게 생생한 동화처럼 다가오지만, 사실 대단히 섬뜩한 심각함을 담고 있습니다. 이 이야기는 우리 인생의 한계와 하나님의 인내의 한계에 관해 말합니다. "오늘 밤 네 생명을 네게서 도로 찾을 것이다. 너는 어디에 있느냐? 너는 어디에 서 있느냐?"라는 말씀을 아무도 그냥 지나칠 수는 없을 것입니다.

이와 동시에, 이 이야기는 우리를 보자기처럼 감싸는 위로와 기쁨을 가득 담고 있습니다. 이 이야기를 전하시는 분이 다섯 형제나 다름없는 우리를 부르고 계시기 때문입니다. 그분은 오늘 우리가 "시간과 영원 가운데서, 어디에, 누구에게 속할 것인가"를 결정하지 않으면 안 되는 그 교차로에서 하나의 기념물처럼 십자가에 달리십니다. 이 십자가야말로 그분이 나의 바른 결정을 중요하고 진지하게 여기심을 알리는 표지입니다. 그분이 나를 위해 죽으셨음을 알리는 고무적인 표지입니다. 예수 그리스도께서는 천국과 지옥 사이의 교차로에 달려 계십니다. 그분이 거기서 여러분과 저를 위해 죽으십니다. 그분이 생명에 이르는 길 위의 표지로서 계십니다. 그 길은 그분을 통해서 열립니다. 지금이야말로 바로 "그 시간"입니다. 방문 시간은 아직 끝나지 않았습니다. 그분은 아버지께서 여전히 우리를 기다리고 계심을 알리는 표지로서 그 교차로에 달려 계십니다.

"오늘 밤, 네 영혼을 네게서 도로 찾을 것이다."[11] 그러나 우리에게는 우리가 있을 곳을 마련해 두시고,[12] 우리의 심판자가 아버지이심을 알려 주는 분이 계십니다. 이 부름 속에서 우리의 공포는 사라집니다.

이제, 우리는 그분의 사랑 덕분에 나사로가 되었습니다. 하나님의 자비는 이 세상에서도, 다음 세상에서도 나사로에게 충실히 머무릅니다. 이제 내가 사는 것은 **그분**을 위하여 사는 것이고, 내가 죽는 것도 **그분**을 위하여 죽는 것입니다. 그러니 아무것도 그분의 손에서 나를 떼어낼 수 없습니다.

오늘 밤 하나님이 당신의 생명을 당신에게서 도로 찾으신다면, 당신은 어디에 있겠습니까? 당신은 어디에 서겠습니까? 바로 오늘 밤에!

기다리는 아버지

04.

네 가지 밭

　무리가 많이 모여들고, 각 고을에서 사람들이 예수께로 나아오니, 예수께서 비유를 들어 말씀하셨다. "씨 뿌리는 사람이 씨를 뿌리러 나갔다. 그가 씨를 뿌리는데, 더러는 길 가에 떨어지니, 발에 밟히기도 하고, 하늘의 새들이 쪼아 먹기도 하였다. 또 더러는 돌짝 밭에 떨어지니, 싹이 돋아났다가 물기가 없어서 말라 버렸다. 또 더러는 가시덤불 속에 떨어지니, 가시덤불이 함께 자라서, 그 기운을 막았다. 그런데 더러는 좋은 땅에 떨어져서 자라나, 백 배의 열매를 맺었다." 이 말씀을 하시고, 예수께서는 "들을 귀가 있는 사람은 들어라" 하고 외치셨다. 예수의 제자들이, 이 비유가 무슨 뜻인지를 그에게 물었다. 예수께서 대답하셨다. "너희에게는 하나님 나라의 비밀을 아는 것을 허락해 주셨다. 그러나 다른 사람들에게는 비유로 말하였으니, 그것은 그들이 보아도 보지 못하고, 들어도 깨닫지 못하게 하려는 것'이다." "그 비유의 뜻은 이러하다. 씨는 하나님의 말씀이다. 길가에 떨어진 것들은, 말씀을 듣기는 하였으나, 그 뒤에 악마가 와서, 그들의 마음에서 말씀을 빼앗아 가므로, 믿지 못하고 구원을 받지 못하게 되는 사람들이다. 돌짝밭에 떨어진 것들은, 들을 때에는 그 말씀을 기쁘게 받아들이지만, 뿌리가 없으므로 잠시 동안 믿다가, 시련의 때가 오면 떨어져 나가는 사람들이다. 가시덤불에 떨어진 것들은, 말씀을 들었으나, 살아가는 동안에 근심과 재물과 인생의 향락에 사로잡혀서, 열매를 맺는 데에 이르지 못하는 사람들이다. 그리고 좋은 땅에 떨어진 것들은, 바르고 착한 마음으로 말씀을 듣고서, 그것을 굳게 간직하여 견디는 가운데 열매를 맺는 사람들이다."

누가복음 8:4-15

혹시 이 이야기에 감도는 비애를 알아차렸는지요? 이 비유는 예수께서 자기 생애와 활동의 정점에서 전하신 말씀입니다. 사람들이 큰 무리를 지어 모여들었습니다. 마태복음은 무리가 예수께서 배에 올라가서 말씀하셔야 할 정도였다고 보도합니다. 사람들은 배고픔과 목마름도 감수하며, 여러 날을 여행해야 예수께로 올 수 있었습니다. 그들은 이윤을 낼 것도 없는데도 몰려오고, 맛볼 만한 흥분이 없는데도 몰려왔습니다. 그저 어떤 사람이 구원에 관해 말한다는 이유로 몰려온 것입니다. 누군가는 이처럼 모인 무리의 간절한 구원 열망, 그들의 준비된 마음과 열렬한 기운이 설교자에게 옮겨져, 그분을 행복하게 했을 거라고 생각할지도 모르겠습니다.

예수께서 여느 사람이었다면, 손으로 무리를 가리키며 길동무들에게 이렇게 말했을 것입니다. "막다른 지경이 극복되었네. 거대한 댐의 붕괴가 마음속에서 일어났다네. 나는 세상에 불을 지르러 왔으니, 그 불이 어떻게 타오르는지 보기만 하게!"

하지만 이 모든 일 중 어떤 일도 일어나지 않습니다. 씨 뿌리는 사람의 목가적 이미지에 감동하고자 하는 사람은 예수의 비유들이 풍기는 완고한 인상에 대해 틀림없이 의아해할 것입니다. 그 속에 있는 창조적인 생산력을 알아차린 사람도, 그다음 순간 예사롭지 않고 난해한 암시들로 인해 불안해할 것입니다. 예수께서 자신의 비유에서 그리신 평화로운 광경들은 단순하게 그린 영원한 세계의 삽화가 아닙니다. 다시 말해서, 그 광경들은 그분이 영원한 세계를 가까이 끌어당겨 우리가 파악할 수 있게 하시려고, 우리가 우리의 상상력으로 그 세계를 이해할 수 있게 하시려고 그리신 삽화들이 아닙니다. 영원을 가시화하는 것처럼 보이는 비유들은 다수의 사람에게 철로 된 장막이나 다름없어서, 그들을 결정적인 만남으로부터 격리하고, 영원한 비밀의 문 앞에서 속수무책의 눈먼 상태로 더듬으며 헤매도록 합니다.

이 비유도 이러한 모든 것을 담고 있습니다. 여러 차례 발생하는 신적인 씨의 무효화—돌처럼 굳은 마음속에서, 작열하는 태양 아래에서, 가시덤불의 휘감음으로, 강도 같은 새들 때문에 발생하는 무효화—를 언급하는 까닭에, 이 비유 위에는 큰 슬픔과 조용한 비애가 감돌고 있습니다. 이 모든 일은 사람들이 떼 지어 몰려오고, 군중이 축제의 무아지경에 싸이고, 행상인들이 "엄청난" 인기에 기뻐하며 손을 마주 비비면서, 그러한 군중을 움직일 수 있는 위대한 "스타"에게 열광하는 동안에 발생합니다.

구원자께서 하나님의 말씀이 처한 상황을 보며 느끼시는 비애는 정말로 놀랄 만한 일일까요?

"길가에 떨어진 것들은, 말씀을 듣기는 하였으나 그 뒤에 악마—비유에서는 새들의 이미지로 묘사됩니다—가 와서, 그들의 마음에서 말씀을 빼앗아 가므로 믿지 못하고 구원을 받지 못하게 되는 사람들이다."

먼저 이 장면의 그림을 생각해 봅시다. 여기서 말하는 길은 씨를 받아들일 의무가 없습니다. 사람들이 밟고 지나다니게 하는 게 길의 운명입니다. 사람들이 지나다니면 길은 점차 단단히 다져져서, 더욱 매끈하게 되기 마련입니다.

아스팔트 길이 있듯이, 아스팔트 같은 마음도 있습니다. 그 마음은 매그럽고, 매우 전형적인 것으로 보입니다. 사람들과 왕래할 때 큰 역할을 하는 것이 바로 길입니다. 길과 도로는 대개 이름이 있습니다. 어딘가로 가려면, 우리는 그 이름을 알아야만 합니다. 우리가 길을 나서려고 할 때, 어떤 사람의 이름을—도로명처럼—알고 찾아가야 하는 이들도 많이 있습니다. 그들은 중요한 지위에 있고, 영향력도 있는 사람들입니다. 그래서 목적을 이루려면 그들을 거쳐야만 합니다. 그렇게 하는 것이 수월하고, 일반적인 방식입니다. 누군가에게 영향력이 있다는 이유만으로 그를 비난할 사람은 없을 것입니다. 딱딱하다는 이유로 길을 탓할 사람도 없을 것입니다. 오히려 그 반대겠지요! 그러나 한쪽에서 장점인 것이, 다른 쪽에서는 짐일 수 있습니다. 오가는 발걸음에 매끈히 다져진 길에서는 씨가 제대로 싹트지 못합니다.

일상적인 왕래가 활발히 이루어지는 길, 사람들이 매시간 급히 지나다녀서 잠시도 쉴 틈 없는 길과 같은 사람은 자기에게 뿌려진 영원한 씨를 자라게 할 수 없습니다. 오로지 일만 아는 사람들은 가장 위태로운 이들이라고 할 수 있습니다.

날마다 적어도 15분 동안이라도 "밭"이 되지 못하는 사람, 자기를 하나님께 맡겨드려 쟁기로 갈아엎게 하지 않는 사람, 하나님이 고랑을 파주시기를 기다리지 않는 사람은 실제로 결정적인 경기에서 진 것이나 다름없습니다. 그러므로 "길과 같은 사람"이어서, 누구나 그 이름을 알아주는 이 세상의 부자들과 위인들은 때때로 빈곤한 사람들입니다. 위험하게도 그들은 서두르며 북적대는 왕래가 자신들 위에서 중단없이 이루어질 때, 자신들이 거물이 된 줄로 생각하기 쉽습니다. 하지

기다리는 아버지

만 정작 그들은 가난하고 이름이 없어도 열매를 내는 밭고랑보다 훨씬 더 빈곤한 사람들입니다.

왕래와 분주함은 열매가 아니고 헛수고일 뿐입니다. 빈곤한 길과 같은 사람들! 그들은 위대한 수확자인 왕께서 낫과 월계관을 들고 오셔서, 열매를 자기의 곡물 창고에 거둬들이실 때 어떤 모습으로 서게 될까요. 그들의 마음의 아스팔트 포장도로, 곧 "융페른슈티크"(Jungfernstieg)[13]는 텅 비어 있어 황량합니다. 몇몇 갈라진 틈에서 잡초더미만 무성히 자랍니다. 사람들의 왕래가 완전히 잦아들었을 때, "영원"이 왈칵 들이닥쳐 발견하는 것은 그 잡초더미가 전부입니다. 우리 가운데 누가 이 텅 빈 아스팔트 포장도로의 이미지가 자기 마음임을 재인식할까요?

또한 우리는 도로를 크고 유명한 인물들로만 생각해선 안 됩니다. 이 비유는 우리 작은 사람들도 염두에 두고 있습니다. 이 말씀은 우리에게 새들의 이미지를 보여줍니다. 새들은 육상의 도로뿐만 아니라 옹색한 들길도 날카로운 부리로 찾아갑니다. 이 새들의 이미지가 하려고 하는 말을 제대로 듣기 위해서는 다음 사실을 깨달아야 합니다. 이를테면, 하나님의 말씀이 우리에게서 활동하지 않는 이유가 우리의 부족한 종교적 소질이나 모자란 이해력 때문이 아니라, 다른 세력이 출몰하여 신적인 씨를 분쇄하여 싹이 트지 못하도록 막기 때문이라는 것입니다.

그 세력이 어떤 세력인지는, 우리가 저마다 예수께서 보시는 앞에서 자신을 인정사정없이 검사할 용의가 있을 때만 **직접** 확인할 수 있습니다.

그러나 다음 한 가지는 일반적으로 말할 수 있습니다. 우리의 마음속에 다른 생각과 욕망이 많이 자리하고 있다는 것입니다. 그리고 때때로 그것들이 소용돌이를 만들어 우리를 거듭 빠뜨리고, 하나님이 부르실 때 우리가 잠잠히 있지 못하도록 하는 것 같습니다. 각 사람 안에는 우리를 지배하고 싶어서 우리의 온 마음을 전례 없이 강력하게 요구하는 특정한 힘들이 있습니다. 내가 생각하기에, 그 힘은 우리의 야욕입니다. 이 말은 "성욕"이라는 단어와 관련이 있고, 우리의 권력욕과도 관계있으며, 우리의 명예욕과도 관계있는 모든 욕구입니다.

경건한 사람들은 어느 때나 이 강력한 요구의 운반자들을 알고 있었습니다. 그래서 그들은 이 운반자들에 맞서기 위해 **다른 힘**들을 활성화했습니다. 그들은 무엇보다도 성경을 숙고하며 기도했습니다. 그러나 이 모든 것은 하나님 나라의 위대함이 행한 일입니다. 모든 성경 읽기는 일종의 전투였고, 모든 기도는 일종의 칼싸움이었습니다. 그런데 어째서 우리의 기도는 우리에게 도움을 주지 못하는 것입니까? 어째서 우리의 기도는 천장을 뚫고 올라가지 못하며, 힘없는 날개와 같이 떨어지고 마는 것입니까? 어째서 하나님의 말씀이 우리에게 지루하고 공허한 미사여구가 되고 마는 것입니까? 이는 우리가 화보를 대강 훑어보듯이 하나님의 말씀을 읽기 때문이고, 이웃과 지껄이듯이 기도하기 때문입니다. 우리는 대체로 죽도록 분투하지 않습니다. 아침에 성경을 읽는 시간이나, 기도로 도약하는 시간에도 다른 생각을 합니다. 스포츠 복권이나 로또 생각, 자신의 상상 속으로 막 파고든 회의 생각이나 다음 공문 생각이 주인 행세를 하도록 방치합니다. 그런 사람은 들리지 않는 고주파 휘파람 소리로 새의 무리를 호출하여, 씨를 한 알 두 알 쪼아 먹게 하는 것과 다름없습니다.

하나님의 말씀은 요구하는 바가 많습니다. 하나님의 말씀은 하루

중 얼마 안 되는 시간이라도, 우리의 유일한 동반자가 되고 싶어 합니다. 그러므로 우리는 헤른후트 형제단의 『로중』을 단숨에 한입 음식처럼 꿀꺽 삼키면서 문의 손잡이를 잡아선 안 됩니다. 그렇게 하는 것은 소화되지 않기에 유기체 안으로 옮아갈 수 없습니다. 하나님은 우리의 기도가 전보(電報)의 문체로 그분을 쫓아버리는 것을 참지 않으십니다. 이는 어떤 사람이 문을 몇 센티미터만 열고 성가신 방문객을 상대하다가 곧바로 떠나보내는 것과 같습니다.

고금을 불문하고 하나님의 사람들과 하나님의 종들이 성경에 대한 "숙고"(Betrachtung)를 강조하는 것은 결코 까닭 없는 것이 아닙니다. 이것을 의미하는 유명한 외래어가 있습니다. 다름 아닌 묵상(Meditation)입니다. 이 단어는 사람이 하나님의 말씀을 자기 마음속 이곳저곳으로 움직이고, 숙고하고, 곰곰이 생각하고, 반복해서 자기에게로 끌어당기는 것을 의미합니다. 그럴 때, 오직 그럴 때만, 이 말씀은 우리 안에서 사고하는 힘이 되어 다른 세력에 맞설 수 있을 것입니다. 그러면, 신적인 소용돌이가 생겨나 우리의 상상력과 감정을 흡입하고, 우리의 사고까지 흡입할 것입니다.

이런 종류의 소용돌이를 조금이라도 알고 계신지요? 물론 현대인도 묵상하며 숙고합니다. 하지만 답답하게도, 현대인의 묵상은 전적으로 한 가지 영역에만 해당하지요. 바로 성생활의 영역입니다. 사람들은 이 영역에서 자기의 상상력을 특정한 이미지들에 맞추어 장면들을 생각해 내고 은밀한 황홀경에 빠져, 자기 안에 소용돌이가 생겨나게 합니다. 그러면 이 소용돌이가 이내 그를 오랫동안 빨아들이고, 혼란 속으로 끌어당깁니다.

근심하는 영도 묵상의 영입니다. 그래서 우리가 종종 가까운 미래의 참상을 상상할 때마다 생기는 혼란과 흡입력은 "불, 물, 단도, 독"이 되어 우리에게서 평화를 앗아가곤 합니다.

근심하는 영은 날아와서 쪼아 먹는 새들이기도 하고, 우리 안에 거짓 혼란을 일으키는 악마이기도 합니다. 그런데 신적인 말씀의 씨가 갑자기 사라지게 된다니 의아하지 않습니까? 우리는 이렇게 말할지도 모릅니다. "이 씨는 번식력이 없군. 기독교는 이제 효험이 없어. 하나님은 이미 오래전부터 말씀을 들려주시지 않았단 말이지." 우리 안에서 소용돌이가 일어나면, 무언가 조용히 떨어지는 소리는 들리지 않을 겁니다. 하나님은 오실 때 비둘기의 발걸음으로 오십니다. 그러니 우리는 다만 잠잠해야 합니다.

영원한 것은 잠잠하고,
덧없는 것은 시끄럽다.
침묵하는데도 하나님의 뜻은
대지의 싸움을 능가한다.
_빌헬름 라베

우리의 마음속에서 사고하는 힘과 일어나는 소용돌이에 주의합시다! 신적인 말씀의 씨가 뿌려지는 동안, 전신선에 앉아 즐겁게 기다리며, 우리와 이 교회 주위로 날아오려고 "출발 준비"를 하는 새들에 주의합시다! 루터는 언젠가 이런 말을 했습니다. "새들이 우리 머리 주위를 날아다니지 못하도록 할 수는 없습니다. 그러나 우리는 새들이 우리 머리에 **둥지**를 틀지 않도록 주의해야만 합니다. 새들이 우리 곁에 은밀하게 나타나서 우리의 머리나 마음속에 거처를 마련하면, 씨는

기다리는 아버지

사라지고 말 것입니다."

"돌짝밭에 떨어진 것들은, 들을 때에는 그 말씀을 기쁘게 받아들이지만, 뿌리가 없으므로 잠깐 믿다가, 시련의 때가 오면 떨어져 나가는 사람들이다."

언뜻 보면, 이 두 번째 부류의 사람들은 조금 더 나은 것처럼 보입니다. 이들은 말씀을 받아들일 때, 가장 먼저 고무되지요. 이들은 불모의 바위가 아니라, 적어도 말씀의 싹을 틔우는 얇은 지층입니다. 이 층은 실제로 싹을 틔우는 능력이 있습니다. 이들은 감동하여 "회심"을 말하거나, 사교적 대화의 어조로 보다 정중하게 "충격"을 받았다고 말하거나, 더 깊은 인상을 받았다고 말하는 사람들입니다. 또한 이들은 말씀이 자신들의 "살에" 와닿았다고 말하고, 말씀이 자신들의 심금을 울렸다고 말합니다. 주변 사람들은 이들에 대해 이렇게 말합니다. "말씀이 그들에게 제대로 받아들여졌습니다. 아무개 목사가 이곳에서 설교하면서부터, 그들은 열심히 출석하고, 한 주 동안 그 설교에 대한 말을 그치질 않아요." 그러나 그 상태는 어느 날 다시 끝나고 맙니다. 그 마음은 활활 타는 숯불에서 불기 없는 검은 숯으로 바뀌어 버립니다. 도대체 어떻게 된 일입니까?

이러한 경우에 문제는 대체로 지나치게 감정적인 신앙에 있습니다. 누군가가 "설교를 듣고 감격했어요"라고 말한다면, 그 말은 대개 의심스러운 말입니다. 하나님의 말씀이 실제로 받아들여지는 곳에서는 사람이 죽어서 아래로 깊이 내려갔다가 거듭나기 마련이기 때문입니다. 출생이 고통스러운 것처럼, 거듭남도 최소한 그만큼 고통스럽습니다. 진통이 있어야, 새 생명이 나올 수 있습니다. 탯줄은 **한 번만이**

아니라 여러 번 끊어야 합니다. 어떤 사람이 "감격했어요"라고만 말한다면, 이는 대개 꾸민 말이거나 그의 영혼의 거품에 지나지 않습니다. 그러나 하나님의 말씀은 듣기에 좋은 것이 아니라 망치입니다. 멍든 자리가 없는 사람은 말씀을 받아들였다고 말해선 안 됩니다. 감격은 대개 짚불에 지나지 않습니다.

바위는 씨를 제 속에 받아들이지 못합니다. 우리 인간도 때로 바위처럼 씨가 내리는 걸 방해할 수 있습니다. 우리가 그리스도를 중시하지 않고 특정한 설교자를 중시할 때, 혹은 우리가 오르간의 진동 소리로 가득한 예식의 성스러운 떨림만을 중시하거나 위안만을 찾을 때 그런 일이 일어납니다. 우리가 거기에 만족한다면, 우리의 삶에—모든 겉모습에도 불구하고!—멍든 흔적이라곤 **전혀 없을 것**입니다. 그저 합리적으로 형성된 예견 능력이 우리를 지배할 뿐입니다. 우리가 정치적인 이유로 기독교 서구를 중시할 때도, 종교적 전통들을 중시하거나 동양의 이데올로기에 맞서는 해독제를 중시할 때도 마찬가지입니다.

대단히 멋지고 좋게 여겨지지만, 그리스도 자신이 아닌 것이 있습니다. 죽지 않아도 되고, 참회하지 않아도 되며, 몇 개의 기독교 교리만 행해도 되고, 어쩌면 그것들을 실천하지 않고 사고방식의 형태로만 "간직해도" 된다는 교설입니다. 이러한 가르침은 비용이 거의 들지 않고 사람을 완전히 바꿔 놓지도 않습니다. 이 모든 것은 어떤 상처도 입히지 않습니다. 심연에 자리하고 있지 않으니, 구원자를 부르지도 않습니다. 우리가 그분을 더 이상 부르지 않으니, 그분이 와 계시지 않습니다. 그분이 와 계시지 않으니, 우리와 이웃의 관계가 달라지지 않고, 결혼생활이 달라지지 않으며, 실존적 불안이 가시지 않고, 욕망도 가시지 않는 것입니다. 그래서 모든 것이 낡은 것으로 머무릅니다. 실천하지 않는 것, 곧 변화시키는 폭풍이 되어 우리의 삶 속으로 들어오지 않는 것은 다 죽은 것에 지나지 않습니다. 그렇지만 죽은 것이 아무것도 아닌 것은 아닙니다. 죽은 것은 전염력이 있어서 우리를 오랫동안 해치는 부패 효소를 우리의 삶 속에 저장합니다. 어쩌면 우리는 이 모든 것을 전혀 듣지 않고, 눈먼 상태로 지내는 게 훨씬 나을지도 모릅니다. 성경을 잘 알고, 종교적 토론을 돋보이게 할 줄도 알며, 주일마다 교회로 달려가면서도 전혀 참회하지 않고, 조금도 실천하지 않고, 조금도 죽지 않는 신학자보다 점잖지 못한 이교도가 백 배나 더 하나님의 마음에 들고, 사람들 앞에서도 훨씬 더 호의를 자아낼 것입니다. 그런 신학자는 부패한 것만 쌓아 올립니다. 기독교에 대한 그의 해박한 지식과 종교적 민감성은 무덤 속에서 반짝이는 부패물에 지나지 않으며, 어리석은 비전문가나 신적인 빛으로 오해하는 부패물에 불과합니다. 많이 아는 체하면서도 행하지 않는 사람들—그런 신학자들—은 섬뜩한 저주를 받게 될 것입니다.

변화된 그리스도인들보다 더 행복한 존재는 없습니다. "살짝 건드려지기만 한" 그리스도인들, 수천 개의 씨가 뿌려졌는데도 삶에 뿌리가 전혀 없는 그리스도인들보다 더 부패한 존재는 없습니다. 그래서 그러한 그리스도인들은 1차 회오리 돌풍에도 무너지고 맙니다. 반거충이 그리스도인들은 1차 재앙이 닥치기만 해도 곧바로 시들어 죽는 사람들입니다. 그들의 건조한 지성과 그들의 피상적인 감정이 견뎌내지 못하기 때문입니다. 그래서 그들은 자신들이 소유하고 있다고 **여기던** 것까지 빼앗기고 말 것입니다.

반(反)그리스도인들도 그 정도는 됩니다. 그들은 한때의 반거충이 그리스도인, "살짝 건드려지기만 한" 그리스도인으로 이루어져 있습니다. 마음속에 예수를 절반만 들여 모시는 사람은 완벽한 세속주의자보다 훨씬 더 불쌍한 사람입니다. 그는 모든 이성을 능가하는 평화도 얻지 못하고 세상의 평화도 잃어버립니다. 왜냐하면, 그들이 천진난만함을 잃어버렸기 때문입니다. 그래서 그는 내적 불화 속에서 살아갑니다. 혹여 언젠가 분노가 폭발하여 저 고요하신 분을, 문을 두드리며 입장 허가를 원하신 분을 매정하게 내쳤음을 깨달을지도 모르겠습니다. 미친 듯이 날뛰는 반(半)그리스도인이야말로 반(反)그리스도인입니다. 이 말은 꼭 믿어 주시면 좋겠습니다.

이제, 가시덤불에 관해 말해도 되겠지요? 씨가 가시덤불에 떨어질 수도 있습니다. 그래서 "근심과 재물과 인생의 향락에" 짓눌릴 수 있습니다. 가시덤불 같은 사람들, 그들은 하나님 말씀의 씨와는 다른 것이 싹트는 터와 바닥을 지닌 사람들입니다. 바로, 우리가 그런 사람들입니다.

어쨌든 우리는 다음 한 가지를 분명히 짚고 넘어가야 합니다. 즉, 우리가 믿지 못해서 씨가 싹트려 하지 않는다면, 그것은 우리가 지적 의혹을 품고 있어서도 아니고, 기적과 인과성의 관계가 우리에게 문제로 남아 있어서도 아니며, 어째서 죽은 사람이 다시 살아나는지를 의학적 관점에서 이해하지 못해서도 아니라는 것입니다. 우리가 믿지 못하는 것은, 우리 삶의 배경에 정상적이지 않은 무언가가 도사리고 있기 때문입니다. 예수께서는 그 배경이 다름 아닌 "근심과 재물과 인생의 향락"이라고 말씀하십니다. 이 세 가지 배경은 우리가 특정한 것들로부터 해방될 준비가 되어 있지 않음을 가리킵니다. 바로 **이 애착들이** 우리의 시야를 가리고 있습니다. 우리는 하나님께서 모든 것을 가

기다리는 아버지

져가실 수 있지만, 이 **한 가지** 애착만은 가져가셔서는 **안 된다**고 생각합니다! 그분은 모든 것을 가져가실 수 있지만, 과도한 이웃 사랑 때문에 내 생활 수준이나 사생활이 희생되는 것은 원하지 않는다는 것입니다. 이 한 가지만은 결코 희생하고 싶지 **않다**는 것입니다.

우리를 속박하는 의혹과 불신의 사슬은 여러 고리로 이루어져 있습니다. 하지만 합리적인 이유들이 아니라, 죄와 애착과 은밀한 예속이 그 고리들입니다. 이것들은 우리가 평안과 온전한 헌신으로 나아가는 것을 허용하지 않습니다. 바로 **이것들**이 씨가 자라 열매가 되는 것을 허용하지 않는 가시덤불입니다.

우리 각 사람에게는 저마다의 삶을 흔드는 은밀한 축이 있습니다. 이 축은 사람들이 자신과 자신의 행복을 대가로 치러서라도 지키려고 하는 것입니다. 혹시 **내** 삶의 어딘가에도 이 축이 자리하고 있습니까? 그렇다면, 반대로 우리가 **내** 마음을 지키기 위해서 치러야만 하는 두려운 대가는 무엇일까요?

이 모든 설명으로 우리는 백 배의 열매를 맺는 좋은 밭은 어떤 밭인지를 사진의 음화(陰畵)처럼 미리 보여준 것이나 다름없습니다. 백 배의 열매를 맺는 좋은 밭에서는 "들을" 뿐만 아니라 "굳게 간직하는" 것이 중요합니다. 듣기는 쉽습니다. 그러나 말씀을 굳게 간직하고 의지하는 것은 엄청난 시험입니다. 그렇습니다. 말씀을 **의지한다**는 것은 예수께서 우리의 사슬을 깨부수실 수 있으니, 더는 저 무서운 마법에 걸린 것처럼 사슬을 **멍하니 바라볼** 필요가 없다는 사실을 순전하게 받아들이는 것입니다. 말씀을 순전하게 받아들인다는 것은, (내 아픈 아이가 다시 건강해질 것인지, 내가 시험에 합격할 것인지, 또 다른 전쟁이 발발하는 것은 아닌지, 대홍수가 우리 모두를 덮치는 건 아닌지 같은) 답답한 근심거리에

직면하여 "언제 어디서든 우리에게 가능성이 열려 있으며, 길이 있다"라고 말하는 것을 의미합니다. 말씀을 순전하게 받아들인다는 것은, 내 이웃을 구원자의 형제로 여기는 것을 의미합니다. 말씀을 순전하게 받아들인다는 것은, 우리가 어떤 가난한 사람을 돌볼 때 '우리의 행위와 희생이 쓸모 있는 것인지 혹은 미친 짓을 하는 것은 아닌지' 하는 모든 의구심을 자신 있게 바람에 날려버리는 것을 의미합니다. 하나님의 말씀을 순전하게 받아들인다는 것은, 말씀이 나를 이 가난한 사람에게 보냈으며, 내가 지금 행하려는 모든 일에 대한 책임도 말씀이 떠맡고 있음을 믿는 것입니다.

우리가 말씀을 반복해서 듣기만 한다면, 말씀을 곰곰이 생각하기만 한다면, 우리는 결코 하나님을 이해하지 못하고, 평안도 얻지 못할 것입니다. 우리가 하나님을 이해하려 한다면, 우리는 그분께 순종해야 합니다. 우리가 하나님을 우리 삶 속에 모시려고 한다면, 우리는 그분을 의지해야 합니다. 우리는 그분과 그분의 약속을 있는 그대로 **의지해야** 합니다.

우리는 말씀을 행할 때만 하나님을 알 수 있습니다. 우리는 무릎을 꿇고서만 하나님을 생각할 수 있습니다. 참회와 숙임과 죽음을 꺼리는 사람은 하나님을 매정하게 물리치는 사람입니다. 그런 사람에게 붙여질 이름은 "고집불통"입니다. 그런 사람의 종착역은 "갈망"이며, "절망"입니다. 하지만 그런 것으로는 평안을 얻었다고 할 수 없습니다.

결론으로 두 가지를 말씀드리겠습니다.

첫째, 누구도 이 비유에서 다음과 같은 기만적인 예정론을 결론으로 도출해서는 안 됩니다. "자, 보시다시피, 모든 사람은 예정되어 있습니다. 저마다 어떤 유형의 사람이냐가 대단히 중요합니다. 첫 번째 사람은 피상적 '소질이 있는' 사람입니다. 그는 체질상 정신적 깊이가 없는 사람과 같습니다. 두 번째 사람은 무척 강한 활력의 소용돌이를 지닌 사람입니다. 세 번째 사람은 변덕스러운(오늘날에는 '불연속적인'이라고 합니다) 사람입니다. 네 번째 사람은 '믿음의' 소질이 있는 사람입니다. 이 넷째 유형이 되기 위해 우리가 부여받거나 할 수 있는 일은 아무것도 없습니다. 그러므로 우리는 주범은 아닙니다. 우리는 책임 면제자이고, 기껏해야 악마의 하수인에 불과합니다."

누구도 이처럼 잘못 이해된 예정론의 초병(哨兵)이 되어선 안 됩니다. 여기서 중요한 것은 특정 유형의 사람이나, 특정 부류의 사람들이 아니기 때문입니다. 여기서는 각 개인 안에 네 가지 밭이 자리하고 있다고 이해하는 것이 중요합니다. 우리의 인생에는 특정한 시기들이 있습니다. 우리의 자아에는 특정한 층들이 있습니다. 그 층들 안에서 우리는 길과 같은 사람이기도 하고, 바위 같은 사람이기도 하며, 가시덤불 같은 사람이기도 하면서, 열매를 맺는 경작지의 사람이기도 합니다.

우리는 우리 자신을 탓하며 "내 삶 속에서 어떤 새들, 어떤 가시덤불, 어떤 피상성에 하나님의 말씀을 넘겨주었는지", 그리고 "내 삶의 어느 부분이 위협 세력이고 불안의 뿌리인지"를 철저히 점검하겠다고 결심함으로써만 이 준엄한 경고의 시간을 떠나보낼 수 있을 것입니다.

둘째, 예수께서 우리에게 이 이야기를 하시는 것은 하나님 나라의 농업 통계 같은 것을 알려 주기 위해서가 아닙니다. 만일 이 비유에서 믿음을 저지하고 옥죄는 세력들을 열거하는 것이 우리의 흥미를 끄는 앎과 자성(自省)을 위한 것이라고 생각한다면, 이는 치명적으로 오해하는 셈이 될 것입니다. "분석"보다 더 중요한 것이 있습니다. 예수께서는 통계 따위를 열거하시는 게 아니라, 우리에게 끊임없이 일을 맡기신다는 사실입니다. 그분은 우리에게 이렇게 말씀하십니다. "가시 덤불을 뽑아라. 말씀의 씨가 길바닥에 떨어지는 것은 아닌지 염려하여라. 너희가 너무 얇은 지층 같아서 말씀이 뿌리내리지 못하는 것은 아닌지 주의하여라." 또 예수께서는 이렇게 말씀하십니다. "온전한 경작지가 되어라. 말씀을 고요히 붙잡고, 완고한 고집을 버려라. 하나님을 너희 업무의 틈새에 끼워 넣지 마라. 그분께 일상적인 고요의 공간을 내어드리고, 죽음과 회개를 피하지 마라." 이는 "두렵고 떨리는 마음으로 자기의 구원을 이루어 나가라"[14]와 같은 말씀입니다. 하나님은 값싸게 모실 수 있는 분이 아닙니다. 하나님이 일으켜 주셔서 우리가 행진할 때만, 우리는 그분께 나아갈 수 있습니다. 결코 이 일이 쉬운 것은 아닙니다. 이 일은 많은 것과의 작별을 의미합니다. 그러나 그렇게 할 때만, 우리는 그분의 평화 안으로 들어갈 수 있습니다. 분투하지 않는 사람은 면류관을 얻을 수 없습니다. 꾸준히 정진하지 않고, 날마다 하나님을 예배하지 않는 사람은 자기의 속사람을 부패시키는 사람입니다.

하나님의 은혜는 결코 값싼 은혜가 아닙니다. 우리 자신과 우리가 소유한 모든 것을 지불하고 사야 하는 은혜입니다. 어슬렁거리며 배회하다가는 지옥에 떨어질 수 있습니다. 하나님 나라는 힘을 쓰는 사람만이 차지할 수 있습니다.[15] 한 사람의 그리스도인이 되는 것은 감정이 북받쳐 일어나는 놀라운 일입니다. 언제나 전부가 중요합니다. 빨간색 신호등과 녹색 신호등이 분주하게 깜박이는 교차로보다는, 고요한 밭에서 **훨씬 많은 일**이 일어납니다.

기다리는 아버지

05.

겨자씨

예수께서 또 다른 비유를 들어서, 그들에게 말씀하셨다. "하늘나라는 겨자씨와 같다.
어떤 사람이 그것을 가져다가, 자기 밭에 심었다. 겨자씨는 어떤 씨보다 작은 것이지만, 자
라면 어떤 풀보다 더 커져서 나무가 된다. 그리하여 공중의 새들이 와서, 그 가지에 깃들인
다." 예수께서 또 다른 비유를 그들에게 말씀하셨다. "하늘나라는 누룩과 같다. 어떤 여자
가 그것을 가져다가, 가루 서 말 속에 살짝 섞어 넣으니, 마침내 온통 부풀어 올랐다."

마태복음 13:31-33

이 비유를 제대로 이해하려면, 먼저 예수 주위에 서 있는 사람들
의 심정을 알아야 합니다. 그들 중 일부는 의기소침하고, 일부는 잔뜩
기대에 차서 들떠 있습니다. 누가 적당한 호의를 품은 구경꾼의 자세
로 이 나사렛 사람의 행동을 대하는지—이것은 비용이 들지 않는 일
이어서, 상황이 위험해지면 누구나 적절한 때에 빠져나갈 수 있습니
다—아니면 누가 자기의 전 존재를 나사렛 예수에게 걸었는지, 다시
말해 누가 그를 위해 직업도 버리고 모든 것을 이 단 한 장의 카드에

걸었는지가 결국엔 드러나겠지만, 그분 주위에 있는 사람들이 이렇게 묻습니다. "마침내 결과는 어떻게 될까? 우리는 어떤 성과를 올릴 수 있을까?"

"글렀어!"라는 말과 함께 상당히 괴로운 당혹감이 대답으로 돌아옵니다. 사실상 아무 일도 일어나지 않은 것이나 다름없습니다. 물론 몇몇 가난한 사람들, 외로운 사람들, 병자들을 돕기는 했습니다만, 이는 남모르는 사실이었지요. 그러니까 어느 정도 다들 소진한 상태라고 할 수 있습니다. 영적 지도층과 정치적 지도층은 그분을 거부했고, 더 심하게는 그분을 무시했습니다. 수도 예루살렘은 그분이 아예 존재하지도 않는다는 듯이 대하고 있었지요. 그리스 문화와 로마 문화의 중심지들은 갈릴리라는 찻잔 속에서 일어난 이 폭풍에 조금도 주의를 기울이지 않았습니다. 이는 훗날 근대의 거장으로 불리는 사람들이 그분에게 미세한 정도의 주의를 기울이는 것과 같았습니다.

예수께서는 하나님 나라가 시작되었다고 주장하셨습니다. 하지만 누군가 현실적으로 냉정하게 "도대체 어디서"라고 물으면 괴롭기만 합니다. 그분을 뒤쫓아 달리는 몇몇 불결한 사람들, 거지들, 사회의 가장자리 거주자들, 피상적 접촉이 이루어지는 그 사람들이 하나님 나라일 리가 없기 때문입니다. 그런데도 그런 것에 전 존재를 걸어야 한다니요!

세상은 그분에게 주의를 조금도 기울이지 않습니다. 혹시 이것이 훗날 "교회"라고 불리는 관리국을 포함한 기독교 사업 전체에 대한 반박이 아닐까요? 저는 목사로서 성경 낭독과 예배를 집례할 때, "나는 하늘과 땅의 모든 권세를 받았다"[16]라는 예수의 말씀을 신뢰하면서 행하고자 했습니다. 저는 이 말씀을 혼자 암송하면서, 당시의 권좌에 있

기다리는 아버지

던 히틀러와 그의 무서운 속임수가 이 능하신 손이 조종하는 철삿줄에 달려 있다고 확신했습니다. 하지만 이 성경 낭독과 예배 시간에 참석한 사람은 연세가 지긋한 여인 서너 명과 더 나이 든 오르가니트 한 명뿐이었습니다. 이 반주자는 매우 위엄 있는 사람이었지만, 손가락에 통풍을 앓고 있었기에 그 반주는 누구나 인지할 수 있을 만큼 곤혹스러웠습니다.

하늘과 땅의 모든 권세를 받았다고 **하시는** 주님이, 이 정도까지만 데려다 주셨습니다. 밖에서는 전혀 다른 주들에게 복종하는 젊은 무리가 행진하고 있었습니다. 그날 저녁 주님은 저에게 그 이상을 주지 않으셨습니다. 그분이 정말 무슨 제공할 만한 것을 가지고 **계십니까?** 그분이 더는 우리에게 제공할 것이 없으시다면, 그분은 숨이 막히는 이 옹색함으로 반박되신 게 아닐까요?

바로 이것이 이 비유의 분위기를 반영하는 제자들의 심정일 것입니다. 우리에게도 제자들이 필요로 하는 것과 똑같은 확신의 강화가 필요한 것 같습니다. 주님은 이렇게 말씀하십니다. "그래, 너희의 말이 옳다. 내가 하는 일은 모두 아주 작게 시작한단다. 밖에서 보면 나의 일과 내가 가장 작은 것의 영향을 받는 걸로 보일 테지." 그런 다음 그분은 어떤 사람의 모습을 그리십니다. 그 사람은 두 손가락 끝을 씨앗 봉지 안에 넣어 겨자씨—맹세코 가장 작은 것!—한 알을 집어냅니다. 비할 데 없이 작은 씨앗을 잡는 것은 정말로 기예에 가까워 보입니다. 이 씨앗의 무게는 0.01그램쯤 됩니다. 시력이 그다지 좋지 않은 사람은 안경을 착용해야만 그것을 알아볼 수 있겠지요.

그러나 기묘하게도 이 씨앗이 흙 속에 들어가면 큰 관목으로 자라납니다. 이 관목은 참새가 이 씨앗의 수백 배를 먹어 살이 통통하게 오른 채 그 가지들에 앉아서 흔들거릴 정도가 됩니다.

이쯤에서 이런 의문이 생깁니다. 예수께서 이 말씀을 하신 것은, 장차 기독교가 전 세계를 정복할 거라고 말하고 싶으셨던 걸까요? 아니겠지요. 예수께서 자라남의 비밀에 대해 말씀하시는 것은 그분의 공동체가 점점 성장하여서, 마침내 기독교의 강력한 침투로 대륙들과 섬들을 정복하는 양적인 과정을 염두에 두고 하시는 것이 아닙니다. 이런 외적 확장은 신약의 생각과는 상당히 거리가 멉니다. 오히려 그분은 주위에 있는 모든 것을 장악하는 역동적인 힘, 곧 카리스마가 그분의 공동체에 내재해 있는 것을 염두에 두고 말씀하시는 것입니다.

이것을 이해하기 위해서, 그분이 공동체를 일종의 비타민과 같은 작용물질로 세인들에게 설명하는 그림을 한번 생각해 봅시다.

먼저, "누룩"의 그림을 생각해 봅시다. 누룩은 밀가루 반죽 덩어리 전체를 부풀게 해서 그 양을 변화시키지요. "소금"을 언급하는 그림도 있습니다. 소금은 극히 적은 양으로도 한 접시 수프의 맛을 변화시킵니다. 마지막으로 공동체를 세상의 "빛"으로 언급하는 그림도 있습니다. 자동차 전조등의 광원은 참 적고 작지요! 그렇지만, 광원에서 나오는 원뿔 모양의 빛은 참으로 거대하고 커다란 공간을 가득 채워서 야간의 거대한 어둠으로부터 그 공간을 잘라냅니다!

주님은 그리스도인들이 이와 같다고 생각하십니다. 수량으로만 본다면, 그리스도인들은 소수의 작은 무리에 지나지 않습니다. 수량으로만 본다면, 정말 절망적인 소수입니다. 그러나 루터는 그리스도인을 가리켜 지붕 어딘가에 앉아서 곡조를 흥얼거리는 고독한 새라고 불렀습니다. 소수의 의미를 잘 알고 있었던 것이지요. 우리도 사업장이나, 사무실이나, 교실에서 생의 결정적인 문제와 관련하여 우리와 의견이 일치하는 사람이 전혀 없을 때, 그 의미를 직접 경험한 적이 있을 것입니다. 우리가 대화 중에 신앙을 암시하거나 식탁 기도를 드릴 때면, 평소에 매우 상냥하고 이해심 많던 사람들이 다소 당황한 시선으로 우리를 바라보는 때도 더러 있지요. 그럴 때면, 우리는 종종 눈에 보이지 않는 단절을 느끼곤 합니다. 우리는 때때로 모든 우호적인 관계와 동료 관계에도 불구하고, **결정적인 문제**에서 우리를 다소 서먹서먹하게 하는 절연층에 둘러싸이는 듯합니다. 그렇습니다. 우리는 이 정도로 소수입니다. 하지만 예수께서는 우리의 양적 계산의 관점이 완전히 잘못된 것이라는 사실을 우리에게 이해시키십니다. "여기에 삼사 그램의 누룩이 있고, 저기에 오백 그램의 밀가루가 있다. 민주적인 화덕의 헌법에 따라서, 밀가루가 주도하여 누룩을 이기게 해야 한다"라고 말하는 것은 정말 우스운 일입니다. 예수께서는 정반대로 우리에게 말씀하십니다. "다만, 실제적인 영향력을 지니는 것이 중요하다. 이 영향력은 누룩이 발휘하는 것이지, 밀가루가 발휘하는 게 아니다. 이 영향력은 소금이 발휘하는 것이지, 수프가 발휘하는 게 아니다. 이 영향력은 빛이 발휘하는 것이지, 수백 세제곱미터의 어둠이 발휘하는 게 아니다."

그러므로 소금 알갱이가 소금통에만 들어 있어선 안 됩니다. 등불이 말 아래에만 있어서도 안 됩니다. 그래서는 자신들 안에 어떤 능력이 있는지를 조금도 알 수 없습니다. 등불이 생각만 하고, 꿈만 꾼다면 어떻겠습니까? '바깥에는 새까만 어둠이 가득하고, 나는 작은 등불에 지나지 않는데, 내가 거기서 무슨 일을 하겠어?'라고 생각한다면, 불안감을 일으키는 상상들만 가득하게 될 것입니다.

저주받은 산술적 사고에 사로잡혀 소수의 열등감에 빠지고, 다수의 유력하고 힘 있는 사람들은 우리의 삶을 장악하신 분을 조금도 알려고 하지 않는다고 생각하는 것, 그것은 바로 불안감을 유발하는 상상일 뿐입니다. 기독교 믿음의 공동체라는 소금통과 말 아래로 도망하여, 서너 개의 경건한 씨앗과 기독교 양초 토막 신세로 겁먹은 채 웅크리고 앉아서 슬퍼하는 것도 불안감을 일으키는 상상일 뿐입니다.

그렇게 하는 대신에, 우리는 하나님으로부터 다시 경건의 활기와 대담함을 선물로 받아 세상이라는 수프 속으로, 세상이라는 어둠 안으로 과감히 들어가야 합니다. 우리가 딛고 선 바로 그 자리에서, 우리가 누구이며, 우리가 무엇을 믿는지를 과감히 말할 수 있어야 합니다. 그럴 때 우리는 주님이 말씀하시는 밝게 빛나고 성숙하게 하는 힘이 옳다는 것을 깨닫고, 몹시 놀라서 얼굴빛이 변할 것입니다. 우리가 다른 사람들과 우리 주변을 발효시키지 않고, 그리스도인의 은사를 **발휘**하지 않는다면, 우리 자신이 상하고 말 것입니다. 교회 안에는 상한 그리스도인들, "일그러진" 사람들이 다수 있습니다. 그들은 소금통의 산물들일 뿐이어서, 도무지 나갈 줄을 모르고, 그래서 화학적·심리적 분해 과정에 의해 스스로 부식되고 맙니다. 그러므로 우리 주변에 있는 그리스도를 공경하지 않는 사람들이 겉보기에는 "거물"처럼 보이고, 뛰어나게 잘 빻아진 곡식 가루처럼 보여도, 대단히 가련하고 무미건조한 밀가루에 지나지 않는다는 것을 분명하게 알고 있어야 합니다. 소금이자 누룩인 우리가 그들에게 정말로 필요하다는 것을 반드시 기억해야 합니다. 그럴 때, 우리는 소수의 신세를 조금도 두려워하지 않게 될 것이고, 예수의 약속을 신뢰할 수 있을 것입니다. 우리에게는 그 약속을 신뢰하고, 의지할 의무가 있습니다. 다만, 우리가 그분의 약속을 신뢰하고 의지하며 살아갈 때, 그 삶이 충분히 가치가 있다는—참으로 득이 **됩니다!**—사실을 알게 될 것입니다.

바로 이것이 겨자씨의 비유가 바라는 것입니다. 이 비유는 외적 증대에 강세가 있는 게 아닙니다. 따라서, 이 비유에서 우리 행성의 완전한 기독교화 같은 것을 읽어내려고 하는 대다수의 해석은 참으로 어리석은 해석입니다. 그러한 해석은 이미 사실을 통해 분명하게 격렬하게 반박되고 있습니다(종교 통계를 한 번이라도 살펴보십시오!). 그렇습니다. 여기서 중요한 것은 기독교 신조 조항들의 증가가 아닙니다. 정말 중요한 것은, 그리스도인의 역할 증가입니다. 그리스도인의 사명이 무르익고, 그의 영향력이 무르익는 것이 중요합니다.

우선 아주 작은 씨앗은 혼자 움직이지 못합니다. 그러면 누군가가 그 씨앗을 손에 넣거나, 참새가 쪼아 먹을 것입니다. 이것은 매우 소극적인 자세입니다. 그러나 그 씨앗이 흙 안에 들어가는 순간 곧바로 그런 사태는 끝납니다. 그 씨앗은 자라서 나무가 될 것입니다. 그늘을 드리워 새들에게 도움을 주게 되는 것입니다.

그리스도인들도 마찬가지입니다. 때때로 신적인 말씀, 다름 아닌 비할 데 없는 씨앗이 우리의 마음속에 떨어집니다. 예수 그리스도께서 뿌리신 이 말씀들은 아주 작고 눈에 띄지 않게 있다가, 우리에게 다음과 같은 운명을 일으킵니다.

"나를 따라오너라!" 세리 마태가 그 말씀을 들었을 때, 그는 사랑에 빠져 온 세상을 위한 메신저가 되었습니다. "보아라, 하나님의 어린 양이다." 어부 요한이 이 말씀을 들었을 때, 그의 안에 있던 모든 것, 그가 이제껏 생각하고 말한 모든 것이 침묵하기 시작했고, 그는 증인이 되었습니다. 그의 증언은 지금도 우리의 믿음의 양식이 되고 있습니다. "가거라, 네 믿음이 너를 구원하였다." 슬퍼하며 괴로워하던 사람들이 이 말씀을 들었을 때, 그들 안에서 불꽃이 타오르기 시작했고,

그 불꽃은 지금도 그런 사람들이 온 세상에 대한 구원자의 증인들로서 빛을 발하게 하고 있습니다. 역사 가운데 결정적인 바람이 우리 위로 불어오면, 이 작은 말씀 씨앗들은 운명의 말씀이 됩니다. 이 말씀이 하늘의 별처럼 빛을 발하며, 어두운 세상을 두루 비출 것입니다.

세상을 공략하는 일, 곧 영원 속에 머무르면서 번드르르함과 허튼 소리와 겉꾸림을 먼지처럼 흩날려 버리며 무화(無化)하는 일이 극미하게 작은 것 속에서, 은밀하고 거의 들리지 않는 몇 마디 말과 함께 시작되었습니다. 이 고요한 말씀이 어떤 마음속에서—천재의 마음속이 아니라 가난한 어부들의 마음속에서, 눈에 띄지 않는 사람들 안에서, 역사의 무대에서 엑스트라의 역할만 하는 사람들 안에서—일하기 시작했습니다. 물론 이 말씀은 얼마간 **자라기도** 하고, 얼마간 유실되기도 합니다. 그렇지만 씨앗 하나가 벽의 틈 사이에 떨어졌을 때 무슨 일이 일어나는지, 싹튼 나무의 뿌리가 어떻게 암석을 뚫고 들어가는지 보신 적이 있는지요? 하나님께서 우리 마음속에 떨어뜨리신 저 작은 말씀 씨앗도 그렇게 일합니다. 하나님께서 주신 씨앗은 우리 내면의 틈 속에 걸려 있으려 하지 않고, 우리의 속사람을 돌파하여 빛으로 나아가려고 합니다.

확실히, 믿음은 마음의 고요함 속에서 시작됩니다. 그 까닭에, 우리는 거듭거듭 하나님과의 고요한 대화로 돌아가야만 합니다. 만약 믿음이 우리의 **안에만** 머물러 있다면, 그 믿음은 부패하여 환기되지 않은 경건으로 바뀌고 말 것입니다. 반면에 믿음이 줄곧 밖에만 있으려고 한다면, 그 믿음은 영원한 원천과 단절된 기독교 사업장 안에서 바싹 말라 불모의 상태가 되고 말 것입니다. 자라나는 나무는 우리의 눈에 보이는 허공을 채우는 것과 똑같은 정도로, 눈에 보이지 않는 땅속에서 깊이 뿌리를 내립니다.

우리 현대인은 대개 할 일이 많아서 늘 분주합니다. 따르릉 울리는 전화와 일상생활의 반복에 연타당하고 있습니다. 그렇지만 우리는 대지에 굴을 더 깊이 파고 들어가, 하나님이 주시는 영원의 능력과 평화의 능력을 힘껏 받아들여야 합니다. 우리가 받아들이는 만큼 우리는 눈에 띌 수 있고, 공개적인 상태가 될 수 있습니다. 우리는 이 말을 믿고 따라야 합니다.

그저 하루를 맹목적으로 보내려 하고, 사람들과—서면으로든 구두로든!—수천 마디의 말을 나누는 것보다 하나님과의 대화를 우선시하지 않는 사람은 육신과 정신까지 쇠약해지고 말 것입니다. 소위 관리자 병이라고 하는 직업병은, 우리 삶의 대지에서 일어나는 무질서의 한 증상일 뿐입니다.

종종 이 병폐의 원인은 우리의 신경이 갈라진 데에 있지 않고, 우리의 뿌리들이 쇠약해진 데 있습니다. 루터는 낮에 네 시간 동안 기도했다고 합니다. 그럼에도 불구하고가 아니라, 그랬기 때문에 그는 전사의 일을 수행할 수 있었습니다. 기도하지 않고, 경청하지 않은 채 일하는 것은 "위를 향해서" 자라며 팽창하려고 할 뿐, 동시에 뿌리를 내리지 않는 것을 뜻합니다. 그래서 같은 양의 것을 대지 속에 마련하지 못하게 됩니다. 이런 식으로 일하는 사람은 매우 "부자연스럽게" 사는 사람입니다. 바로 이것이 나무들의 비유가 가르치는 내용입니다.

하지만 이것은 사실의 한 면에 지나지 않습니다. 자라는 나무가 대지 속으로 손을 뻗듯이 뿌리들도 몰려나와 우리 내면의 지각(地殼)을 폭파하기 때문입니다. 우리 마음속에 씨앗으로 떨어진 하나님의 말씀은 이처럼 엄청난 폭발력을 지니고 있습니다. 하나님의 말씀은 나오고 싶어 합니다. 나무가 되어 열매들을 맺고 싶어 합니다.

튀빙겐 식물원에는 종려나무 한 그루가 자라고 있습니다. 이 나무는 이제 온실에 맞지 않습니다. 이미 고정된 줄기 위에 온실을 한 차례 확장해 준 적이 있지만, 얼마 지나지 않아 맞지 않게 된 것입니다. 내가 보기에는 그리스도인 상당수도 그런 것 같습니다. 그들은 경건한 동아리 안에서 살면서 신앙심을 돈독히 하여 놀라울 정도로 경건해 보입니다. 그들은 자신들의 경건과 공동체 주변에 새로운 유리 벽들을 둘러서, 자신들의 신앙이라는 야자나무가 어떤 미풍에도 닿지 않게 하려고 하지요. 그러나 그들은 언젠가 온실을 철거할 것인지 아니면 나무를 잘라 없앨 것인지를 결정해야만 하는 순간을 맞이하게 될 것입니다. 하나님 나라는 거침없이 성장하고 싶어 합니다. 씨가 마음속에 떨어지면, 하나님 나라는 그곳에서 억제할 수 없게 자랍니다. 하나님 나라는 마음에서 자라나, 가지들을 우리의 결혼생활과 가정으로 뻗어 나 새로운 것을 형성할 것입니다. 무엇보다, 그 나무는 자라나 좋은 공기를 선사할 것입니다. 그래서 우리의 자녀들도 좋은 공기를 호흡하게 될 것입니다. 그런 다음 하나님 나라는 우리의 직장에서도 성장할 것입니다. 그러면, 우리의 직원들과 동료들은 직장에 창조적인 작업 능력이 감돌고 있음을 느끼게 될 것입니다.

이처럼 말씀의 씨와 더불어 고요한 혁명이 세상 안으로 들어옵니다. 처음에는 몇 사람이 달라지지요. 그다음에는 그들이 맺고 살아가는 관계들이 달라집니다. 결국 이 성장은 가장 바깥에 있는 껍데기에까지 미칩니다. 이 변화는 국가까지도 얼마간 알아챌 만한 것이 될 것입니다.

혹시, 우리의 풍경 속에서는 비유와는 전혀 다른 모습이 거듭거듭 보이지 않는지요? 씨를 절멸시키고, 나무들을 쓰러뜨리며, 곳곳에서 이 남벌이 일어나지 않습니까? 이에 따라 기후가 바뀌고, 폭풍우와 산사태와 홍수와 눈사태가 일어나는 것을 보고 있지 않습니까? 하나님 없이 어떤 강령에 따라 살아가는 나라들, 옛 유럽에서 이제 위험한 지역으로, 부패균처럼 작용하는 나라들을 굳이 거명해야 하겠습니까? 그런데 이 남벌의 운명이, 이 부패의 독이 이미 우리를 향해서도 손을 뻗고 있지 않습니까?

남벌의 이미지가 우리를 기만하겠다고 위협하고 있으니, 이와 관련한 설명은 이쯤에서 멈추고자 합니다.

과연, 예수 그리스도를 믿는 믿음이 다른 이들의 도끼에 근절되고 있다는 것이 사실일까요? 과연, 볼셰비키의 러시아에서만 그런 일이 있었을까요? 오히려 반(反)그리스도인이 지배하는 곳뿐 아니라, 혹은 진공상태와 같은 실존주의와 허무주의가 지배하는 곳에서도 기독교가 먼저 불모의 상태가 되어 죽음을 화분 속에 들인 게 아닐까요? 기독교가 나무가 자라지 못하도록 방해한 것이 아닐까요? 기독교가 폭발력, 곧 온갖 껍질, 나무통, 온실, 소금통을 폭파하는 힘을 지니지 못했던 게 아닐까요? 물론, 경건한 사람들은 늘 있었습니다. 심지어 이교도 사이에도 있었습니다. 그러나 그들은 경건이야말로 하나님 나라를 작동시키는 보증이라고 생각하지 말아야 했습니다. 실로 많은 사람이 조용한 변화에 대한 말씀을 내적 기쁨의 베개로 삼고 있습니다! 확실히 고요함 없는 그리스도인은 뿌리 없는 나무와 같습니다. 그러나 고요하기만 한 그리스도인은 자기에게 맡겨진 사명을 못 들은 체하는 까닭에, 그 본질과 활동과 웃음과 친교를 조금도 알지 못합니다. 부디 이 표현을 용서해 주시기를 바랍니다. 그러한 사람들은 "불발탄", 곧

발화하지 않는 다이너마이트에 불과합니다. 고귀한 설교단에서도 감출 수 없을 만큼, 너무나 사실에 부합해서 쓴 표현입니다.

이 세상이 여전히 달라지지 않고 있다면, 그리고 세상의 사람들이 지난 2천 년 동안 기독교의 무엇이 실제로 변했냐고 묻는다면 무엇 때문이겠습니까? 사람들이 그렇게 말하면서 우리를 화나게 할 만큼 불경스럽게 군다면 무엇 때문이겠습니까? 그것은 하나님 나라를 계획적으로 방해하는 사악한 이교도들 때문이 아닙니다. 다름 아닌, 땅속에 몸을 숨긴 채 자기 의무를 다했다고 생각하는 다수의 기독교 불발탄 때문입니다.

우리는 우리에게 폭발력이 있는지 확인해 보아야 합니다. 그리고 우리에게 맡겨져 있는 자그마한 영향력이라도, 우리의 가장 가까운 주변에서 식별되는지 검사해 봐야 합니다. 우리의 가정과 사업장에, 내 마음속이나 다른 이의 마음속에 심긴 나무의 가지들 아래서 살 수 있는 사람이 한둘이라도 있는지 확인해 보아야 합니다. 그들이 그 나무의 그늘 속에서 힘과 원기를 얻는지 확인해보아야 합니다. 그러면 우리는 이내 우리의 경건 속에서 닭이 울기 전에 누구를 세 번이나 부인했는지 알게 될 것입니다. 우리는 몸을 돌려, 회개하게 될 것입니다.

이제 본문의 비유 가운데 있는 마지막 주름을 살펴봅시다. 이 주름은 비유의 의미를 은밀하지만, 중요하게 암시하고 있습니다.

이 비유는 **그리스도인**이거나, **교회**라고 생각하는 우리를 겨자씨 혹은 누룩과 같다고 말하지 않습니다. 이 비유는 **하나님 나라**가 겨자씨와 누룩과 같다고 말합니다. 우리는 기독교의 도덕적이고, 정신적인 힘들을 활성화하여 현대 세계와 그 사회 질서와 그 문화와 기술에 스며들라는 명령을 받은 것이 아닙니다. 우리는 늙고 지친 유럽에 몇 알의 도덕적인 비타민을 주입하여, 원기를 북돋우라는 특명을 받은 것도 아닙니다. 기독교 정신의 확장보다 훨씬 더 중요한 것이 있습니다. 그것은 단순합니다. 아무리 중요하다고 해도, 기독교 정신의 확장은 별도로, 본질적인 것의 부산물로서만 발생할 뿐입니다. 단순하면서도 본질적인 것은, 바로 주님의 말씀이 우리 안에서 싹트고 자라고 만개하도록 하는 것입니다. 그 외에 우리가 할 수 있는 것은 없습니다. 뒤집어서 말하면, 우리가 주님과의 사귐 안으로 점점 더 깊이 들어가서, 자라나는 것입니다(고전 1:5; 엡 4:13, 15). 그러나 예수께서 커지려면, 나는 더 작아져야 합니다. 예수께서 커지려면, 나는 점점 더 하찮아져야 합니다. 모든 기독교계가 자기 목숨만을 얻으려고 하면 어떻게 되겠습니까? 세상에서 사람들이 주목하는 요소, 대중을 동원할 수 있는 요소, 신문의 여러 난(欄)에 등장하는 요소가 되려고 한다면 어떻게 되겠습니까? 그렇게 한다면, 곧바로 자기 목숨을 잃게 될 것입니다. 예수께서는 그분을 원하는 사람들, 그래서 자기를 위해서는 아무것도 바라지 않는 사람들을 취하실 것입니다. 바깥에 기웃대지 않고, 다만 우리의 삶 속에서 날마다 새롭게 예수께서 커지길—**자기** 대신 커지길—바라며, 애쓰는 사람만이 자연스레 선구자가 될 것입니다. 마침내, 그 사람은 세계정복자가 되어서, 지상의 나라가 그의 것이 될 것입니다.

또한 이 비유 말씀에는 우리 모두를 스산하게 하는 동서(東西)문제에 관한 암시도 있는 것 같습니다.

우리는 오늘날 영혼도 없고, 인격도 없는, 기계화에 맞서서 무엇을 지키고 싶은지를 생각하면서, 다음과 같은 말을 하기도 하고, 듣기도 합니다. "우리는 우리의 자유세계를 원한다. 우리는 밤중에 침대에서 연행되면 어쩌나 하는, 그런 걱정을 하고 싶지 않다. 우리는 각 사람이 자기 권리를 갖기를 바란다. 우리는 '인간적인' 세계, 따스하고 다정한 세계를 원한다. 우리는 로봇과 흰개미 인간의 세계, 차갑고 섬뜩한 세계를 원하지 않는다." 다음과 같은 대답도 이어서 할지도 모르지요. "우리는 기독교가 신뢰할 수 있는 가치들과 질서들을 형성하는 세계를 원한다. 기독교가 짐승 같은 원초적 본능을 제어하는 인간상, 인간다운 양심의 가치와 개성의 가치를 주요 이념으로 삼는 인간상을 각인해 놓은 세계를 원한다." 실로 많은 사람이 이렇게 말하고, 참으로 많은 사람이 이러한 일을 훌륭하고 진지하게 여깁니다. 하지만 이런 말들은 무엇이 우리에게 생기를 불어넣어 살리는지를 상기시키지 못합니다. 오히려, 이런 말들은 낡은 유럽이라는 시체를 방부 처리하는 것에 지나지 않습니다. 내가 생각하는 바를 예수의 다른 비유에 기대어 설명해 보겠습니다.

탕자가 아버지에게 작별을 고하고 타향에 간 것은, 무뢰한이 되기 위해서가 아니라 성장하기 위해서였습니다. 내가 이전 강해 설교에서 언급한 대로, 그는 이렇게 말합니다. "아버지의 감독을 받고 아버지의 권위에 눌려서는 내가 발전할 수 없어. 나는 자유로워질 테야. 나 자신이 될 거야. 그래서 밖으로, 타향으로 가려는 거지. 타향에서는 '내가 되어야 할 존재'(프리드리히 뤼케스트)를 현실화할 수 있을 거야. 거기서는 누구도 내 삶의 법칙에 따라 운행하는 궤도에서 나를 벗어나게 할 수 없을 거야." 또한, 그는 이렇게도 말합니다. "나는 좋은 유전 인자를 지니고 있지. 최고의 가문 출신에, 물질도 꽤 갖추고 있어. 내 인생의 이 지참금으로 그 일을 제법 해낼 거야."

그러나 그 뒤에 드러난 대로, 그는 그 모든 것을 탕진합니다. 그리고 그 좋은 싹과 유전 인자를 가지고도, 성장하지 못한 채 파멸하고 말았습니다. 아버지를 원하지 않으면서, 아버지의 선물들을 지닐 수는 없습니다. 아버지를 원하지 않으면서도 그 선물들을 지니면 이내 그 선물들은 손가락 사이로 없어져 버리고 맙니다. 저는 우리도 그렇게 될까 정말 두렵습니다. 신문에 기독교 서양에 관해, 기독교의 정치 원리와 기독교의 사회 봉사적 박애에 관해 많은 기사가 실릴 때, 탕자의 격정적인 고별사와 같은 기념사나 신년사가 전해질 때면 더욱 그렇습니다.

어찌하여 제가 나무랄 데 없이 믿음직하게 들리는 이 미사여구들을 두려워하는 걸까요? 사람들이 주님이신 그리스도의 선물들을 원하면서도, 정작 그분을 더 이상 원하지 않기 때문입니다. 그분은 우리 민족과 대륙을 거쳐 가셨습니다. 그분의 사도들과 선교사들과 개혁자들은 그분의 말씀을 우리에게 전하고, 우리가 그분을 우리의 구원자로 모시도록 초대하는 사절들이었습니다. 우리의 선조들이 하나님의 손을 붙잡았을 때, 그분의 평화 안으로 들어갔지요. 그리고 그분의 평화 안에서 모든 실존적 불안과 죄의 공간에서 십자가의 화해로 나아갔습니다. 그럴 때 전혀 새로운 인간성도 그들 안에서 자랄 수 있었습니다. 우리가 오늘날 "양심", "자유", "인도주의 정신"이라고 부르는 것은 모두 다 그분에게서 받은 것입니다. 우리가 영원한 마음을 얻으면서, 이 모든 것이 점점 우리의 것이 되었고, 구원자의 형상을 따라 인간의 형상이 우리에게서 자라났습니다. 죄를 용서하고, 사슬을 분쇄하여 "만물의 주님"이 된 한 사람의 자유에서, 우리의 자유의 이상이 생겨났습니다. 세상을 이기신 그분의 형상을 따라 우리의 삶과 죽음에 대한 이상들이 만들어졌습니다.

이제 우리는 이 모든 선한 사상과 이념과 삶의 원칙—이것들이 입증해 보이는 까닭에—을 계속 간직하고 싶어 하지만, 그분 없이 간직하고 싶어 합니다. 우리는 이 모든 것을 나사렛 예수에게서 배웠으면서도, 그분과 작별한 채 삶과 죽음과 인간성과 이웃에 대한 훌륭한 사상들만을 충실한 유산으로 여기며, 우리 마음속에 품고자 합니다. 그분은 우리에게 신화가 되었으며, 우리는 그 신화 없이 살아가려고 합니다. 우리는 이러한 사실을 조금도 알아채지 못한 채 타향에서 떠돌고 있습니다. 비록 기독교 서구의 정신적이고 문화적인 기계 장치가 몇십 년은 더 진동하겠지만, 엔진은 이미 멈춘 상태입니다. 지참한 자본이 잠시는 더 버티겠지만, 우리는 아버지의 집을 등진 상태입니다. 우리는 소위 기독교의 유산을 가지고 떠돌면서 이렇게 말하고는 합니다. "기독교의 유산은 살아낼 가치가 있는 것이지. 이 가치는 동쪽의 위험에도 맞설 수 있는 품위 있고, 실제적인 가치들의 세계이지." 여전히 우리는 이 자산에 기대어 살고 있습니다. 그러나 이 자산은 영원으로부터의 보급이 없어서, 아버지와의 접촉이 중단된 채 극도로 빈약해지고 있습니다. 우리가 순진하게 기독교 서구에 도취해 있는 동안, 귀가 밝은 사람들은 지하실에서 위로 솟구쳐 올라오는 늑대들의 포효를 듣고(니체가 전 기독교계를 경고하는 이 귀가 밝은 사람들 가운데 대표적인 하나일 것입니다), 눈이 밝은 사람들은 먼 거리에서도 돼지 죽통을 보고, 인도주의 정신의 꿈들이 깨진 다음 다가오는 잔혹성을 볼 것입니다. 그런 잔혹성이 다가오면, 일찍이 나사렛 예수께서 불을 지피셨던 운동은 정말로 정지되지 않을까요?

이제, 비유가 암시하는 말을 아시겠습니까? 이 비유는 전 기독교계의 성장, 교회의 성장, 기독교 서구의 성장을 말하는 것이 아닙니다.

그리스도의 몸이 크기만 커지고, 방송과 언론에 기독교적 표현들이 가득하고, 교회의 발언과 충고를 귀담아 듣는 것이 거의 유행처럼 된다면 어떻겠습니까? 나사렛 예수와 관계하려고 하지 않는 사람들까지도 기독교 정당과 유사 운동단체들의 사고방식을 "긍정한다면"—그리스도의 몸이 이 정도까지 자라난다면—(경악스럽고 갑갑한 물음을 제기합니다) 이 모든 일은 암과 병적인 세포증식이 될 수도 있지 않겠습니까? 그저 야단법석과 흥청거림이 될 수 있지 않겠습니까? 이 모든 일은 십자가 아래에서 평화를 얻은 마음, 아버지의 집이라는 고향을 되찾은 마음과 관계있기보다는 신경과민이나 전력적 교활함과 관계있는 것이 아닐까요?

그러면 어떻게 해야 이 병적이고, 암적인 증식과 유기체의 진정한 성장을 구분할 수 있을까요? 예수의 비유가 우리에게 알려주듯이, 오로지 우리가 **그분**에게 이르기까지 자라고, 그분의 말씀이 **우리** 안에서 형태를 갖추게 하는 것입니다. 그분이 우리의 존재와 사고와 행위 전체에 스며드시게 하고, 아침마다 우리가 그분과 함께 일어나는 것입니다. 우리가 그분을 우리의 첫 사색의 대상으로 삼고, 우리의 직원들과 동료들을 그분이 죽음을 통해 구원하신 사람들로 여기는 것입니다. 우리의 일을, 그분을 통해 성화하고, 우리의 삶 가운데 기쁨과 성취를 주신 그분께 감사하며, 그분이 주시는 고뇌와 견책도 받아들이는 것입니다. 그리고 우리가 마침내 숨을 거둘 때, "그분께서 우리 어깨에 두 손을 뻗고 우리를 들어 올려 품으시도록"(마티아스 클라우디우스) 하는 것입니다.

우리가 그분을 우리 삶 속에 들어오시게 할 때만, 그분의 말씀이 우리 안에서 자라고, 기독교의 암이 발생하지 않을 것입니다. 그럴 때만 우리는 선조들의 자산에 기대어 살지 않고, 아버지 집의 삶을 우리의 흐름에 합류할 것입니다. 그러면 우리는 우리에게 나타난 참된 삶이 살아갈 가치가 있음을 알게 될 것입니다. 그럴 때만 우리는 주 예수 그리스도를 정치 안으로, 사회 안으로 모실 수 있을 것입니다. 그럴 때만 우리는 황폐해져 목말라가는 러시아 안으로, 무분별하게 전진하는 중국 안으로, 기독교 유럽이 끔찍하게 욕보인 아프리카로도 주님을 모실 수 있을 것입니다. 그러나 나무가 자라리라는 약속은 우리가 전적으로 고요하게, 전적으로 고독하게 예수와 대화를 나누면서, 겨자씨가 우리 안에서 자라게 할 때만 온전히 받게 될 것입니다.

여러분과 저에게 겨자씨가 맡겨져 있습니다. 장차 이 씨앗에서 가지들이 자라나 땅 위에 펼쳐질 것이고, 그러면 하늘의 새들이 그 가운데 보금자리를 칠 것입니다. 이 가지들에 뜻을 두지 말고, 먼저 씨앗을 돌보십시오. 무엇보다도 하나님 나라에 뜻을 두고, 이 가장 작은 것을 여러분의 마음속에 받아들여, 보존하는 일에 뜻을 두십시오. 그러면 다른 모든 것이—기독교 서구도, 세상을 위한 기독교의 사명도—여러분의 것이 될 것입니다.

우리는 구원자를 모시고 있습니다. 그분은 온 세상을 소유하고 계신 분입니다. 장차 모든 이가 그분 앞에 무릎을 꿇을 것입니다. 우리는 그분의 날을 향해 힘껏 나아가는 까닭에, 긴 호흡을 합니다. 그러니 우리는 작은 것을 보고 너무 위축될 필요가 없습니다. 그분께서는 큰 것을 감추고 계시다가 손쉽게 주시는 분입니다.

기다리는 아버지

06.

밀과 가라지

예수께서 또 다른 비유를 들어서 그들에게 말씀하셨다. "하늘나라는 자기 밭에다가 좋은 씨를 뿌리는 사람과 같다. 사람들이 잠자는 동안에 원수가 와서, 밀 가운데에 가라지를 뿌리고 갔다. 밀이 줄기가 나서 열매를 맺을 때에, 가라지도 보였다. 그래서 주인의 종들이 와서, 그에게 말하였다. '주인어른, 어른께서 밭에 좋은 씨를 뿌리지 않으셨습니까? 그런데 가라지가 어디에서 생겼습니까?' 주인이 종들에게 말하기를 '원수가 그렇게 하였구나' 하였다. 종들이 주인에게 말하기를 '그러면 우리가 가서, 그것들을 뽑아 버릴까요?' 하였다. 그러나 주인은 이렇게 대답하였다. '아니다. 가라지를 뽑다가, 가라지와 함께 밀까지 뽑으면, 어떻게 하겠느냐? 추수 때까지 둘 다 함께 자라도록 내버려 두어라. 추수할 때에, 내가 추수꾼에게, 먼저 가라지를 뽑아 단으로 묶어서 불태워 버리고, 밀은 내 곳간에 거두어들이라고 하겠다.'"

그 뒤에 예수께서 무리를 떠나서, 집으로 들어가셨다. 제자들이 그에게 다가와서 말하였다. "밭의 가라지 비유를 우리에게 설명하여 주십시오." 예수께서 말씀하셨다. "좋은 씨를 뿌리는 이는 인자요, 밭은 세상이다. 좋은 씨는 그 나라의 자녀들이요, 가라지는 악한 자의 자녀들이다. 가라지를 뿌린 원수는 악마요, 추수 때는 세상 끝 날이요, 추수꾼은 천사들이다. 가라지를 모아다가 불에 태워 버리는 것과 같이, 세상 끝 날에도 그렇게 할 것이다. 인자가 천사들을 보낼 터인데, 그들은 죄짓게 하는 모든 일들과 불법을 행하는 모든 사람을 자기 나라에서 모조리 끌어 모아다가, 불 아궁이에 쳐 넣을 것이다. 그러면 그들은 거기서 울며 이를 갈 것이다. 그때 의인들은 그들의 아버지의 나라에서 해와 같이 빛날 것이다. 귀 있는 사람은 들어라."

마태복음 13:24-30, 36-43

지난번 겨자씨의 비유에 관해 숙고할 때, 제가 처음에—물론 처음에만—기독교의 발전에 대한 낙관적 예측을 제시하는 것처럼 보였을지도 모르겠습니다. 예수의 공동체가 초라하게 시작되었지만, 전 세계를 포괄하는 조직으로 발전하리라는 예측 말입니다.

이제 **이** 비유까지 읽고 나면, 교회사의 "해피 엔드"라는 오해를 더 이상 하진 않을 것 같습니다. 이 비유는 어디서나—미심쩍은 문명의 비정상적 발전, 정치, 경영자들, 카니발, 영화 등 외부는 물론이고, 가장 내밀한 성소에서도—비밀스럽게 영향을 미치는 세력의 어두운 위협을 직접적으로 언급하기 때문입니다. 설교단에서 하나님의 말씀이 울려 나오는 이 순간에도, 그 음침한 세력은 자신의 독이 든 씨앗을 우리 가운데 섞고 있습니다. 그 세력은 감독들과 지역 총회들이 모여, 복종과 영적 행동을 위한 온갖 준비를 하는 동안에도 야심과 인간적인 명성과 교권주의의 씨앗을 섞고 있습니다. 그 음침한 세력은 신학자들이 앉아 성경을 연구하는 곳에서도 인간 특유의 생각들을 그사이에 뿌려서, 그리스의 지혜가 십자가의 어리석음을 완전히 제압하도록 하고 있습니다. 그 세력은 인간적인, 너무나 인간적인 생각들의 수의(壽衣)를 부활절의 열린 무덤 위로 펼치며 하나님의 위대한 행동을 허무한 자의식의 기만으로 변질시키고 있습니다.

예수의 밀과 가라지 비유는 우리를 답답하게 하기도 하지만, 우리를 안심시키기도 합니다. 왜냐하면, 이 말씀이 우리의 경험과 일치하기 때문이고, 우리가 삶의 어둠과 제자리걸음으로 인해 불안해하는 곳에서도, 교회의 비생산성으로 인해 불안해하는 곳에서도 그저 전도유망한 진보를 보라고, 강요하진 않기 때문입니다.

눈을 크게 뜨고 삶을 들여다보면, 참 기묘하고도 모호한 무언가를 거듭거듭 알게 됩니다. 이 세상에는 이삭만 자라는 밭도 없고, 꽃만 자라는 정원도 없으며, 언제나 가라지가 함께 자란다는 것입니다. 우리가 어느 정도 체념한 상태로 "이 세상에 완전한 것은 없다"라고 말하는 단언이 바로 이 경험을 다소 진부하게 표현한 것이기도 합니다.

우리는 이러한 경험을 이미 예수 공동체 밖에서 하고 있습니다. 예를 들어, 기술을 생각해보면 그 점을 분명히 알 수 있을 것입니다. 기술은 우리가 "땅을 정복하는" 것에 도움을 주는 창조의 선물이지요. 하지만 우리 인간은 괴테의 『마법사의 제자』와 같습니다. 이 제자는 기술을 고안하고 능력을 발휘하는 기능을 배웠지만, 이 모든 것을 감당할 수 없어서 자기가 불러낸 영들을 두려워하기 시작합니다. 실제로 하나님이 선물로 주신 지적인 능력들이 핵물리학의 연구를 위해서 사용되고 있지만, 이 원자력으로부터 우리를 지켜 줄 방법을 충분히 고안해 내지는 못하고 있습니다. 우리가 지식이라는 마법의 주문으로 그 힘을 불러냈지만, 이제는 그 창조력들이 우리에게 반항하며 우리를 불안 지대로 몰아넣고 있는 것입니다. 마치 하나님이 **친히** 우리 손에 맡겨 주신 창조의 선물들 속에 악한 세력이 부패와 분해의 요소를 넣고, 마법을 걸어 놓은 것 같습니다.

물론 기술의 진보와 같은 것이 있기는 합니다. 우리는 이전 세대보다 자연의 비밀들을 더 깊이 들여다보았습니다. 그래서 우리는 자연의 전혀 다른 힘들을 끌어낼 수 있었습니다. 그러나 인간성은 이 모든 진보에도 불구하고, 여전히 같은 상태에 머물러 있고, 달라지지도 않았습니다. 그리고 피조물에 대한 지배력이 자라난 것처럼, 흉악하고 잔인한 힘도 자라고 있습니다. 이제 이 힘은 사람들을 거슬러 사용되고 있습니다. 이 세상에 대한 재앙의 징후처럼 여겨지는 것이 바로 여기에 있습니다. 기술의 세상 극복이 인간을 인간답게 만드는 데로 이어지지 **않은 것**입니다. 또한 기술의 세상 극복이 신성한 창조의 명령을 수행하는 데로 이어지지 **않은 것**입니다. 이 진보의 첫 작품이 두 차례의 세계대전과 그 흉악한 물량전이었다는 사실, 지구를 하나님을 경외하는 일에 "복종시키기"는커녕 3차 세계대전으로 완전히 폭파할 가망이 있다는 사실이야말로 재앙의 징후가 아닐까요? 누가 이러한 일에 관여하는 것일까요? 누가 어느 밤에 무엇을 뿌리고 간 것일까요?

이제 비유가 제시하는 대로, 예수의 공동체 위에도 이해할 수 없는 땅거미가 드리워지고, 밤이 되면 또 하나의 형상이 신성한 파종자의 뒤를 밟으며 부정적이고 파괴적인 씨앗을 뿌립니다.

바울이 정식화한 하나님의 말씀이 있습니다. "그러나 죄가 많은 곳에, 은혜가 더욱 넘치게 되었습니다"(롬 5:20). 하나님은 있는 모습 그대로의 우리에게 아버지가 되려고 하십니다. 하나님은 우리의 죄과와 비참과 더러움에도 불구하고, 우리를 자기의 마음에 붙잡아 매십니다. 그러나 우리가 "잠자는 동안" 기이하게도 가장 큰 하나님의 선물에 독이 스며듭니다. 게다가 우리는 그것을 "악을 행하는 구실로" 삼고 있습니다(벧전 2:16). 이를테면, 이렇게 말하는 것이지요. "자, 우리가 어떤 경우에도 하나님의 마음에 든다니, 많든 적든 간에 우리의 지팡이에 얼룩이 조금 묻는 것은 괜찮을 거야. 가톨릭 신도들은 복종의 의무가 있어. 그렇지 않으면 그들은 연옥의 고통을 받아야 하거든. 그러나 우리 개신교도들은 환한 표정을 지으며 자유롭게 즐겨. 우리는 은혜 가운데 즐거워하지. 많든 적든 간에, 몇 차례의 타향 유랑은 우리에게 전혀 문제가 되지 않아. 하나님은 그렇게 악한 분이 아니고, 결국 우리에게는 조금도 나쁜 일이 일어나지 않기 때문이지. 교리 문답서에 있듯이, 은혜는 죄 보험이면서, 사고 보험이지. 우리는 이미 천국 입장권을 지갑에 소지하고 있고, 그렇지 않다면 마지막 순간에라도 살 수 있지. 천국 좌석들이 예약되어 있다고. 그래, 그러니까 늦은 귀향자들도 마침내 입장을 결심만 하면, 천국은 기분이 아주 좋아질 거야."

이처럼 우리는 디트리히 본회퍼가 이따금 표현한 대로, 예수께서 피를 흘리셔서 베풀어 주신 값비싼 은혜를 값싼 투매 상품으로 만들어 버립니다. 하지만 우리는 그 피가 주님께 얼마나 값비싼 것이었는지, 그분이 우리에게 아버지 집을 다시 열어주시기 위해 어떤 고통을 겪으시고 죽으셔야 했는지를 생각해야 합니다. 그러면 우리의 삶은 다음과 같은 엄청난 보증을 받게 될 것입니다. 말하자면 우리는 이 삶을 영원의 빛 가운데서만, 하나님의 눈 아래에서만 영위할 수 있다는 것입니다. 그런데도 우리는 그러기는커녕 이 자유의 선물을 이용하여 이 영원한 빛의 주위에서 이탈하곤 합니다. 그저 샛별처럼 희미한 등을 켜고서, 모든 고양이의 빛깔이 회색으로 바뀌는 밤중으로, 약간의 규율 없음과 무관심을 문제 삼지 않는 밤중으로 달아납니다. 천국에서는 의인 아흔아홉 명보다 죄인 **한 명**을 더 기뻐한다면서, 기꺼이 이 죄인 한 명이 되는 것을 어느 정도 용납해도 된다고 생각하는 것입니다. "이렇게 계속하는 거야!"라는 구호를 외치면서요.

돌연히 다음과 같은 물음이 멀리서 우레처럼 우르르 울릴지도 모릅니다. "이렇게 하다가 우리 삶의 의미를 놓치는 것은 아닌가? 우리가 진로의 결정을 잘못 내린 것은 아닐까?"

예수께서 우리에게 선사하신 가장 위대한 선물과 모든 것이 불가해하게 상하고, 부패하여 불확실함에 넘겨집니다. 이렇게 저 어두운 세력이 그 모든 것을 손에 넣다니, 매우 기이한 일이 아닐 수 없습니다. 이 사악한 손가락들 아래서 잡초로 뒤덮이는 것은 이삭이 여문 밭만이 아닙니다. 하나님의 은혜도 썩은 고기가 되고, 우리 아버지의 특별한 허가증도 휴지 조각이 되고 맙니다. 가라지가 신적인 씨앗들 속에 줄기차게 섞여 드는 것이지요. 가라지의 내용은 다음과 같습니다. 하나님은 자기의 복음을 통해 인간들에게 내적 안정을 주는 일에만 마음을 쓰신다는 것입니다. 다시 말해, 하나님과 의견이 일치하는 사람은 삶을 전혀 다르게, 더 안정되게 영위할 수 있다는 것입니다. 이제 사람들이 와서 이렇게 말합니다. 이 사람들은 누군가가 밤중에 찾아가서 무언가를 불어넣고 뿌려놓은 사람들입니다. "우리가 다스리는 역사적 과업을 완수하려면, '내적 안정'을 누리는 국민이 필요합니다. 국민에게는 '종교'가 유지되거나 조달되어야 합니다." 어떤 종교인지는 중요하지 않습니다. 그들은 기독교를 정치적 이데올로기로, 사회적 접합제로, 그리고 민중의 아편으로 만들어 버립니다. 예수의 죽음과 부활은 그런 것과는 상관이 없는데 말이지요. 그들은 신앙을 정치적 목적을 위한 수단으로 이용합니다. 기독교를 바라보는 그들의 입장과 논의는 비용이 조금도 들지 않으니, 그들은 문화 안의 기독교의 원리들에 대해서 마음대로 지껄이는 것입니다.

기다리는 아버지

저 어두운 형상은 언제나 밤중에 찾아와 하나님의 씨앗들 사이로 파고듭니다. 그리고 다음 날 아침에 전혀 다른 것이 싹틉니다. 하나님의 말씀과 나란히 고상하게 보이는 것이 자라지요. 멀리서 보면, 그것은 말씀처럼 보이기도 합니다. 멀리서 보면, 엉뚱한 밀이 진짜 이삭처럼 보이는 것과 마찬가지입니다. 그러나 좀 더 자세히 보면, 하나님의 말씀들 가운데에도 열매가 조금도 담겨 있지 않은 기독교의 어휘들이 있습니다. "은혜"라는 어휘는 어떤지요? 어쩌면 그것은 "무관심"의 종교적 표현일지도 모릅니다. "기독교"라는 어휘는 어떻습니까? 어쩌면 기독교라는 단어 안에는 영원의 싹이 들어 있지 않고, 불모의 위선만이 들어 있는지도 모릅니다. 사람들은 복음이 사람들을 더 낫게, 예의 바르게, 점잖게 하기 위해서만 존재한다고 생각하곤 합니다. 그러나 복음을 통해 죽음을 극복하고, 불안에서 벗어나고, 새로운 안전을 선물로 받는 것이 더욱 중요합니다.

메시지의 **내용**이 그러하듯이, 메시지 주위에 모여든 **사람들**도 마찬가지입니다. 유다가 사도들 한가운데 있고, 진짜 제자들이 세례 증서만 지닌 사람들과 교회세만을 성실히 내는 사람들 가운데 있습니다. 순교자들과 부인하는 사람들, 독실한 신자들과 이교도, 믿음이 두터운 사람들과 경건한 체하는 사람들이 함께 있는 것입니다. 창녀들과 바리새파 사람들이 모두 함께 모여 있는 것입니다. 그럴 때는 식별은 하되 "가라지를 뽑아라!"라는 외침이나 "이 기독교는 절망적인 무리야!"라는 외침은 거부해야 합니다.

그렇다면 비유가 우리에게 말하는 그 불가해한 밤에 도대체 무슨 일이 일어난 걸까요?

정상적인 씨를 뿌린 사람이 밤에 잠자리에 들었지요. 일을 마쳤으니, 그는 마음 편히 잠자리에 들 수 있습니다. 제 의무를 다했으니, 이 제는 그의 손에서 벗어난 모든 일을 기다리며 허용하는 수밖에 없겠 지요. 이제 무슨 일이 일어나는 것은—파종의 결과, 말씀의 효과는— 그의 마음대로 할 수 있는 것이 아닙니다. 아마도 그는 단지 마티아스 클라우디우스의 찬송가를 떠올리며 흥얼거릴지도 모르겠습니다. "우 리는 쟁기로 갈아엎어 땅에 씨를 뿌리지만, 자람과 성장은 하늘의 손 에 달려 있네." 하지만 여기서 문제가 발생합니다. 하늘의 손과는 전혀 다른 손도 영향을 미치는 것은 아닌가 하는 문제입니다.

처음에는 주목할 만한 일이 전혀 일어나지 않았습니다. 그러나 어 느 날 아침, 그는 밤중에 섬뜩한 일이 쥐도 새도 모르게 일어난 것을 확인하고는 당황합니다. (그래서 종들과 격렬한 토론을 벌이지요. 이 토론은 놀 람과 경악의 표출과 같습니다.)

이미 어떤 아버지들과 어머니들은 이와 유사한 것을 경험했는지 도 모릅니다. 부모들이 자기 아이를 세심하게 교육했습니다. 아이가 맑 은 공기 속에서 호흡하게 하고, 사랑으로 아이를 감싸면서 말이지요. 그들은 밤에 아이를 침대로 데려가 그 머리에 손을 얹고 기도해 주기도 했습니다. 그런데도 다른 일이 일어납니다. 부모의 마음을 섬뜩하게 하 는 일들이 아이에게 일어납니다. 부모가 보고 싶어 하지 않았던 동요가 감지됩니다. 전혀 다른 쪽에서 아이에게 영향을 미칩니다. 부모는 그 영향에 맞서 아무 일도 할 수 없습니다.

예수 그리스도께서 뿌리신 씨는 어떨까요? 그분은 사랑을 뿌리셨 건만, 땅에서 함께 자라난 것은 장작더미[17]였습니다. 기독교계 안에도 다른 곳에서 하는 것과 똑같이 경직된 주제와 독설로 서로 공격하는 사 람들(과 신학자들)이 있습니다. 그분은 평화를 뿌리셨건만, 세상이라는 경작지는 전사자들과 부상자들로 덮여 있습니다. 어찌해야 할까요?

당장 가서 가라지를 뽑아내려고 하는 종들의 성난 반응도 이해가 됩니다. 하지만 농사의 관점에서 보면 불가능한 일입니다. 주인은 그렇게 하도록 허락하지 않고, 이렇게 말합니다. "둘이 함께 자라서 익도록 그냥 두어라! 그런 것은 너희가 바꿀 수 있는 것이 아니다. 채소와 잡초를 구별하고 가르는 일은 하나님의 심판에 맡겨라! 이 모든 것은 너희 일이 아니다. 그러나 때가 되면 하나님이 그 일의 주도권을 잡으실 것이다."

그분은 이상하게도 자기 사람들의 거룩한 열성을 진정시키십니다. 그분이 "그것에서 손을 떼거라! 지금 있는 세상의 밭을 바꾸는 것은 너희가 할 수 있는 일이 아니다!"라고 말씀하시다니, 무엇이 주님의 마음을 움직인 걸까요?

제가 제대로 보고 있다면, 그분에게는 세 가지 그럴 만한 이유가 있는 것 같습니다.

첫째, 그분은 다음과 같은 것을 암시하시는 것 같습니다. "활동과 개인의 노력으로 이 세상의 악을 근절할 수 있다고 생각하지 말아라. 악은 너희 안에도 잠복해 있다. 악은 너희가 인간적인 저항으로 분쇄할 수 있는 것이 아니다. 발생해서 영향을 미치는 것 안에는 거대한 반대자의 힘이 도사리고 있다. 너희의 싸움은 '혈과 육'을 상대로 하는 것이 아니라, 은밀하게 움직이는 세상 지배자를 상대로 하는 것이다."[18]

이것은 모든 개혁자와 도덕주의자의 불행이기도 합니다. 그들은 악습, 음주, 흡연, 자유연애를 근절하려고 합니다. 대체로 그들은 완고한 진지함으로 덕행 캠페인을 시작하면서도, (괴테의 『파우스트』로 말하자면) 자신들의 목에 악마가 매달려 있음을 알아채지 못합니다. 우리가 개혁자들을 용납하지 않는 이유는 무엇일까요? 우리가 그들을 기분 나쁘게 여기는 이유가 무엇일까요? 우리가 그들에게서 위선과 교만을 느끼기 때문입니다. 그들이 정면으로 맞서 싸우는 악습이 (방법을 바꿔) 그들의 등 뒤에, 그들의 마음속에 게릴라 부대처럼 있기 때문입니다. 광적인 개혁자들은 우리의 비유에서 제자들이 하려는 것과 똑같이 하고자 합니다. 이를테면, 기세 좋게 의지를 가지고 가라지를 근절하려고 하면서도, 자신들의 의지에 잡초가 뒤덮여 있음을 유념하지 않는 것입니다. 그것을 보지 않는 것이 그들의 위선적인 오류이고, 그것을 보는 것이 예수 그리스도의 당당한 현실주의입니다.

베르너 하이젠베르크(Werner Heisenberg)는 자신의 책『현대 물리학의 자연상』(*Das Naturbild der heutigen Physik*)에서 다음과 같이 심오하고도 기독교적인 내용을 말했습니다. "인간은 자기 뜻대로 할 수 있지만, 자기 뜻대로 해선 안 된다." 이 말은 우리가 본문에서 살펴본 것과 같은 의미를 정확히 염두에 두고 한 말입니다. 인간은 자신을 바꿀 수 없다는 것이지요. 물론 인간은 자신을 묶고 속박하는 여러 가지 것으로부터 벗어나고 싶어 합니다(우리는 성적인 애착, 소모적인 야심, 성마름이 우리의 특성이라는 것을 압니다). 우리는 이 모든 것에서 벗어나고 싶어 하지만, 우리가 그렇게 할 때마다 발견하게 되는 최악의 사실이 있습니다. 그것은 바로 우리가 그렇게 할 수 없을 뿐만 아니라, 우리가 그렇게 진지하게 바란 적이 없으며, 실제로 우리의 의지가 잡초로 뒤덮여 있다는 사실입니다. 다시 말해, 우리의 자아의 집에 악한 원수와 그의 유독한 싹이 도사리고 있으며, 그 원수가 우리 잠재의식의 지하실을 점령하고서 우리의 의지 조절에 영향을 미치고 있다는 사실입니다.

이런 까닭에 여기서 인간의 능력은 아무런 소용이 없습니다. 예수께서는 우리에게 이렇게 말씀하십니다. "너희의 능력이 조금이라도 유익했다면, 내가 너희를 위해 죽을 필요가 없었다. 그저 도덕적인 호소로도 충분했을 것이다. 그러니까 판단하지 말고, 너희 자신의 상처를 생각하여라! 더 나아가 최후 심판의 기습을 기다려라. 그때까지는 하나님의 해가 의로운 사람들과 불의한 사람들 위에 빛을 비추게 하고, 하나님의 구름이 선한 사람들과 악한 사람 위에 비가 되어 내리게 하여라!"

둘째, 비유 속 주인은 예수께서 제자들에게 "하늘에서 불이 내려와 적대적인 사마리아 사람들을 태워 버리라고 명령하는"(눅 9:52 이하) 것을 금하신 것과 똑같은 이유로 종들의 무리한 개입을 반대합니다. 당시에 예수께서는 이렇게 꾸짖으셨습니다. "너희는 영의 자녀인 것을 모르느냐? 인자가 온 것은, 사람의 영혼을 멸하려는 것이 아니라 구원하려는 것이다!" 만일 우리가 "축출" 작전을 계획하고, 단순가담자들과 경건한 체하는 사람들을 성전에서 내쫓고, 소수정예의 거룩한 사람들, 곧 "핵심 신도들"만 남겨두려고 한다면, 이는 하나님의 구원 계획을 망치는 셈이 될 것입니다.

왜냐하면 그것은 우리가 이 사람들에게 말씀을 한 번 더 듣고, 주님을 영접할 기회를 박탈하는 셈이 될 것이기 때문입니다. 만일 우리가 그렇게 한다면 우리는 그들의 면전에서 아버지 집의 문을 쾅 닫는 소종파가 되고 말 것입니다. 그러나 예수께서 죽으신 것은 우리 모두에게, 천한 사람들, 거만한 사람들, 조롱자들, 비방자들에게도 아버지 집을 개방하기 위함이었습니다. 그런데도 우리가 아버지 집의 문을 쾅 닫는다면, 시장과 울타리와 골목 너머로 울리며 초대를 알리는 큰 종소리는 그칠 것이고, "너희 모두 있는 모습 그대로 와도 된다"라는 위로의 약속이, 업적과 공로를 기록하고 추가하는 설문지로 바뀌게 될 것입니다. 그러면 결국 "당신은 의무를 다하셨군요"라거나 "당신은 의무를 다하지 못했군요"라는 평가만이 내려질 것입니다. 그러면, 정말 모든 것이 암울해지지 않겠습니까? 그러면, 예수의 사랑은 낭비되고, 그분이 비싼 값을 치르고 사신 일이 얼마나 무익하고 헛된 일이 되겠습니까! 만일 우리가 자칭 하늘의 불을 지닌 방화자가 되고, 검사관과 위선적인 염탐꾼이 된다면, 그때 우리는 끔찍하게도 우리의 영혼을 망치게 될 것입니다. 그렇게 된다면, 우리의 영혼은 바리새파 사람의 독으로 파괴될 것입니다. 이 말씀을 꼭 기억합시다. "너희는 영의 자녀인 것을 모르느냐?"

이 모든 것을 숙고하는데, 갑자기 두 가지 상황이 떠오릅니다. 첫째는 누군가 얼마 전에 저에게 이렇게 말한 상황입니다. "'미카엘 교회'에서 설교하실 때, 일어난 일은 모두 영적 열매와는 아무 관련이 없어 보입니다. 그저 순수한 화젯거리에 지나지 않거나, 유행에 불과한 것 아닌지요? 사람들이 이런저런 일을 경험하거나 보러 오지만, 정작 예배를 드리겠다고 결심하지는 않거든요." 저에게 말한 그는 비유 속 종들과 같이 "독이 든 이 씨앗들을 근절하고, 터무니없는 소동들을 중지하고, 사람들에게 억지로라도 영적인 진지함이 있는지 없는지를 시험받게 해야 합니다"라고 과격한 결론을 말하지는 않았습니다. 그렇지만 그는 미카엘 교회가 번성하는 것이 엉뚱한 밀과 같은 것일 수도 있음을 암시한 셈입니다.

예수라면 이런 현상들에 대해 어떤 자세를 취하실까요? 이것이야말로 우리가 이 자리에서 제기할 수 있는 단 하나의 타당한 물음입니다. 그분은 이렇게 말씀하실지도 모르겠습니다. "많은 사람이 매우 다양하고 복합적인 동기로 이곳을 찾아오는 것은 있을 수 있는 일이란다. 어떤 사람은 힘차게 노래하는 가수와 음악이 마음에 들어서 찾아오기도 하고, 어떤 사람은 이 장소를 정말 사모해서 찾아오기도 하겠지." 그러나 제 생각에 그분은 비유가 의미하는 대로, 이렇게 말씀하실 듯합니다. "그런데, 어찌하여 너희는 그 사람들을 책잡는 것이냐? 너희가 엉뚱한 밀을 구별할 수 있다는 것이냐? 너희가 호기심을 품고 화젯거리를 좇는 본능을, 바로 옆에 있는 전혀 다른 식물들과 구별할 수 있다는 것이냐? 너희가 이 모든 것과 마음까지 잡아당기며 많은 이를 말씀 아래로 몰아대는 갈망(Hungern und Dürsten)을 구분할 수 있다는 것이냐? 너희가 이 모든 것과 불안에서 벗어나 안전을 얻으려고 하는 갈망을 구분할 수 있다는 것이냐? 너희는 이 마음속에 권태와 지루함과 양심의 갈등이 자리하고 있다는 것을 아느냐? 너희는 이것들이 참된 안정과 실제적인 자유를 갈망하고 있으며, 구원을 달라고 아우성친다는 것을 아느냐? 너희는 이 모든 영원의 씨앗이 기이한 봉지 안에 들어 있다는 이유로, 약간의 호기심과 화젯거리를 좇는 욕망에 싸여 있다는 이유로, 그들을 책잡으려는 것이냐?" 실제로 이처럼 수상쩍은 동기로 찾아왔다가, 오늘 오후에 다른 일들에 열중하며 설교의 내용을 깡그리 잊은 사람도 자신의 임종 순간이나 심한 고독이나 끔찍한 절망 속에서, 오늘 아침에 들었던 몇 마디 말씀, 주기도문의 말씀이나 설교 말씀을 떠올릴지도 모릅니다. 그가 어둡고 길이 없는 숲을 헤쳐 나가야 할 때, 그가 무시하며 잊었던 말씀이 그를 위로하고 안내할지도 모릅니다. 하나님은 우리 인간과 다르게 훨씬 자비로우시고, 이해심이 많으십니다. 그분은 참으로 관대하시고, 자기의 씨앗들을 위해 아주 오랜 시간을 기다리십니다.

이제 다른 상황을 말씀드리겠습니다. 제가 뉴욕에 소재한 국제연합의 웅장한 건물에 방문했을 때의 일입니다. 그 건물은 위기가 닥쳐올 때, 권위 있는 민족 지도자들이 회동하여 새로운 전쟁을 피하기 위한 방책을 모색하는 곳이지요. 저는 질서 유지원 한 사람에게, 이 건물에 있는 예배당을 보여 달라고 부탁했습니다. 그는 이렇게 대답하더군요. "아하, '명상실' 말입니까?" 그가 나를 그곳으로 데려가는 동안, 나는 명상실이라는 기묘한 명칭에 대해 곰곰이 생각해 보았습니다. 그곳은 기도하는 데가 아니라, 명상만을 하는 곳입니다. 저는 저도 모르게 이렇게 자문했지요. '민족 지도자들이 모여서 찢어진 세계를 어느 정도 다시 봉합하면 충분한 것일까? 그들이 빈약한 생각을 품고 혼자 머무르는 것보다는 민족들의 주님을 부르는 것이 더 낫지 않은가?'

명상실은 그저 텅 빈 새하얀 공간에 장식도 없고, 상징물도 없이 의자만 몇 개 놓여 있었지요. 저는 질서 유지원에게 "이따금 저기에 누가 앉기는 하나요?"라고 물었습니다. 그러자 그는 다소 당황하며 머리를 가로저었습니다.

정면—교회로 치면 제단이 자리하고 있을 법한 부분—은 서치라이트로 눈이 부시게 빛났습니다. 거기에는 아무것도 없었고, 조명을 받는 것도 전혀 없었지요. 서치라이트가 어디를 비춰야 할지 모르는 것처럼, 이 공간에 초대받은 책임있는 인사들도 자신들의 생각이 누구를 향해야 하는지를 모르는 듯했습니다. 그곳은 가장 섬뜩하고 황량한 사원, 오래전에 사라져 버린 신앙의 텅 빈 황무지였습니다.

저는 무의식적으로 지독한 분노에 사로잡혔고, 유감스럽게도 그 분노를 다소 부주의하게 터뜨렸습니다.

그 건물의 모든 회의실은 최상의 편의시설을 갖추고 있었습니다.

기다리는 아버지

최고의 기술적 완성도를 자랑하는 정교한 번역기도 있었습니다. 이는 바빌론의 언어 혼란을 기술적 수단으로 극복하려는 현대인의 시도였습니다. 그 회의실에서는 모든 사안을 논하고 걱정할 수 있었습니다. 그렇지만, 궁극적인 것을 중시하는 "명상실"에는 공허와 속수무책만이 자리하고 있었습니다. 차라리 '이 사이비 사원 전체를 예산에서 삭제하고, 그곳을 옷 보관소나 술집으로 만드는 게 더 정직하지 않았을까'라는 생각까지 들었습니다.

　나중에는 저의 분노를 부끄럽게 여기긴 했지만, 다른 면에서 그 감정은 우리의 비유에서 보도하는 감정 격화와 비슷한 것이었습니다. 그런데, 이 공간은 정말 허무주의의 독이 든 꽃에 지나지 않는 것이었을까요? 어쩌면, 그 공간은 민족들의 운명과 관련하여 정치적 토론과 전략과 외교만 중시해선 안 된다는 것을 가리키는 상징이 아닐까요? 그 공간은 인간의 궁극적 비밀들을 숙고해야 함을, 작은 몸짓으로 매우 무력하고 소심하게, 그러면서도 정말로 눈물겹게 가리키고 있는 것은 아닐까요? 그곳은 인간이 하나님에 의해 창조되었고, 타락했으며, 그래서 바빌론의 언어 혼란이 존재하는 것을 보여 주는 상징이며, 우리의 이 수상쩍은 행성과 더 수상쩍은 거주자들이 오로지 하나님의 은혜로 사는 것임을 나타내는 상징이 아닐까요? 하나님이 그들의 착각에도 불구하고 그들을 버리지 않으시고, 그들에게 유예를 허락하셔서 사는 것임을 인간의 의결사항에 포함해야 하는 것을 가리키는 상징이 아닐까요? 이 제의(祭儀) 공간이 지닌 허무주의적이고 기만적인 면과 이 공간에서도 싹트는 참된 앎의 씨와 이 공간에서 약속을 기다리는 영적 빈곤을 누가 구별할 수 있겠습니까?

　셋째, 비유 속 주인은 종들이 밀과 가라지를 구별하면 안 된다고 분명히 말합니다. 밀과 가라지가 너무나 비슷해 보이기 때문이고, 그래서 종들의 김매기 열의로 인해 좋은 알곡까지 함께 뽑히는 수가 있기 때문입니다. 여기서 우리는 해석자들에게도 정말 난해한 지점에 도달합니다. 그들(주인과 종들) 모두 **실제로** 잡초가 뿌려져 있음을 압니다. 이 말은 그들이 그것을 구별할 수도 있다는 말이겠지요! 그런데도 주인은 말합니다. "잡초를 미리 뽑아내지 마라. 자칫 뽑아내다가는 진짜 곡물까지 뽑아낼 테니 말이다." 이 말은 "너희는 잡초를 구별해선 **안 된다**"는 뜻입니다.

명백하게 모순적인 이 말씀을 어떻게 이해해야 할까요? 물론, 농사의 관점이나 식물학의 관점으로는 이해가 안 됩니다. 이 비유는 자체로는 이해할 수 없고, 그것이 의도하는 바에 따라서만 이해할 수 있는 우의(寓意)입니다. 이 점을 참작할 때만, 모든 것이 명확해집니다. 전반적으로 보면, 채소와 잡초를 실제로 구별할 수 있습니다. 루터의 설교들이나 키르케고르의 종교 강화(講話) 안에서 신적인 씨가 중대한 열매, 은총을 입은 열매가 되었다고 말할 수 있습니다. 반면에 허무주의나 20세기의 신화나 변증법적 유물론은 신을 부인하므로 잡초와 독초의 씨를 확실히 얼마간 내장하고 있다고 말할 수 있습니다.

그런데도 비유 속 주인이 신중과 자제를 권고하는 것에는 이유가 있습니다. 그 이유는 우리가 여러 문제에 맞닥뜨려 불분명하게, 소심하게, 무관심하게 판단하지 않게 하려는 것이며 나약하고 불분명한 관용을 장려하지 않게 하려는 것입니다. 우리는 당연히 영들을 분별해야 합니다. 우리는 당연히 하나님의 것을 하나님의 것이라고, 악마의 것을 악마의 것이라고 말해야 합니다. 주 그리스도께서도 그렇게 하셨기 때문입니다.

기다리는 아버지

그러나 우리가 잡초더미를 좀 더 면밀하게 관찰하고, 죄와 신성 모독과 허무주의에 대해 알고 있는 것을 토대로 "그" 죄인, "그" 신성 모독자, "그" 허무주의자를 색출하려 한다면, 우리는 불가해한 경계에 부딪히게 될 것입니다. 바로, **전적으로** 신성 모독자이기**만** 하고, **전적으로** 허무주의자이기**만** 한 사람은 아무도 없으며, 그 사람도 언제나 하나님의 불행한 자녀, 하나님의 길 잃은 자녀**이기도** 하다는 것입니다. 예수의 손에 못을 박고 그분을 조롱하는 형리의 수하들은 **그저** 신성 모독자와 사탄의 기능을 하는 사람이기**만** 한 것은 아닙니다. 하늘에 계신 아버지께서는 그들을 슬퍼하십니다. 그들이 그분의 소유인데도 그것을 알아채지 못하고 어두운 세력의 속삼임에 복종하기 때문입니다. 감히 묻겠습니다. 살면서, 이단이거나 악질이어서 내쫓긴 사람, 성이 나서 욕을 하거나 마구 험담하는 이웃, 음모를 꾸미는 동료를 만난 적이 있는지요? 또 묻겠습니다. "저 사람은 정말 잡초에 지나지 않아"라는 평을 들을 만한 사람을 접한 적이 있는지요? 혹시, 그런 사람을 만날 때, 그를 위해서도 예수께서 죽으셨다는 사실을 명심하라는 촉구를 받지 않았는지요? 하나님이 그 사람과 더불어 계획하고 계신 것이 있는 것은 아닌지, 그 사람 안에 전혀 다른 씨앗이 싹트는 것은 아닌지 누가 알겠습니까? 우리가 그 사람을 잡초로 여겨 뽑아낸다면, 우리의 손이 차갑게 식어버리지 않겠습니까? 우리의 차가운 손은 거둬들이고 축복의 몸짓으로 다시 활짝 펴야 하지 않겠습니까? 길을 잃어 불행해 보이는 이 사람에게 하나님께서 자비를 베푸시도록 두 손 모아 기도해야 하지 않겠습니까?

최근의 일입니다. 저는 위대한 시인 고트프리트 벤이 언어의 거장으로서 무시무시한 전권을 가지고, 우리 세대에게 허무주의적 메시지를 전하고 있다는 인상을 받았습니다. 저는 속으로 물었습니다. '이 시들도 잡초일까? 이 시들은 매혹적인 색깔로 눈부시게 빛나는 독초의 꽃들이진 않을까? 색깔들이 다채로울수록, 형태들이 완벽할수록, 모습이 매혹적일수록, 이 시들은 그만큼 더 위험한 것이 아닐까?' 그런데, 제가 그의 다른 글을 읽고 있는데, 그가 한 젊은 친구에게 놀랍게도 다음과 같이 말하는 구절을 보았습니다. "잿빛 공허 속에서, 지친 슬픔 속에서는 벽에 등을 기댄 채, 욥기와 예레미야서를 읽으며 견뎌 내십시오!" 이 말은 우리가 읽은 비유와는 정반대이지 않습니까? 예를 들어, 어두운 세력이 화려한 독초의 씨들을 뿌려놓았는데, 하나님이 밤중에 그것들 사이에 **그분의** 씨를 뿌린 셈입니다(설령 시인의 촉구를 기독교적 신앙심 고취와 경건한 성경 독서의 의미에서 이해할 수 없다고 해도, 그 씨는 하나님의 씨일 수 있습니다!). 여기서 누가 감히 채소와 잡초를 구별하겠습니까? 차라리 하나님의 위대한 날을 기다리며, 예레미야서와 욥기를 통해 마음속에 뿌려진 두 씨앗이 은혜 안에서 싹트게 해달라고 하나님께 기도해야 하지 않겠습니까? 한 번 더 묻습니다. 여기서 누가 감히 구별하여 뽑아내겠습니까? 뽑아내기보다는 오히려 **사랑해야** 하지 않겠습니까? 그리고 바로 이 사랑의 모험 속에서 잡초로 가득 찬 인생이라는 경작지에 어떤 씨앗이 뿌려져 있는지를 인식하고, 하나님이 그 씨앗이 싹트기를 얼마나 기다리고 고대하시는지를 알아야 하지 않겠습니까? 도스토옙스키는 심오하고 형언할 수 없이 유용한 말을 한 적이 있습니다. "한 사람을 사랑한다는 것은, 그를 하나님이 뜻하셔서 존재하는 사람으로 보는 것을 의미한다." 그의 말을 정확히 이해하면 이렇게 됩니다. "우리는 그를 있는 모습 그대로 보아선 안 되며, 하나님이 **뜻하셔서** 존재하는 사람으로 보아야 한다."

　공동체 안에서 "탈신화화"라는 표어를 놓고, 광분하는 다수의 경건한 열성이 떠오릅니다. 주의 종들이 교리적 징계 처분을 즐겨 내리고, 장작더미를 기꺼이 세우고, 이단자들의 모자를 기꺼이 나누어주려고 하는 모습도 떠오릅니다. 우리는 실제로 수상쩍은 씨가 밤중에 뿌려질 수 있고, 그러면 순수한 교리의 경작지가 더럽혀질 수 있다고 쉽게 생각합니다. 그러나 이 자리에 있는 사람 중 누가 감히 파문할 수 있고, 불신과 근심하는 영의 신경과민에 싸여, 최후의 심판을 선취하려 한단 말입니까? 그렇게 하는 사람은 저들이 씨름하는 괴롭고 진지한 물음들을 **함께** 없애지 않겠습니까? 그렇게 하는 사람은 그 질문들을 마주하기는커녕, 자기 마음에서 뽑아내려는 것은 아닙니까? 그렇게 하는 사람은 신앙을 너무 쉽게 만들고, 은혜를 너무 값싸게 만들지 않겠습니까? 그렇게 하는 사람은 밤에 작업하는 수상한 파종자들이 (우리는 가정할 뿐입니다!) 낮에도 성경 위에 앉아 집요하게 애쓰며, 성경을 연구한다는 사실을 간과하지 않겠습니까? 이것이야말로 가장 끔찍한 일일 것입니다. 누가 감히 그 점을 간과한 채, 이 성경으로 그들을 칠 수 있단 말입니까? 그보다 성도의 인내가 더 적절하지 않겠습니까? 무엇보다도 하나님의 이 말씀이 그 사람들에게 강하게 역사하게 해달라고, 그들이 메시지와 끊임없이 접촉함으로써, 그들의 방황하는 마음도 진리와 자비의 물결에 사로잡히게 해달라고 기도하는 것이 더 적절하지 않겠습니까?

　이 자리에서 우리는 "심판받지 않으려거든, 남을 심판하지 말라"[19]라는 예수의 말씀을 생각해야 합니다. 우리는 심판하기보다는 차라리 저 위험에 처한 영혼들을 위해서─그리고 근심하는 영과 판단하는 영과 독선에 사로잡힌 우리 자신의 영혼을 위해서도―기도해야 마땅합니다. 우리는 긴 호흡을 선물로 받고, 최후 심판의 날과 그날의 놀라운 기쁨을 참을성 있게 기다려야 합니다.

지금도 여전히 말씀이 전파되는 은혜의 때, 위험한 야행성 방랑자뿐만 아니라 신적인 파종자도 돌아다니는 은혜의 때입니다. 우리에게는 변함없는 자녀 됨의 당당한 권리, 곧 우리가 중보기도를 하면서, 아무도―실로 아무도!―포기하지 않을 권리가 있습니다. 모든 독실한 척하는 육욕의 열성은 깍지를 끼고 기도하는 두 손안에서 제압될 것입니다. 물론, 아직 우리는 때로 이런 물음에 사로잡히기도 합니다. "주님, 내가 그 사람일까요?[20] 내가 여러 밤에 여러 마음속에 독 있는 씨를 뿌려, 여러 사람에게 골칫덩이가 된 것이 아닐까요?" 그런 사람은 넘어지지 않도록, 다른 사람이 넘어지는 모습을 보더라도 심판하지 않도록 조심하고, 자비로운 손으로 우리의 형제자매를 붙잡으십시오.

최후 심판은 놀라운 일로 가득 찰 것입니다. 염소와 양의 분리, 가라지와 밀의 분리가 우리가 꿈꾸던 것과는 전혀 다르게 이루어질 것입니다. 하나님은 우리보다 훨씬 자비로우시고, 우리보다 훨씬 엄격하시고, 우리보다 훨씬 더 많이 아시는 분이기 때문입니다. 하나님은 어떤 경우에도 우리의 마음보다 크십니다. 다음 한 가지만은 확실할 것입니다. 이를테면 왕이신 예수께서 낫과 월계관을 들고 나타나시리라는 것입니다. 그러면 우리는 우리의 낫을 떨어뜨릴 것이고, 모든 잘못되고 불법적인 면류관이 머리에서 떨어질 것입니다. 그러면 모든 것이 바뀔 것입니다. 모든 것이 모든 면에서 완전히 달라질 것입니다. 그러나 다음 한 가지는 변함없이 남을 것입니다. 그것은 다름 아닌 사랑입니다. 우리가 믿고 소망하고 오래 참으면서 행한 사랑, 바로 하나님이 신성 모독자들과 길을 잃은 사람들과 유혹자들과 유혹당하는 자들을 찾아 집으로 초대하신 것처럼 우리도 그러한 사람들을 그분의 식탁에 앉을 수 있도록 사랑한 것만이 변함없이 남을 것입니다.

그분이 우리에게 긴 호흡과 침착함을 은혜 가운데 주셔서, 우리가 그분의 승리에 기대어 당당하게 살아가기를 바랍니다. 그분이 장차 우리에게 그리고 우리가 그분 앞에서 편을 든 다른 사람들에게도 "잘하였다, 너 경건하고 신실한 종아. 와서, 네 주인과 함께 기쁨을 누려라" 하고 말씀하실 때까지 힘차게 살아가기를 바랍니다.

07.

조용히 자라나는 씨

예수께서 또 말씀하셨다. "하나님 나라는 이렇게 비유할 수 있다. 어떤 사람이 땅에 씨를 뿌려 놓고, 밤낮 자고 일어나고 하는 사이에 그 씨에서 싹이 나고 자라지만, 그 사람은 어떻게 그렇게 되는지를 알지 못한다. 땅이 저절로 열매를 맺게 하는데, 처음에는 싹을 내고, 그다음에는 이삭을 내고, 또 그다음에는 이삭에 알찬 낟알을 낸다. 열매가 익으면, 곧 낫을 댄다. 추수 때가 왔기 때문이다." 예수께서 또 말씀하셨다. "우리가 하나님의 나라를 어떻게 비길까? 또는 무슨 비유로 그것을 나타낼까? 겨자씨와 같으니, 그것은 땅에 심을 때에는 세상에 있는 어떤 씨보다도 더 작다. 그러나 심고 나면 자라서, 어떤 풀보다 더 큰 가지들을 뻗어, 공중의 새들이 그 그늘에 깃들일 수 있게 된다." 예수께서는, 그들이 알아들을 수 있는 정도로, 이와 같이 많은 비유로 말씀을 전하셨다. 비유가 아니면 말씀하지 않으셨으나, 제자들에게는 따로 모든 것을 설명해 주셨다.

마가복음 4:26-34

로베르트 융크(Robert Jungk)는 자신의 명저 『미래는 이미 시작되었다』(*Die Zukunft hat schon begonnen*)에서 한 미국 항공의학 전문가의 강연에 관해 말합니다. 그 강연 속에는 이런 말이 들어 있습니다. "임박한 비행 과제—음속 돌파와 그 뒤의 우주 비행—에 비추어 생물학적으로 보면, 인간은 결함 있는 구조를 지니고 있다." 이 말의 무뚝뚝한 솔직함은 아마도 이런 뜻일 겁니다. "창조주로부터 빌려 받은 인체와 민감한 혈액 순환과 더 민감한 신경계는 인간의 기술적 천재성이 열어 놓은 능력들을 더 이상 감당할 수 없다." 좀 더 신랄하게 표현할 수도 있습니다. "하나님이 (신체를 우리 마음대로 쓰게 해주심으로써) 우리의 존재에 대해 하신 기여를 인간의 기술적 지능의 기여가 능가하게 되었다." 인간은 차츰차츰 "창조"라는 회사에 더 많은 자본금을 출자하여, 주식의 과반수를 취득하고는 그 신성한 동역자를 조금 따돌렸습니다. 이제는 이것이 의심할 여지 없이 창조 감독 위원회에 영향을 미치고, 인간의 목소리가 더 큰 비중을 차지하고 있습니다.

지금 이 인간의 목소리는 무슨 말을 할까요? 이 목소리는 이렇게 말할 것입니다. "인간은 생물학적으로 개량되어야 한다. 시대에 뒤진 인체 기관의 창조 장치가 현대화되어야 한다. '생물 측정학'(이라는 이 새로운 방법)이 창조주, 곧 시대에 뒤떨어져 다소 고루한 주님의 오래된 낡은 설계도들에서 새로운 인간, 곧 우주인을 개량해 낼 것이다."

어찌하여 제가 이런 하찮은 이야기를 하고 있는 걸까요? 본문의 비유만큼 강하게 진술하고 있지는 않지만, 이 이야기가 우리 모두를 어느 정도 강하게 채우고 있는 생활 감정에 대해 말하고 있기 때문입니다. 이미 얼마간 표어가 된 개념으로 이 감정을 표현해 볼 수도 있겠습니다. "우리는 모든 것을 만들 수 있다고 확신합니다. 하나님, 기술적으로 우리가 만들지 못할 것은 없습니다! 우리는 수천 킬로미터 떨어진 곳에서 벌어지는 일들을 볼 수 있습니다. 우리는 비도 인공적으로 만들 수 있습니다. 우리는 숯으로 양말을 제조할 수도 있습니다. 우리는 강바닥을 옮길 수도 있고, 풍경을 바꿀 수도 있으며, 시험관 아기를 낳을 수도 있습니다. 그러니 우리는 이 모든 것의 **원인**인 인간 자체를 개량할 수 있지 않겠습니까?" 마르크스주의자들은 이미 이와 유사한 것을 원했습니다. 그들의 처방전은 이렇습니다. 이를테면 사회적 상태만 바꾸어도 인간은 달라지며, 그러면 예측할 수 없는 의지와 다루기 힘든 양심을 지닌 인간의 인격으로부터 그를 끄집어내어 고분고분한 꼭두각시로 만들 수 있고, 흰개미 사회에 순응하는 일개의 곤충으로 만들 수 있다는 것입니다. 모든 가능성이 열려 있습니다. 창조와 관련하여 우리 앞에 주어지거나 규정된 것은 없습니다. 세상의 주인을 자처하는 우리를 제한할 것은 아무것도 없습니다.

여러분은 "하나님이 만물을 창조하셨다"라고 말하지요? 천만에요! 인간은 모든 것을 **제작할 수** 있습니다! 오, 안심하기에는 아직 이릅니다. 창조의 첫 아침의 사람들인 아담과 이브가, 하나님이 일으켜 세우셨다는 이 세상으로부터 우리가 무엇을 끄집어내고 있는지, 우리가 이 세상을 얼마나 뒤죽박죽으로 만들 것인지를 미리 보았다면, 그들은 경악하고 말았을 것입니다.

설교에서 제가 이렇게 단언부터 하다니 어찌 된 일일까요?

이 설교의 첫머리에서부터 이렇게 단언하는 이유는 이러한 내용들이 우리의 영혼과 관계있기 때문입니다. 모든 것을 제작할 수 있다고 여기는 사람은 무엇이든 **제작하고 싶기** 마련입니다. 모든 것을 손에 넣은 사람은 그 손을 끊임없이 움직이기 마련입니다. 그는 그 손을 더는 가만두지 않습니다. 우리는 과도한 활동욕으로 인해 끊임없이 회전목마를 타지만, 빠른 속도에도 불구하고 일을 통 진척시키지 못한 채 현기증을 앓고 있는데, 이는 우리가 신경과민이기 때문도 아니고, 우리에게 시간이 없기 때문도 아닙니다. 오히려 정반대입니다. 우리가 신경과민 상태가 되고 시간이 없는 것은, 우리가 없으면 일이 되지 않는다고 생각하기 때문이며, 우리가 자신을 매우 중요한 사람—이 오래된 창조 회사에서 벼락출세한 사람!—으로 여기기 때문입니다. 그래서 우리는 어떤 것도 포기하지 않고, 다른 이들에게 맡기지도 않습니다. 그래서 우리는 모든 것을 움켜쥐려고 안간힘을 다하고, 그러다가 또 한 번 자신을 망가뜨립니다. 오, 이 모든 것은 우리 삶의 궁극적 결단들과 관계있는 것이지, 의학이나 생활양식의 문제와 관계있는 것이 아닙니다! 우리는 창조의 파산 재단을 혼자서 떠맡았고, 모든 것을 독자적으로 만들고, 언제나 끊임없이 무언가를 **만들어 내야** 하기에, 끊임없는 걱정에서 벗어나지 못하고 있습니다. 모든 것을 강탈한 자는 자신에게 모든 것이 달려 있다고 여기기 때문입니다.

그래서 우리는 "내일 시험에 합격할까? 우리 애들이 커서 뭐가 될까? 호경기가 꺼지면 어떻게 하지?"라며 괴로워합니다. 우리는 확실히 우리를 위협하는 가능성에 둘러싸여 있습니다. 우리는 하나님이 백합화에 옷을 입히시고 하늘을 나는 새들을 먹이시며, 우리에게 일용할 배급량을 분배해 주신다는 사실을 고려하는 법을 잊고 말았습니다. 우리는 그분의 나라가 반드시 온다는 사실을 고려하는 법을 잊고 말았습니다. 우리가 전에 신뢰했던 동역자 "하나님"은 지금 불능 상태가 되셨고, 우리는 홀로, 전적으로 혼자 선교(船橋)에 서 있습니다. 거친 악천후가 다가오는데도, 그것에 효과적으로 명령을 내릴 수 있는 분이 없고, 허리케인과 얼음덩이를 헤치고 우리를 안전한 항구로 인도하던 분도 없습니다. 그런데도 우리 세계의 타이타닉호는 침몰할 줄 모르고, 우리의 항해술은 완벽합니다. 만들 수 있는 것, 할 수 있는 것은 무엇이든지 만들고 수행합니다. "기독교적 항해"는 퇴조하고 있습니다. 기독교적이라고요? 천만에요! 우리는 파도 위를 걷는 사람을 더는 필요로 하지 않습니다. "나의 하나님, 당신께로 더 가까이"라고요? 오, 아닙니다. "자유의 여신상으로 더 가까이"입니다! 우리와 우리의 자녀들은 역사의 청띠 호(號)[21]를 획득합니다. 실로 우리는 그 배를 멀리까지 운행해 왔습니다!

어째서 선장이 선교에 가면서 그토록 불안해하는 것일까요? 가볍게 진동하는 거대한 선체를 장악하고 대양—고르흐 포크(Gorch Fock)가 표현한 대로, 구원자의 손아귀에 있는 작은 웅덩이가 아니라, 인간의 전능에 도전하고 그에게 엄청난 승리의 기회를 제공하는 대양—위를 운행하는 것은 정말로 멋진 일임이 틀림없을 텐데 말입니다. "거룩하게 빛나는 마음아, 네가 이 모든 것을 성취하지 않았느냐?"[22] 어째서 선장은 이 프로메테우스의 위로를 받으면서도 기뻐하지 않는 것일까요? 어째서 그는 걱정하는 것일까요? 자신의 걱정을 토로할 대상이 더는 없기 때문입니다. 어째서 그는 활동하면서 극도로 긴장하는 것일까요? 자신을 감찰하는 눈을 더는 바라보지 않기 때문입니다. 어째서 그는 잠들지 못하는 것일까요? 세상이 무시무시하다는 이유로, 그가 더는 마음을 놓지 않기 때문입니다. 그는 자기가 없는 자리에서 일어난 일을 신뢰하지 않습니다. 그래서 그는 어디에나 있어야 합니다. 그래서 그는 어떤 일도 **일어나게 하지** 않습니다. 그는 "나는 빼 줘!"라는 말을 더는 하지 않습니다. 그는 한순간도 백합화나 종달새가 되지 않습니다. 그는 스위치를 끄지도 않습니다. 그는 늘 최고의 능률에 도달합니다. 그러나 음주 중에는 자기를 잠시 벗어날지도 모르겠습니다. 여기서 문제는 "술을 마실 것인가, 아니면 기도할 것인가"입니다. 여기서 음주는 단순히 술의 소비만을 의미하진 않습니다.

그렇습니다. 타이타닉호는 우리의 세상입니다. 우리와 선장은 무슨 일이 일어나도록 **내버려 두는 것**을 더는 용납하지 않습니다. 누군가가 다스리고 있음을 알 때만, 그리고 그가 누구인지를 알 때만, 그리할 수 있기 때문입니다. 그러나 우리는 홀로 선교에 서 있습니다. 우리는 회사와 배를 강탈했고, 이제는 우리의 특권 때문에 죽어가고 있습니다.

분주하고 책임감이 강했던 몰트케(Moltke)는 노년 시절에 이런 질문을 받았습니다. "인생의 평온한 마지막 단계에 이른 지금 무엇을 더 하고 싶은지요?" 그는 이렇게 대답했습니다. "한 그루의 나무가 자라는 것을 보고 싶습니다."

이 자리에서 묻고 싶은 것이 있습니다. 만일 몰트케가 한창 책임을 맡은 시기에, 좀 더 높은 직위의 다른 사람이 우리의 활동이나 중단과 무관하게 **자기의** 계획들을 현실화하며, **자기의** 목표들을 향해 나아가는 모습을 잠잠히 바라볼 시간을 얻지 못했다면, 그가 노년에 그런 말을 할 수 있었을까요? 이 휴지기를 아는 사람, 우리가 없어도 (혹은 우리를 통해서도) **자기** 일에 열중하는 사람을 보고 위로와 기쁨을 얻는 사람은 예컨대 나무들이 자라게 하면서 **자신의** 무지개를 펼칠 것입니다. 반면에 이 모든 것을 전혀 알지 못하는 사람은 노년에 가련한 신세가 될 것입니다. 할 수 있는 일을 더는 할 수 없게 되었다면, 그리고 두 눈에 모든 것을 걸었는데, 그것들마저 침침하게 되었다면, 그런 사람이 도대체 무슨 소용이 있겠습니까? 늙어가는 사람들이 중요한 일을 놓칠지도 모른다는 두려움과 우울증을 느끼는 이유는, 그들이 수십 년

기다리는 아버지

동안 줄곧 아무 일도 **일어나게 하지** 않았고, 노년에 나무가 자라는 것을 더 이상 보지 못하고, 자신들의 신세가 작동을 멈춘 회전목마와 다름없기 때문이 아닐까요?

이 모든 것이 처세술의 문제나 정신 건강법의 한 장을 논의하려고 하는 것처럼 보일지도 모르겠습니다. 그러나 처세술과 건강법은 전혀 다른 것의 부산물, 곧 우리의 비유가 의도하는 바의 부산물일 뿐입니다. 우리의 비유는 하나님이 자기의 씨들을 매우 조용히 싹트게 하시고, 인간의 도움을 받지 않고 농업의 모든 실현 가능성을 넘어 이 기적을 일으키시며, 원시적이고 유행에 뒤처진 방식으로 인간의 모든 수고를 가로질러 자기의 일을 추진하신다고 말합니다.

우리가 이제껏 말한 것들, 곧 이따금 문화 분석처럼 들렸던 이 모든 것은 바로 이 주제의 견지에서 보고 말한 것이었습니다. 말하자면, 설교자 예수 그리스도의 뒤에 서서, 그분의 두 눈을 따라가며, 세상을 들여다보려고 한 것입니다.

자기 밭에 씨를 뿌린 한 사람이 있습니다. 그는 씨를 뿌린 다음 밭을 떠나가서, 가축을 돌보고, 집을 수리하고, 도시의 관청을 찾아가고, 밤에 잠자리에 눕고, 아침 일찍 일어납니다. 그가 이 모든 일을 하는 동안, 그의 도움이 없었는데도 어떤 일이 일어납니다. 씨가 싹트고, 순이 돋아나고, 이삭이 영글고, 알곡으로 가득 차게 된 것입니다.

형언할 수 없을 만큼 위안이 되는 일이 있습니다. 그것은, 인간이 일으키는 불행의 역사 한가운데로, 인간의 계획과 오산 한가운데로, 인간이 만든 것과 망친 것 한가운데로, 인간의 행동주의와 좌절 한가운데로 여전히 전혀 다른 사건의 흐름이 개입하고, 하나님이 자기의 씨앗들을 자라게 하시면서 자기의 목표를 이루신다는 사실을 아는 것입니다.

대홍수가 끝나갈 무렵 여전히 어두운 하늘에 화해의 징표로 무지개가 뜨자, 하나님은 죄지은 불쌍한 땅에 매우 특이한 위로의 말씀을 하시면서 땅의 상처를 아물게 하셨습니다. "땅이 있는 한, 뿌리는 때와 거두는 때, 추위와 더위, 여름과 겨울, 낮과 밤이 그치지 아니할 것이다."[23] 이 위로의 말씀 속에서 "모든 책동, 인간의 일상적인 생활고, 인간 영역의 모든 어리석음과 혼란에서 벗어나라. 자연 현상의 지속성과 질서를 관찰하여라. 계절이 규칙적인 리듬으로 오고 가는 것을 보고, 행성 궤도의 완전한 수학적 조화를 숙고하여라. 태양의 빛을 쬐고, 호수에 비친 달빛의 서정적 분위기를 즐겨라"라는 촉구를 들으려고 한다면, 이는 이 내용을 제대로 파악하지 못한 셈이 될 것입니다. 이런 것도 꽤 좋은 주제일 수는 있지만, 이런 자연 치유법에 기대치를 너무 높게 설정해서는 안 됩니다. 자연이 우리의 유일한 의사라면, 우리에게 일어날 수 있는 일은, 우리가 더 비참해지는 것뿐이기 때문입니다. 자연이 우리의 유일한 의사라면, 우리는 자연의 평온과 자연의 질서 법칙에서 배제되었음을 느끼게 될 것입니다. 자연이 우리의 유일한 의사라면, 우리는 머리를 가로저으며 우리의 판매대 뒤로, 우리의 사무실로, 우리의 걸상으로 돌아가서 이렇게 말할지도 모릅니다. "고요한 숲속 빈터이든, 행성의 궤도이든, 인간이 없는 곳이면 어디든 좋은데, 인간이라는 이 '괴물'이 가는 곳은 혼란과 불안이 있구나. 인간은 버스의 쇄도를 통해 가장 아름다운 풍경을 망치고, 하이힐 뒷굽으로 가장 장엄한 산경(山景)을 더럽히지. 그렇다고 해도 그가 홀로 있는 곳이 아스팔트 도로상이거나 네온 불빛 옆이라면, 이는 매우 좋지 않은 일이야." 이처럼 자연은, 정직하게 말하면, 위로의 설교와는 전혀 다른 무언가를 지니고 있습니다.

대홍수 이후에 하나님이 주신 위로의 말씀은 그런 뜻으로 주신 것이 아닙니다. 우리는 여름과 겨울, 낮과 밤, 뿌리는 때와 거두는 때를 자연법칙의 현상으로 이해해선 안 되고, 이 세상에서 활동하고 계시는 **주님**을 가리키는 것으로 이해해야 합니다. 이 위로의 말씀은 우리에게 이렇게 말합니다. "하나님의 신실하심은 온갖 혼란스러운 불안 한가운데 고요히 머무는 극점이다." 무엇이든 만들 수 있다는 우리 인간의 생각은 터무니없는 생각입니다. 우리가 모든 것을 뒤죽박죽으로 만드는 것도 미친 짓입니다. 여전히 우리는 하나님의 창조물을 온전한 상태로 받고 있습니다. 여전히 우리가 하나님의 창조물을 온전하게 받는 이유는, 하나님의 창조물이 견고해서가 아닙니다(절대로 아닙니다. 하나님의 창조물들도 언젠가는 사라질 것입니다. 호수도 더는 존재하지 않을 것이고, 해와 달도 빛을 잃을 것이고, 별들도 떨어질 테니 말입니다). 우리가 하나님의 창조물을 온전하게 받는 이유는 하나님의 사랑 때문이고, 그분의 신실하심이 확고하기 때문입니다. 개인의 삶 속에서, 큰 정치 안에서 빚어지는 인간의 모든 혼란(alle confusio hominum)도, 우리를 목표에서 점점 멀어지게 하는 그 많은 기술과 헛수고도 하나님의 마음을 **그분의** 목표에서 다른 데로 돌릴 수 없습니다. 결국엔 온갖 혼돈, 어리석음, 죄에도 불구하고 어수선한 혼란으로 끝나지는 않을 것입니다. 하나님의 붉은 실이 역사의 모든 미로, 동서 갈등, 우리의 개인적인 삶의 온갖 혼란을 신중히 돌파하며 이어질 것입니다. 그분은 자기가 무엇을 원하는지를 아시고, 자기가 아는 것을 그대로 실행하시는 분이시기 때문입니다.

우리가 최후 심판의 날에 하나님의 보좌에서 되돌아본다면, 아마도 깜짝 놀라 경악하며 이렇게 말할지도 모릅니다. "실로, 내가 사랑하는 이들의 무덤가에 섰을 때 그것을 알았더라면, 모든 것이 끝난 것처럼 보일 때 그것을 예감했더라면, 핵전쟁의 망령이 내 위에 엄습하는 것을 보았을 때 내가 그것을 예감했더라면, 내가 끝없는 감금과 악성 질병이라는 무의미한 상황에 맞닥뜨렸을 때 그것을 예감했더라면, 하나님이 이 모든 괴로움을 통하여 오로지 자신의 설계들, 자신의 계획들을 촉진하심을 알았을 텐데. 나의 걱정과 수고와 절망 한가운데서도 그분의 수확물이 익고 있으며, 만물이 최후의 심판을 향해 흘러가고 달려가고 있음을 내가 알아챘더라면! 내가 그것을 알았더라면 좀 더 평온해지고 좀 더 기운차게 살았을 텐데. 내가 그것을 알았더라면 좀 더 즐겁게, 좀 더 태연하게 살았을 텐데."

이 확신이 인생에 어떤 영향을 미치는지를 분명히 알려면, 우리가 주님만을 바라보아야 합니다. 그분 안에서는 어떤 것도 거칠고 맹렬하고 신경질적인 활동에 내몰리지 않습니다! 만프레트 하우스만(Mafred Hausmann)은 자신의 훌륭한 수필집 『깨어 있어야 한다』(Einer muss wachen)에서 풍부한 상상력으로 그분을 다음과 같이 형상화했습니다. "그분은 죽어가는 이들의 곤경, 갇힌 이들의 고통, 상처 입은 양심들의 불안, 불의와 테러, 실존적 불안과 비열한 행위를, 누구도 그런 적이 없다는 듯이, 가까이서 보시며 끊임없이 몸서리치신다. 그분은 이 모든 것을 구원자의 마음으로 보고 듣고 느끼신다. 그분은 펀치 메모지처럼 곤경과 불행을 받아들여 기록하실 뿐만 아니라, 마치 자기 몸과 영혼에 발생한 것처럼, 그것들을 자비로운 사랑으로 끝까지 겪어 내신다. 바로 이것이 그분의 모든 시간을 채우고, 밤에도 그분의 잠을 빼앗지 않았을까? 그분은 지체 없이 시작하여, 불을 피우고, 사람들을 얻고, 세계선교를 위한 전략적 계획서를 작성하고, 일하고, 또 일하고, 밤이 와서 일할 수 없을 때까지 미친 듯이 일하시지 않았을까? 우리가 하나님의 아들을 인간적으로 묵상한다면, 우리의 상상력은 하나님의 아들이 행한 지상 편력을 이렇게 보아야 마땅하다!"

이러한 모습은 실제의 예수와는 다릅니다! 세계적인 과제가 자기 어깨에 걸려 있는데도, 고린도와 에베소와 아테네가, 절망적 곤경에 처한 대륙 전체가 매우 가까이 있는데도, 침실과 길모퉁이에서, 성채와 친히 보신 빈민굴에서 괴로운 일과 죄스러운 일이 발생하는데도, 예수께서는 뜸을 들이며 태연히 소수의 사람 곁에 머무르십니다. 그분은 세리의 집에 들어가시고, 고독한 과부들과 멸시받는 창녀들, 사회의 외인들에게 가셔서, 그들을 얻기 위해 애쓰십니다. 그분은 그들이 전략적으로 중요한 사람들이 아니라는 것을 개의치 않으시는 듯합니다. 그분은 그들이 저명인사나 중요 인물이 아니고 하늘에 계신 아버지의 불행한 자녀, 길을 잃은 자녀에 "지나지 않는다"는 사실에 당황하지도 않으시는 듯합니다. 그분은 당당한 무관심으로 자기 과업의 소위 "세계사적인 전망"을 무시하시고, 한 사람을, 역사적으로 볼 때 눈멀고 땀범벅인 비굴한 거지를 중시하시고, 아무도 아닌 자를 하나님의 소중한 사람으로, 구원받아야 할 사람으로 여기시는 듯합니다.

그분은 자기가 이웃(실제로 가장 가까이 있는 사람)을 섬겨야 한다는 것을 아시는 까닭에 멀리 있는 것, 거대한 전망을 자기 아버지께 안심하고 맡기십니다. 그분은 고작 나사렛과 베들레헴이라는 지역의 작은 모퉁이에서 순종하시면서 명장이신 하나님이 만드시는 대형 모자이크에 자신을 끼워 넣으십니다. 그런 까닭에 그분에게는 시간이 있습니다. 모든 시간이 아버지의 손안에 있기 때문입니다. 그런 까닭에 그분에게는 평화만 나올 뿐, 어떤 불안도 나오지 않습니다. 하나님의 신실하심이 무지개처럼 온 세상에 **펼쳐져 있기** 때문입니다. 그분은 무지개를 세우실 필요가 없습니다. 그저 그 아래로 들어서기만 하시면 되니까요.

예수께서는 진로가 어디로 정해져 있는지를 아시고, 성장과 수확이 어떤 모습인지를 아십니다. 그런 까닭에 그분이 하시는 말씀들은 전술적으로 면밀하게 작성된 선전 연설이 아닙니다. 인간들의 선전이 복음 전도의 한 방법인 양 교회 자체의 사업이 되고 있는데, 이는 언제나, 성공과 실패, 결실과 수확은 우리의 인간적인 활동, 상상력, 실행력, 지능, 우리의 "제작"에 달려 있다는 지긋지긋한 상상에 기인합니다. 그런 까닭에 교회는 휘몰아 대는 사업체가 되지 않도록 조심해야 하며, 목사는 능력도 없고 영적 알맹이도 말라 버린 종교 경영자가 되지 않도록 조심해야 합니다.

예수께서는 결코 선전 요원이 아니십니다. 그분이 선전 요원이 아니라는 것은 다음 한 가지 사실만 보아도 알 수 있습니다. 사람들이 그분 주위로 점점 더 쇄도하고, 훨씬 큰 무리를 지어 그분 주위로 모여드는데도, 그분은 사람들에게 연설하는 것보다는 기도로 아버지와 대화하는 것을 더 중시하십니다. 이제는 때를 이용해야 한다고, 이제는 달구어진 대중을 단련하고 내적으로 변화시켜야 한다고 다들 생각할 때, 그분은 그들 한가운데를 가로질러, 아버지와 대화할 수 있는 한적한 곳으로 물러나십니다.

그런데 어떻게 그분은 바리새파 사람들과 율법 학자들보다 더 강력하게 말씀하신 걸까요? 그분이 웅변술을 갖추셔서일까요? 그분이 폭발력과 활력을 넘치게 갖추셔서일까요? 아닙니다. 그분이 강력하게 말씀하시는 이유는, 그분이 먼저 아버지와 말씀을 나누셨기 때문이고, 그분이 늘 고요한 상태였기 때문입니다. 그분은 영원 안에 쉬시는 까닭에, 시간 속으로 강력하게 들어오십니다. 그런 까닭에 그분은 시간에게 불안 자체입니다. 그분은 아버지와 대화하며 사십니다. 그런 까닭에 그분이 사람들에게 하시는 말씀은 아무도 피할 수 없는 심판과 은혜의 사건이 됩니다.

예수의 말씀이 강력한 이유는, 그분이 강력한 기도자이시기 때문입니다. 그분이 강력하게 기도하시고, 하루의 가장 좋은 시간을 아버지와의 이 대화에 배정하시는 이유는, 그분이 "내가 영원 안에서 쉬는 동안 아무 일도 일어나지 않는 것이 아니라, 오히려 내가 하나님의 영에게 공간을 내어드리면, 하나님이 일하시고, 그러면 씨앗이 싹튼다. 믿음이 적은 자들의 신경과민에 화가 있다! 근심하는 영에게 화가 있다! 기도하지 않는 자들의 근심하는 마음과 활동에 화가 있다!"라는 사실을 잘 아시기 때문입니다.

루터는 언젠가 이렇게 말했습니다. "내가 비텐베르크의 맥주 한 잔을 마시는 동안에도, 복음은 퍼진다." 이 말은 제가 이제껏 맥주와 관련하여 들은 말 가운데 가장 마음에 드는, 가장 아름다운 말인 듯합니다. 인간의 회심은 작위적이지 않습니다. 새로운 생명은 하나님이 일하시도록 해드림으로써만 발생할 수 있습니다. 그런 까닭에 루터는 설교단에서 안심하고 내려올 수 있고, 어떤 사람들을 계속 부르고, 소리치며 곳곳을 질주하지 않아도 됩니다. 그는 태연하게 비텐베르크 맥주 한 잔을 마시며 하나님께 모든 것을 맡길 수 있었습니다. 주님은 사랑하시는 사람들에게 잠을 주십니다.[24] 오늘날 우리가 대체로 죄를 짓는 것은, 우리가 의무를 망각하고 너무 적게 일하기 때문이 아닙니다.

역으로 우리는 이렇게 자문해야 합니다. 우리는 하나님의 이름으로 한 번이라도 게으를 수 있는가? 오, 누워서 사지를 뻗고 끝없는 작위에서 벗어나는 것도 예배일 수 있습니다.

누군가는 이렇게 말할지도 모르겠습니다. "그분이 우리에게 모든 것을 그렇게 설명하셨다는 것이 사실인지도 모르겠습니다. 그러나 북새 떠는 활동에 더는 마음을 빼앗기지 않고, 하나님이 일하시도록 하려면 어떻게 해야 할까요?" **그것이** 문제입니다. 이처럼 잠잠히 있는 상태에 이르려면 어찌해야 할까요?

엿보는 것만으로는 충분치 않고, 연습해 보아야만 하는 일들과 맥락들이 있습니다. 제가 모차르트의 피아노 협주곡의 구조를 완전히 파악하고, 그것의 정신적 내용의 깊이까지 직관적으로 혹은 지적으로 이해하는 것은 있을 수 있는 일입니다. 그러나 저는 이 협주곡을 제대로 연주하지는 못합니다. 연습하지 않았기 때문입니다. 이와 마찬가지로 (정말로 이와 똑같이!) 우리가 조용히 자라나는 씨의 비밀을 이해했을 수 있지만, 하나님의 씨가 우리의 삶 속에서 실제로 자라게 할 수는 없습니다. 우리가 비텐베르크 맥주 한 잔을 마시고, 신뢰에 가득 찬 상태로 스위치를 끄고 마음 놓아도 된다는 것을 정확히 알지만, 그대로 하지는 못합니다. 우리의 활동을 끌 수 있는 스위치, 안간힘을 다해 스스로 해치우려고 하는 마음을 끌 수 있는 스위치를 우리가 찾지 않기 때문입니다.

그러므로 저는 작은 처방을 제시하는 것으로 마무리하고 싶습니다. 하지만 설교로 하는 처방은 종종 악평을 받기도 합니다. 마치 모종의 요령이 있는 것처럼, 그 도움을 받으면 믿음의 기술을 익힐 수 있는 모종의 훈련 형식이 있는 것처럼 생각되기 때문입니다. 믿음이 "기법"

기다리는 아버지

이기라도 하다는 듯이 말입니다! 실로 믿음은, 하나님이 말씀하실 때, 그저 잠잠히 있는 것이고, 하나님이 행동하실 때, 그저 잠잠히 있는 것입니다. 이처럼 잠잠히 있는 것만이 중요하기에, 저는 이렇게 말씀드립니다. 잠잠히 있는 것만이 중요하니, 하나님이 우리에게 빛을 비추려고 하실 때, 우리 스스로 시야를 가리지 않겠다고 우리의 뜻을 밝히면 되겠습니다.

우리가 지하철 안이나 버스 안이나 리무진의 뒷좌석에 앉아 있을 때, 전화기가 잠시 침묵하고, 비서가 일정 기록용 수첩을 들고 잠시 사라질 때, 우리는 신문이나 서류철로 손을 뻗어선 안 되며, 라디오든 문의 벨이든 간에 그 어떤 버튼을 급하게 누르지 않도록 훈련해 봅시다. 그리고 숨을 크게 들이 쉬면서 이렇게 고백합시다. "영광이 성부와 성자와 성령에게 있기를. 태초에 그랬듯이, 지금도 언제까지나 영원토록." 이렇게 하면 감정의 전이(轉移)가 이루어져 평안을 얻을 수 있습니다.

그런 다음에는 이 어구들을 더 묵상하며 곰곰이 생각해 봅시다. "영광이 '성부'에게 있기를." 이 어구는 다음과 같은 것을 의미하기도 합니다. "내 일상 업무의 이 순간 속으로 나를 보내시고, 나에게 직원을 맡기시고, 지금 내가 결정해야 하는 모든 것을 최종적으로 결정하시는 분에게 영광이 있기를."

"영광이 '성자'에게 있기를." 성자는 나를 위해 죽으신 예수 그리스도입니다. 그분이 나를 위해 아픔을 겪으시고, 나에게 영원을 열어 보여주셨는데, 내가 사소하고 하찮은 일에 종사하며 정력을 소모해야 하겠습니까? 나에게는 꼭 필요한 **한 가지만**이 있어서, 그 한 가지가 갖가지를 상대화하고, 조금 약화하고 억제해야 하지 않겠습니까? 그분은 누구를 위해, 무엇을 위해 죽으셨을까요? 나의 계산대, 내 기분을 좋게 해주는 내 상사의 눈 깜박임, 내 텔레비전이나 여타의 사소한 것을 위해 죽으셨을까요? 오히려 그분은 내 옆의 동료, 내 주위에서 무언가와 씨름하는 동료, 보기 어려운 내 자녀들을 위하여 죽으신 것이 아닐까요? 그분은 내 자녀들의 양식과 옷장을 위해 죽으셨을까요? 아니면 그들과 나 사이에 잡다한 것이 몰려들어 내가 알지 못하는 그들의 영혼을 위해 죽으셨을까요?

"영광이 '성령'에게 있기를." 오, 나는 영이 충만해서 금방 티가 납니다. 나는 감정도 있고, 마음도 있으며, 기분도 있고, 상상력도 있습니다. 그러나 내가 잠잠히 있으면서, 전혀 다른 이가 자신의 영으로 나를 사로잡아, 인생의 참되고 절박한 시기에 대한 이해를 제공할 수 있게 하는지요?

"태초에 그랬듯이, 지금도 언제까지나 영원토록." 영원한 손이 우리를 에워싸고 있습니다. 신뢰할 수 있는 신실함이 우리를 감싸고 있으며, 바람에 날리는 모래와 같은 일상 업무가 결코 마음대로 할 수 없는 토대들이 우리를 받치고 있습니다.

우리가 이 작은 연습을 끊임없이 반복하면, 이것이 결코 불분명하고 부자연스러운 행동이 아니며, 우리를 일상의 의무들에서 벗어나게 하는 내적 망명이 아니라는 것을 곧 알게 될 것입니다. 오, 그렇습니다. 우리는 완전히 새로워져 우리의 직무로 되돌아가게 될 것입니다. 우리는 새로운 유형의 현실주의자가 될 것입니다. 우리는 큰일과 작은 일을 알고, 본질적인 것과 비본질적인 것을 구별할 줄 알기 때문입니다.

무엇이든 할 수 있다고 광적으로 믿는 자들은, 비록 그들이 차갑고 냉철한 현실주의자의 눈을 갖고 있다고 해도, 엄밀히 말하면 바보들에 불과합니다. 그러나 조용히 자라나는 씨의 비유를 이해한 사람, 비유 속 농부처럼 자기 일을 하고 나서 밭을 보고 인사하며 하나님의 이름으로 잠자리에 드는 사람은 가장 경건한 일과 가장 지혜로운 일을 하는 사람입니다. 경건과 지혜는 학교에서 배운 지식과 경영자의 지식이 꿈꾸는 것보다 더 긴밀히 연결되어 있기 때문입니다.

08.

불의한 청지기

예수께서 제자들에게도 말씀하셨다. "어떤 부자가 있었는데, 그는 청지기 하나를 두었다. 그는 이 청지기가 자기 재산을 낭비한다고 하는 소문을 듣고서, 그를 불러 놓고 말하였다. '자네를 두고 말하는 것이 들리는데, 어찌 된 일인가? 자네가 맡아보던 청지기 일을 정리하게. 이제부터 자네는 그 일을 볼 수 없네.' 그러자 그 청지기는 속으로 말하였다. '주인이 내게서 청지기 직분을 빼앗으려 하니, 어떻게 하면 좋을까? 땅을 파자니 힘이 없고, 빌어먹자니 낯이 부끄럽구나. 옳지, 내가 무엇을 해야 할지 알겠다. 내가 청지기의 자리에서 떨려날 때에, 사람들이 나를 자기네 집으로 맞아들이도록 조치해 놓아야지.' 그래서 그는 자기 주인에게 빚진 사람들을 하나씩 불러다가, 첫째 사람에게 '당신이 내 주인에게 진 빚이 얼마요?' 하고 물었다. 그 사람이 '기름 백 말이오' 하고 대답하니, 청지기는 그에게 '자, 이것이 당신의 빚문서요. 어서 앉아서, 쉰 말이라고 적으시오' 하고 말하였다. 그리고 다른 사람에게 묻기를 '당신의 빚은 얼마요?' 하였다. 그 사람이 '밀 백 섬이오' 하고 대답하니, 청지기가 그에게 말하기를 '자, 이것이 당신의 빚문서요. 받아서, 여든 섬이라고 적으시오' 하였다. 주인은 그 불의한 청지기를 칭찬하였다. 그가 슬기롭게 대처하였기 때문이다. 이 세상의 자녀들이 자기네끼리 거래하는 데는 빛의 자녀들보다 더 슬기롭다. 그러

므로 내가 너희에게 말한다. 불의한 재물로 친구를 사귀어라. 그래서 그 재물이 없어질 때에, 그들이 너희를 영원한 처소로 맞아들이게 하여라.”

누가복음 16:1-9

이 본문을 다룬 상당수의 설교를 읽으며 연구하다가 이상한 점을 발견했습니다. 대다수의 설교들이 설교자가 불만을 토로하는 것으로 시작된다는 것입니다. 이 본문이 실로 곤혹스럽고, 당혹스러우며, 매우 사악한 타락의 사례를 공동체의 눈앞에 들이댄다는 것이지요. 설교자는 곤혹스러움을 극복하고, 그러한 이야기를 마주한 청중을 교화하기가 까다롭고 어려운 일임을 암시하면서 이렇게 말하곤 합니다. “이 ‘범죄보고서’가 신약성경에 들어 있지만, 분명 이 보고서에 뭔가가 틀림없이 들어 있을 테니, 이 어두운 사건에서 영적인 빛을 찾아내는 것을 멈추어선 안 됩니다.”

우리도 이 이야기를 낭독하다가 이와 비슷한 인상을 받지 않을까 싶습니다. 그래서 우리는 처음부터 이 이야기에 올바로 접근하는 방법을 찾는 것이 매우 중요합니다. 예수께서는 자신의 그림들과 비유들을 매우 느긋하고 자신 있게 다루십니다. 그분은 불의한 청지기처럼 문제 많은 인물까지 사례로 들어 하나님 나라의 진리를 드러내는 것을 거리끼지 않으십니다. 예수께서 믿음이 두터운 체하는 사람들을 그리시지 않고, 위선자와 부랑자까지 인류의 모델로 세우셔서, 그들의 어둠 속에서 신적인 진리가 빛나게 하시는 것에 걸려 넘어지는 사람은 그분을 도무지 이해하지 못할 것입니다.

예수께서는 심지어 하늘에 계신 아버지와 자기 자신을 도발적인 인물들로 제시하기까지 하십니다.

그분은 하늘에 계신 아버지를 무정한 재판관, 곧 정의에 대해 완전히 무관심한 재판관에 비유하십니다. 가난한 과부 한 사람이 밤낮으로 귀찮게 졸라대자, 그것을 더는 참을 수 없어서 마침내 그 과부의 권리를 찾아 주는 재판관입니다(눅 18:1 이하). 그분이 이 비유로 말씀하시려는 바는 이러합니다. "하나님은 법대로만 하는 분이 아니시다." 하나님이 실제로 우리를 "법에 따라" 대하시면서 우리의 죄를 조목조목 늘어놓으신다면, 우리가 어디로 가겠습니까! 이 냉정한 재판관과 하나님의 공통점은 법대로 하지 않고 너그러워지는 것, 이 **한 가지뿐**입니다. **한쪽**은 영원한 아버지의 마음으로 인해 너그러워지고, **다른쪽**은 과부의 중단 없는 외침을 더는 참지 못하는 신경 쇠약으로 인해 너그러워집니다. 불의한 재판관조차 마침내—성가심이 두려워서—한 사람에게 도움이 미치게 하겠다고 결심하는데, 하나님은 자기를 간절히 찾고 어린아이처럼 신뢰하는 사람들을 **얼마나 더 많이** 도우시겠습니까!

주님이 "너희 법률가들아, 너희 변호사들아, 너희 법률 고문들아, 너희도 이 냉정한 재판관처럼 되어야 한다"라고 말씀하시려 했다는 듯이, 냉정한 재판관을 모범으로 이해하는 것은 참으로 부적절한 이해일 것입니다. 그것은 매우 터무니없는 이해일 것입니다! 예수께서는 평행법 보다 대조법으로 훨씬 더 많은 것을 증명하십니다. 그러므로 우리는 "얼마나 더"라는 표현의 의도를 늘 간파하고 있어야 합니다.

주님이 "밤에 도둑처럼"[25] 오시겠다고 거듭거듭 말씀했다고 해서, 도둑과 사기꾼에게 신적인 면이 있다고 말할 수는 없습니다.

예수의 모든 비유에서 요점을 찾아내되, 그분의 비유들을 도덕 예화로 이해해선 안 됩니다. 도덕 예화로 이해할 경우, 틀림없이 잘못된 구덩이에 빠져들고 맙니다.

예수의 비유들에 대해 숙고할 때면, 주 그리스도께서 요점을 얼마간 숨기신 것처럼 생각되고, 그래서 그것을 아주 꼼꼼히 찾아야 하는 것처럼 여겨집니다. 이는 숨은그림찾기의 방향을 이리저리 돌려가며 정밀히 보면서 숨은 형상을 실제로 찾아내는 것과 같습니다. 주님이 그리하신 것은, 우리가 비유들을 이해했다고 여기기보다 차라리 우리가 비유들에 대해 철저히 숙고하고, 비유들이 우리 마음속에서 움직이게 하고, 그것들을 놓고 기도하게 하시려는 것인 듯합니다. 그림 잡지의 일화집을 읽고 대번에 이해하는 것처럼 비유들을 읽어선 안 됩니다.

성경에 다가갈 때는 언제나 먼저 기도하며 다가가야 합니다. 성경을 정중히 사유(思惟)해야 합니다. 하나의 어두운 말씀을 여러 해 동안 품고 다녀야, 그 말씀이 비로소 빛을 발하기 시작하는 때도 더러 있습니다. 심지어 성경의 마지막 책은 수백 년 동안 어둠 속에 있었습니다. 그러나 이제 갑자기—우리 시대의 재앙들 가운데서—이 책의 어두운 베일이 벗겨지고, 우리는 이 책 속에서 광대한 역사의 풍경을 보는 것 같습니다. 이 풍경은 하나님의 기묘한 길들을 담고 있고, 이 길들은 모두 멀리 있는 푸른 산으로 이어지며, 이 산으로부터 우리에게 도움이 옵니다.

그러니 불의한 청지기의 초상에 너무 오래 머무르지 말고, 무엇보다도 그를 모범으로 간주하지 말고, 우리가 조금 전에 "요점"과 "숨은 형상"이라고 부른 것이 어디에 있는지를 묻는 것이 좋겠습니다.

이 비유에서 인간은 중심에 서 있지 않습니다. 오히려, 돈이 본래의 주제이고, "불의한 맘몬"이 중심적인 주역입니다. 이것은 무슨 뜻일까요? 하나님께 순종하려고 하는 한 인간의 삶에서 이 세력은 무엇

기다리는 아버지

을 의미할까요? 그는 이 세력을 어떻게 대해야 할까요? 호경기인 지금, 함부르크처럼 경제적으로 활력이 넘치는 도시 한복판에서 우리는 이 물음과 씨름해야 합니다. 이 물음은 매우 현세적인 물음이기도 하니까요. 하나님과 함께하는 우리의 운명은 교리들과 모든 있을 수 있는 내세 문제를 숙고하는 것으로는 결정되지 않습니다. 우리의 이 운명은 매우 실질적이고 현세적인 물음, 우리의 삶에 영향을 미치는 현세적인 문제들에서 결정됩니다. 그 문제들은 다름 아닌 성(性)과 돈과 인간애입니다.

첫째, 우리가 알아야 할 사실은 돈과 재산을 이용하여 친구를 사귀는 것입니다. 이것이 무슨 뜻인지를 이제부터 알아보도록 하겠습니다. 우선 요지는, 이 명령이 우리에게 절대적으로 자명한 것은 아니더라도 이 맘몬을 사용하고 활용하라는 명령을 받아들이는 것입니다. 주님이 불의한 맘몬에 관해 말씀하실 때, 우리는 그분이 다음과 같이 계속 말씀하시기를 기대할지도 모르겠습니다. "그것에서 손을 떼어라! 차라리 수도원에 들어가서 청빈 서약을 하거나, 아니면 적어도 소유권을 폐지하여 돈의 힘을 결정적으로 꺾는 경제 질서를 확립하려고 노력하여라."

이렇게 기대하는 이유는, 우리가 왜 예수께서 맘몬을 "불의하다"고 하시는지, 왜 그분이 맘몬을 글자 그대로 "불의의 주인"이라고, 불의한 세상의 주인이라고 하시는지를 너무나 잘 이해하고 있기 때문입니다. 우리는 모종의 주식 투기, 군수 경기(軍需景氣), 불로 소득, 여러 형태의 세금 조작, 모종의 도박 열풍을 떠올리며, 불공평과 땀과 눈물과 심지어 피까지, 돈과 연결된 안타까운 이미지로 만들어 버립니다. "돈이 세상을 지배한다!" 이렇게 말하는 순간, 돈이 예수께서 이 세상의 통치자로 묘사하신 저 어두운 형상에 놀랍도록 근접하지 않습니까?

그러나 예수께서는 놀랍게도 우리에게 돈으로부터 물러나라고 말씀하시지 않습니다. 그분이 그렇게 말씀하시지 않는 것은, 돈으로부터 물러나는 것이 가능하지 않기 때문입니다. 우리가 모두 수도사가 될 수는 없으니까요! 그리고 수도사들도 돈 없이는 살지 못합니다. 수도원의 경리과가 그들이 더러운 접촉을 하는 것을 줄여 줄 뿐입니다. 예수께서는 우리에게 이렇게 말씀합니다. "더러운 돈을 **손에** 넣어라. 그것으로 무언가를 시작하여라. 결단코 믿음을 빙자하여 세상을 등지거나 비현실적으로 사는 일이 없게 하여라." 우리 행위의 올바름은, 우리가 더러운 맘몬과 관계를 맺었느냐는 물음으로 결정되는 것이 아니라, 우리가 어떤 **목적**을 위해 더러운 맘몬과 관계를 맺었느냐는 물음으로 결정됩니다. 바로 이 점에서 우리는 비유 속 청지기를 분명히 이해할 수 있게 됩니다. 그는 자신의 부패와 약삭빠름, 부정적인 방향 전환의 이미지에도 불구하고 돈이란 본래 무엇을 위해 존재하는 것인지를 우리에게 가르쳐 줍니다.

도대체 무슨 일이 일어났을까요? 바로, 고발이 이루어졌습니다. 사람들이 대지주에게 신고하며 이렇게 말했던 것입니다. "당신의 마름이 당신의 재산을 가로채고, 부정직한 짓을 저질렀습니다." 이 고발이 옳은지는 본문에 언급되어 있지 않습니다. 본문은 그것을 처음부터 끝까지 미해결 상태로 둡니다. 본문에는 이 마름이 부패하지 않았을지도 모른다는 암시마저 들어 있습니다. 그런데도 그는 "마치" 사기꾼인 것처럼 고발되었습니다.

주인, 곧 대지주는 공정하게 처리해야 하는 고발을 조사도 하지 않고, 그 마름을 즉각 해고합니다. 마름은 이제 최종 결산 대차대조표를 제출하고, 인계하는 일만 할 수 있게 되었지요. 주인은 이 결산에서 마름의 결백이 밝혀져 마름이 정당하게 자기 지위를 유지할 것이라고 기대하지 않는 듯합니다. 아니, 주인은 단순한 고발을 근거로 그저 해고를 통고합니다. 실로 잔인하고 불공정한 조치입니다. 그래서 마름은 끔찍한 궁지에 처하여, 곧장 내적 갈등에 빠집니다. 그에게는 두 가지 가능성만 남아 있는 듯합니다. 하나는 정직하게 행동하며 완벽한 최종 결산 대차대조표를 건네는 것입니다. 이는 그가 주인의 재정적 권리를 마련해주기 위해 스스로 온갖 일을 다 했음을 의미할 것입니다. 이는 그가 주인의 재산 전체를 돌려주고, 아직 회수하지 않은 빚을 주인을 위해 되도록 빨리 회수하는 것을 의미할 것입니다. 이제 그는 숙고합니다. "내가 이 일을 꼭 해야 하는가?" 주인은 매우 비양심적인 지주인 것 같습니다. 마름의 말을 들어보지도 않고 해고한 것은 부당하며, 법적 근거도 없습니다. 어찌 사람이 누군가에게 충성을 요구하면서, 그에게 예의를 갖추지 않고, 적어도 자기를 변호할 기회를 주지 않은 채 그를 푸대접하며 길거리로 내쫓을 수 있단 말입니까?

게다가 이 주인은 뻔뻔스러운 속물인 것 같습니다. 마름이 마지막 순간에 그를 속여 한몫 챙길 때, 대지주라는 이 주인은 그러한 짓을 도덕적이거나 법적인 기준에 따라서 소송 거리가 되는 행위로 판단하지 않고—그런 판단은 그에게 썩 어울리는 일도 아니었을 것입니다!—전술상 영리하게 구상된 묘수의 관점에서만, 그리고 노련한 업무 조작의 관점에서만 판단하기 때문입니다.

주인이 불의한 청지기를 칭찬한다면, 그 칭찬의 의미는 그저 이 정도일 것입니다. "약삭빠른 놈이야! 나를 멋지게 속였어!" 그런 점이 주인에게 깊은 인상을 줍니다. 주인 자신도, 죄를 범하고 무마하는 방법을 훤히 알고 있기 때문입니다. 불의한 청지기뿐만 아니라 그의 주인도, 예수께서 "이 세상의 자녀들"이라고 부르시는 사람들의 범주에 속합니다. 두 사람 다 빛의 자녀들보다 더 영리하고, 더 거리낌 없고, 더 능란한 자녀들 축에 듭니다. 주인도 줄곧 상당한 유머가 있어서, 청지기의 책략으로 손실을 볼 텐데도, 청지기와 그의 약삭빠른 조치를 칭찬합니다.

주인이 미심쩍은 인물이기에, 마름은 줄곧 이런 의문을 품습니다. "저런 사람에게 돈을 벌어주어야 하는가? 소작인들과 전차인(轉借人)들을 쥐어짜서 이 '사회적 짐승'의 지갑을 채워주어야 하는가?" 그는 그러지 않고 "사회적으로 열악한 사람들에게 돈을 주는 게 더 낫지 않을까"라고 숙고합니다. 예수께서는 이 물음에 긍정의 답을 주지 않으십니다. 긍정의 답을 주셨다면, 그분은 "불의한" 청지기라고 말하지 않고, "고귀한" 청지기라고 말씀했을 것입니다. 그분은 그를 "불의한" 청지기로 판결하십니다. 그러나 다들 이해하겠지만, 마름은 매우 진지하게 숙고합니다.

마름에게 남아 있는 또 하나의 가능성은 육체노동을 하거나 구걸하는 것입니다. 그는 이 두 가지가 자기에게 맞지 않음을 솔직하게 인정합니다. 그는 육체노동을 **하고 싶지 않다**고 말하지 않고, 육체노동을 **할 힘이 없다**고 말합니다. 어쩌면 그는 너무 약골이어서, 육체노동을 고려하지 않는 것인지도 모릅니다. 어쨌든 구걸은 그가 하고 싶어 하지 않는 것 같습니다. 그는 자기의 사회적 위신에 유의합니다. 실제로 그의 성미에 맞는 것은 그의 위신입니다. 그는 이렇게 생각했을지도 모릅니다. "나처럼 유능한 사람이 아무것도 생산하지 않고, 다른 사람들의 돈으로만 지낸다면, 이것은 정말 불공정한 사회 질서 그 이상일 거야. 이 모든 것은 내가 오로지 정신 나간 정직을 통해 이 꼴 보기 싫은 주인의 지갑을 채워주기 때문에 발생하는 거야. 내가 채워주면, 저 녀석은 그 돈으로 무슨 일을 하지? **첫째** 내가 약간의 부기(簿記) 조작을 통해 가난한 사람들을 돕고, **둘째** 그들에게 나를 책임지게 함으로써 나 자신을 진창에서 구해내는 것보다 훨씬 더 나쁜 일에 그 돈을 사용할 거야. 가난한 사람들은 감사하는 마음으로 나를 도와 첫 번째 위기를 넘기게 해주고, 내가 새 출발을 할 수 있게 해줄 거야. 다르게 말하면, 나에게 맡겨진 돈으로 가장 이성적인 일을 시작하는 거지. 공식적으로는 옳지 않은 일—문서 위조—이지만, 그 돈을 합리적으로 공익을 위해 쓰는 거야."

청지기는 실제로 대규모의 부정을 저지릅니다. 그는 "불의한" 사람입니다. 하지만 그가 하는 일은 그저 분별없이 하는 일은 아닙니다. 우리는 그의 일에서**도** 모종의—대단히 이상하고 위험하면서도 매우 모험적인—도덕을 발견할 수 있습니다. 어쨌든 그는 순수 합리성의 관점에서 보면 그다지 나쁘지 않게 행동합니다. 그는 이 세상의 자녀입니다. 그는 "내가 정직하고 성실하게 나의 길을 걸으며 기꺼이 하나님을 신뢰하면, 하나님이 나를 옥살이시키지 않으시고, 오히려 나에게 신적인 타개책이라는 놀라운 일을 경험하게 하실 거야"라고 생각하지 않습니다. 그는 이 세상의 자녀입니다.

그렇다고 주님의 제자가 되기를 원하고, "빛의 자녀들"에 들고 싶어 하는 우리가 불의한 청지기를 얕보아도 될까요? 우리가 이 오물 지대에서 벗어난 체해도 될까요?

우리는 좀 더 신중하게 판단해야 합니다. 경제적 관점에 따라서만 매정하게 행동하며, 양심이 업무 영역에 침입하는 것을 견디지 못하는

"이 세상의 자녀들"이 되고 싶지 않더라도, 우리는 "빛의 자녀들"로서 언제나 세상 **안에**, 좀 더 정확히 말하면 돈의 세상 안에 있습니다. 그리고—설교단에서 하면 그다지 유익한 말로 들리지 않지만, 군이 말해도 된다면—재무의 세계 안에, 세무서들의 세계 안에 있습니다. 불의한 청지기의 숙고들이 우리에게—빛의 자녀들에게, 예컨대 이 자리에 계신 상인 여러분에게—정말로 낯선 것일까요? 우리에게도 낯설지 않지요?

아마도 우리는 불의한 청지기처럼 "나에게는 잔인한 주인이 있어. 나는 불의한 맘몬을 그에게 주고 싶지 않아"라고 말하지 않을 것입니다. 오히려 우리는 좀 더 현대적으로, 좀 더 품위 있게, 도덕적으로 덜 추하게 말할 것입니다. "우리에게는 골치 아픈 세법이 있어. 그 세법을 마주하면, 경제적으로 파멸할 마음이 없는데도 형식적인 정의를 실행하기 어렵게 되지." 자주 언급되는 명제는 이렇게 말합니다. "우리는 세무서를 위해서만 일한다." 흔히들 말하듯이, 국가의 재정 관리와 국가의 조세 조치는 경제적 살림과 사회 구조를 유지하고 균형을 맞추려는 마음이 없는 걸까요? 여러 종류의 세금이 과도할 때, 국가가 경제 메커니즘에 석유 대신 모래를 쏟아부을 때, 국가가 호경기에도 불구하고 개인의 투자나 꼭 필요한 비축자본의 투자를 방해할 때는, 독자적으로 세금을 줄이는 방법을 모색해야 하지 않을까요? 흔히들 묻듯이, 내가 형식적 옳음 때문에 세금에 묶여 사업상의 기회를 이용할 수 없다면, 또는 내가 세 부담에 눌려 파산한다면, 그것이 누구에게 도움이 되겠습니까? 그것이 국가에 도움이 되겠습니까? 나를 사업무능자로 만든 까닭에, 나를 부양하고 사회복지 보조금 수혜자로 만들어 주어야 하는 국가에 도움이 되겠습니까? 단연코 아니라고 많은 사

기다리는 아버지

람이 자문자답합니다. 이처럼 하소연하고 원망하는 말로 진술된 것 안에는 조금의 양심이 들어 있기도 합니다. 왜냐하면 이 국가는 내가 상황이 나쁠 때나 재앙이 닥쳤을 때도 줄곧 납부했던 세금의 나머지까지 잃고 말 것이기 때문입니다.

혹은 내 일꾼들이자 직원들이었다가 길거리에 나앉아 있을지도 모르는 사람들에게 도움이 되겠습니까? 아닙니다. 그들 누구에게도 도움이 되지 않습니다. 그러니 나는 내가 책임져야 한다는 듯이, 내 생계를 유지하고, 나에게 맡겨진 사람들을 부양하고, 파괴되었을지도 모를 사업 영역을 재건하는 일에 필요하다는 듯이 돈을 써야 합니다.

프리랜서로 활동하는 사람들 가운데 이 곤경과 이 양심의 갈등을 모르는 사람이 있을까요? "빛의 자녀들"도 이 갈등에서 제외되지 않습니다. 이것은 죄와 용서, 정의와 영리함의 문제이고, 흔히 말하는 "더러운 손"의 문제입니다.

만일 우리 가운데 밀매업자나 불성실 납세자 또는 대규모 탈세자가 있다면, 이 말들을 자신의 부당 이득을 합리화 해주는 도덕적 알리바이로 여겨선 안 될 것입니다. 여기서는 실제적인 이유와 인간적인 이유로 세금 분야에서 내적 갈등에 빠진 이들, 법조문 그대로는 아니지만, 그 법조문이 건강한 자기 보존과 조화를 이루는 한, 그 의미와 정신에 맞게 납세 의무를 이행하려고 하는 이들이 지닌 양심의 갈등에 대해서만 말하는 것이기 때문입니다. 구매력과 생산력의 유지가 무엇보다도 모든 세법의 취지이건만, 이 세법의 실제적 형식들과 그 "시행 세칙들"이 이따금 이 취지 및 목적과 모순되어 양심을 불안하게 하고, 때로는 심각한 갈등에 빠뜨리기도 하니까요.

여담입니다만, 설교단에서 이러한 문제들을 다루는 것은 확실히 이례적인 일입니다. 설교자가 이러한 문제들을 건드리면, 설교자의 손도 더러워질지 모르겠습니다. 물론, 본문 속에서 청지기가 해야 할 성실에 관해 말하거나, 작은 일에도 충실하는 것에 관해 말하기가 훨씬 쉬울 것입니다. 실제로 어렵고 딱딱한 본문의 맥락에서 몇 마디를 끌어내어, 그것으로 공동체를 교화하기는 쉽습니다. 그러나 그리하면 설교자는 어려운 숙제를 살그머니 피한 채 교화를 빙자한 속임수에 몰두한다는 느낌을 스스로 떨쳐내지 못할 것입니다. 방금 언급한 문제들이 무수한 양심을 압박하고 있습니다. 그런 까닭에 설교자는 그것들을 언급하지 않으면 안 됩니다. 공동체는 이러한 곤경 속에서 주님의 지시를 받지 않으면 안 됩니다. 공동체는 이 세상과 대중 한가운데서 빛의 자녀로서 불의한 맘몬 및 더러운 손과 함께 산다는 것이 무슨 뜻인지, 그런데도 용서하시는 주님의 선하심 가운데서 기쁘게 산다는 것이 무슨 뜻인지를 들어야만 합니다. 설교단에서 말하는 것이 생소하고 충격으로 작용할지 모른다는 이유로, 설교자가 특정한 주제들을 건드리려고 하지 않는다면, 이는 흔들리는 양심들을 속수무책으로 방치한 채, 경건한 육신만을 흥분시키는 거짓되고 책임 회피적인 교화의 죄를 범하는 셈이 될 것입니다. 다 기만적이지는 않겠지만, 오늘날 하나님으로 인한 곤경 대부분과 하나님을 회피하려는 시도 대부분은, 우리가 윤리적이고도 가장 현실적이며 세속적인 문제들과 관계하는 곳에서 벌어집니다. 이 문제들에서 관찰되는 것들은 거듭거듭 경제 영역과 성(性)의 영역을 가리킵니다. 언뜻 "종교적" 현상으로 여길 법한 무수한 회의(懷疑)와 냉담은 이 문제들에 뿌리를 가장 깊이 박고 있습니다. 그러므로 교회의 선포도 이처럼 가장 깊은 인간적 곤경들의 변천을 분명히 보고, 그것을 올바르게 평가하지 않으면 안 됩니다. 이 곤경들은 중세 때부터 계속 바뀌어왔으며, 더 정확하게 말하면 무게 중심을 옮겨왔습니다. 예수 공동체는 이 곤경들에 관해 말해야 하며, 도움과 위로 없이 형제자매들을 내버려 두어선 안 됩니다.

어쨌든 우리는 불의한 청지기의 갈등과 곤경이 우리의 관심 밖의 일이 아님을 목도합니다. "너희 가운데서 죄가 없는 사람이 먼저 돌을 던져라"[26]라고 주님이 말씀하셨으니 말입니다.

그러나 이 마름이 엄청난 압박을 받으며 행동하는데도, 예수께서는 "그가 의롭다 하심을 받았다"라고 말씀하지 않고, 그를 불의한 사람이라고 부르십니다. 이 말씀이 너무 가혹하지 않은가요?

놀랍게도 그렇습니다. 속된 사람은 자신을 속이며 이렇게 말할 것입니다. "나는 압박을 받아서 이렇게 행동하는 것뿐이야. 상황이 잘못이지. 나는 '비극적' 관계의 희생물이라고. 그러니 나는 아무 죄가 없어. 나의 불법 행위는 아무리 나쁘게 보아도 단순히 비신사적 행동일 뿐이야." 그 결과, 그는 독선에 사로잡혀 점점 더 죄책감을 상실하고, 점점 더 자기 통제를 잃는 성향에 빠지며, 회계 조작으로 서서히 그러나 확실하게 부당 이득을 취하는 자, 호경기와 불경기에도 이득을 취하는 자가 될 것입니다. 오늘날 그런 사람들 수천 명이 버젓이 돌아다니고, 차를 타고 돌아다니며, 미식 레스토랑을 가득 채우고 있습니다.

그러나 예수 가까이에는 깨끗하고 맑은 공기가 감돕니다. 그렇기 때문에 예수 가까이에서는 더러운 손을 언급하고, 죄를 죄라 부르고, 불의를 불의라 부릅니다. 예수 가까이에서는 세상의 영리함을 하나님의 마음에 드는 것과 동일시하지 않습니다. 그러니까 우리 그리스도인은 더는 불안을 품을 필요가 없고, 우리의 결백을 염려하지 않아도 되기에, 우리 자신에 대하여 철저히 정직해도 됩니다. 왜냐하면 우리는 용서를 알기 때문입니다. 우리가 알다시피, 예수 그리스도께서는 우리의 더러운 손 때문에 죽으셨고, "그리스도의 피와 의로우심"은 우리의 옷이자 예복입니다. 이 예복은 일반 사람들의 후줄근한 조끼보다 더 신뢰할 만한 제복입니다. 우리는 진리의 가혹함을 두려워할 필요가 없습니다. 예수 그리스도께서는 어떤 경우에도 우리를 위하시며, 우리와 함께, 우리와 나란히 심판의 보좌 앞으로 나아가시기 때문입니다.

그렇다면 어차피 우리는 손이 더러운 상태로 법정에 설 것이니, 그 손을 마음대로 계속 더럽혀도 될까요? 그런다고 우리가 제지를 받아, 상업적 이기주의에 따라서만 무분별하게 행동할 기회를 박탈당하고, 양심이, 곧 주님 앞에서의 책임감이 적절한 역할을 하기 시작하겠습니까? 표면상으로 불의한 청지기는 우리의 모범이 아닙니다. 그렇지만 이 청지기는 빛의 자녀들이 손이 더러워진 상태로 서는 자리, 그럼에도 예수께서 이 더러운 손을 붙잡아주시는 자리에 우리와 함께 서 있습니다.

이 칙칙한 회화 한가운데는 밝은 지점이 있습니다. 그 지점은 이 기묘하고 수상쩍은 동반자가 우리에게 모범이 될 만한 자리입니다. 이 사람은 돈과 재산을 가지고 무언가를 위해 씁니다. 즉, 그는 돈을 자기의 목적으로 삼지 않습니다. 아무튼 이것은 대단한 일입니다. 실제로 불의한 청지기처럼 고용된 세상의 자녀도 자기 수준에서 돈을 봉사에 쓰는 일에, 돈을 상대화하는 일에 성공한다면, 빛의 자녀들은 **자신들의** 수준에서 얼마나 더, 그리고 동시에 얼마나 다르게 그래야 하겠습니까!

신들에게 집착하듯이, 자신의 소유물―마(麻) 제품 혼수, 장신구, 은행 계좌, 빌라, 자동차―에 집착하는 이들이 참 많습니다. 실제로 맘몬은 신을 의미하기도 합니다. 돈이 그들에게 속해 있는 것이 아니라, 그들이 돈에 속해 있는 것입니다. 예컨대 참으로 많은 빛의 자녀가 난민들을 거절하는 것은, 그들이 사물―헐벗은 사람들에게 주려고 하지 않은 옷이든, 그들이 노숙자와 벙커 수용자들에게 제공하지 않은 주거 공간이든 상관없이―을 사람보다 더 소중히 여기기 때문입니다.

불의한 청지기가 기묘해 보여도, 우리는 그에게 다음의 사실만은 인정해야 합니다. 이를테면 그는 돈에 집착하지 않고, 그것으로 무언가를 시작한다는 것입니다. 그에게는 시간이 며칠밖에 없습니다. 그는 자기가 관리했던 맘몬 전부를 속히 포기해야 합니다. 우리도 그것을 매우 속히 포기해야 합니다. 늦어도 임종할 때, 그러나 되도록 그 전에 포기해야 합니다. 동쪽에서 온 거대한 증기 롤러가 우리를 뭉개며 지나가게 되는 건 아닌지, 낯선 장화들이 번쩍이는 진열창에 난입하게 되는 건 아닌지 누가 알겠습니까? 그때는 맘몬 신이 우리를 지켜주지 못할 것입니다. 오히려, 그 신이 가장 먼저 도망갈 것입니다. 그 신을 자기 삶의 토대로 삼으려고 하는 자들은 가장 가련한 자들입니다. 정원들이 급속도로 황폐해지고, 고운 옷들이 다른 육신들 위에서 빛날 수 있습니다. 이렇게 될지 누가 알겠습니까? 수의밖에는 지닐 것이 전혀 없게 될지 모릅니다.

이 짧은 시간 동안―비유에서는 며칠 또는 몇 시간 동안!―에, 불의한 청지기는 돈이 흐르게 합니다. 물론, **그의** 돈은 아닙니다. 하지만 여기서 그런 점은 중요하지 않습니다. 그는 주인의 돈을 은닉한 다음, 그것으로 몇 개의 검은 계좌를 만들어, 나중에 그것에 기대어 살 수도 있었을 것입니다. 하지만 그는 그 돈을 흐르게 합니다. 그는 그 돈을 사람들에게 줍니다. 그 돈이 필요한 사람들에게요. 확실히, 그는 사기를 칩니다. 그러나 그는 그 돈으로 자비로운 일을 하며 친구를 사귑니다. 어쨌든 그는 그 돈을 지배할 뿐, 그 돈에 예속되지 않습니다. 그는 돕는 일에 그 돈을 씁니다. 돈이 그를 버리겠지만, 그가 돈으로 도운 사람들은 그를 버리지 않고 맞아들일 것입니다. 예수께서는 우리가 이 것을 우리의 삶을 위한 비유로 삼기를 바라십니다. 그분은 그것을 이 렇게 표현하십니다. "불의한 맘몬으로 친구를 사귀어라. 그래서 너희 가 궁핍하게 살 때, 그들이 너희를 영원한 처소로 맞아들이게 하여라."

이 말씀은 무슨 뜻일까요? 우리는 예수의 비유들에 종종 등장하 는 "얼마나 더"라는 표현의 의도를 간파해야 합니다. "빛의 자녀들에 게는 그 일이 얼마나 더 가치가 있겠느냐! 비유 속 청지기는 돈으로 돕 는 일을 수상쩍은 방식으로 수행하는데, 너희는 하나님이 보시는 가 운데 너희 돈을 얼마나 더 돕는 일에 사용해야 하겠느냐." 우리 모두, 언젠가는 궁핍해진다는 사실을 명심해야 합니다. 우리는 장차 벌거벗 은 모습으로 하나님 앞에 서서 천분의 일도 대답하지 못할 것입니다. 우리는 이 세상에서 의지했던 모든 것을 박탈당하게 될 것입니다. 우 리는 직함도, 돈도, 집도, 명성도 더는 소유하지 못하고, 영원히 가난 한 모습으로 하나님의 보좌 앞에 서게 될 것입니다. 우리가 면제할 수 도 면제받을 수도 없고, 돈을 받을 수도 줄 수도 없으며, 모든 가치가 재평가되는 이 보좌에서 하나님은 이렇게 물으실 것입니다. "누가 너 에게 유리한 증언을 해줄 사람이냐?" 그러면 성도의 무리 가운데서 한 사람이, 어쩌면 가장 깊은 지옥에서도 몇 사람이 나서서 이렇게 소리 칠지도 모르겠습니다. "그가 자신의 마지막 남은 것을 저에게 준 적이 있습니다. 저 사람이 군 복무 중에 혹은 수감생활 중에 자신의 마지막 남은 담배를 저에게 나누어준 적이 있습니다. 저 사람은 자신도 어렵 고 자신의 얼마 안 되는 재산에 의지하면서도 난민인 제가 위기를 극 복하도록 도와준 적이 있습니다."

그러면 그 자리에 있던 악마가 의견을 말하며 성난 야유를 보낼지도 모릅니다. "들어봐, 들어보라고! 천국에서도 저주받은 맘몬으로 거래할 수는 있어. 하지만 나 악마가 너희의 초라한 동전에 피와 땀이 달라붙게 해놓았지. 그런데도 너희는 천국에서 나의 냄새가 나고, 내 유황 냄새가 나는 돈을 불러내어 이 사람에게 유리한 증언을 하려는 거냐? 그것이 천국의 수장에게 통할 거라고 여기는 거냐?"라고 악마는 물을 것입니다.

그러나 그때 하나님은 그 고발자를 쫓아내시고 이렇게 말씀하실 것입니다. "이 사람들이 너를 자신들의 영원한 처소에 맞아들이려고 증언하는 말을 내가 잘 들었다. 너 충실한 자녀야, 너에게 복이 있다. 너는 불의한 맘몬을 의롭게 하여 가난한 사람들과 굶주린 사람들에게 먹을거리를 주고, 헐벗은 사람들에게 옷을 입혀주었다. 와서, 네 주인과 함께 기쁨을 누려라!"

그렇습니다. 이 비유가 말하는 불의한 맘몬이란 바로 이런 것입니다. 그러므로, 우리는 이렇게 물어야 합니다. "부당 이득자가 샴페인 연회를 위해 치르려고 지갑에서 꺼내는 돈과 교회의 헌금함에 있는 돈, 또는 어떤 사업장에서 병든 동료를 위해 모금하려고 이리저리 돌리는 접시 위의 돈은 같은 돈인가?" 여러분에게 묻습니다. 그것은 정말 같은 돈일까요? 성탄절 상여금을 지급하기 위해 비인격적인 은행 계좌에서 인출되는 돈과 체온이 담긴 지갑에서 꺼내는 돈은 같은 돈일까요? 그 돈은 여전히 정말 같은 돈일까요? 헌금함에 있거나 접시에 있는 돈은 완전히 다른 주를 섬기는 것이 아닐까요? 이렇게 돈은 지폐 인쇄 단계에서부터 여러 가지 신비롭고 마음에 드는 거래를 거쳐, 그러나 수상한 거래를 거쳐서도, 희생 제물을 담는 접시에 이르고, 마침내 영원한 처소에 이르기까지 헤매는 동안 **자신에게** 물었을지도 모르는 때를 씻고 거룩해지는 것이 아닐까요? "낯선 의(fremde Gerechtigkeit)"와 같은 것이 있다는 말은 사람에게는 물론이고 돈에도 통하는 말이 아닐까요?

가진 것이 많지 않은 어떤 사람이 나의 어떤 필요에 지폐 한 장을 준 적이 있습니다. 제가 만일 지폐를 이용해 담배에 불을 붙여야만 한다면, 나는 이 소액 지폐, 이 초라한 지폐를 훼손하기보다는 차라리 암거래상이 부주의하게 놓아둔 오만 원권 지폐로 담배에 불을 붙이겠습니다. 제가 이렇게 그 초라한 지폐를 살아 있는 것으로, 귀중한 것으로 여기는 이유는, 사랑이라는 "낯선 의"가 그 지폐를 성화했기 때문입니다.

그러므로 불의한 맘몬을 봉사에 맡겨 거룩하게 합시다. 불의한 맘몬을 우상으로 만들지 말고, 봉사자로 만듭시다. 결국 인생에서 중요한 것은 한 가지뿐입니다. 그것은 다름 아닌 보호받음이고, 우리 주님의 십자가가 우리에게 마련해준 영원한 처소입니다. 이 "낯선 의"는 오직 십자가를 통해서만 존재합니다. 우리 스스로는 하나님이 기뻐하시며 높이 평가하시는 소중하고 귀중한 사람이 될 수 없습니다. 그러나 하나님은 우리를 "비싼 값으로 사셔서" 영원한 처소에 들어가게 하셨습니다. 모든 것이 없어져도, 변함없이 남는 것이 있습니다. "너희가 여기 내 형제자매 가운데, 지극히 보잘것없는 사람 하나에게 한 것이 곧 내게 한 것이다."[27] 이 일은 내가 영원한 처소와 나를 위해 한 셈이 됩니다. 우리의 찬송가보다는 우리의 돈지갑이 천국 및 지옥과 더 관계있을 수 있습니다. 들을 귀가 있는 사람은 들으십시오!

09.

악한 포도원 농부들

"다른 비유를 하나 들어보아라. 어떤 집주인이 있었다. 그는 포도원을 일구고, 울타리를 치고, 그 안에 포도즙을 짜는 확을 파고, 망대를 세웠다. 그리고 그것을 농부들에게 세로 주고, 멀리 떠났다. 열매를 거두어들일 철이 가까이 왔을 때에, 그는 그 소출을 받으려고 자기 종들을 농부들에게 보냈다. 그런데, 농부들은 그 종들을 붙잡아서, 하나는 때리고, 하나는 죽이고, 또 하나는 돌로 쳤다. 주인은 다시 다른 종들을 처음보다 더 많이 보냈다. 그랬더니, 농부들은 그들에게도 똑같이 하였다. 마지막으로 그는 자기 아들을 보내며 말하기를 '그들이 내 아들이야 존중하겠지' 하였다. 그러나 농부들은 그 아들을 보고 그들끼리 말하였다. '이 사람은 상속자다. 그를 죽이고, 그의 유산을 우리가 차지하자.' 그러면서 그들은 그를 잡아서, 포도원 밖으로 내쫓아 죽였다. 그러니 포도원 주인이 돌아올 때에, 그 농부들을 어떻게 하겠느냐?" 그들이 예수께 말하였다. "그 악한 자들을 가차 없이 죽이고, 제때에 소출을 바칠 다른 농부들에게 포도원을 맡길 것입니다." 예수께서 그들에게 말씀하셨다. "너희는 성경에서 이런 말씀을 읽어 본 일이 없느냐? '집 짓는 사람이 버린 돌이 집 모퉁이의 머릿돌이 되었다. 이것은 주님께서 하신 일이요, 우리 눈에는 놀라운 일이다.' 그러므로 나는 너희에게 말한다. 하나님께서는 너희에게서 하나님의 나라를 빼앗아서, 그

나라의 열매를 맺는 민족에게 주실 것이다."

마태복음 21:33-43

예수의 비유들 전체를 개관해 보면, 기묘한 점을 관찰할 수 있습니다. 그것은 들의 백합화, 하늘을 나는 새, 목자와 양 떼 등 자연을 소재로 한 비유들은 다 평화와 안전한 질서와 같은 분위기를 발산하는 반면에, 악한 종[28], 불의한 청지기, 부자 등 인간의 모습을 중점적으로 다루는 비유들에서는 극적인 몰수와 갈등과 실패가 반복된다는 것입니다.

악한 포도원 농부들의 비유도 마찬가지입니다. 이 비유에서 그리스도는 토르발트젠(Thorwaldsen)이 조각한 그리스도상의 축복하는 몸짓으로 나타나지도 않고, 따뜻하고 안전한 느낌을 주는 목자로도 나타나지 않습니다. 이 비유에서는 하나님과 인간의 충돌 이야기가 중요합니다. 이 이야기는 드라마처럼 두서너 막으로 이루어져 있습니다. 이 이야기의 가장 중요한 단계들이 몇 개의 목판화 이미지처럼 나타납니다.

예수께서 넌지시 암시하는 역사적 배경은 쉽게 알 수 있습니다. 모든 민족 가운데 가장 수수께끼 같은 민족, 곧 이스라엘 민족의 죄와 운명이 그 배경입니다. 하나님은 레싱(Lessing)이 명명한 대로 "가장 세련되지 못하고 거친 민족"과의 연결을 받아들이심으로써, 자신이 인간성의 자랑할 만한 본보기나 인간의 위대함을 찾는 것이 아니라, 수상쩍은 인간, 가장 어두운 자리에 있는 인간 운명을 찾고 있음을 밝히십니다. 그분은 이 민족에게 예언자들과 성직자들을 보내십니다. 그분은 이 민족을 끈질기고 집요하게 추적하십니다. 그래서 이 비유는 거의 폭발하여, 정말 있을 법하지 않은 특징을 갖추게 됩니다. 자기가 보낸 사람들을 소작인들이 거칠게 다루는 것을 참고, 주인으로서 주먹으로 식탁을 내려치기보다는 시험 삼아 새로운 사자들을 끊임없이 보내다니, 이런 포도원 주인이 어디 있겠습니까?

이 있을 수 없는 일, 이 심각한 일그러짐이야말로 이 비유가 의도하는 바입니다. 이 비유는 인간의 완고함과 기만에도 불구하고 그의 뒤를 밟으며 그와 끝까지 접촉하려고 하시는 하나님의 "불가해한" 노력을 일목요연하게 설명하려고 합니다. 우리는 미친 듯 제멋대로 고집을 부리지만, 하나님의 신실하심은 우리의 광기보다 위대합니다. 우리가 짐승처럼 죽은 체하며 하나님을 존재하지 않는 분으로 대하고, 그분을 거만하게 무시하는데도, 하나님은 변함없이 우리 곁에 계시고, 우리에게서 눈을 떼지 않으십니다.

먼저 하나님은 자기의 예언자들을 보내셔서 권고하며 흔들어 깨우십니다. 비록 그들은 인간들에게 살해당하지만, 하나님은 자기의 큰 전쟁에 예비군을 끊임없이 새롭게 투입하십니다. 그분의 보급은 끝이 없는 것 같습니다. 마지막으로 그분은 자기 아들을 보내십니다. "그 아들만은 사람들이 존경심에 가득 차 경외하겠지"라고 생각하신 것입니다. 예수의 출현 앞에서 그들이 움찔하리라는 것입니다. 체포조가 그분을 체포할 때 잠시 그랬던 것처럼요. 나사렛 예수, 구원자께서 오시면, 그들도 하나님이 그들을 찾으시며, 그들에게 가장 신실한 일을 감행하신다는 사실을 틀림없이 알아챌 것이라는 겁니다. 그러나 그 아들 역시 **자기** 소유인 세상 안에서 고향을 찾지 못하시고, 환대도 받지 못하십니다. 그분은 이미 유아 시절에도 환대받지 못하시고 인간의 정착지에서 가축들이 있는 곳으로 밀려나, 난민 행렬과 끝없이 낯선 길 위에 계셔야 했습니다. 사람들의 영혼을 위하여 필사적으로 애쓰시며 점

점 더 암울한 고독 속으로 돌진하며 외치십니다. "예루살렘아, 예루살
렘아, 암탉이 병아리를 날개 아래 품듯이, 내가 몇 번이나 네 자녀들을
모아 품으려 하였더냐! 그러나 너희는 원하지 않았다."29 그리고 마침
내 골고다 언덕 위에 십자가가 세워졌습니다.

그렇습니다. 하나님의 조처가 다 무산됩니다. 폭도가 전장(戰場)
을 차지합니다. 파편들과 희생자들이 있는 전장입니다. 하나님이 우리
를 위하여 지불하신 것으로 뒤덮인 전장입니다. 어떤 감상적인 말이나
어떤 상징적인 미화도 십자가야말로 하나님의 패배 징표라는 사실을
우리에게 속일 수는 없습니다. 그 징표는 우뚝 솟아서, 우리에게 이렇
게 소리쳐 알립니다. "여기야말로 하나님이 망한 곳이다. 여기야말로
하나님이 실패한 곳이다." 그 이유는, 토마스 만(Thomas Mann)이 『토
니오 크뢰거』(Tonio Kröger)에서 말하듯이, "가장 많이 사랑하는 자는
언제나 패자여서, 고통도 가장 많이 받기" 때문입니다. 이 비유에서도
하나님은 가장 많이 사랑하셨기 때문에 패자입니다. 이 비유에서도 하
나님은 실패하십니다. 이 비유에서 승리자, 곧 땅에 대한 통치권을 쟁
취한 이는 인간입니다. 철학자들과 시인들은 역사를 만든 사람들을 찬
미할 것입니다. 그들은 자유 의지를 노래하고 알릴 것입니다. 자유 의
지를 하나님과 싸워 제 길을 가게 된 인간의 위엄을 가리키는 표지라
고 생각하기 때문입니다.

이 이야기가 기독교의 신경을 건드리고, 이 신경이 실제로 드러난
다면, 어찌 기독교를 단순한 "종교"라고 부를 수 있겠습니까? 이 이야
기에서는 향연(香煙)의 향기보다는 피비린내를 더 많이 맡을 수 있습
니다. 이 이야기에서는 어떤 예식도 거행되지 않습니다. 이 이야기에
서 중요한 것은 비웃음 소리입니다. 이 이야기에서 중요한 것은 예배

가 아니라, "하나님은 죽었다!"라는 외침입니다.

다음 한 가지를 분명히 이해하면 좋겠습니다.

즉, 우리가 이 이야기에 감명을 받아 장엄한 분위기에 젖기는 쉽지 않다는 것입니다. 이 이야기를 헤쳐 나가는 유일한 방법은 자기가 이 이야기에 연루되어 있음을 알고, 자기의 배역을 떠맡는 것입니다. "종교"라는 것은 일요일 및 예배 시간에만 관계있습니다. 그런 까닭에 종교는 경건한 분위기가 지나가고 나면, 우리와 거의 관계없게 됩니다. 통상적으로 우리는 경건한 분위기 속에 있지 않고, 우리의 일상은 매우 단조롭기 때문입니다. 우리의 사업장, 우리의 사무실, 우리의 일터는 신경이 곤두서는 분위기가 가득합니다. 그런 곳에서 우리는 늘 분주하게 생각을 계속하면서도, 종종 신경을 곤두세웁니다. 저녁이 되어도 다른 일이 있거나, 아니면 피곤해서 축 늘어집니다. 감상이나 심사숙고에 빠질 시간은 거의 없습니다.

그리스도와 함께 사람들이 연루되는 사건은 대부분 계속되는 단조로운 일상 가운데 발생했습니다. 저는 언제나 이 사실에 큰 위로를 받습니다. 제자들은 물고기를 잡다가 그런 사건을 접하고, 세리들은 세관에서 고된 일을 하다가 그런 사건을 접합니다. 일이 아니라, 곤경 가운데서 그런 사건을 접할 때도 있습니다. 한센병에 걸릴 때, 야이로의 집에서 일어난 것처럼 어린 딸이 죽었을 때, 어떤 박람회장에서 몇 푼의 돈을 구걸해야 할 때, 의기소침하거나 "극히 무관심한" 상태가 되었을 때, 그럴 때면 언제나 예수께서 오십니다. 예수께서 우리가 시간을 가장 많이 할당하는 영역에서, 우리의 판에 박힌 일상 가운데에서 우리와 조금도 관계없는 분이라면, 그분이 **이 일상 가운데서** 구원자가 되시지 않는다면, 우리에게는 주일도 아무 소용이 없을 것입니다. 미카엘 성가대의 합창조차도 월요일이 되면 다른 귀퉁이에서 치고 들어오는 시끄러운 잡음에 밀려나고 말 것입니다.

그런 까닭에 우리의 일과 우리의 생활을 포도원 농부들에 빗대어 언급하는 것이 좋겠습니다. 하나님은 우리 삶의 기초가 되는 구역 안으로 끊임없이 들어오고 싶어 하십니다. 신약성경은 영적 즐거움을 누리는 것처럼 여겨지는 경건한 삶의 종교적 위안에 관해 아무 말도 하지 않습니다.

자기들이 수고하여 거둔 소득에 포도원 주인이 수확의 일부를 요구합니다. 그러자 포도원 농부들이 화냈지요. 도대체 그들에게 무슨 일이 벌어지고 있는 것일까요? 이것을 이해하려면, 먼저 다음의 사실을 알아두어야 합니다. 이를테면 포도원은 성경의 어법에서 주인의 재산에 속하는 모든 것을 가리키는 부동의 이미지이자, 속기술의 약호(略號)와 같고, 포도원 농부들은 자작농이 아니라 직원이나 소작농이라는 것입니다. 그들은 자영업자가 아닌데도, 마치 그런 사람처럼 처신합니다. 그들은 자기가 임차한 것을 자기 소유로 삼게 해달라고 요구합니다. 그들은 단순 기능직으로 위임받은 일을, 소득을 자기 마음대로 해도 되는 일로 여깁니다. 정직한 직원이라면 그렇게 생각하지 않을 것입니다. 당연히 자기 **회사**를 위해서 하는 일이기 때문입니다. 그들은 하나님을, 직원이 회사를 대하는 것보다 더 나쁘게 대한다고 하겠습니다. 세속의 사장에게도 감히 맞서지 못할 텐데, 이 농부들은 하나님에게 맞서는 것을 당연한 일로 여깁니다.

물론 이것은 상당히 대담한 주장입니다. 그러나 이 진술이 예수 그리스도의 진술임을 기억합시다. 그러므로 우리는 그분이 무슨 의도로 말씀하셨는지를 이해하려고 힘써야 합니다. 우리가 하나님께 횡령 죄를 저지르다니, 다시 말해서 우리가 그분의 재산을 스스로 압류하여 우리의 지갑 속으로 옮기다니, 이것이 사실일까요? 이것이 사실임을 설명하기 위해 매우 평범하고 진부한 보기를 하나 들어보겠습니다.

제가 자동차 소유자들의 동아리에 속해 있다고 가정해 봅시다. 본의 아니게 그들은 너나없이 과시에 돌입합니다. "내 차는 고속도로에서 시속 150킬로미터로 거뜬히 달리지!" 다른 사람이 그의 말을 가로막으면서 이렇게 말합니다. "내 차는 3단 기어로 그로스글로크너[30]를 오르지. 그렇게 해도 내 차는 아무렇지도 않아." 그러자 세 번째 사람이 끼어듭니다. "당신들은 내 차의 변속 성능을 한 번 보았어야 해!" 이 사람들이 저마다 자신의 자동차를 열심히 자랑하는 이유는, 그들이 저마다 자신의 자동차를 자신과 동일시하기 때문입니다. "이 변속 성능을 지닌 차가 바로 나야! 가파른 산을 오르는 차가 바로 나라고!" 우리는 우리 마음대로 할 수 있는 온갖 긍정적인 것을 우리와 동일시하는 경향이 있습니다. 몇 시간 전에 저는 제 학생 가운데 한 명에게 "자네는 재능 있는 젊은이일세"라고 말했습니다. 그러자 그는 얼굴을 붉히며 왼쪽 길모퉁이의 하단을 흘끗 보더군요. 제가 그를 칭찬하며 그에게 우수한 특성을 부여했다는 느낌을 받고서 그렇게 수줍어한 것입니다. 하지만 저는 그렇게 한 게 아니라, 반대로 그가 "재능을 타고난" 사람이라고, 다시 말해서 그가 다른 분으로부터 재능을 위임받았다고 표현한 거였습니다. 하지만 그 학생도 그 표현을 자기와 동일시하더군요.

그러나 반대 방향에서도 보기를 찾을 수 있습니다. 제가 교도소의 감방들을 지나가면서 기결수들―일부는 여러 해의 복역을 판결받았습니다―과 대화한다고 가정해 봅시다. 기묘하게도 어떤 사람이 저에게 이렇게 말합니다. "들어보세요. 제가 여기까지 오게 된 것은 저의 출신 배경 때문이었습니다." 다른 사람은 이렇게 말합니다. "저의 부모 때문이었습니다." 세 번째 사람은 "나쁜 친구들 때문이었습니다"라고 말하고, 네 번째 사람은 "저의 노이로제 기질 때문이었습니다"라고 말합니다. 여기서 우리는 사람이 자신의 죄과를 자신과 동일시하지 않고 그 죄과로부터 거리를 두며, 자동차 소유자와 재능 있는 학생이 하던 것과 정반대로 하는 것을 보게 됩니다.

우리가 모두 공감할 수 있는 이 단순한 관찰의 의의를 정곡을 찔러 표현하려고 시도한다면, 다음과 같이 단언할 수 있을 것입니다. "우리는 우리의 삶에서 긍정적인 모든 것, 주목할 만하고 영예로운 모든 것을 우리의 소유물로 여긴다." 이 모든 것이 우리에게 맡겨지거나 선물로 주어진 것인데도, 이 모든 것과 선물이 결단코 "우리 자신"이 아닌데도, 우리는 우리의 자동차나 우리의 재능이 중요하다는 듯이 그 뭔가를 우리 자신과 동일시합니다. 그러면서도 우리는 우리를 괴롭히거나 당혹스럽게 하는 것은 우리 자신에게서 밀쳐냅니다. 우리는 그것과 거리를 두면서, 그것을 우리의 교육 탓, 우리의 환경 탓, 우리의 운명 탓, 그리고 마지막으로는 그 모든 것에 책임이 있는 최종심(最終審), 곧 하나님 탓으로 돌립니다.

이 관찰로 우리는 우리의 비유를 푸는 열쇠를 찾은 셈입니다. 포도원 농부들도 똑같이 하기 때문입니다. 그들은 모든 것, 곧 자신들의 노동력, 자신들의 성과, 자신들의 일터와 삶터, 포도원 자체를 자신들의 재산으로 삼게 해달라고 요구합니다. 아마도 그들은 햇빛과 비와 좋은 기후까지 자신들의 계좌에 기재할 것입니다. "오, 이 좋은 포도주를 생산한 것은 바로 우리야!" 그들 가운데 몇몇은 자기가 창조자가 아니며, 하나님께서 성공과 번영과 좋은 날씨를 보내주셨다는 것을 매우 정확히 알면서도 이렇게 말합니다. "나의 성공으로 내 행운이 입증되었어. 나는 정말 행운아야. 별들이 제 행성계에서 나에게 다정하게 웃음 짓고 있어. 행운은 누구나 가질 수 있는 덕이 아니야!"

우리도 대부분 이렇게 하지 않습니까? 우리 가운데 성공한 사람들은 너나없이 이러한 "집주인의 관점"을 가지고 있지 않습니까? 바벨탑 주위에서도 사람들은 그리하지 않았습니까? 그들은 하나님이 자기들에게 땅을 맡기셨다는 사실을 너무 빨리 잊었습니다. 그들은 이 세상의 벙커를 신속히 짓고, 하나님을 천상에서 퇴각시키고, 자신들이 창조하고 성취한 모든 것을 향해 프로메테우스처럼 이렇게 말하려고 했습니다. "거룩하게 빛나는 심장아, 이 모든 것은 네가 성취한 것이 아니냐?" 기념식을 거행하며 축사로 뒤덮이는 사장, 치유된 환자에게서 감사의 인사를 받는 의사, 성실함과 절약으로 작은 집을 마련하고 상량식을 거행하는 노동자, 제의실에서 누군가에게 자신의 설교에 대한 감사의 인사를 받는 설교자, 이 모든 사람 가운데 누가 남몰래 다음과 같이 생각하도록 유혹을 받지 않겠습니까? "나는 이미 굉장한 놈이야. 하나님도 나를 보고 매우 기뻐하고 있음이 틀림없어. 동료들이 '와, 쟤는 난 놈이야!'라고 말하는데, 정말 옳은 말이야." 이 모든 사람 가운데 누가 「반츠베크의 전령」이 말하는 다음과 같은 의미를 생각하겠습니까?

"우리가 성취한 것은 '우리 손으로 한 거야.' 우리가 이 손을 움직여서 한 거라고! 맞아, '우리 손으로 한 거지. 그렇지만 사실 그것은 하나님에게서 오는 거야.'" 도대체 누가 이렇게 생각하겠습니까? 우리 서양 사람들은 인도주의에 대한 믿음을 지니고 있습니다. 우리는 이상을 품고서 "자유, 나는 그걸 생각해"라고 노래합니다. 이러한 이상을 만들어 내는 정신적 힘의 토대를 우리 마음대로 처리하는 고귀한 전통이 우리에게 있다니, 등골이 오싹해집니다. 우리는 이 이상이 어디에서 유래했는지를 잊은 것일까요? 하나님은 이 이상이 얼마간 손상되었다는 것을 아십니다. 우리는 인간의 형상을 하시고, 신적인 계획을 품으신 채, 우리 가운데서 살과 피로 머무셨던 분을 잊은 것일까요? 우리는 그분이 우리를 사랑하신 것은 우리가 사랑받을 만했기 때문도 **아니고**, 우리에게 보답으로서의 사랑을 기대하셨기 때문도 **아니라는 것**을 잊은 걸까요? 그분이 우리의 곤경과 죄과에도 불구하고 나와 당신을 사랑하신 것은 나와 당신을 자기 아버지의 길 잃은 자녀로 인정하셨기 때문입니다. 그런데도 우리는 이 이상이 우리의 재산이나 우리의 정신적 산물이라는 듯이, 소위 우리 서쪽의 인도주의를 포도원 농부들처럼 제 것이라고 주장하려는 것입니까? 그렇다면 이 이상은 우리의 손안에서 부패하고 퇴화할 것입니다. 그러면 인간은 도구가 되고, 공동 사회는 기구가 되며, 이웃 사랑은 "인간관계"가 되고 말 것입니다. 이미 그렇게 되지 않았습니까? 도대체 우리 포도원 농부들은 어디에 서 있는 것일까요? 우리는 주님이 우리 삶의 어느 시점에 보내신 수많은 신탁 관리인들의 말을 흘려듣고 그들을 추방하지 않았습니까?

예수와 함께하면 이 모든 것이 완전히 달라집니다. 우리는 예수님에게서 우리가 받은 모든 것에 대하여 감사하는 법을 배웁니다. 우리의 자녀가 건강하고, 직업적 성공이 우리에게 주어지고, 우리가 행복한 결혼생활을 영위할 때, "이게 바로 나야"라고 말하지 않고, "이 속에서 은혜를 베푸시고, 풍성히 선사하시는 당신의 손길이 느껴집니다"라고 고백하는 것입니다. 그리고 역으로 죄를 짓거나, 양심이 우리를 고발할 때는 "주님, **제가** 이 죄를 범했습니다. 저는 주님께 죄를 지었습니다. 주님 앞에서 저를 물리치지 말아 주십시오. 이 모든 죄에도 불구하고 제가 주님 앞에 설 수 있게 된 것은 주님의 공로와 주님의 신실하심 덕분입니다"라고 고백하는 것입니다.

우리 인간들이 포도원 농부들처럼 필사적인 저항의 자세를 취하는 것은, 우리가 그럼에도 불구하고 존속할 수 있게 되었으며, 용서가 **있으며**, 골고다에서 우리를 위해 무언가가 일어났음을 잊었기 때문입니다. 그래서 우리는 기발한 왜곡 기술과 축출 요령에 빠져, 온갖 긍정적인 것을 우리의 덕으로 돌리고, 온갖 부정적인 것을 하나님 탓으로 돌립니다. 이 모든 것은 실로 부자연스럽고, 곤란하고, 기만적인 소행이 아닐 수 없습니다! 우리가 정반대로 한다면, 다시 말해서 우리가 우리 삶의 훌륭한 점을 놓고 감사하며, 그것을 우리 자신의 것으로 간주하지 않고 우리에게 맡겨진 것으로만 간주한다면, 그리고 다른 이가 우리를 떠맡았으므로 우리가 좋지 않은 것을 떠맡는다면, 우리의 삶속에서 실로 해방이 이루어지고, 기쁨을 주는 돌파가 이루어질 것입니다. 그러면 우리는 우리에게 정직하고 사실적일 수 있게 되어, 우리에게서 불법 행위를 털어낼 수 있게 될 것입니다. 왜냐하면 우리는 하나님의 자유로운 자녀, 하나님의 방면된 자녀이기 때문입니다. 이 일을 성사시켜 주신 분이 계시지요. 그분의 이름으로 사는 것이 어떤 것인지는 설명하기 어렵습니다만, 우리는 삶이라는 단어가 무엇을 의미할 수 있는지를 그분에게서 비로소 깨닫습니다.

포도원 농부들, 이 가련한 바보들은 이 모든 것에 대해 아무것도 모릅니다. 그들은 제 주인을 거부하고, 자기 자신을 긍정하면서 극도의 긴장 속에서 살아갑니다.

이 지점에서 포도원 농부들이 **어떻게** 주인을 거부하는지, 좀 더 현실적으로 말하면, **우리가** 어떤 식으로 종들과 아들 자신을 거부하는지에 대해 잠시 성찰해 보는 것이 중요할 것 같습니다. 대체로 교회에서 이탈하는 방식으로 거부하지 않겠습니까? 또는 악마가 성수 주전자를 피하듯이 예배를 피하는 방식으로 거부하지 않을까요? 또는 종교 회의론자가 되는 방식으로 거부하지 않을까요? 회의(懷疑)를 지닌 채 배회하고, 때때로 이 회의를 정성껏 배양하고, 그것의 도움을 받아 우리의 지성을 확인하는 방식으로 말입니다.

대체로 이 모든 것은 훨씬 더 깊은 과정의 증상일 뿐입니다. 우리가 하나님에 관해 생각하는 방식, 우리가 교회에 반응을 보이거나 보이지 않는 방식은 대개 은밀한 예비 결정들, 곧 우리 삶의 전혀 다른 지점에서, 모든 지적 사고의 아래 깊은 데서 내리는 예비 결정들에 달려 있습니다.

이 결정들에 대하여 길게 논하기보다는 차라리 이 과정을 아주 분명하게 확인해 주는 예를 들어 보겠습니다. 언뜻 들으면 율법적으로 들리는 한 명제를 제시하고, 그것을 예를 통해 입증해 보겠습니다.

그 명제는 이러합니다. "우리는 사랑보다는 공정을 실행하면서 그리스도를 거부한다." 우리는 실제로 삶 속에서 끊임없이 그렇게 하면서 그분을 끊임없이 거부합니다. 대개 이 예비 결정이 부지불식간에 우리의 마음속에서 내려지면, 우리는 머릿속으로 하나님을 더는 생각하지 않게 됩니다.

이제 예를 들어 보겠습니다. 무엇보다 이러한 예는 가장 가까운 개인 공동 사회에서 가장 잘 일어납니다. 저는 부부 관계를 떠올립니다. 저의 젊고 미혼인 독자들은 다음과 같은 것을 의미에 따라 친구 관계에, 혹은 동창 관계와 동료 관계에, 친척과 이웃에게 적용해도 되겠

기다리는 아버지

습니다. 그렇게 해도 유효합니다.

　부부 관계나 친구 관계는 때로 심각한 위기의 위협을 받기도 합니다. 다른 사람이 부부 관계를 심각하게 깨뜨렸을 수도 있습니다. 그가 이미 오래전부터 비상식적으로, 부정하게 처신했을지도 모릅니다. 그럴 때는 이혼하거나 아니면 되도록 물러나서 인간관계를 깨거나, 심지어 외교 관계까지 깨는 것이 정당하고 지당할 것입니다. 달리 말하면, 그것은 "공정"에 부합할 것입니다. 부부 관계 심사원이든, 변호사이든, 공정하게 사고하는 가족 구성원이든 간에, 모든 법정대리인은 그렇게 관계를 깨는 것에 유효를 선언하며, 이러한 처사가 "옳다"고 인정할 것입니다.

　실제로 별다른 해결책이 없는 경우들도 있지만, 이것은 일반적으로 생각하는 것보다 훨씬 드문 예외입니다. 제 쪽에서 이미 결론을 도출하고 상대와 거리를 둘 때, 저는 "공정하게" 처신하되, "사랑 없이" 처신하는 경우가 매우 빈번합니다. 그럴 때면 저는 그를 포기할지도 모릅니다. 어쩌면 저는 그의 마지막 정거장일지도 모릅니다. 어쩌면 저는 경사면의 유일한 제동기, 그가 고독하고 무력하게 배회하는 미끄럽고 불쾌한 지형의 유일한 고정 지점이어서 그를 넘어뜨리는 건지도 모릅니다.

　이럴 때 지상의 어떤 심급(審級)도 저를 비난하지 못합니다. 판사나 변호사도 저를 비난할 수 없고, 매우 다감하고 슬기로우며 친절한 이레네 여사[31]도 저를 비난할 수 없습니다. 제가 참으로 "공정하게" 처신하기 때문입니다. 저는 정당합니다. 그러나 하나님께서 어떤 사람을 신뢰하시고, 그리스도께서 그 사람을 위해 고난받으셨는데, 제가 그 사람을 버린다면, 하나님께서 저의 공정함에 동의하실까요? 바울이 율법과 인간의 율법성을 비난한 것은 바로 이 문제를 염두에 두었기 때문입니다.

언뜻 보면 이 모든 것은 지독히 독단적인 것처럼 생각됩니다. 그러나 이 모든 것은 오로지 인간적인 것들, 매우 기본적인 것들에 관한 것입니다. 저는 이와 관련하여 위험을 무릅쓰고 매우 도전적으로 한 명제를 제시하고자 합니다. "불공정보다는 공정이 우리 삶을 훨씬 더 많이 망친다."

제가 과감히 제시한 이 조야한 명제는 일반적인 민법과 형법에는 들어맞지 않지만, 모든 개인적인 영역, 친밀한 영역, 이웃의 영역에는 틀림없이 들어맞습니다. 이 영역들에서는 공정이 거듭거듭 하나의 표어가 됩니다. 이 표어의 배후에는 자기의 권리를 지키려는 의지가 숨어 있습니다. 그래서 사람들은 이 표어로 사랑 없음을 은폐하면서 다른 사람을 포기해 버립니다. 바로 이 지점에서만 다음과 같이 기묘하고 수수께끼 같은 내용이 해명됩니다. 즉, 예수께서는 불공정한 사람들, 창녀들, 세리들을 부드럽게 대하시고, 공정의 열광자들—그분의 생애 가운데 바리새파 사람으로 나타나기도 하고, 그분의 비유들 속에서는 상징적 인물들로 등장하는 사람들—은 홀대하신다는 것입니다.

여기서 우리는 대단히 놀라운 사실과 맞닥뜨리게 됩니다. 이를테면 우리는 종교적 물음을 의식적으로 제기하기 훨씬 전에 이미 그리스도를 거부하고, 그럼으로써 우리의 이웃에게 그분을 모른다고 말하며, 그분이 소중히 여기신 그 이웃을 (공정의 이름으로, 도덕적 인간의 이름으로) 포기한다는 것입니다. 그러나 이처럼 잘못된 방향에서 출발하면서, **완전히 세속적이고 완전히 인간적인 영역에서 하나님에 관한 모든 것을 미리 결정하면서**, 그리스도라는 문제를 지적으로 이해하고, 하나님을 묻는 질문을 해결할 수 있을까요? 그렇기는커녕 오히려 우리 삶의 종교 영역이 완전히 물러나고 말 것입니다. 그런 까닭에 우리는 우리의 이웃을 극히 인간적인 방법으로, 극히 세속적인 방법으로 대하지 않도록 주의해야 합니다.

우리는 다른 사람을 대할 때 대뜸 "공정한" 체할 것이 아니라, 그 이웃을 사랑하고 붙잡아야 합니다. 이 일은 용서할 준비가 되어 있을 때만 할 수 있습니다. 그리고 용서할 준비가 되어 있으려면, 예수 그리스도께서 **나의** 죄를 용서해 주시고, 나에게 새로운 기회를 주시는 것을 먼저 경험해야 합니다.

용서는 결단코 이해하기 쉬운 것이 아닙니다. 용서가 어려운 것은, 우리가 근본적으로 용서를 거절하기 때문이 아닙니다. 오, 우리는 그 정도로 완고하지는 않습니다. 용서가 어려운 것은, 우리가 공정한 체하며, 그런 공정의 공상 속에서 용서의 짐을 두 당사자에게 분배하려 하고, 용서마저 "공정하게" 다루려고 하기 때문입니다. 이를테면 "좋아요, 다른 사람이 반성하고 나에게 용서를 구하면, 나도 그를 용서할 마음이 있어요. 그가 하는 대로 따라하는 거죠"라고 말하는 것입니다. 우리는 용서를 상호성의 법칙으로 만들어 버립니다. 이것은 결코 잘 될 리 없습니다. 왜냐하면 저마다 "다른 사람이 먼저 시작해야 해"라고 생각하며, 그가 작은 눈 깜박거림이라도 나에게 보내는지, 혹은 그가 보내온 편지의 행간에서 후회의 작은 암시라도 읽히는지를 살피기만 할 겁니다. (인생은 용서 없이는 작동하지 않으며, 사회라는 기계는 이 기름이 없으면 즉시 과열된다는 것을 세속인으로서도 잘 알기에) 우리는 언제든 용서하려고 하지만, 결코 그리하지 못합니다. 우리가 너무 공정하기 때문입니다.

용서의 비밀은 이러합니다. 용서는 다른 사람이 먼저 뉘우친 뒤에 하는 것이 아닙니다. 용서는 언제나 선제적으로 하는 것입니다. 그렇지 않으면 용서는 존재하지 않습니다. 삶은 대체로 다음과 같은 메아리 법칙에 따라 진행됩니다. 이웃이 라디오를 크게 틀면 나는 벽을 두들기고, 이웃이 욕하면 나는 포효하며, 이웃이 나에게 더 이상 인사하지 않으면 나는 그가 내 옆을 지나갈 때 멍하니 허공을 바라보는 것입니다. 인생 전체가 좋은 의미로든 나쁜 의미로든 반응과 메아리치기에 불과하게 되는 것이지요. 이것은 거의 자연법칙이나 다름없습니다. 용서는 이 자연법칙을 깨는 것, 이 얽힌 그물의 한 지점을 찢어 틈을 내는 것을 의미합니다.

용서는 선제적 조치를 통해서만 작동합니다. 용서는 글자 그대로 한 사람이 새로운 시작을 함으로써, 더는 배배 꼬인 시작을 지속하지 않음으로써 이루어집니다.

이로써 저는 인간적인 방식으로 복음의 비밀을 기술한 셈입니다. 복음은 하나님의 선제적 조치에 관해 알리는 소식이기 때문입니다. 포도원의 주인은 포도원 농부들이 첫 번째 종과 두 번째 종을 학대할 때도 뇌우처럼 끼어들지 않습니다. 그는 새로운 시작을 감행합니다. 하나님께서 우리가 저지르는 소행에 "반응하려고" 하셨다면, 대홍수 위에 무지개가 뜨지 않았을 것이고, 우리는 성탄절이나 신년주일 또는 부활절을 경축하지도 못했을 것입니다. 복음은 하나님이 죄와 속죄의 법칙을 깨시고, 세상의 비극적 얽힘을 찢으시며, 우리와 더불어 새롭게 시작하시는 것을 의미합니다. 바울은 하나님의 의로우심에 관해 말하는데, 이는 하나님이 나에게 심판자로 반응하시면서 내가 받아 마땅한 것을 주신다는 뜻이 아니라, **자녀인** 우리를 올바르게 평가하려 하신다는 뜻입니다. 우리는 이 기적의 이름으로, 하나님의 이 선제적 조치에 힘입어 살고 있습니다.

하나님이 우리에게 하신 그대로 우리가 이웃에게 한다면, 우리가 그대로 따라 한다면, 생기를 주는 새롭고 창조적인 바람이 우리의 삶 속에 찾아들 것입니다. 그 이유는 인간의 얼굴을 지닌 사람은 누구나 끊임없이 **사랑하려고** 할 것이기 때문입니다. 남편이나, 이웃이나, 동료가 우리에게 반감을 가득 품은 채 우리를 시샘하거나, 괴롭히거나, 증오와 경멸의 눈초리로 바라볼 때, 우리는 기분이 좋지 않고, 그래서 괴롭지만, 우리가 그들이 하는 대로 따라 하지 않고 오히려 사랑할 수 있다면 반드시 행복해질 것입니다. 그렇습니다. 그들이 자신들의 동굴 밖으로 나올 기회를 우리가 제공한다면, 그들은 우리에게 감사할 것입니다. 사랑하는 것과 사랑받는 것은 들숨과 날숨처럼 자연스러운 과정이기 때문입니다. 이와 다르게 한다면, 곧바로 부자연스러워지고 말 것입니다. 다른 사람이 방향을 전환하지 않더라도, 선제적 점화가 필요합니다. 그렇지 않으면 그는 계속 정체된 채로 있으면서, 증오 가운데서 기진하고 말 것입니다. 사랑하지 않는 사람은 속사람의 피부가 호흡을 멈춘 상태입니다. 그의 속사람은 질식해 숨진 상태입니다. 그런 까닭에 우리가 우리의 사랑을 통해 선제적 점화를 수행하지 않으면 안 됩니다. 종종 몇 마디 다감한 말로 침울한 마법을 깰 수 있고, 한 차례의 악수로 사슬을 끊을 수 있는데도, 우리가 오로지 공정한 체하면서 다른 사람을 계속 불확실한 상태로 있게 해서야 되겠습니까?

빈센트 반 고흐(Vincent Van Gogh)는 언젠가 동생 테오(Theo)에게 이런 내용의 편지를 보냈습니다. "많은 사람이 자기의 영혼에 큰불을 담고 있으면서도, 그 불을 쬐려고 하는 사람은 하나도 없더구나. 지나가는 사람들도 종종 굴뚝 위에 피어오르는 약간의 연기만 주목하고, 그곳을 떠나가더구나."

우리는 내 이웃, 곧 이 수수께끼 같고 우리에게 너무나 낯설어진 사람도 이 불을 내장하고 있어서, 기꺼이 이 사랑으로 누군가를 따뜻하게 할 수 있다는 것을 알아채지 못하는 걸까요? 그러나 그의 속사람의 난로 화력 조절용 뚜껑은 닫혀 있습니다. 불꽃이 점점 더 작아지고, 갈라진 틈에서는 쏘는 듯한 연기만 나옵니다. 그는 이 연기로 이웃 사람을 괴롭힙니다. 그 혼자 힘으로는 뚜껑을 들어 올리지 못합니다. 우리가 그를 도와서, 그가 새로운 맞바람을 받도록 해야 하지 않겠습니까? 반 고흐의 말대로, 내가 당장 그곳을 떠나가겠다고 결심한다면, 우리는 불이 감금된 이 불행한 사람을 위해 죽으신 분을 부인하는 셈이 될 것입니다. 우리는 확실히 공정한 사람이 될 테고, 누구도 나를 비난할 수 없을 것입니다. 하지만 이 사람을 위해 죽으신 분의 희생이 헛되이 된다면, 우리가 그분 앞으로 떳떳이 나갈 수 있을까요?

그리스도께서 우리에게 하신 그대로 하지 않고, 새로운 시작의 담지자가 될 기회를 붙잡지 않는다면, 기독교는 짐과 심판이 되고 말 것입니다. 비유는 이 심판에 대한 전망으로 끝납니다.

이 짐은 어떤 형태로 나타날까요? 나를 짓누르는 질문의 형태로 나타납니다. "나는 그리스도인이 될 수 있을까? 나는 힘을 내어 선제적으로 조치할 수 있을까? 게다가 나는 이 교리적이고 초자연적인 비범함을 믿을 수 있을까? 나의 지적 머뭇거림을 쉽게 극복하려면 어찌해야 할까?" 앞에 산이 버티고 서 있는 것처럼 여겨집니다. 그러나 어느 자리에서든 일단 시작해야만 합니다. 이미 살펴본 대로, 그러한 머뭇거림은 부차적인 문제일 뿐입니다. 그러한 머뭇거림은 나름의 때에 나름의 권리를 경험하겠지만, 우리는 용서와 소위 선제적 조치를 시작해야만 합니다.

우리가 그 정도까지 넓어지는 순간은 음속 돌파 비행과 같은 순간이 될 것입니다. 임계점을 극복하고 엄청난 폭음을 발생시킨 뒤에야 비로소 탁 트인 지형에 있게 되고, 저항들이 급속히 줄어드는 것입니다. 우리가 위험을 무릅쓰고 그리하지 않는다면—먼저 우리에게 선제적 조치를 취하신 분의 이름으로 그리하지 않는다면—이는 은혜를 신속히 떠나가게 하는 것이기에, 그리스도인이 되는 것은 부담스러운 일이 될 것입니다. "이용하지 않으면, 그것은 무거운 짐이 된다"라고 『파우스트』는 말합니다. 그리스도인 되기를 피하고, 그러한 결단의 지점을 피한다면, 어떠한 기적도 있을 수 없습니다. "우리들 가운데 누가 사르는 불을 견디어 내겠는가? 우리들 가운데 누가 꺼지지 않는 불덩이를 견디어 내겠는가?"라고 이사야는 말합니다(사 33:14). "꺼지지 않는 불덩이"가 빨아들일 때, 우리는 그 불덩이를 피합니다. 그 불덩이가 따뜻하게 할 때, 우리는 그 불덩이를 찾습니다. 포도원 농부들은 결단을 내렸습니다. 자기 삶의 주인이 되려고 한 것입니다. 그래서 그들은 영원한 불덩이를 밟아서 끌 수밖에 없었습니다.

우리는 가장 오랫동안 그리스도인들로 이루어진 민족이었던 것일까요? 루터는 복음의 폭우를 두고 "이 폭우는 빠르게 지나간다"라고 말했습니다. 그리고 우리의 비유는 이렇게 끝을 맺습니다. "하나님께서는 너희에게서 하나님의 나라를 빼앗아서, 그 나라의 열매를 맺는 민족에게 주실 것이다." 하나님이 우리 서구의 서쪽 포도원 농부들에 기대어 사시는 것이 아닙니다. 우리가 하나님께 기대어 삽니다. 하나님은 당황하지 않고 자신의 폭우를 여러 대륙에 보내십니다. 지금은 아시아가 기다리고 있습니다. 유럽은 어떤 특권도 없습니다. 은혜를 잃어버릴 일만 남아 있습니다. 그러나 우리가 말할 것은 대륙들에 관한 것이 아닙니다. 예수 그리스도께서는 세계사적 전망에서 사고하지 않으시고, 인간의 영혼을 먼저 생각하셨습니다. 그분은 지구 위로 손을 뻗으셨지만—"나는 하늘과 땅의 모든 권세를 받았다"[32]—길가의 눈먼 사람, 왜소한 노파, 어린아이들을 진지하게 대하셨습니다. 지구를 붙잡는 손이 가난한 사람들에게 손짓하고, 걱정하는 사람들에게 은혜를 베풀고 있습니다. "동쪽도 하나님의 것이고, 서쪽도 하나님의 것이다."[33] 실로 이 말은 참말입니다. 그러나 더 위대한 사실이 있습니다. 말하자면, 하나님은 큰 것만이 아니라 작은 것도 찾으시며, 여러분과 나를 위해 계시며, 우리를 기다리시며, 우리를 곤경에 빠뜨리는 사람, 그러나 **우리가** 포기해선 안 되는 그 한 사람까지 기다리신다는 것입니다.

10.

포도원 품꾼들

이 말씀을 듣고, 베드로가 예수께 말하였다. "보십시오, 우리는 모든 것을 버리고, 선생님을 따랐습니다. 그러니, 우리가 무엇을 받겠습니까?" 예수께서 그들에게 말씀하셨다. "내가 진정으로 너희에게 말한다. 새 세상에서 인자가 자기의 영광스러운 보좌에 앉을 때에, 나를 따라온 너희도 열두 보좌에 앉아서, 이스라엘 열두 지파를 심판할 것이다. 내 이름을 위하여 집이나 형제나 자매나 아버지나 어머니나 자식이나 땅을 버린 사람은, 백 배나 받을 것이요, 또 영원한 생명을 물려받을 것이다. 그러나 첫째가 된 사람들이 꼴찌가 되고, 꼴찌가 된 사람들이 첫째가 되는 경우가 많을 것이다." "하늘나라는 자기 포도원에서 일할 일꾼을 고용하려고 이른 아침에 집을 나선 어떤 가장[34]과 같다. 그는 품삯을 하루에 한 데나리온으로 일꾼들과 합의하고, 그들을 자기 포도원으로 보냈다. 그리고서 아홉 시쯤에 나가서 보니, 사람들이 장터에 빈둥거리며 서 있었다. 그는 그들에게 말하기를 '여러분도 포도원에 가서 일을 하시오. 적당한 품삯을 주겠소' 하였다. 그래서 그들이 일을 하러 떠났다. 주인이 다시 열두 시와 오후 세 시쯤에 나가서 그렇게 하였다. 오후 다섯 시쯤에 주인이 또 나가 보니, 아직도 빈둥거리고 있는 사람들이 있어서, 그들에게 '왜 당신들은 온종일 이렇게 하는 일 없이 빈둥거리고 있소?' 하고 물었다. 그들이 그에게 대답하기를 '아무도 우리에게 일을 시켜주지 않아서, 이러고 있습니다' 하였다. 그래서 그는 '당신들도 포도원에 가서 일을 하시오' 하고 말하였다. 저녁이 되니, 포도원 주인이 자기 관리인에게 말하기를 '일꾼들을 불러, 맨 나중에 온 사람들부터 시작하여, 맨 먼저 온 사람들에게까지, 품삯을 치르시오' 하였다. 오후 다섯 시쯤부터 일을 한 일꾼들이 와서, 한 데나리온씩을 받았다. 그런데 맨 처음에 와서 일을 한 사람들은, 은근히 좀 더 받으려니 하고 생각하였는데, 그들도 한 데나리온씩을 받았다. 그들은 받고 나서, 주인에게 투덜거리며 말하였다. '마지막에 온 이 사람들은 한 시간 밖에 일하지 않았는데도, 찌는 더위 속에서 온종일 수고한 우리들과 똑같이 대우하였습니다.' 그러자 주인이 그들 가운데 한 사람에게 말하기를 '이보시오, 나는 당신을 부당하게 대한 것이 아니오. 당신은 나와 한 데나리온으로 합의하지 않았소? 당신의 품삯이나 받아 가지고 돌아가시오. 당신에게 주는 것과 꼭 같이 이 마지막 사람에게 주는 것이 내 뜻이오. 내 것을 가지고 내 뜻대로 할 수 없다는 말이오? 내가 후하기 때문에, 그것이 당신 눈에 거슬리오?' 하였다. 이와 같이 꼴찌들이 첫째가 되고, 첫째들이 꼴찌가 될 것이다."

마태복음 19:27-30, 20:1-16

우리는 이 비유에 등장하는 사람들과 사건들을 친숙하게 잘 알고 있습니다. 우리가 이 비유에서 마주하는 무대는 대단히 현실적이고, 그 무대 장치들도 우리의 일상에서 가져온 것들입니다. 그러니까 이 비유는 우리에게 비종교적이고도, 지극히 세속적인 이야기를 전합니다. 이 비유는 향연(香煙)도 언급하지 않고, 기적도 언급하지 않으며, 노동 시장에 관해 보도합니다. 노동자들과 무직자들이 등장하고, 기업가도 등장하지요. 그리고 시간급여, 고용 계약, 협정 임금 논쟁이 언급됩니다.

여기까지는 모든 것이 명확해 보입니다. 하지만 전체 임금을 처리하는 규칙만은 지극히 불명확하게 보입니다. 만약, 우리 시대의 한 기업가가 이 비유의 관습과 관례를 도입해서 적은 일을 한 사람들에게 온종일 일해서 지친 사람들에게 준 것과 같은 노임을 준다면, 언론에 대서특필이 되지 않을까요? 그러면 노동조합에서도 틀림없이─실로 당연히─문제를 삼을 것입니다.

이 본문에 등장하는 "가장"이라는 표현에서 볼 수 있듯이, 이 특이한 기업가는 어느 정도 가부장적 힘을 지니고 있는 것 같습니다. 만약, 이 특이한 기업가가 이 관습과 관례를 여전히 고수한다면 일하는 사람들이 이전의 경험 때문에 조금은 더 신중해질 것입니다. 힘을 덜 들이면서 손쉽게 급여 봉투를 채울 수 있는데, 굳이 새벽에 일하러 나설 만큼 어리석은 사람은 없을 테니 말입니다. 사람들은 틀림없이 해거름에 조금 열심히 일하는 것을 선호할 것입니다. 그들은 정신 나간 사람들이 아니어서, 같은 노임을 받기 위해 열 배의 노동을 하지는 않을 것입니다! 요컨대 이 기업가는 바보이고, 경제 전체를 엉망으로 만드는 사람이라고 하겠습니다.

비유가 삽입된 맥락을 분명히 이해하더라도, 이 문제는 얼른 수긍되지 않습니다. 베드로는 주님께 "보십시오, 우리는 모든 것을 버렸습니다. 우리는 우리의 존재를 선생님께 걸고, 우리의 직업을 포기했습니다. 우리는 가족과 고향을 희생했습니다. 그러니, 우리가 무엇을 받겠습니까?"라는 질문을 드렸습니다. 그리고 그는 그 생각을 계속 이어 갑니다. "애초에 자기 생을 거리낌 없이 거침없이 즐기다가, 노년에 이르러 육체적으로 너무 지쳐서 예전처럼 즐길 수 없게 되었을 때, 갑자기 일시적으로 경건한 기분을 얻어 인생 마감 직전의 불안감을 경험하고 재빨리 개종하는 사람들과 우리가 수준이 같아야겠습니까? 나사렛 예수님, 선생님도 경제 전체를 엉망으로 만드시는군요. 선생님의 사람들을 이런 식으로 대하시다니요!" 예수께서는 이 항변에 우리의 비유로 답하시고, 그 속에 담긴 주제를 지지하며 말씀하십니다. "너희는 **원하지 않겠지만**, 나는 실제로 그렇게 한단다. 나는 마지막에 오는 사람에게도 몫을 전부 지급한다."

우리가 염두에 두려 하지 않는 것이 또 있습니다. 덴마크의 위대한 작가 옌스 페테르 야콥센(Jens Peter Jacobsen)은 자신의 소설 『시인 닐스 리네』(*Niels Lyhne*)에서 한 남자에 관해 이야기합니다. 이 남자는 하나님을 거부하면서도 신앙의 위로와 평안을 은밀히 구합니다. 하지만 그는 자신에게 정직해지고 싶어서, 기진맥진하고 쇠약해진 상태로 "종교인"이 되기보다는 차라리 허무주의적인 삶의 절망을 최후까지 견뎌내려고 합니다. 운명이 그를 심하게 압박합니다. 죽음이 그의 사랑하는 가족에게 무시무시하게 닥칩니다. 이따금 위로의 필요성이, 안전과 귀향 동경과 같은 무언가가 그의 마음에 사무칩니다. 그렇지만 그는 남몰래 목회자의 위로를 갈망하면서도, 냉정을 유지한 채 자기 생의 마지막 시간에도 목회자를 거부합니다. 이 환자를 차츰차츰 좋아하게 된 가정의가 그의 암담한 마음의 용기에 감동되어 이렇게 말합니다. "만일 내가 하나님이라면, 마지막 순간에도 회심하지 않는 이 사람을 축복하겠습니다." 실로 감동적인 말이 아닐 수 없습니다. 우리는 천성적으로, 최후까지 일관되게 타협 없이 살면서 암담한 허무의 벽앞에서 견뎌내는 이 닐스 리네 같은 사람을, 마지막 순간에 영원한 지복(至福)의 기회를 붙잡으려 애쓰며 경건이라는 비상 브레이크를 거는 다른 사람보다 더 높이 평가하고 더 많이 공감하며 찾는 경향이 있습니다. 우리 주 예수 그리스도께서는 여기서 다르게 생각하실까요? 그분은 이 닐스 리네를, 마지막 순간에 천국 문을 힘껏 밀치고 나아가려고 했던 도둑 **뒤에** 자리하게 하실까요?

실로 이 비유는 암호화된 전보입니다. 암호를 알지 못하면 이해할 수 없습니다. 사실상, 예수의 모든 비유가 그러합니다. 우리가 거듭거듭 확인하는 바이지만, 예수의 모든 비유에는 그것들을 풀 수 있는 단 하나의 요점이 있습니다. 주님은 바로 이 요점에서 우리를 얻으려고 하십니다. 이 요점은 우리의 비유 어디에 자리하고 있을까요? 이제부터 그 요점을 찾아서 자세히 살펴보고자 합니다.

이 비유 전체는 다음과 같은 한 가지 전제에서만 의미가 있습니다. 우리는 비유를 통해 말씀하시는 주님의 뜻을 다음과 같이 이해하고 들어야 합니다. "**포도원**에 일거리가 생겼다. 이 일은 주님을 위한 헌신이므로 '공로'로 이해되어서는 안 된다. 오히려 이 일 **자체**가 하나의 선물이자 보상을 지닌 것이다. 이 일은 일꾼들에게 아버지처럼 보살피는 주님의 친밀함과 보살핌을 주기 때문이다." 이 비유를 이해하려면, 예수께서 율법 종교를 정면으로 반대하시고, 우리 마음속에 선천적으로 자리하는 모든 종교를 반대하신다는 점을 분명히 깨달아야 합니다. 희생 제물을 제단으로 끌고 가든, 로사리오 기도를 드리든, 선한 일을 행하든 간에, 고래(古來)로 천국에 이르려고 뼈 빠지게 일하는 사람들로부터 오로지 천국을 위해 공로를 세우려고 평생토록 높다란 기둥 위에 앉아서 바람과 악천후를 견뎌내다가 늙어 백발이 되는 가장 특이한 성인들에 이르기까지 종교 "영역"에서 무슨 일이 벌어졌는지를 분명히 알아두는 것이 좋습니다. 이 사람들이 아버지 집에서 자유롭고 기쁘게 움직이는 자녀로서 이 모든 일을 하는 것이 아니라, 종으로서 지니는 두려움에 행했으며, 마음에서 우러나와서 하기보다는

"천국 입국 자격"을 얻기 위한 수단으로 여겨서 행했다는 점을 분명히 알아야 합니다. 이 사람들이 옳다면—예수와의 교제가 특정한 성과와 보상이 있는 사업, 우리의 공로들을 놓고 하나님께 발급할 수 있는 청구서, 천국에 입국할 자격을 주는 영수증이 있는 사업이라면—그리고 인생의 저녁에 주님을 섬기는 일에 들어서는 사람이, 악착같이 힘써 일하며 땀 흘리다가 인생의 저녁에 완전히 기진맥진하는 사람들과 같은 것을 받는다면, 이는 참으로 경악스럽고 매우 불공평한 일일 것입니다.

그러므로 우리의 비유는 옛 유대인과 우리의 자매 가톨릭 그리스도인의 핏속은 물론이고, 우리 모두의 핏속에도 잘못된 "종교적" 관점이 있다는 것을 드러내고 있습니다. 이 사실을 먼저 이해해야 합니다. 그러지 않으면 이 비유는 희화(戱畫)가 되고 맙니다.

우리가 주님을 위해 무언가를 한다면, 우리가 정말로 우리의 가장 가난한 형제들 가운데 계신 주님께 경의를 표하는 일을 진지하게 생각한다면, 우리가 그분께 기도한다면, 우리가 기쁨과 슬픔과 열정과 소심함을 지닌 우리의 삶을 그분께 맡긴다면, 이는 목적—영원한 지복(至福) 청구권을 얻기 위한 목적이나, 인간들에게 종교와 같은 것이 필요해서 서양에 이데올로기를 공급하려는 속된 목적—을 위한 수단이 아닙니다. 이 모든 일 자체가 목적이고, "더없는 행복"입니다.

어째서 그럴까요? 은혜를 선사 받아 하나님을 사랑할 줄 아는 사람은 하나님을 사랑하는 것을 행복한 일로, 전례 없는 삶의 성취로 여기기 때문입니다. 이는 하나님 사랑에 관해 조금이라도 이해하는 사람이라면 누구나 인정하는 사실입니다. 그는 자기가 하나님을 위해 하는 모든 일 자체를 복된 섬김으로 여기고, 따라서 지복으로 보상받아야 하는 고된 노역의 정반대로 여깁니다. 우리를 녹초가 되게 하는 야심, 우리에게서 잠을 빼앗아 가는 걱정, 갑자기 엄습하여 우리를 고발하는 불안한 양심, 모든 것을 절망적이고 공허하고 어두운 것으로 여기게 하는 실존적 불안 등 우리 삶의 모든 고통이 찾아오는 이유가 무엇일까요? 우리가 하나님의 동역자가 되기를 중단했기 때문이 아닐까요? 우리가 혼자 힘으로 떠돌기 때문이 아닐까요? 우리가 아버지 없는 상태가 되었기 때문이 아닐까요? 우리가 삶을 점점 으스스한 것으로, 점점 임자 없는 것으로, 점점 무의미한 것으로 여기기 때문이 아닐까요?

반면에 하나님의 동역자가 되어 하나님을 사랑하는 법을 배운 사람은 갑자기 인생의 다른 위치에 서게 됩니다. 그는 자신의 보잘것없는 삶과 자신의 하찮은 일상, 자신이 이행해야 할 모든 의무, 자신과 만나는 모든 사람, 신중하게 구상되고 탁월하게 수행된 계획, 우연이나 의도적 중단이나 결번이 전혀 없는 것까지 모두 하나님의 계획 속에 들어 있음을 봅니다. 그는 자기가 포도원이 필요로 하는 바로 그 자리에 있음을—눈으로 보지는 못해도—믿을 수 있습니다. 그는 하나님과 그분이 우리에게 보내시는 모든 것이 국영 철도의 운행 시간표보다 더 정확하고 더 정연함을 믿을 수 있습니다.

우리가 하나님께 인도를 받는 동안에는, 그분이 왜 이렇게 이끄시는지, 왜 이런저런 일을 겪어야 하는지를 이해하지 못하는 때가 자주 있습니다. (미숙한 제자, 학생, 대학생조차도 교안에 따라 교육과 가르침을 받으면서도 처음에는 그 교안을 이해하지 못합니다. 이해하기는커녕 오히려 이렇게 항변하며 질문하는 때가 더러 있습니다. "우리가 이 모든 무의미한 계획에 참여해야 하는 이유가 무엇입니까? 어째서 우리를 이런저런 계획으로 괴롭히는 겁니까?") 그렇지만 고용해 주신 분을 알게 될 때, 그분의 마음, 그분의 지혜, 그분의 자비를 알게 될 때, 그분에게 일하도록 부르심을 받았다는 것이 복이 있다는 걸 알게 됩니다. 그런 뒤에야 우리의 삶은 방향과 질서를 얻게 됩니다. 우리의 삶이 의미 있게 되는 것은, 우리가 사랑받기 때문입니다. 그분이 우리의 삶을 바로잡으시기 때문이며, 그분이 우리에게 보내시는 모든 일에는 그분의 **생각**이 있기 때문입니다.

이제 "찌는 더위 속에서 온종일 수고한"이라는 표현도 전혀 다르게 보이는군요. 힘겨운 일을 겪으면서 예수의 도움에 의지한 적이 있는 사람, 포로수용소에서 가장 괴로운 고통을 견뎌내면서, 집과 뜰에서 내쫓기면서, 금이 가고 있는 지하실에서 끌려 나오면서 예수를 자기 고통의 동반자로 삼은 사람은 그 모든 것을 더는 놓치고 싶지 않을 것입니다. 그는 "하나님은 내가 겪어야 했던 온갖 어려운 일을 생각해서라도 나를 내세의 몇몇 자리에 높이 앉히셔야 해"라고 말하지 않을 것입니다. 오히려 그는 이렇게 말할 것입니다. "나는 배고픔, 불안, 고독의 심연에서 비로소 내 주님이 가까이 계심을 경험했습니다. 그때 나는 예수님이 누구신지를 배우고, 그분이 어떻게 건지시고, 위로하시고, 붙잡으시는지를 이해하게 되었습니다. 나는 평생토록 이 '더위'와 '수고'의 시간이 가져다준 은총에 기대어 살 것입니다. 나는 그분이 건널 수 있는 다리를 짓고 계시는 것을 보기 위해 울퉁불퉁한 길로 보내져야만 했습니다. 나는 목자가 어떤 분인지 알기 위해서 그늘 골짜기로 다녀야만 했습니다. 내가 그렇게 하지 않았다면 이 모든 일을 조금도 경험하지 못했을 것입니다."

이제 우리는 비유 속 사람들이 포도원에 헌신하면서 추가로 더 높은 보상을 받으려고 한 것이 어째서 오류인지, 어째서 그들이 신앙의 가련한 아마추어인지를 이해할 것입니다. 베드로는 이렇게 묻습니다. "우리는 모든 것을 버리고, 선생님을 따랐습니다. 그러니, 우리가 무엇을 받겠습니까?" 그는 무엇이 중요한지를 조금도 이해하지 못했던 것입니다.

제자로서 영위하는 삶, 하나님의 동역자로서 영위하는 삶보다 더 충만한 삶이 있을까요? 그가 단호히 제자 또는 하나님의 동역자가 되면 될수록, 그가 버리면 버릴수록, 그분은 더욱더 커지고, 그는 온 힘을 다하여 그분의 품에 안길 것입니다. 하나님은 인색하게 굴지 않으시기 때문입니다. 베드로와 포도원 품꾼들이 이것을 이해하지 못한 것은, 그들이 아직 예수의 비밀과 영광에 가까이 다가가지 못했기 때문이며, 그들의 삶에 풍부함과 기쁨을 가져다주시고 그들을 동역자로 여겨 존중하려고 하시는 그분을 강압적 영주와 폭군으로 여겼기 때문입니다.

해 질 무렵에, 곧 밤의 어스름이 생을 덮기 시작하는 무렵에, 마지막으로 헌신에 뛰어든 사람들은 어떻습니까? 이 늦은 귀환자들, 막판의 이 그리스도인들은 어떻습니까? 우리는 우리의 비유 안에서 어떤 역할을 하는 두 번째 부류의 사람들에게도 주의를 기울여야 합니다.

이 늦은 귀환자들의 삶이 닐스 리네와 달리 직선으로 진행되지 않고, 굽잇길을 경험하고 곡선을 그린다는 이유로, 그들을 경멸해야 할까요?

일관되게 살면서 최고 심급 앞에 항복하기를 거절하는 이 닐스 리네가 훨씬 가련한 사람이지 않습니까? 그의 일관성과 완고함이 그를 속여 그의 삶의 핵심, 그의 삶의 의미를 빼앗아 간 것이 아닌가요? "일관된 사람들이 복이 있다"라고 말할 수 있을까요? "활짝 열려 있어서 아버지의 부르심에 응하는 사람들, 활짝 열려 있어서 기꺼이 진로를 수정하는 사람들, 하나님이 마중하시고 고용하시고 이끄시려고 할 때, 거부하지 않는 사람들이 복이 있다"라고 말해야 하지 않겠습니까?

논의의 여지가 많은 뒤렌마트(Friedrich Dürrenmatt)의 희곡「노부인의 방문」(Der Besuch der alten Dame)은 또 하나의 일관된 삶의 인상을 우리에게 제시합니다. 이 삶을 예로 들어 이 비유의 문제를 설명해도 될 것 같습니다.

아주 부유한 노부인이 있습니다. 그녀는 자기의 청년 시절의 연인에게 복수하러 출생지로 돌아갑니다. 그 연인이 수십 년 전 그녀와의 결혼을 이행하지 않고 배신했으며, 그것도 모자라 그녀를 장크트 파울리의 홍등가로 팔아 버렸기 때문입니다. 그녀의 온 생애는 이 애증에 바쳐졌습니다. 그녀는 해결되지 않은 자기 과거의 이 한 지점에 고정되어 옴짝달싹하지 못합니다. 그녀는 시종일관 이 하나의 증오 동기에 기대어 살아왔습니다. 그녀의 삶은 이 증오라는 주제를 일관되게 연기하려는 단 하나의 광적인 시도나 다름없습니다. 그리함으로써 그녀의 삶은 불변의 계산 문제로 퇴보합니다. 그녀에게는 소위 "발전 과정"이 없고, 에리니에스[35]의 영원한 가면만 있습니다.

그녀는 이혼과 재혼을 끊임없이 반복합니다. 하지만 항상 똑같습니다. 바뀐 남편 역할도 항상 같은 배우가 연기합니다. 아무 일도 일어나지 않습니다. 그녀의 증오가 그녀를 일관되게 합니다. 시간이 멎어 버립니다. 그러나 그녀의 옛 연인 알프레트 일(Alfred Ill), 곧 이 파렴치하고 좀스러운 사람은 뜻밖에도 회심을 합니다. 후회와 속죄의 호소가 그에게 닿았습니다. 그의 가련하고 죄스러운 삶이 마지막 순간에 새로워집니다. 그에게는 이제 "역사"가 있습니다. 더 좋게 말하자면, 그는 역사를 다시 얻었습니다. 비록 죽을 수밖에 없지만, 그에게는 미래가

기다리는 아버지

열렸습니다.

(노부인이 한 것처럼) 우리의 삶을 단조롭게 이어가도록, 이런 삶을 계속 영위하도록, 과거에 정한 진로를 계속 따르도록, 우리 삶의 모든 잘못되고 죄스러운 것을 시종일관 지속하도록 강요하지 않으시다니, 이것이야말로 가장(家長)이신 하나님의 위업이 아닐까요? 그분이 우리에게 새로운 기회를 주시고, 우리를 호명하여 우리가 인생 시장에서 더는 배회하지 않고 그분께 헌신하는 길에 들어서서, 우리의 삶을 전혀 새로운 지평 위에 올려놓게 하시고, **그분**과 함께하는 역사를 얻게 하시다니, 이것이야말로 하나님의 위업이 아닐까요?

우리의 비유에서 마지막에 온 사람들, 믿음의 길에 늦게 귀환한 사람들이 자신들을 헌신의 길로 데려온 분이 누구신지를 실제로 파악한다면, 다른 이들이 새벽부터 그리고 한낮의 더위 속에서 일하는 동안 자신들은 "쉽게" 모면했다는 이유로 그들을 비웃을 마음을 먹지 않을 것입니다. 그들은 틀림없이 자신들이 힘들이지 않고 번 돈을 다른 사람들의 코 밑에 조롱 삼아 들이대지 않을 것입니다. 그렇습니다. 그들은 자신들이 쓸데없이 배회하면서 의미 있는 삶을 위해, 고귀한 귀환을 위해 쓰지 않은 시간을 유감으로 생각할 것입니다.

그들은 자신들이 포도원 밖에서 보낸 이 무의미한 자유가 결코 선한 시간이 아니었으며, 포도원 밖에서는 자신들이 행복하지 않았으며, 허무에 대한 두려움이 자신들의 상임 동반자였음을 저녁 무렵에 갑자기 깨달을 것입니다. 그들은 자신들이 이 주님을 알지 못한 채 보낸 시간, 자신들의 행복을 바라보며 보낸 시간, 복된 헌신으로서, 지복 자체로서 자신들의 삶을 풍부하게 하는 것을 노역으로 여기며 보낸 시간을 유감으로 생각(하고 심지어 울기도)할 것입니다. 그들은 "고맙게도, 힘들이지 않고 돈을 벌었어. 마지막 순간에 개심하는 것만으로도 '충분해'!"라고 말하지 않고, 다음과 같이 노래하며 말할 것입니다.

아, 나는 당신을 너무 늦게 알았습니다,
당신 찬미 받으실 아름다움 당신이시여.
전에는 당신을 내 임이라 부르지 못했습니다,
당신 지극한 선과 참된 쉼이시여.
유감스럽게도, 내가 슬퍼합니다,
너무 늦게 사랑해서.[36]

우리의 비유는 더 많은 배경을 가지고 있고, 여러 가지 생각의 미로를 숨기고 있습니다. 이 공간들을 한마디 말로 통과하는 것은 가능하지 않습니다. 그러나 저는 한 가지 사상을 더 언급하고 마치렵니다. 우리에게 특히 충격을 주고, 우리 삶의 몇몇 문제를 해결하는 데 도움을 줄 수 있는 사상입니다. 이 사상이 없으면 우리 삶의 문제들을 해결할 수 **없습니다**.

저는 가장이신 분이 투덜거리는 협정 임금 비판자에게 던지는 질문을 가리켜 보려고 합니다. "내가 후하기 때문에, 그것이 당신 눈에 거슬리오?" 이 물음을 우리의 말로 옮기면 이렇게 됩니다. "종일토록 일한 그대들이, 내가 그대들의 이웃에게 그가 요구하지도 않은 정도의 친절과 아량을 베풀었다는 이유로 착잡함과 질투심을 느낀단 말이오? 나는 한낮의 더위와 수고를 견뎌낸 **그대들**에게, 그대들이 받아야 할 몫보다 **더 적게** 주지 않았소. 협정 임금은 협정 임금이오. 그런데도 그대들은 내가 다른 사람에게, 그대들이 받을 몫보다 **더 많이** 줄 자유를 내게서 박탈하려는 거요?"

물론 이것은 반어적 질문이자 심사숙고를 거친 유도 질문입니다. 당연히 이 질문에는 "우리는 당신이 그렇게 하는 것을 결코 금할 생각이 없습니다"라는 대답만 있을 수 있습니다. "당신의 친절은 너무 지나쳐서 관례에 어긋납니다"라고 말하는 것은 우리의 관심 밖의 일입니다. 오히려 정반대로 말해야 합니다. "아무리 친절해도 지나치지 않습니다! 당신처럼 친절하고 관대한 분이 있다는 것을 알게 되어, 기분이 참 좋습니다."

그러나 주의할 것이 있습니다. 포도원 주인이 누구나 이론적으로, 또한 종교적으로 기꺼이 인정할 만한 이 무제한의 친절을 실제로 "실행에 옮긴다면", 이것은 옳지 않은 것일 수도 있다는 것입니다. 포도원 주인이 실제로 그렇게 하면, 우리는 파업을 일으키고 말 것입니다. 어째서 그럴까요? 우리가 그럴 만한 이유를 제대로 이해한다면, 우리는 우리 삶의 매우 본질적인 부분을 이해하게 될 것입니다.

우리의 비유에서 주인의 친절이 오래 일한 사람들에게 자발적 사회복지 보조금의 형태로, 시급 인상의 형태나 기타 상여금의 형태로 도움이 되었다면, 그들은 그의 친절에 딱히 반대하지 않았을 것입니다. 오히려 그들은 감사하며 기뻐했을 것입니다. 도대체 어떤 사람이 다르게 반응하겠습니까? 엄밀히 말하자면 저마다 기꺼이 자발적으로 감사할 것입니다. 축복하는 친절한 손이 우리 삶 위에 얹혀 있음을 느끼고, 직업상 성과를 올리고, 자녀가 건강하다면, 우리는 여기저기서 하늘에 감사를 보낼 것입니다. 저마다 자기에게 관대한 성취가 선물로 주어질 때 "하나님 감사합니다" 하고 말할 것입니다. 오, 그렇습니다, 우리는 고마움을 모르지 않을 것입니다. 우리는 반드시 하나님의 친절하심을 느끼고, 자주, 어쩌면 생일이나 성탄 전야에, 그것을 정말 느낄 것입니다.

그러나 내가 나의 "친애하는" 이웃에 주의를 기울이다가, 그 이웃**도** 친절하신 하나님의 배려와 보살핌을 받고 있음이 명확해지는 순간, 나는 내 심장부에 가벼운 통증이 찾아오는 것을 느낍니다. 그러면 나는 마음속으로 이렇게 말합니다. "그래, 하나님의 친절하심을 존중해야 해. 나는 개인적으로 그것을 무한정 소비할 수 있잖아. 이 친절하심이 나를 백만장자나 유명 인사나 열렬히 사랑받는 공격수로 만들어 준다면. 오, 그런 일이 즉시 내게서 일어나야 해! 내 등짝은 넓으니, 몇백 파운드의 복도 내게는 너무 많은 게 아니야."

그러나 하나님이 내 경쟁자, 내 동료, 내 친구에게 특별한 것을 주시는 것이 보일 때면, 나는 언짢은 소리를 들리게끔 내면서, 다양한 복의 할당량을 계산하고, 분배의 기준을 조사하기 시작합니다.

하나님의 친절이 **다른** 사람에게 상여금을 주고, 내가 그것을 보고 시기할 때, 당연히 나는 "오, 나는 정말 시기심 많은 사람이야!"라고 말하지 않을 것입니다(이런 말은 자기에게 할 말이 아닙니다. 자기에게 조금은 상냥해야 하고, 자존심을 잃어선 안 되니까요!). 그렇다고 나는 "오, 하나님은 실로 관대하시고, 무한정 친절하시군!"이라고 말하지도 않을 것입니다(이런 말은 하나님의 보살핌 꾸러미가 **내** 집 앞에 주어질 때만 하는 말이니까요!). 오히려 나는 이렇게 말할 것입니다. "하나님의 이 친절하심은 불공평해. 저 다른 사람이 친절을 나보다 더 많이 받고, 수당도 나보다 더 많이 받잖아? 나는 평생토록 저축하며 살았는데, 인플레이션과 화폐 개혁이 그것마저 앗아갔어. 하지만 낭비하며 사는 저기 저 사람은 용케도 매번 어려움에서 벗어나고, 오늘은 중형차를 몰면서 굵직한 시가를 피우더군." 또는 이렇게도 말할 것입니다. "나는 대학 공부 시절 내내 일하며, 우둔함을 조금이라도 면하려고 온갖 짓을 다 했어. 그러나 저 다른 사람, 곧 내 동창은 하나님에게서 '두뇌'를 얻어, 댄스파티도 빠뜨리지 않고, 마데이라로 휴가를 떠나는데도, 온갖 시험에 우아하게 합격하는군. 나는 정신적 마력(馬力)이 훨씬 미미해서 아르바이트 대학생으로 지내야 하는데 말이야. 저 다른 사람은 나보다 더 '재능 있는' 사람이야. 그가 나보다 재능을 더 많이 받은 거야. 그런데도 이게 공평하다는 거야?"

이것은 우리가 확실히 아는, 심지어 너무나 잘 아는 사실입니다. 우리는 우리 생의 많은 시간 동안 이런 생각들을 하면서 퇴화해 가고, 그러다가 신경증 환자가 되기도 합니다. 이 슬픈 노래의 후렴구는 늘 같습니다. "하나님의 친절하심이 잘못된 사람을 붙잡았네. **나를** 붙잡지 않았기 때문이지. 그럴 수밖에!"

사람들은 주인과 **단독으로** 관계하며 이른 아침에 그와 임금 협정을 맺으면서 그에게 만족했습니다. **다른** 사람들이 도착하자, 올바른 분배를 놓고 흥정이 시작되었습니다. 질투가 시작되고, 강박 관념이 추가되었습니다.

물론 공정성을 따지고 임금의 적정 비율을 따지는 이 물음들이 정당하다는 것을 인정해야 합니다. 당연히 임금과 성과를 적절히 고려해야 합니다. 비숙련 노동자가 대기업 회장만큼 받을 수 없다는 것은 분명합니다. 그러나 두 사람이 같은 기업에서 같은 일을 하고 같은 직업 교육을 받았다면, 얼추 같은 임금을 받아야 한다는 것도 분명합니다. 네 시간만 일한 사람이, 여덟 시간이나 열 시간 동안 컨베이어 벨트에서 일하거나 사무실 의자에 쪼그리고 앉아서 일하는 사람만큼 받는 것은 있을 수 없는 일입니다. 이것은 조망할 수 있는 명백한 관계입니다.

그러나 여기서 중요한 것은 **비유**라는 걸 잊어서는 안 됩니다. 이 점에 주목하면, 곧바로 이런 물음들이 생겨납니다. 하나님과 우리의 관계도 그렇게 조망 가능한가? 우리가 정확한 비율을 계산해 낼 수 있는가? 이 점을 곰곰이 생각해 보면, 우리가 그렇게 할 수 없다는 사실이 곧바로 분명해집니다. 우리가 하나님과 관계하는 곳에서는 측정할 수 있는 작업 성과만 중요한 것이 아니라, 우리 삶의 모든 영역, 우리의 가장 은밀하고 가장 개인적인 삶의 영역들도 중요합니다. 우리 쪽에서도 조망할 수 없고, 우리 이웃 쪽에서도 조망할 수 없는 영역들 말입니다.

이것은 매우 간단한 실험을 통해서 입증됩니다. 저는 시기심으로 괴로워하는 사람에게 이 실험을 권합니다. 다른 사람—곧 재능이 탁월한 동창, 입신출세한 옛 동료, 당신이 손가락이 아플 정도로 타자하는 동안 재벌과 결혼한 옛 비서실 동료—들 모두가 친절하신 하나님의 사랑받는 아이로서 굉장한 행복을 선사 받았다고 생각해 보는 겁니다. 아시겠지요? 이제, 실험적인 질문을 더 던져보겠습니다. 그들과 처지를, 그것도 속속들이 바꾸어 보시겠습니까? 당신의 자전거를 그들의 메르세데스와, 당신의 독립을 그들의 매우 은밀한 결혼생활 고민과 바꾸어 보시겠습니까? 당신의 작은 발코니를 그들의 호화주택과, 당신의 단순하고 순조로운 삶을 그들의 권태, 그들의 실존적 불안, 그들의 헛수고와 바꾸어 보시겠습니까? 당신이 부러워하는 부자의 삶에도, 상속인이 없어서 또는 사랑하는 사람이 죽을병에 걸려서, 깊은 상처가 입을 쩍 벌리고 있을 겁니다. 당신이 분망하고 심란하며 관리자

병에 걸린 상사로서 부러워하는, 단순하고 유쾌한 기질의 젊은 직원이 알지 못하는 궁핍한 생활과 씨름하고 있을지도 모릅니다. 이런데도 정말 **속속들이** 바꾸고 싶습니까? 당신의 삶의 소득을 하나님의 발치에 내던지며, "당신께서 잘못된 결정을 내렸습니다. 당신께서는 당신의 친절을 오용했습니다. 나에게는 아무것도 주지 않으시고, 다른 사람에게 모든 것을 쉽게 얻게 했습니다"라고 말하고 싶습니까? 당신은 이웃들의 생활 공간 전체를, 그들의 지하실, 배경, 비밀 은신처까지, 하나님이 날마다 하시는 것처럼, 샅샅이 살펴볼 수 있습니까? 당신은 겉면만 보게 될 것입니다. 그러나 하나님은 캄캄한 밤을 들여다보시고, 고독 속을 들여다보십니다. 그분은 다른 사람의 불평하는 마음까지도 들여다보십니다. 그런데도 실제로 모든 것을 바꾸고 싶습니까?

이제 우리 비유의 메시지를 두 가지로 요약해 보겠습니다.

첫째, 시샘하는 눈으로 하나님의 친절하심을 보아선 안 됩니다. 이 친절하심에 대한 의심, 버림받을까, 잊힐까 불안해하는 마음은 우리네 지적 의심의 저장고에서 이는 것이 아닙니다. 그런 의심이 이는 것은, 우리가 이웃과 잘못된 관계를 맺고 있기 때문입니다. 한쪽 눈으로는 하나님의 복을 고대하며 바라보고, 다른 쪽 눈으로는 이웃이 더는 복을 받지 못하도록 통제하려고 하는 사람은 흘겨보기에 들어선 사람입니다. 흘겨보기는 그가 복을 알아볼 수 없게 하고, 그의 이웃을 이해할 수 없게 합니다. 그러면 그 사람은 매우 가련하고 불행한 사람이 됩니다. 하나님은 그에게 맹목적 운명의 신이 되고, 그는 이웃을 대할 때마다 과도한 혐오를 품게 되며, 이 혐오는 그에게서 잠을 앗아 갑니다. 결국 그는 와르르 무너져, 자기에게조차 친절하지 않게 됩니다.

둘째, 더없는 행복이 중요하므로! 하나님이 친절하시며, **나를** 친절히 대하신다는 이 복된 확신은, 그분이 나의 모든 청원과 이해를 넘어 그분의 자녀들을 보살피시며, 나도 이 친절 가운데서 보호받고 있음을 내가 신뢰할 때만 내 마음속에 자리하게 됩니다. 그러므로 시기심이 나를 덮칠 때, 나는 하나님이 나에게 주신 것보다 다른 사람에게 더 많이 주셨는지를 계산해 보느라 녹초가 되는 짓을 멈추어야 합니다. 그 대신에 그분이 나에게 선물로 주신 것을 놓고 그분께 감사하고, 남모르는 곤경, 내가 조금도 알지 못하는 곤경에 처한 다른 사람을 도와달라고 그분께 기도해야 합니다.

예수 그리스도께서는 십자가에 달리셨을 때 골고다에서 빈둥거리던 사형집행인의 부하와 술 취한 포악한 병사들을 시기하지 않으셨습니다. 인간적으로 볼 때, 그분에게는 그들을 시기할 만한 이유가 다분히 있었습니다. 그분이 괴로움과 목마름으로 몸부림치며 고문용 말뚝에 달리셨는데도, 이 잔인한 병사들이 십자가 주위를 이리저리 자유롭게 뛰어다니며, 이 모든 것이 자신들과는 무관하다는 듯이 굴었습니다. 그들은 자유로웠고, 생명으로 가득 차 있었으며, 목마름을 달래기 위해 물을 마시기도 했습니다. 그들은 월등한 자들이었습니다. 그런데도 예수께서는 그들을 시기하지 않으시고, 그들의 영혼을 위하여 기도하셨습니다. "아버지, 저 사람들을 용서하여 주십시오. 저 사람들은 자기네가 무슨 일을 하는지를 알지 못합니다."[37] 아버지께서는 이 "월등한 자들"의 불행을 알고 계셨습니다. 아들이 그들을 위해 기도하실 때, 아버지의 얼굴이 그분에게 빛을 비추었고, 그래서 그분은 "아버지, 내 영혼을 아버지 손에 맡깁니다"[38]라고 말씀하실 수 있었습니다. 흘겨보지 않으시고, 이웃을 아버지께서 보시는 것처럼 슬퍼하며 찾으며 그리워하며 보신 분이 계셨던 것입니다. 그래서 그분은 아버지와 하나가 되어, 고개를 떨군 채 깊은 평화에 드셨습니다.

11.

바리새파 사람과 세리

스스로 의롭다고 확신하고 남을 멸시하는 몇몇 사람에게 예수께서는 이 비유를 말씀하셨다. "두 사람이 기도하러 성전에 올라갔다. 한 사람은 바리새파 사람이고, 다른 한 사람은 세리였다. 바리새파 사람은 서서, 혼자 말로 이렇게 기도하였다. '하나님, 감사합니다. 나는, 남의 것을 빼앗는 자나, 불의한 자나, 간음하는 자와 같은 다른 사람들과 같지 않으며, 더구나 이 세리와는 같지 않습니다. 나는 이레에 두 번씩 금식하고, 내 모든 소득의 십일조를 바칩니다.' 그런데 세리는 멀찍이 서서, 하늘을 우러러 볼 엄두도 못 내고, 가슴을 치며 '아, 하나님, 이 죄인에게 자비를 베풀어 주십시오' 하고 말하였다. 내가 너희에게 말한다. 의롭다는 인정을 받고서 자기 집으로 내려간 사람은, 저 바리새파 사람이 아니라 이 세리다. 누구든지 자기를 높이는 사람은 낮아지고, 자기를 낮추는 사람은 높아질 것이다."

누가복음 18:9-14

이 비유는 정말 단순합니다. 이 비유는 우리가 어려서부터 친숙하게 여기던 것들처럼 자명한 것으로 여겨지기 때문에, 저는 우리가 이 비유에 들어 있는 단어를 하나라도 가볍게 잃어버릴까 두렵습니다. 그런데 어째서 우리 어른들은 어린아이가 너무도 쉽게 이해하는 것을 골머리를 앓으며 분석하는 것일까요? 우리는 이 비유의 기념비적 단순함을 그대로 두면 안 되는 것일까요? 우리가 소년 소녀 시절에 우러러보던 어른들, 비록 우리가 나이가 들면서 회의적으로 변해가더라도 변함없이 우러를 수 있는, 광채와 영원한 젊음의 활기를 조금도 잃지 않은 몇 안 되는 사람들 축에 드는 그런 사람들을 대하듯이, 이 비유를 공경의 몸짓으로 대하면 안 되는 것일까요?

그러나 가장 낯익은 것들이어서, 말하자면 너무 가까이 있어서, 그 내적 비밀들을 못 보고 빠뜨리는 경우가 많이 있습니다. 이 이야기도 마찬가지인 것 같습니다. 주님이 차분하고 단조롭게 이야기하시는 두 인물이 그렇습니다. 우리는 오래전부터 상상 속에서 이 인물들을 특정한 유형들로 단순화하고 변조했기 때문에, 이들을 보면서는 본래의 특색들을 거의 알 수 없습니다. 우리는 지금까지 "이 비유의 핵심은 노골적인 흑백 논리 그림이야"라고 생각하니 말입니다.

바리새파 사람이 정말 우쭐대는 풋내기, 빵빵하게 부푼 정념으로 끊임없이 제 훌륭함을 기리는 자, 대화를 나누거나 기도를 바칠 때 넌지시 혹은 표나게 제 모든 장점을 장신구처럼 반짝이게 하는 자, 자신에게 표명되는 온갖 존경을 아주 편안하게 빨아들이는 자라면—그가 정말로 이처럼 우쭐대기만 하는 풋내기라면—이 비유는 매우 진부한 자명함을 핵심으로 지니게 될 것입니다. 그러나 바리새파 사람은 그런 사람이 아닙니다.

그리고 세리가 실제로 우리의 상상 속에 살아 있는 것처럼 인상 깊고 감상적인 겸손의 소유자라면, 이 이야기는 아무 문제도 없을 것

기다리는 아버지

입니다. 그러나 세리는 그런 사람이 아닙니다. 그는 매우 잔인한 자입니다. 그는 점령국에 고용되어 자신의 지갑을 위해 동족을 착취하는 소위 부역자입니다.

역으로 바리새파 사람은 예배를 매우 진지하게 생각하는 사람입니다. 누군가의 마음이 물질에 가 있다면, 그가 먹고 사는 문제와 돈지갑을 중시한다는 것을 금방 알 수 있습니다. 수많은 사람이 먹고 사는 문제와 돈지갑을 중시하면서 인정미를 버리고, 기독교마저 버립니다. 그러나 바리새파 사람은 다릅니다. 그는 친애하는 하나님을 위하여 금식하고, 예물을 드리고, 생활수준을 낮춥니다. 그래서 그에게 하나님은 적어도 지갑 속의 현금만큼 실재하는 분입니다.

이 점을 결코 간과해선 안 됩니다. 이 점을 간과하지 않아야, 바리새파 사람이 매우 신망 있는 사람이라는 것을 파악할 수 있습니다. 사람들은 그가 성전에서 경건한 체하는 장광설을 늘어놓지 않으며, "출구에 있는 헌금함에 여러분의 사랑을 정성껏 담아주시기를 바랍니다"라고 말하지도 않으며, 그래서 자신들이 세리가 하는 것처럼 수금할 때, 그가 가장 먼저 낸다는 것을 압니다. 백성은 누가 진심인지를 본능적으로 알아챕니다. 세리가 백성 가운데서 타락시키는 역할만 할 때, 바리새파 사람은 백성의 거룩한 전통과 백성의 신앙을 보존하는 일에 헌신적으로 열중합니다. 백성은 자기 삶의 궁극적인 토대가 그의 선한 손에 달려 있다고 느낍니다.

이 모든 것을 분명히 이해하고 나면, 예수께서 세리를 칭찬하시고, 바리새파 사람을 낙제시키신 것이 더 이상 자명하지 않다는 것을 알 수 있습니다. 모든 면에서 존경할 만한 사람에 대한 이 평가절하가 마음의 큰 슬픔에서 비롯되었다는 것을 인정해야 할 것 같습니다. 하나님의 관점은 이 모든 것을 인간의 관점과 다르게 보는 것 같습니다.

그러나 하나님께서 다르게 보신다는 것은 말하기는 쉽지만, 다음과 같이 무겁고 부담스러운 물음들로 가득 차 있습니다. 도대체 인간의 판단, 곧 매우 진지하고 도덕적으로 성숙한 인간의 판단은 아무 가치가 없는 것인가? 하나님이 보시기에는 언제나 정반대만이 옳은 것인가? 과연 우리는 사고의 능력을 신뢰해선 안 되는가? 소박한 백성은 자신의 직관을 신뢰해선 안 되는가? 하나님은 언제나 모든 것을 재평가만 하시는가? 그분은 언제나 우리의 가치체계에 붉은 줄만 그으시는가? 하나님과 그분의 아들은, 세리가 타락한 인간이고, 바리새파 사람이 훨씬 더 진심이고 그래서 더 중요하게 대해야 하는 사람임을 전혀 느끼지 못하시는가? 하나님이 인간, 곧 진지하고 영리한 인간과 생각이 다르시다면, 이는 가볍게 여길 사안이 아닙니다. 세리를 받아들이고, 바리새파 사람을 퇴짜 놓다니, 하나님은 얼마나 이상한 분입니까?

이제부터 이처럼 우리와 다르게 생각하고 행동하시는 하나님을 이해해 보고, 이 두 인물을 하나님의 눈에 나타나는 그대로 살펴보고자 합니다.

물론 우리는 이렇게 하면서 깊은 충격을 받을 수밖에 없습니다. 두 인물은 우리 자신의 일부이기 때문입니다. 우리 가운데는 살면서 뭔가를 성취한 사람, 회사에서 상사나 노동자로서 존경받는 사람, 시류에 영합하기가 더 쉬울 텐데도 곧은길을 걷는 사람이 어찌나 많은지요! 그런데 그런 사람들이 최종심(最終審) 앞에서 가엾은 인상을 주며 떨어질 수도 있다고 생각하면 어떨까요? 모든 것은 **이 최종심 앞에서 살아남느냐**에 달려 있습니다.

기다리는 아버지

우리 가운데는 양심의 무거운 짐에 짓눌리는 사람도 더러 있을 것입니다. 그들은 자기의 정욕과 손을 끊지 못했거나, 다른 사람을 불행하게 했거나, 버텨 서야 할 곳에서 회피했거나, 너무 우쭐댔거나, 기력을 갉아먹는 야심을 품었거나, 자신에게 혐오감을 느끼면서도 끊어내지 못했을 것입니다. 이런 사람들은 이제 유죄 판결을 받고, 오늘 아침 이 예배가 끝난 후에 자기를 정직하고 어느 정도 만족스러운 교인으로 여기던 자신감을 완전히 버린 채 떠나가야 할까요? 아니면 그 사람을 자살 직전으로 내몰 수도 있는 슬픔과 수치를 하나님이 인정하셔서, 그를 내치지 않으시고, 오히려 이 때문에 그를 사랑하고 환대하실 것이라는 위안을 받게 될까요?

그가 자신에게 세리의 교만을 추가하며, 죄인의 겁먹은 양심을 치료하고 위로하는 하나님의 친절하심을 베개로 삼아, 자신을 평가절하하고 혹평하며, 자신의 죄와 실패에 대해 끊임없이 떠벌리는 것은 어떤 경우에도 통하지 않습니다. 이는 다수의 경건한 체하는 사람이 그렇게 하면 뭔가가 하나님께 깊은 감명을 주어, 그분의 심판하시려는 욕구가 사라지게 할 것이라는 생각으로 하는 짓과 다름없습니다.

술수로 삼아서 하는 죄 고백과 비관적 표현들도 있습니다. 자기의 겸손을 업적으로 삼으려고 한다면, 그 결과는 언제나 타락일 것이고, 가슴을 치며 후회하는 것도 가장 세련된 아양 떨기에 불과할 것입니다. 희열을 기대하고 입맛을 다시면서, 하나님이 부서진 양심, 이러한 자기 비하를 보고 기뻐하실 것이라고 여기는 사람도 있습니다. 그러나 이것은 그가 부서진 양심을 때린 것이 아니라, 악마가 그를 세리의 교만에 빠뜨린 것입니다.

우리 가운데는 꼿꼿한 머리와 도덕적으로 확고한 성품을 지닌 바리새파 사람을 닮기보다는 세리—비유에서 묘사된 것과는 얼마간 다른 세리—를 닮은 사람이 참 많습니다. 그들은 다음과 같이 말하는 세리와 같은지도 모릅니다. "하나님, 감사합니다. 나는 이 바리새파 사람처럼 교만하지 않습니다. 나는 남의 것을 빼앗는 자, 불의한 자, 간음하는 자입니다. 이것이 인간이고, 나도 그렇습니다. 하지만 나는 적어도 이 점을 분명히 알고 있고, 그래서 다른 패거리보다는 조금 더 낫습니다. 나는 일주일에 두 번 간음하고, 고작 내 소유물의 10분의 1만을 정직한 일에 환원합니다. 하나님, 나는 나를 속이지 않으니, 괜찮은 사람이지 않습니까. 당신의 천사들이, 나처럼 정직한 죄인, 이토록 빛나는 진실로 자신의 야비함을 드러내며 걷고, 이 기만적이고 속물적인 바리새파 사람처럼 자신의 야비함을 겉옷의 주름 속에 감추지 않는 죄인을 보고 할렐루야를 노래하게 하십시오!"

이러한 세리의 교만이야말로 경건한 체하는 사람들 사이에서 유행하는 진짜 전염병입니다. 하나님은 그것을 조금도 **기뻐하시지 않습니다.** 자신들에게 예수 그리스도가 적합한 분인지를 수줍게 묻기 시작하다가, 이처럼 아양 떠는 겸손을 자신들의 고상하고 교만한 이상 추구보다 더 꼴사나운 것으로 여겨서 신앙을 역겨워하는 세상 사람이 많습니다.

제가 이러한 말씀을 드리는 까닭은, 이것이 우리 기독교 공동체에 대한 심판의 말이기 때문만이 아니라, 우리 신앙의 근본 진리를 밝히기 때문입니다. 그 진리는 다음과 같습니다. 즉, 우리가 세리인지 아니면 바리새파 사람인지, 우리가 하나님께 사랑받는지 아니면 퇴짜를 맞는지는 특정한 본성들에 좌우되는 것이 아니며, 우리가 겉으로 겸손하냐 아니냐, 우리가 얼마간 속이느냐 아니면 정직하냐에 좌우되는 것도

기다리는 아버지

아니라는 것입니다. 악마는 우리가 행하고 사고하는 모든 것을 이용할 수 있고, 가장 성스러운 물마저 자신의 물레방아에 끌어다 델 수 있습니다. 우리는 하나님의 용서를 오용하여, 악의를 가리는 덮개로 삼을 수 있습니다. 예컨대 우리가 신학자라면—내가 이 자리에서 내 "분야"를 다루는 이유가 있습니다!—우리가 악하고 교만한 광신에 빠진 바리새파 사람, 의롭다고 인정받지 못한 완고한 바리새파 사람처럼 올바르고 정당한 칭의론을 주장할 수도 있는 것입니다. 우리가 하나님의 사랑에 관해 설교하고 가르치면서도, 다른 사람들을 그 사랑을 아직 이해하지 못하거나 그저 어중간하게 이해한 사람들로 여기며 업신여길 수도 있는 것입니다. 우리 신학자들 가운데도 세리의 교만이 퍼지고 있습니다. 그래서 신학자들이 하나님의 사랑에 관해 말하고 기술할 때, 칭의보다는 독선이 더 많이 자리하는 것입니다.

그러므로 우리의 삶 속에서 경건한 순간들에 주의하지 않으면 안됩니다. 죄의 고백이 우리를 교만에서 지켜 주는 것도 아니고, 겸손이라는 덕목이 악마의 영향을 받지 않는 것도 아닙니다. 그 반대로 악마는 그러한 둥지 속에 곧잘 교만이라는 뻐꾸기알을 두고, 공교롭게도 경건한 자들이 그 알들을 품으면 뛸 듯이 기뻐합니다.

이로써 우리는 이런 의문들을 품게 됩니다. 세리가 교만한 사람이고, 바리새파 사람이 겸손한 사람일 수 있다면, 그래서 모든 것이 상대적일 수 있다면, 하나님이 타락한 사람들과 함께 거하시고, 악마가 경건한 사람들에게 성가시게 굴 수 있다면, 이 두 인물의 가장 큰 차이는 어디에 있을까요?

그래서 우리는 비유가 우리에게 보여 주는 장면을 좀 더 꼼꼼히 살펴보지 않으면 안 됩니다.

우선 네 가지 유사점이 보이는군요. 두 사람 다 하나님 앞에 서서 그분과의 교제를 구하려고 합니다. 둘 다 성전 안에 있습니다. 이들은 하나님을 그저 바깥 자연에서 찾는 것이 아닙니다. 자연에서 하나님을 찾는 사람들은 대개 종교적 전율을 경험하고 싶어 하지만, 그 밖에 자신은 아무것도 하지 않고, 그러니 아무것도 변하지 않습니다. 사실, 자연 속의 하나님도 그들에게 아무것도 하지 않고, 그들을 심판하지도 않습니다. 그들이 대수롭지 않게 여기는 자연 속 하나님은 그들에게 지시를 내리지도 않고, 그들이 그저 조금 즐기도록 내버려 둡니다. 자연신은 숭고해서 그들의 사생활을 안중에 두지 않습니다.

그러나 비유 속 두 인물은 그 이상의 것을 바라고 행합니다. 그들은 거룩하신 하나님의 얼굴 앞으로 나아갑니다. 그들은 하나님의 뜻, 하나님의 요구에 자신을 내맡깁니다. 그들은 의무를 지지 않는 상태로 살려고 하지 않고, 하나님께 나아갑니다. 이것은 중대한 사건입니다.

그들의 예배는 좀 더 깊은 유사점을 보여줍니다. 둘 다 감사 기도를 드리며 하나님 앞으로 나아갑니다. **세리**는 겉보기에 청원의 형식으로 말하지만, 하나님의 은혜가 있기에 자기와 같은 사람도 다가갈 수 있으며, 자기처럼 무가치한 사람도 향수병에 걸려 훌쩍거리며 실낙원 주위를 밖에서 배회만 하는 것이 아니라 성소 안에 들어갈 수 있다는 사실을 놓고 하나님께 감사합니다. **바리새파 사람도** 하나님께 감사합니다. 그런데 그는 도대체 무엇을 놓고 하나님께 감사할까요? 하나님의 영이 그의 인생에 위대한 일을 행하고, 하나님의 위대한 해방 행위가 그를 정욕과 이기심의 사슬에서 구출하여, 그가 머리를 높이 들고 하나님 나라로 갈 수 있게 했다는 사실을 놓고 감사합니다. 그는 그저 "보십시오, 하나님, 내가 얼마나 훌륭한 사람입니까. 당신께서는 나를 보시고 매우 기뻐하셔야 합니다"라고 말하지 않습니다. 바리새파 사람에 관해 이런 식으로 말한다면, 그것은 불량 만화가 될 것입니다. 그가 정말로 자신을 훌륭한 사람으로 여긴다면, 그는 자신을 그런 사람으로 만들어 주신 하나님께 감사할 것입니다. 바리새파 사람도 하나님의 은혜를 찬미합니다. 그리하지 않고 달리 무엇을 할 수 있겠습니까?

둘 다 감사 기도를 드리며 하나님 앞으로 나아가는데, 이는 그들이 하나님의 비밀을 더 깊이 캐는 것을 의미합니다. 초심자들과 일시적 그리스도인들은 무엇보다도 자신들이 곤경에 처할 때만 청원하고, 그다음 순간에는 하나님을 다시 잊는 경향이 있습니다. 이는 공포에 직면하여 드리는 일시적 기도에 지나지 않습니다. 하나님께 감사하는 사람은, 자기가 하나님을 목적을 위한 수단으로 삼아서 얻는 일시적 도움만을 중시하는 것이 아니라, 그분 자신, 그분과의 교제, 그분의 평화를 중시한다는 것을 보여줍니다. 그렇다면 어째서 세리의 감사 기도는 받아들여지고, 바리새파 사람의 기도는 퇴짜를 맞은 것일까요? 바리새파 사람의 감사에 적합하지 않은 것이 있음이 틀림없습니다. 따라서 우리는 좀 더 깊이 파고들어, 바리새파 사람—과 우리 자신의—위험한 점을 찾아내야 합니다.

둘 다 성전에서 자기 자신을 인식합니다. 둘 다 자기에 대해 뭔가를 고백합니다. 세리는 자신의 괴로운 양심으로 인해 하나님의 비판을 견딜 수 없다고 고백합니다. 이 점에서 세리는 확실히 옳습니다. **그러나** 바리새파 사람은 자신은 견딜 수 있다고 생각합니다. 그래서 그는 실제로 저 성전 기둥 옆에 있는 수상쩍은 사람과 질적으로 다르다고 생각합니다. 그렇다면 그는 그 사실을 공개적으로 말해도 되지 않을까요? 그가 모든 차이를 추상적으로, 독단적으로 해소하며 "우리 두 사람은 하나님 앞에서 같습니다"라고 고백하려고 한다면, 이는 거짓되고 과장된 겸손이 아닐까요? 바리새파 사람은 이 획일주의를 격렬히 거부할 것입니다. 그는 그것을 개인의 명예를 거스르는 것일 뿐만 아니라, 하나님의 계명에 대한 공격으로 생각하기 때문입니다.

그는 속으로 이렇게 말할 것입니다. "하나님의 거룩한 계명들은 우리 두 사람 가운데 어느 한쪽에만 가치가 있어. 이 계명들을 나처럼 힘겹게 이행하는 것과 이 세리처럼 홀대하는 것은 같은 것이 아니야. 하나님의 계명들이 진지하게 여겨지지 않는다면, 타락한 세리가 당연히 잘 사는 사람이 될 거야. 모든 절제, 희생, 도덕적인 투쟁이 갑자기 무가치한 것이 되고, 오물이 소용돌이치며 솟구치고, 나는 헛되이 애쓴 셈이 되어, 갑자기 건달들과 같은 수준에 놓일 테니까. 그러나 이것은 하나님의 뜻일 수 없어. 이것은 하나님의 거룩한 뜻과 그분의 계명들을 웃음거리로 만드는 것을 의미하기 때문이지. 나의 개인적인 명예를 위해서가 아니라, 하나님의 영광을 위해서 세리와의 교제나 동일시는 있을 수도 없고, 있어서도 안 돼."

바리새파 사람이 기도를 드리며 생각하는 이것이 훨씬 진지하지 않습니까? 그는 실제로 하나님의 영광을 바라지 않습니까? 그는 결정적인 공을 자기에게 돌리지 않고, 자기를 보호해 주시고 구원해 주시고 강하게 해주신 하나님의 은혜에 그 공을 돌리며, 그 은혜를 찬미하니 말입니다.

보시다시피, 이 이야기에는 심연들이 있습니다. 예수의 판단은 결코 이해하기 쉽지 않습니다. 그런 까닭에 우리는 두 사람이 어떻게 자기 인식에 이르고, 서로 다른 고백에 이르게 되었는지를 묻는 것이 가장 좋습니다. 실제로 우리는 여기서 핵심에 맞닥뜨리게 될 것입니다.

우리가 우리 자신을 인식하려면, 척도가 있어야 합니다. 이 척도에 따라서 오늘 우리가 살펴보고 있는 두 인물의 차이도 분명하게 드러납니다.

바리새파 사람은 "아래쪽을 기준으로 삼아" 자신을 재면서 하나님 앞에서 자신의 서열을 정하려고 합니다. 그는 사악한 세리를 척도로 선택합니다. 차이들이 노골적으로 충분히 떠오릅니다. 물론 바리새파 사람도 자기 지하실에서 늑대들이 울부짖고 있음을 압니다. 그는 자기를 경악시키는 생각들과 욕구들도 압니다. 그러나 그는 줄곧 그것들과 손을 끊은 상태입니다. 반면에 세리는 이 늑대들이 거리낌 없이, 거침없이 날뛰게 합니다.

이 모든 것은 진실입니다. 정말로 진실입니다! 이렇게 아래쪽을 기준으로 삼아 자기를 잴 때 항상 교만이 생겨납니다. 이것은 수다 떠는 버릇으로 설명될 수 있습니다. 어째서 우리는 우리끼리 있을 때 이웃을 즐겨 헐뜯을까요? 어째서 동료들은 단골손님의 모임에 참석하여 남을 헐뜯는 걸까요? 어째서 부인들은 커피를 마시며 잡담을 나눌 때 남을 헐뜯는 걸까요? 이 독특한 즐거움은 어째서 생기는 것일까요? 세계 위인들의 개인적인 결점들과 은밀한 정사들을 속삭이고 짐짓 놀라는 체하며 화제에 올리려고 하는 욕구는 어째서 생기는 것일까요? 그런 순간에는 자신이 엄청나게 나아 보이고, 형언할 수 없는 도덕적 느긋함으로 "나에게는 그런 일이 일어날 수 없어!"라고 말하거나 적어도 "나에게도 그런 일이 일어나긴 하지만, 검찰총장이나 장관에게는 그런 일이 일어나선 안 돼!"라고 말할 수 있기 때문입니다. 수다 떠는 버릇—삽화가 들어 있는 신문들과 싸구려 신문들의 폭로 문학에서 발산되는 것과 같은—은 언제나 자기방어 조치에 기인합니다. 이를테면 자신의 좋은 점으로 자신을 확인하고, 남들에게 깜짝 놀라며 그들을 얕보려고 하는 것입니다. 자신의 관점을 아래쪽에 맞추고, 이웃의 약점을 기준 삼아 자기를 재는 사람은 곧장 교만해지게 마련입니다. 그가 우선시하는 것은 남을 헐뜯는 것이 아니라, 이 헐뜯음을 통해 자기를 **미화**하는 것입니다.

여기서 우리는 개인의 사생활에서는 물론이고 정치에서도 작용하는 비밀에 맞닥뜨리게 됩니다. 권모술수에 능한 정치인들이 있습니다. 그들은 서슴없이 말합니다. "정치는 언제나 비열한 것이다. 정치는 항상 '역겨운 노래'였다. 지구가 존속하는 한, 권력은 반복적으로 정의를 이기고, 정의는 권력을 뒤늦게 합법으로 인정한다. 세상의 숲은 늑대들로 가득 차 있으니, 늑대들과 함께 포효하자. 정치인이면서 이와 다르게 행동하는 자는 곧 세상과 동떨어진 이상주의자로 여겨지고, 게다가 하나씩 하나씩 도덕적으로 타락하게 될 것이다." 독일에서 이런 사상들이 공개적으로 강령처럼 표현된 것은 오래되지 않았습니다. 오늘날 이러한 생각들이 조용하게 점점 더 많이 퍼져갑니다. 아래쪽을 기준으로 삼아 자기를 재고 자신의 관점을 아래쪽에 맞추는 세상, 늑대의 법칙을 척도로 삼고, 학문으로 불리는 정치를 도덕과 무관한 것으로 만드는 세상은 결국 자기가 육성한 불안과 과대망상에 빠지고말 것입니다.

바리새파 사람의 이 잘못된 태도는 아래쪽을 기준으로 삼아 자기를 재는 행위의 전형입니다. 그는 세리를 척도로 삼습니다. 그는 아래쪽으로 시선을 보냅니다. 그렇게 함으로써 그가 하는 모든 말은—개별적으로는 사실임에도 불구하고—허위가 되고 거짓이 됩니다. 이 척도는 그가 드리는 감사 기도의 정직함까지 상하게 합니다. 그는 하나

기다리는 아버지

님이 자기를 지금의 상태로 만들어 주신 것에 대해 감사합니다. 그는 이것이 그의 공로가 아니라는 것을 잘 알고, 그렇게 말하기도 합니다. 그러나 그가 시선을 잘못된 방향으로 돌려 자신과 세리를 주시하며, 사악한 비교의 열정이 자신을 지배하게 하자, 갑자기 그의 시선이 만족하며 자기 자신을 기준으로 삼기 시작합니다. "하나님이 나를 이 모든 상태가 되게 하셨어. 나는 지금도 그런 상태야."

오늘날에도 경건한 사람들과 다수의 도덕 운동이 전하려는 회심 이야기들이 불쑥 떠오르는군요. 그들은 자신들의 예전 상태가 어떠했는지를 가장 검은 잉크로 그리면서 곧장 자책이라는 자기 학대에 빠져듭니다. 그런 다음 그들은 자신들이 특정 공동체를 만나면서 하나님의 영과 접촉하게 되었고, 이제는 눈이 밝아져, 종일토록 환호할 수 있다고 말합니다. 그들은 자신들이 해방된 하나님의 자녀라고 말합니다.

이처럼 하나님과 함께한 이야기들은 실재합니다. 그리고 이 이야기를 체험한 사람은 이 사실을 놓고 하나님께 반복해서 감사할 것입니다. 그러나 그가 이 사실에 관해 말하면 말할수록, 그가 하나님과 함께한 이 소설을 자주 이 세상에 떠들썩하게 퍼뜨리면 퍼뜨릴수록, 그의 시선은 자기 자신을 표준으로 삼게 될 것입니다. 그러면 갑자기 악마가 그것을 다음과 같이 경건한 체하며 우쭐대는 자서전으로 만들어 버릴 것입니다. "내가 줄곧 주목할 만한 원료였기에, 그분이 나를 이렇게 완성하신 거야. 하나님은 이미 내게서 특별한 점을 발견하신 게 틀림없어. 그렇지 않으면 그분은 나와 이런 식으로 관계를 맺지 않으셨을 것이고, 이토록 많은 타인 앞에 서는 특권을 나에게 부여하지도 않으셨을 거야."

이로써 악마는 자신의 뻐꾸기알을 경건한 둥지 속에 다시 놓아둔 셈입니다. 하나님과 더불어 무언가를 체험한 사람은 사람들을 무엇보다 조심해야 합니다. 어떤 이와의 비교도 조심해야 합니다. 지옥의 유황 냄새는 하나님의 부패한 은혜가 일으키는 악취에 비하면 아무것도 아닙니다. 하나님의 은혜를 실제로 부패시키는 것은 영적 허영이라는 타락입니다. 소위 세상의 자녀들은 그것을 아주 정확히 알아채고 밀쳐냅니다. 실로 많은 그리스도인—예수 그리스도께서는 여러분과 나를 위해서만이 아니라 그들을 위해서도 죽으셨습니다—이 하나님의 은혜를 이처럼 악취를 풍기는 형태로, 이처럼 교만의 악취를 풍기는 형태로만 알고 몸서리치며 외면한 채, 자신들의 정직한 허무주의에 탐닉했습니다.

바리새파 사람의 모습에서 기독교도의 죄과, 곧 여러분의 죄과와 저의 죄과가 폭로됩니다. 우리가 그리스도인이라는 신분을 남몰래 덕의 징표로 삼고, 그 신분에 특권이라는 불쾌한 뒷맛을 부여한 것이 바로 그 죄과입니다. 바리새파 사람의 교만은 기독교도의 가장 섬뜩하고 전염성이 강한 병폐 가운데 하나입니다.

바로 여기, 오로지 여기, 이 지점에서 세리는 다르게 기도합니다. 참으로 양심의 가책을 받으며 하나님 앞에 나아가는 사람은 여느 사람과 똑같은 처지가 됩니다. 완전히 단독으로 하나님과만 함께하는 것입니다. 세리는 다음과 같이 말할 엄두도 내지 못할 것입니다. "이 바리새파 사람은 나와 달리 수준이 뛰어납니다. 하지만 그에게도 더러운 곳이 있을 것입니다! 그도 죄인이니까요." 이 말은 확실히 옳고 사실이었을 것입니다. 하지만 궁극적 고독 속에서 하나님과 함께하는 사람, 오로지 하나님하고만 관계를 맺는 사람은 다수의 사실에 무관심한 상태가 됩니다. 다른 것을 생각해야 하기 때문입니다. 그래서 세리의 상태는 매우 참되고 철저히 정직한 상태가 됩니다. 그는 "위쪽을 기준으로 삼아서" 자기를 잽니다. **하나님 자신**만이 그의 척도입니다. 갑자기 그는 자기가 하나님으로부터 멀리 떨어져 있음을 알게 됩니다. 그러나 바로 그 때문에 하나님은 그에게 아주 가까이 계십니다. 그는 감히 "친애하는 하나님!"이라고 말하지 못합니다. 큰 오점을 지닌 그가 그리 말하는 것은 금지된 친밀함일 테니까요. 그러나 하나님은 "너는 내 사랑하는 자녀다!"라고 말씀하십니다.

우리 독일 사람들은 파멸 이후에 우리의 죄과를 얼마간 알게 되었습니다. 우리 가운데 많은 사람이 세리와 비슷하게 말했습니다. "아, 하나님, 이 죄인에게 자비를 베풀어 주십시오! 침몰한 우리 민족에게서 당신의 은혜를 거두어 가지 말아 주십시오." 우리가 갑자기 "다른 사람들도 똑같이 나쁩니다"라고 말했을 때, 이는 우리 조국의 내밀한 역사에서 무시무시한 순간 중 하나였습니다. 그 순간 하나님과 함께하던 고독이 갑자기 사라졌습니다. 그 순간 참회와 내적 갱신이 사라졌습니다. 그 순간 "아래쪽을 기준으로 삼는" 치명적인 평가가 시작되었습니다. 그 순간 승자들 가운데서 민주주의의 탈을 쓴 위선적 바리새파 사람들이 보였습니다.

끝으로 다음 두 가지 관점을 숙고해 보고자 합니다.

첫째, 우리가 아는 대로, 사도 바울도 자신의 적대자들에게 자랑했습니다(고전 15:10, 고후 11:16 이하, 행 13:1). 그러나 바리새파 사람의 경우와는 다른 생각으로 그랬던 것 같습니다. 바울은 자랑할 때도 신적인 자비의 위대한 교사로 머물렀습니다. 그는 자신의 약점을 자랑했기 때문입니다. 그는 자랑하면서도 이 자랑이 어리석은 짓이라고 말했는데, 이는 우리에게 다음의 사실을 분명히 보여줍니다. 즉, 그는 하나님 앞에서의 궁극적 평가를 말하려 하지 않았으며, 그래서 자기의 자랑을 곧바로 상대화하여 치워버렸으며, 이 자랑은 차극(次極)에 지나지 않으며 인간들 사이에서만 유효하다는 것입니다. 이로써 바울은 우리의 비유 이해에 중요한 암시를 제공합니다.

우리가 우리의 이야기에서 "사람들 사이에 차별이 있어선 안 된다"라는 결론을 도출한다면, 이는 우리의 이야기를 완전히 잘못 이해한 셈이 될 것입니다. 사장이 구직자에게 "당신은 이제껏 무언가를 성취한 사람입니까? 아니면 빈들빈들 노는 사람이었습니까?"라고 물을 수 없다면, 혹은 내가 성실하고 신망 있는 수공업 장인과 전과 7범의 사람을 동등하게 대우하고, 이 전과자에게 같은 권리를 용인한다면, 이는 어처구니없는 일이 될 것입니다. 인간의 영역에서는 지위의 차이와 선악의 구별이 반드시 있어야 합니다. 그러나 우리는 이 인간적 지위의 차이와 사회적 지위의 차이가, 우리가 너나없이 죄인으로 서게 될 최종심 앞에서도 그대로 통할 것처럼 행동하지 않도록 조심해야 합니다. 성만찬 식탁으로 나아가는 사람은 전과 7범의 사람이 같은 잔으로 마시는 것을 보고 놀라선 안 됩니다. 오히려 우리는 우리에게 베풀어 주신 것과 똑같은 은혜를 이 가련한 사람에게 베풀어 주신 하나님을 찬미하며, 용서의 기쁨이 마음속에 스며들기 시작하는 이 한 사람을 놓고 천사들이 부르는 찬송가를 들을 것입니다.

저는 언젠가 한 가정의 방에 들어간 적이 있습니다. 그 방에서는 "탕자"로 불리는 한 사람이 피아노 앞에 앉아서 성가를 연주하고 있었습니다. 그는 여러 차례의 파렴치한 행위로 자기 어머니를 상심시킨 자입니다. 그의 연주는 한 사람을 사로잡을 정도였습니다. 내적 감동에 젖어 연주했기 때문입니다. 그 성가는 「너의 길을 맡겨라」(Befiehl du deine Wege)였던 것 같습니다. 그의 누이가 그를 노려보며 입속말로 "저 위선자!"라고 중얼거리더군요. 한 사람이 방탕한 생활을 할 때, 집안의 성실한 마르다로 일해 온 그녀는 이렇게 말할 수도 있었을 겁니다. "하나님, 감사합니다. 나는 이 사람과는 같지 않습니다!" 그렇다고 해도 그녀의 말은 경건한 체하는 바리새파 사람의 말만큼 나쁜 말이 아니었을까요? **하나님**은 이 형제를 어떤 사람으로 보셨을까요? 악하고 이기적인 흥청거림에 탐닉하다가 이제는 종교적 감흥이나, 미적이고 향락적인 감흥을 위해 성가까지 최대한 활용하는 사람으로 보셨을까요? 아니면 동경과 진저리나는 수치가 성전 안으로 밀어 넣어, "아, 하나님, 이 죄인에게 자비를 베풀어 주십시오"라고 진심으로 기도하는 사람으로 보셨을까요? 누가 자기의 본질을 표현한 사람이었을까요? 엄밀히 말하면 이곳에서 감동에 젖어 연주한 이 사람이 아닐까요? 감동에 젖어 연주한 **이것이** 그의 본질이 아니었을까요? **이것은** 덮어씌우는 먼지층을 갑자기 뚫고 나온 신적 원형이 아니었을까요? 아니면 이 성가 연주는 이 검은 영혼이 자기를 은폐한 종교적 겉치레에 불과한 것이었을까요? 누가 이것을 판단할 수 있겠습니까? 그러나 하나님 앞에서 성가를 연주했다는 것만은 분명한 사실입니다.

우리 인간들은 실제로 서로에 대해 무엇을 알고 있을까요? 우리가 최후 심판의 때에 어떻게 보일지를 우리가 어찌 알겠습니까? 바리새파 사람은 세리에 관해 무엇을 알고 있었을까요? 우리는 우리가 내리는 잘못된 판단들 속에서 살고 있습니다. 우리는 뜻밖의 사건들 사이에서 살고 있습니다. 그것들은 장차 최후의 심판이 가져다 줄 사건들이기도 합니다. 그러니 우리는 다른 사람의 궁극적인 비밀, 그가 하나님과 공유하고 있는 비밀, 하늘에 계신 그의 아버지만이 아시는 비밀, 사람이 결코 알지 못하는 비밀을 경외심을 품고 대해야 합니다. 이 영원한 눈은 우리를 속속들이 알지만, 우리는 아무도 알지 못합니다. 세리는 놀라운 기적을 경험했습니다. 이 영원한 눈이 그를 알고, 그를 꿰뚫어 보고, 그의 인생의 어둠 속에서도 감기지 않으며, 자비로운 환대가 그에게 손을 흔들어 인사하는 것을 경험했던 것입니다. 세리는 이 영원한 눈만을 들여다보았을 뿐, 바리새파 사람을 보며 그와 우열을 다투지 않았습니다.

이제 우리는 두 번째 관점, 곧 마지막 관점에 이르게 되었습니다.

세리는 어떤 마음으로 성전을 나섰을까요? "나는 시험을 마쳤어. 하나님이 나를 퇴짜 놓지 않으시고, 타락한 사람마저 의롭다고 인정해 주시니, 이제 나는 하던 일을 계속하고, 암거래도 계속하고, 밀수도 계속해도 돼"라고 말했을까요? 그는 이 헤아릴 수 없는 선하심에 환한 표정으로 감사드리며 그곳을 나서지 않았을까요? 더는 이 아버지께 괴로움을 안겨드리지 않고, 죄로 그분을 낙심시키지 않겠다고 작심하지 않았을까요?

아마도 그는, 바리새파 사람이 오늘 그의 인품을 가리키며 암시했던 말을, 1년 뒤에 그대로 말하는 사람이 되었을 것입니다. "보십시오, 주님, 나는 더는 간음하지 않고, 부당 이득도 더는 취하지 않았습니다. 차마 당신께 고통을 안겨드리지 못하겠더군요. 용서와 자비를 통해 나를 격려하시고, 나에게 새로운 기회를 주시고, 나를 분명하게 인도해 주셔서 당신께 감사드립니다." 바리새파 사람이 기도하는 방식과 1년 뒤 세리가 기도하게 될 방식 사이에 아주 미세한 차이, 거의 눈치챌 수

기다리는 아버지

없는 뉘앙스를 간파하셨는지요? 이처럼 아주 작은 차이가 영원의 운명을 결정합니다. 이웃을 잘못 대하는 오만한 시선은 우리의 모든 것을 썩게 할 수 있고, 하나님의 은혜마저 부패시킬 수 있습니다. 누군가는 제자들이 언젠가 진지한 시간의 끝 무렵에 주님께 던진 것과 같은 질문을 던질지도 모르겠습니다. "은혜가 우리의 수중에서 부패할 수 있다면, 누가 구원을 받을 수 있겠는가? 도대체 우리 가운데 누가 그런 오만한 시선으로 보지 **않는** 사람으로 인식되겠는가?" 나는 예수께서 직접 하신 답변으로 대신하겠습니다. "사람에게는 불가능하나, 하나님께는 모든 일이 가능하다."[39]

세리가 마지막에 의롭다는 인정을 받은 것처럼, 우리가 마지막에 의롭다는 인정을 받는 법을 배운다면, 하나님이 우리와 함께 시작하실 수 있을 것입니다. 우리가 하나님을 속이지 않고, 그분 앞에서 우리 자신을 과시하지 않는 법을 배운다면, 그분이 마침내 우리의 아버지가 되실 수 있을 것입니다. 그렇게 우리는 새사람, 해방된 사람이 될 수 있을 것입니다.

12.

맡겨진 므나

그들이 이 말씀을 듣고 있을 때에, 예수께서 덧붙여서, 비유를 하나 말씀하셨다. 이 비유를 드신 것은, 예수께서 예루살렘에 가까이 이르신 데다가, 사람들이 하나님의 나라가 당장에 나타날 줄로 생각하고 있었기 때문이다. 그래서 예수께서 말씀하셨다. "귀족 출신의 어떤 사람이 왕위를 받아 가지고 돌아오려고, 먼 나라로 길을 떠날 때에, 자기 종 열 사람을 불러다가 열 므나를 주고서는 '내가 올 때까지 이것으로 장사를 하여라' 하고 말하였다. 그런데 그의 시민들은 그를 미워하므로, 그 나라로 사절을 뒤따라 보내서 '우리는 이 사람이 우리의 왕이 되는 것을 원하지 않습니다' 하고 말하게 하였다. 그러나 그 귀족은 왕위를 받아 가지고 돌아와서, 은화를 맡긴 종들을 불러오게 하여, 각각 얼마나 벌었는지를 알아보고자 하였다. 첫째 종이 와서 말하였다. '주인님, 나는 주인의 한 므나로 열 므나를 벌었습니다.' 주인이 그에게 말하였다. '착한 종아, 잘했다. 네가 아주 작은 일에 신실하였으니, 열 고을을 다스리는 권세를 차지하여라.' 둘째 종이 와서 말하였다. '주인님, 나는 주인의 한 므나로 다섯 므나를 벌었습니다.' 주인이 이 종에게도 말하였다. '너도 다섯 고을을 다스리는 권세를 차지하여라.' 또 다른 한 종이 와서 말하였다. '주인님, 보십시오. 주인의 한 므나가 여기에 있습니다. 나는 이것을 수건에 싸서, 보관해 두었습니다. 주인님은 야무진 분이라서, 맡기지 않은 것을 찾아 가시고, 심지 않은 것을 거두시므로, 나는 주인님을 무서워하여 이렇게 하였습니다.' 주인이 그에게 말하였다. '악한 종아, 나는 네 입에서 나온 말로 너를 심판하겠다. 너는, 내가 야무진 사람이라서, 맡기지 않은 것을 찾아가고, 심지 않은 것을 거두어 가는 줄 알고 있었지? 그러면 어찌하여 내 은화를 은행에 예금하지 않았느냐? 그랬더라면, 내가 돌아와서, 그 이자와 함께 그것을 찾았을 것이다.' 그리고 그는 곁에 서 있는 사람들에게 말하였다. '이 사람에게서 한 므나를 빼앗아서, 열 므나를 가진 사람에게 주어라.' 그들이 주인에게 말하기를 '주인님, 그는 열 므나를 가지고 있습니다' 하였다. '내가 너희에게 말한다. 가진 사람은 더 받게 될 것이요, 가지지 못한 사람은 그가 가진 것까지 빼앗길 것이다.'"

누가복음 19:11-26

제자들은 "드디어 때가 되었다. 하나님 나라가 왔다"라고 생각했습니다. 그들은 이 나사렛 사람과 함께 이리저리 다니면서 전에는 없던 사건들, 학교에서 얻은 지식으로는 꿈도 꾸지 못할 사건들을 체험했습니다. 그것은 세상의 비참함, 죄와 죽음이라는 적대적 전선에 대한 총공격이었습니다. 이 나사렛 사람이 등장하는 곳이면 어디서나 광란이 사라지고, 죄의 족쇄가 끊어졌습니다. 죽음마저도 항복해야 했습니다. 제자들은 스승께서 족쇄를 끊어주신 사람들, 가련하고 맹목적인 눈에서 어둠을 벗겨주신 사람들, 새로운 생애를 선물로 주신 사람들의 감사하는 눈망울을 잊을 수 없었습니다.

제자들은 그분이 발길 닿는 곳 어디서든 죽음의 세계의 전선을 맹렬히 공격하시고, 이제 곧 이 전선을 접수하려 하신다는 인상을 받았습니다. 그분의 구원 능력이 옛 시대를 점점 강하게 밀쳐 넘어뜨릴 테고, 그러면 머지않아 하나님의 새 세상이 옛 시대의 잔해 위에 세워질 것이었습니다. 어머니들이 행방불명된 아들들을 다시 껴안고, 죽음 자체가 억류될 것이므로 더는 과부와 고아가 없고, 피와 눈물의 바다가 넘실대던 곳에 황금빛 이삭 들판이 이리저리 일렁거릴 것이었습니다.

예루살렘행은 모든 것의 전복을 암시하는 신호였습니다. 제자들은 그렇게 생각했습니다.

그런데 예수께서는 제자들의 몽상과 경건한 유토피아를 들여다보시고, 마음 깊이 슬픔을 느끼십니다. 그분은 자신의 예루살렘행이 꿈같은 평화의 나라로 들어가는 출발점이 아니라, 새로운 밤, 곧 6시경에 골고다에 드리워질 거대한 어둠의 신호라는 것을 아셨습니다. 그분은 자기가 많은 고난을 받아야 영광에 들어갈 수 있으며, 모든 이가 자기를 버릴 것을 아셨습니다. 예수께서는 숨 막히는 고독 속에서, 기존 세계가 제자들이 생각한 대로 붕괴하지 않고, 오히려 그분을 이기고, 유독하고 적대적인 실체처럼 그분의 비위를 상하게 하고, 죽음과 슬픔과 죄가 최후 심판의 날까지 계속되면서 이 불행한 지구의 모습을 특징지으리라는 것을 아셨습니다. 그분은 이천 년 뒤에도 여전히 사람들이 이런 물음을 던지며 비난하는 소리를 들으셨습니다. "세상에 불을 지르려 했고, 몰락의 불꽃에서 새로운 세상이 생겨나게 하려 했던 이 나사렛 사람을 통해 도대체 뭐가 달라졌지? 죽음이 여전히 계속되고, 학살과 테러도 계속되고 있잖아. 타락한 자들과 짐승 같은 자들이 비교적 잘 지내고, 싸구려 오페라가 말하는 것처럼, '한 사람은 어둠 속에 있고, 다른 사람은 빛 가운데 있는데' 도대체 무엇이 달라졌다는 거야?"

예수께서는 이 모든 것을 아셨습니다. 예루살렘에 세계의 몰락과 같은 것이 있겠지만, 이는 기존 세계의 몰락이 아니라, 제자들의 마음속에 자리한 꿈의 세계의 침몰이었습니다. 제자들은 수난의 비밀을 파악하든가, 아니면 이 비밀 때문에 좌절할 수밖에 없었습니다.

이제 예수께서는 제자들에게 이런 식의 세계몰락, 곧 골고다에서의 비참한 결말에 대한 마음의 준비를 시켜야만 합니다. 그분은 이 일을 어떻게 하실까요? 그분은 조심스러운 고지의 방식으로 하실까요? 암이나 복합 경화증으로 고생할 거라고 환자에게 조심스럽게 알리는 의사, 환자를 그의 계획들과 미래 희망으로부터 서서히 깨어나게 하는 의사처럼 말입니다.

예수께서는 전혀 다르게 하십니다. 그분은 제자들에게 일을 맡기십니다. 그분은 자기가 부재중이거나 자기 주변의 모든 것이 매우 고요할 때 우리에게 명확한 사명을 부여하십니다. "너희 므나를 불려라!"라고 그분은 말씀하십니다.

어째서 그분은 이 길을 선택하시는 것일까요? 만일 우리가 누군가를 위해 일한다면, 그리고 우리가 그의 일에 함께 책임을 지는 사람이라면, 우리는 그도 **생각할** 것이기 때문입니다. 이는 저절로 일어나는 일이라고 할 수 있습니다. 예수께서 우리에게 믿음의 일을 시키신다면, 그리고 이 일이 실제로 내가 날마다 새롭게 유혹을 이기며 관철해야 하는 일이라면, 우리는 날마다 그분과 접촉도 하게 될 것입니다. 그분이 우리에게 이웃 사랑의 일을 시키신다면, 날마다 자기 모습을 우리의 영혼에 들이대실 것입니다. 그분만이 우리 형제와 우리 자매의 모습으로 우리를 만나시기 때문입니다.

이 비유에서 우리는 주님 앞으로 소환되어 임무와 과업을 부여받습니다. 우리는 너나없이 이 사람들에 속해 있습니다. 여러분도, 루터도, 사도 바울도 그러합니다. 무명의 그리스도인이든 하나님 나라의 걸출한 사람이든, 모든 사람은 이 궁극적인 명령을 받을 때 똑같은 것을 받기 때문입니다. 저마다 그리스도인 신분이라는 똑같은 경영 자금을 받고, 그것으로 장사하라는 똑같은 명령을 받습니다.

확실히 예수의 공동체 안에는 은사와 재능이 다양하게 있습니다. 우리가 바울과 루터와 아우구스티누스가 특별한 사람들이었다고 말한다면, 이는 확실히 인간을 예찬하는 것이 아닙니다. 그들이 많이 받았다고 해도, 우리는 그들과 우열을 다투어선 안 됩니다.

그러나 우리의 비유는, 능력이 적다고 발뺌하거나 가령 (곧잘 듣게 되는 말이지만) "일반적인 물질계에서 우리 개개인은 무력한 원자에 지나지 않는다"라고 말할 수 없게 합니다. 우리는 우리의 주도권에서 벗어난 기술 발전의 자율적 과정이 어떻게 자동화를 점점 더 많이 요구하는지, 어떻게 여가가 미래 사회의 인간 문제가 되는지를 어느 정도 봅니다. 여기서 생겨나는 텅 빈 기간의 일부는 사회의 이상이고, 일부는 불안의 망령입니다. 자신이 아무짝에도 쓸모없는데, 인간이 자신의 시간과 여가로 무엇을 할 수 있겠습니까? 그가 다시 조금이라도 쓸모 있게 되려면 어찌해야 할까요? 인간을 안에서부터 통째로 쇄신할 수 있어야 합니다. 그래야 미래의 발전을 위해 그를 무장시킬 수 있고, 그래야 그가 지루함과 불안과 싸구려 술집과 공허한 유흥업소에 빠져 무력하게 망하지 않게 할 수 있습니다. 하지만 어떻게 그를 안에서부터 쇄신할 수 있을까요? 도대체 우리가 누구이기에, 이토록 엄청난 말을 함부로 입에 담는 것일까요? 그러나 우리는 거대한 기계 장치 안의 작은 기름방울에 지나지 않습니다. 기초를 근본적으로 바꾸고 철저한 변화를 시작하려면, 루터나 이사야의 전권이 필요할 것입니다. 우리는 너무 작고 재능도 너무 부족해서 그런 일을 할 수 없습니다.

하지만 더는 이런 식으로 말하지 않고, 우리의 비유가 하는 말을 제대로 들어야겠습니다. 우리의 비유에서 주님은 우리가 결국 똑같은 것을 받는다고 말씀하십니다. 너나없이 누구나 바울과 루터가 받았던 것과 똑같은 자산을 받습니다. 하나님은 결정적으로 자기의 모든 자녀를 똑같이 떠받치십니다. 그 위인들은 근본적으로 중요한 것과 관련하여 우리보다 뛰어난 점이 조금도 없습니다. 저녁 기도를 드리며 자신의 인형을 하나님께 맡기는 어린 소녀는, 보름스에서 하나님께 짧고 절박한 기도를 바친 루터나, 디프테리아에 걸린 자녀들을 살리기 위해 하나님과 씨름한 보델슈빙(Bodelschwingh)과 똑같은 양을 가지고 있습니다.

우리는 모든 종에게 똑같이 주어진 이 므나를 무엇으로 상상해야 할까요?

저는 여기서 문제가 되는 것을 문학의 예를 들어 설명해 보려고 합니다. 크누트 함순(Knut Hamsun)은 언젠가 자기 생의 절망적인 시간에 아내에게 말(하면서 뱃사람 이야기를 슬쩍 언급)합니다. "물속으로 한 사람이 떨어졌어요! '그래, 그래'라고 하나님이 말해요. 그다음에는 어딘가에서 또 한 사람이 사고를 당해요. '그래, 그래'라고 하나님이 말해요. 이 수수께끼의 해답은 그다지 중요하지 않아요. 그리고 인생은 너무 짧아요. 그러니 인생을 너무 진지하게 대해선 안 돼요."

이 보기에서는 우리에게 수여된 므나가 사진의 음화처럼 보입니다. 하나님은 그런 식으로 말씀하시지 **않습니다**. 하나님 나라의 위인들은 물론이고, 우리 모두, 곧 여러분과 나는 하나의 이름을 갖고 있습니다. 우리는 그 이름으로 불립니다. 예수 그리스도께서 우리를 위하여 죽으시고 부활하신 뒤부터 우리는 진지한 대우를 받는 까닭에, 더는 무명의 아무도 아닌 자가 아닙니다. 누군가를 위해 자기 피를 내어 주는 사람은 그 누군가를 반드시 기억할 것입니다. 그에게 그 누군가는 굉장히 소중한 사람이 됩니다. 이처럼 우리는 무명의 하찮은 사람이 아니라, 사랑받는 자녀, 알려진 자녀입니다. 우리가 달고 다니는 이 자녀라는 이름이야말로 고귀한 므나입니다. 내가 빈민 구호 시설의 작은 다락방에서 지내는 신세이거나, 시베리아 광산에서 의지가지없이 시달리는 신세라고 해도, 고귀한 족장들과 존경스러운 예언자들조차도 내가 달고 다니는 것보다 더 고귀한 이름을 달고 다닐 수 없습니다.

이와 관련하여 말할 것이 더 있습니다. 이를테면 자기가 이토록 고귀한 이름을 가지고 있으며, 하나님께 소중한 사람으로 여겨진다는 것을 아는 사람은 동시에 자기 이웃도, 자기 동료도, 자기 세탁부도, 동쪽에서 온 실향민도 이 이름을 갖고 있음을 알게 마련이라는 것입니다. "내가 다 이루었다!"라고 외쳤을 때, 이는 그늘 골짜기에서 쓸쓸히 배회하는 모든 이까지 염두에 두고 하신 외침입니다. 그들도 당당히 하나의 이름을 달고 있습니다.

내가 이 사실을 안다면, 내 이웃을 전혀 다른 눈으로 보아야 하지 않겠습니까? 갑자기 내 눈에서 비늘이 떨어져 나가고, 내게서 그를 우러러보는 빛이 떠오르지 않겠습니까?

내 좌우에 있는 하나님의 고귀한 자녀들을 아는 이 지식, 바로 이것이 내가 불려 나가야 할 므나입니다. 바로 이 지식에서 주님이 부재 중일 때 내게 맡기시는 과제가 점점 더 많이 불어납니다. 이 지식은 나에게 의무이기도 합니다. 나의 생애를 돌아보니 큰 무리의 사람이 내 곁을 지나가는군요. 나에게 질문으로 다가와 과제가 된 사람들입니다. 그들 가운데는 남몰래 곤경을 겪는 사람, 곧 나의 아픈 이웃, 내 회사의 수습사원도 있고, 나를 절망감에 빠뜨리는 내 교실의 악동도 있으며, 유약한 인상을 주는 소년 소녀와 얼빠지고 반지르르한 공허를 지닌 팬도 여럿 있으며, 불충분하고 불확실한 기쁨의 햇빛을 나비처럼 낚아채려고 빈곤하고 어두운 생활이라는 감옥의 창문을 향해 나는 듯이 달려가는 사람도 있고, 들떠 즐거움을 갈망하는 소녀도 여럿 있으며, 배가 불러 공허해진 우리 사회의 희생양인 "불량 청소년"도 있습니다. 그들은 다 은밀하게 혹은 드러나게 사슬을 찬 채, 격렬하게 구원을 요구합니다. 굶주리는 구원자, 추위에 떠는 구원자, 갇힌 구원자, 헐벗은 구원자께서 갑자기, 기독교의 바리새파 사람인 내가 얕잡아보는 그들 모두의 모습으로, 슬피 우는 사람들의 모습으로 나타나십니다. 그분은 그들의 형제가 되는 것을 부끄러워하지 않으십니다.

다른 사람을 아는 이 지식이야말로 내가 오늘 실행해야 하는 전례 없는 므나가 아니겠습니까? 이것을 깨우치고서, 내 이웃의 비밀을 알고서, 내가 잠시라도 속이 타지 않을 수 있겠습니까?

주님이 우리에게 주시면서 장사하여 불려 나가라고 하신 므나는 그런 것입니다. 우리는 이 므나를 가지고 세상 한가운데로 뛰어들어, 맡겨진 이 일을 행하고, 수행하고, 실행하지 않으면 안 됩니다. 우리는 이제껏 이 므나를 가지고 무슨 일을 했는지요?

이제는 여러 부류의 종들을 흘끗 보고 또 보며 남몰래 의문을 품습니다. "나는 이들 가운데 누구로 묘사될까?" 되풀이해서 말한 대로, 비유를 한 편의 자서전처럼 읽을 때만, 비유를 제대로 읽는 것이기 때문입니다.

먼저 **착한** 종들이 있습니다. 자기 일을 수행하면서 추가 이익을 많이 낸 사람들입니다. 임금과 이윤을 생각하지 않고 전력을 다하는 것이 이 착한 사람들의 특징인 듯합니다. 주인도 그들에게 임금을 주겠다고 약속하지 않았고, 그들의 건강한 오성도 높은 임금을 노릴 수 없었습니다. 도대체 한 므나—가령 125마르크—로 얼마나 큰 도약을 이룰 수 있겠습니까? 게다가 얼마 안 되는 이 자본도 그들의 **소유**가 아니고, 그들이 그것으로 남긴 뜻밖의 이윤도 그들의 소유가 아닙니다. 그들은 자기들이 일해서 올린 수익을 주인이 도로 **빼앗아** 갈 것이라고 당연히 예상합니다. 그들은 자영업자도 아니고, "자율적인 사람"도 아닙니다. 그들은 종입니다. 그런데도 주인은 종들의 도움을 받으면서도, 종들에게 도움이 되고 그들이 수혜자가 될 생명 보험에 가입하려 하지 않습니다. 오히려 그는 자기의 나라를 세우고, 그들의 노동을 통해 그 나라의 재정을 조달하려고 합니다.

그렇다면 악한 종이 철두철미 현실을 제대로 본 셈입니다. "모든 수익은 주인의 국제 정치에 투입될 거야. 종들이 제 일을 감행할 때 중요한 것은 사심 없이 하는 거야. 그렇게 하면서 제 주머니를 위해 수익을 많이 내는 것은 불가능해. 게다가 이 '주인의 나라'가 환상, 몽상, 공상에 지나지 않으면 어쩌나, '아무짝에도 소용없는' 일을 한 셈이 되면 어쩌나, 이런 남모르는 불안에 떨면서 악몽에서 벗어나지도 못하잖아."

그런데도 그들은 일하러 **갑니다.** 왜 그러는 걸까요? 그들은 단순히 신의에 기초하여 그리합니다. 종들의 이 장사와 일, 그들의 이 헌신은, 우리가 다음의 사실을 가정할 때만 이해할 수 있습니다. 이를테면, 그들이 주인의 신의를 믿고, 마음속으로 솔직하고 단호하게 말하는 것입니다. "우리가 아는 이 주인은 우리를 버릴 분이 아니야." 그래서 그들도 신의를 지킵니다.

바로 여기에 우리가 귀를 쫑긋 세울 모든 이유가 있는 것 같습니다. 이것은 우리 자신의 상황과 관계있기 때문입니다. 돈을 많이 벌려고 그리스도인이 되는 사람은 없을 것입니다. 그리스도가 없으면, 오히려 훨씬 많은 돈을 벌 수도 있습니다. 양심에 거리낄 것이 없으니까요. 대체로 삶을 전혀 다르게 즐길 수도 있습니다. 전에 언급한 비유의 부자처럼 자색 옷과 값비싼 베옷을 거리낌 없이 입을 수도 있습니다. 날마다 즐겁고 호화롭게 살 수도 있습니다. 나사로가 "어찌하여 당신은 호사를 누리면서 나에게 가장 필요한 것을 주지 않나요?"라는 물음으로 우리를 고발하며 당황하게 하는 일도 없을 것입니다. 나사로와 동쪽에서 온 난민들과 벙커 거주자들과 보살핌을 받지 못하는 어린아이들 속에서 우리 구원자의 창백한 얼굴, 우리의 피를 응고시키는 그분의 얼굴을 볼 일이 없을 테니까요. 그렇습니다. 주님이 없으면 우리의 피는 더욱 왕성하게 돌 것입니다!

그러나 그저 성실하게 장사하면서 자신들을 위해서는 아무것도 바라지 않는 이 사람들에 대해 주인의 군주적 아량이 입증됩니다. 1250마르크를 번 사람에게는 열 고을을 맡기고, 625마르크를 번 사람에게는 다섯 고을을 맡긴 것입니다. 물론 이 모든 것은 비유일 "뿐"입니다. 그러나 우리는 어떻게 해야 이 주인에게서 "이득을 볼 수 있는지"를 알아챌 수 있습니다. 그는 종들, 곧 우리 모두에게 "이러저러한 것이 대가로 너희의 것이 될 것이다"라고 말하지 않았습니다. 그는 종들의 사적 이익을 염두에 두지 않았습니다. 그래서 종들에게 이렇게 말하지 않았습니다. "너희는 내 고을들에서 최고의 자리를 차지하게 될 거야. 그리스도인인 너희의 도덕적, 사회적 위신을 내가 마련할 거야. 오, 나는 인색하지 않을 거야!" 이것들 가운데 어떤 것도 없습니다. 그저 아무런 저의 없이, 이 주인의 일을 대리하면서, 자기 주머니가 아니라 이 주인의 주머니를 채우는 과제만이 중요합니다.

아주 실용적으로 생각해야 할 것이 또 있습니다. 우리의 상황에 응용한다는 것은 이런 뜻입니다. 즉, 종들인 우리가 아침에 일어나는 순간, 밝아오기 시작하는 하루를 우리 주님께 넘겨드리는 것입니다. 그분께 예배하면서, 이 하루 동안 미워하지 않고 사랑하겠다고, 함께 일하는 사람들을 인적 자원으로 여기지 않고 우리의 이웃으로 여기겠다고, 우리의 명성을 구하지 않고 공정하게 행동하겠다고 결심하는 것입니다.

그러나 종들이 위임을 받아 헌신하면서, 즉 **다른 사람**을 대리하여 장사하면서 사는 바로 그때, 그들은 주님의 관대함을 느끼게 될 것입니다. 그때 그들은—아마도 추후의 일이겠지만—헌신하는 것도 **보상**이 된다는 것을 분명히 알게 될 것입니다. 그때 그들은 이 주님이 주시는 새로운 형태의 행복, 곧 새로운 친교, 마음의 희열, 새로운 삶의 분위기를 알게 될 것입니다. 그들은 이 주님을 가까이 모시고, 그분과 연결되어 새로운 삶의 전망을 얻는 것이 참 "즐거운" 일임을 알게 될 것입니다.

그런 까닭에 그들은 고을들을 하사받는 기쁨보다는, 주님을 대리하는 자신들이 주님의 가장 가까이에 있으며, 그래서 언제든 주님께 접근할 수 있으며, 언제든 주님과 대화할 수 있으며, 주님 근처에 머무를 수 있다는 사실을 더 중시할 것입니다. 주님이 마지막 때에 그들을 영광 중에 맞아들이시고, 그들이 "영원히, 영원토록 예수와 대화를 나누며"[40], 그분의 보호 아래 사는 것이야말로 그들이 받는 보상입니다. 천국은 우리가 받는 것(그것이 흰옷과 천상의 면류관이든, 불로초와 신의 음료이든 간에)에 있지 않고, 우리가 장차 될 존재에 있기 때문입니다. 더 자세히 말하자면, 우리 임금의 동반자로서 그분을 항상 뵙고, 형제처럼 그분을 가까이하고, 희미한 거울을 깨뜨리고, 십자가를 부러뜨려, 마침내 하나님을 찬미하며, 더는 눈물을 흘리지 않게 되는 데 있기 때문입니다.

마지막으로 세 번째 사람이 있습니다. 그는 삶에 실패하고 제 주인에게 실패한 사람입니다. 우리 가족이 식탁에서 행한 표결에서 어린 아이부터 어른까지 모든 구성원이 비유 속 이 사람을 가리켜 그가 너무 나쁜 성과를 거두었다고 말했습니다. 그리고 가족 중 한 사람은 이렇게 말했지요. "내가 보기에 이 인물에게는 언제나 속 터지게 하는 구석이 있었던 것 같아요. 그는 체념의 사람, 우울한 성격의 소유자, '이 주인과 함께하는 것은 아무 의미가 없어'라고 속으로 말하는 사람일 뿐이에요." 그러나 그의 신뢰성에는 감동적인 특성도 있습니다. 맡겨진 선물을 항상 손수건에 싸서 가지고 다니다니, 참 대단한 일입니다. 그런데도 주인은 그를 너무 가혹하게 다루었습니다.

정말로 이 인물은 해석하기 쉽지 않은 인물입니다. 확실히 그는 셋 중에서 가장 흥미로운 인물이지만, 가장 복잡한 인물이기도 합니다. 내가 제대로 보았다면, 이 사람의 본질을 규정하는 특성은 두 가지인 것 같습니다.

첫째, 그는 전형적인 관찰자, 곧 모든 것을 외부에서 보는 사람입니다. 그는 세상 돌아가는 형편을 관찰하고 분석하면서 단언합니다. "하나님은 가혹하고 불의한 분이셔. 그분은 예측할 수 없는 운명의 체현일 뿐이야. 그분은 심지 않은 것을 거두려 하시지. 예컨대 **믿음** 말이야. 그러나 내 안에서 믿음과 같은 것이 자랄 수 있도록, 그분이 나에게 무얼 주셨지? 인생을 관찰하건대, 하나님의 생각이 우리의 생각보다 높고, 사랑의 하나님이 계신다는 사실을 믿기는 어려워 보여. 음주

운전자로 인해 네 명의 어린아이가 어머니를 잃을 때, 가장 희미한 소리의 피아노에서도 사랑이라는 주제를 울려 퍼지게 하는 합리적 조종은 어디로 간거야? 위대한 역사는 어디로 간 거야? 잔인한 이해관계가 지배하거나, 기술 발전의 과정처럼, 과정들의 자율성이 지배하는 것이 아닐까? 인간적으로 볼 때 의심스러운 구석이 있고, 무력한 어법을 구사하는 **교회**의 상태가 믿음을 강화하는 모습이란 말인가? 가련하게도 믿음의 **근거**를 조금도 뿌리지 않은 채, 어떻게 하나님은 믿음을 거두려 하실 수 있지?" 베르톨트 브레히트(Bertolt Brecht)의 희곡 「슐라흐트회페의 성 요한나」(Die heilige Johanna der Schlachthöpe)에서 요한나는 이렇게 말합니다. "여러분, 도덕적 구매력도 있습니다. 여러분이 도덕적 구매력을 높이면, 도덕성도 갖게 될 것입니다."

비유 속 세 번째 사람도 같은 생각을 하며 체념한 듯 방향을 지시합니다. "이 주님이 먼저 종교적 구매력을 높이셔야 해. 그분이 영과 능력의 증거들을 우리 손안에 건네준다면, 종교도 얻고 우리의 믿음도 얻게 될 텐데."

그러나 이 체념이 그의 유일한 동기인 것은 아닙니다. 그는 "면밀하게 쓴 책"이 아닙니다. "그는 모순을 지닌 한 인간입니다."[41] 왜냐하면 그는 일관성이 없고 제2의 관점의 영향을 받기 때문입니다. 이를테면 받은 것을 **보관하는** 것입니다. 그는 그것을 주의 깊게 보관합니다. 제 주인의 존재와 권리를 어떤 식으로든 인정하는 것입니다.

이 비유 속 담화를 실생활에 적용하면, 다음과 같이 될 것입니다. "하나님(바로 이 주인)과 같은 이가 이미 있어. 그는 존재해. 더 높은 존재를 인정하지 않으면 안 돼. 주인과 종의 관계, 하나님과 인간의 관계는 삶 속에 나름의 정당한 자리를 갖고 있어. 종교와 믿음이 없으면 안 돼. 인간이 야수적 본능에 넘겨지지 않으려면, 형이상학적 토대와 같은 뭔가가 있어야 해. 우리에게 기독교의 세계관조차 없다면, 우리가 무슨 수로 동쪽에 맞서겠어? 나는 개인적으로 이 주인과는 아무 일도 할 수 없지만, 기독교의 사업은 확실히 계속되어야 해. 교회 기관은 필수적이야. 그러니까 기독교 이데올로기를 품어야 해. 나 개인은 아무 짝에도 소용없는 일에 적극적으로 나설 마음이 없지만, 적어도 보수적 자세를 취할 수는 있어. 기독교 전통을 보존하고, 기독교적 혼인예식을 감내하고, 내 자녀를 종교 수업에 보낼 수 있는 거야. 기독교적 입장에 서서 종교를 손수건에 싸서 보관할 수 있는 거라고."

예수께서 이 입장을 어떻게 철저히 거부하시고, 어떤 논거로 그리하시는지는 주목할 만합니다. 그분은 "악한 종아, 나는 네 입에서 나온 말로 너를 심판하겠다!"라고 말씀하십니다. "네 입에서"라는 표현은 이런 뜻일 겁니다. "나는 네 입장에 서서, 네 수준으로 너를 대하겠다. 너는 주인이 두려워 그를 진지하게 대한다―무언가를 두려워하면 진지하게 대하게 마련이니까!―고 말하면서도 그러지 않았다, 너 보수적 그리스도인아! 네가 주인, 곧 나를 진지하게 대했다면, 나와 싸웠을 것이다. 내 불행한 종 니체는 나를 진지하게 대한 나머지, 신에 대한 믿음이 없어진 제 생활 풍경의 밤과 얼음을 단신으로 통과하며 방랑을 감행했다. 고트프리트 벤도 나를 진지하게 대한 나머지, 허무의 나팔 소리가 주위에 울려 퍼지는 것을 알고 자신의 절망을 견뎌냈다. 나를 진지하게 대했다면, 너는 네 므나를 내던지며 이렇게 외쳤을 거야. '심지도 않고 거두려 하는 주인님께 이의 있습니다! 나의 종교적 구매력을 높이지 않은 채, 내게서 믿음을 기대하는 주님께 이의 있습니다!' 그러나 보수적 그리스도인인 너는 둘 다를 원하는구나. 이를테면 나를

기다리는 아버지

거부하면서도, 나와 연결된 다리들을 철거하려 하지 않고, 최후의 임시 안전장치를 내게 넘기려 하지도 않는 것이지. 너는 일 처리를 어중간하게 했고, 미지근했어. 나를 진지하게 대하지 **않은** 거야."

왜냐하면 진지함에는 거부하거나 온 힘을 다하는 것, 므나를 내던지거나 불리는 것, 바로 이 두 가지 형식만 있기 때문입니다. 제3의 형식은 없습니다. 보수적 기독교와 유명한 기독교적 "입장"이 그렇게 되고 싶어 해도, 제3의 형식은 존재하지 않습니다. 여러분의 기독교를 박제관(剝製館)으로 던지거나, 아니면 하나님을 여러분의 삶의 **주인**으로 모시십시오. 그분을 이생의 대단히 진지한 분으로 모시십시오. 그분을 여러분에게 의미와 위안과 삶의 목표를 주시고 행군 명령을 내리시는 분으로 모시십시오. 그분을 여러분의 땀 닦는 수건이나 손수건에 싸지 마십시오! 여러분의 삶의 고귀함 및 몰락과 관계있는 것을 보관하려고 해선 안 됩니다. 여기에는 저주하거나, 아니면 무릎을 꿇거나 하는 일만 있을 수 있습니다.

이상하게도, 예수님의 말씀에 따르면, 세 번째 종이 한 것처럼, 하나님을 희화화하는 일이 보수적 그리스도인들 사이에서 발생하고 있는데, 이 의도하지 않은 희화화는 인식의 상실에 기인합니다.

이로써 우리는 이 비유에 감추어진 마지막 비밀에 이르렀습니다.

우리가 이 종처럼 세상사와 그 속에서 이루어지는 하나님의 역할을 **관찰**하려고만 한다면, 우리는 앞으로 나아가지 못할 것입니다. 한 가지 확실한 것이 있다면, 그것은 삶과 역사와 그 비슷한 것의 관찰을 통해서는 하나님을 알 수 없다는 것입니다. 우리가 이런 식으로 하나님을 발견하려 한다면, 그분을 진지하게 대할 수 없고, 그분을 위해 적극적으로 나설 수 없으며, 그분을 우리 삶의 척도로 삼을 수 없습니다.

오히려 정반대로 해야 합니다. 그분을 진지하게 대하는 사람만이 그분을 알 수 있습니다. 그러지 않고는 아무도 그분을 알 수 없습니다.

그러나 그분을 조금도 알지 못한다면, 어떻게 그분을 진지하게 대할 수 있겠습니까?

이제 저는, 주인이 종을 대한 것과 같이 하나님을 대하라고 말씀드립니다. 주인은 종에게 "나는 네 입에서 나온 말로 너를 심판하겠다"라고 말합니다. "나는 너의 수준에서 너를 대하고 너와 논쟁하겠다"는 것입니다. 마찬가지로 우리는 하나님께 이렇게 말씀드려야합니다. "저는 당신의 입에서 나온 말씀으로 당신을 판단하겠습니다. 당신의 말씀은 저를 제압하는 말씀이어야 합니다. 그렇지 않으면 제가 그 말씀으로 당신을 도전하고, 당신의 불합리함을 논증하겠습니다. 당신의 말씀이 저에게 말하는군요. '너희의 염려를 모두 나에게 맡겨라. 내가 너희를 돌보고 있다.'[42] 좋습니다, 제가 그대로 행하고 시험해 보겠습니다. 제게는 이런 염려가 있고, 내일에 대한 걱정과 다음 주에 대한 걱정이 있지만, 저의 일간 별점과 주간 별점을 보지 않고, 저의 이 걱정을 당신 앞에 펼쳐놓겠습니다. 하나님, 제가 당신을 시험해 보겠습니다. 당신이 제가 시험해볼 만한 가치가 있기를 바랍니다. 당신이 정말로 저를 당신 손—상상의 손이나 실제의 손—으로 내일을 거쳐 다음 주로 이끌어 가시는지를 지켜보겠습니다. 당신이 저의 험한 길에 오솔길을 내시는지, 어두운 골짜기에서 저의 손에 막대기와 지팡이를 쥐여 주시는지, 다리도 없고, 길도 없고, 목자도 없고, 막대기도 없는 가장 암울한 순간에 제가 당신의 인도하시는 손에 대한 믿음을 잃지 않을 수 있는지를 시험해 보겠습니다."

하나님을 진지하게 받아들이는 것은, 그분의 말씀을 받아들이고,

말씀하신 대로 하실 기회를 그분께 드리는 것을 의미합니다. 꽉 쥔 주먹이나 축 늘어진 손으로는 아무것도 받을 수 없습니다. 시험 삼아 우리의 손을 내밀고, "우리의 보자기를 펼쳐서"(루터) 이렇게 청해야겠습니다. "(당신이 계신다니) 주 하나님, (당신이 말씀하셨으니) 당신의 말씀을 근거로 내가 (당신이 들으실 수 있다니) 당신께 청합니다. 나의 죄를 용서해 주십시오. 근심에 싸인 나를 도와주시고, 고독한 나를 위로해 주십시오. 내가 살면서 헛수고할 때도 당신의 손을 느끼게 해주십시오. 당신께서 나를 향해 손을 뻗으셔서, 나를 안내하시고, 나의 짐을 들어주시고, 근심에 싸인 나의 이마를 쓰다듬어 주시며 나의 죽음을 가볍게 해주시는 것을 느끼게 해주십시오. 나의 머리는 당신의 손안에서만 편히 쉴 수 있기 때문입니다. 그러면 내가 내일 일어나서 **당신이 계시는 것처럼** 내 이웃을 섬기겠습니다. 그러면 당신께서는 주위의 깊은 정적을 깨고, 갑자기 나와 함께 계시면서 이렇게 말씀하실 것입니다. '잘하였다, 너 경건하고 신실한 종아, 와서, 네 주인과 함께 기쁨을 누려라!'"

그러므로 하나님과 함께한다는 것은 "우리가 귀 기울여 들으면 하나님이 말씀하시고, 우리가 복종하면 하나님이 행동하신다"는 것입니다.

그러니 직접 출두하셔서 입증하실 기회를 그분께 드립시다. "내게로 오는 사람은 내가 물리치지 않을 것이다"[43]라고 예수 그리스도께서 말씀하십니다. 그분은 이 말씀을 위하여 죽으셨습니다. 그분은 우리를 이토록 진지하게 대하십니다. 그분은 우리가 기회를 드려야 마땅한 분입니다.

13.

망대를 세우는 데 드는 비용

많은 무리가 예수와 동행하였다. 예수께서 돌아서서 그들에게 말씀하셨다. "누구든지 내게로 오는 사람은, 자기 아버지나 어머니나, 아내나 자식이나, 형제나 자매뿐만 아니라, 심지어 자기 목숨까지도 미워하지 않으면, 내 제자가 될 수 없다. 누구든지 자기 십자가를 지고 나를 따라오지 않으면, 내 제자가 될 수 없다. 너희 가운데서 누가 망대를 세우려고 하면, 그것을 완성할 만한 비용이 자기에게 있는지를, 먼저 앉아서 셈하여 보아야 하지 않겠느냐? 그렇게 하지 않아서, 기초만 놓은 채 완성하지 못하면, 보는 사람들이 그를 비웃을 것이며, '이 사람이 짓기를 시작만 하고, 끝내지는 못하였구나' 하고 말할 것이다. 또 어떤 임금이 다른 임금과 싸우러 나가려면, 이만 명을 거느리고서 자기에게로 쳐들어오는 그를 자기가 만 명으로 당해 낼 수 있을지를, 먼저 앉아서 헤아려 보아야 하지 않겠느냐? 당해 낼 수 없겠으면, 그가 아직 멀리 있을 동안에 사신을 보내서, 화친을 청할 것이다. 그러므로 이와 같이, 너희 가운데서 누구라도, 자기 소유를 다 버리지 않으면, 내 제자가 될 수 없다."

누가복음 14:25-33

이 이상하고, 여러 가지 점에서 무뚝뚝한 이야기를 당황하지 않고 듣기는 어렵습니다. 우리는 죄인의 구원자, 도우시는 의사, 기적을 행하시는 분, 영혼의 인도자에 관한 이야기는 자주 들었습니다. 종종 그분을 정말로 안다고 생각하고, 사랑과 선과 자비와 한없는 인내 등 결정적인 단어와 핵심어를 쉽게 떠올리고, 그것들로 그분의 실체를 기술하기도 합니다. 그리고 이 경건한 단어들이 그분의 실체를 나타내기도 합니다. 그러다가 그분의 생애에서 낯선 단어와 낯선 장면들을 접하게 됩니다. 낯설고 까다로워, 이 익숙한 핵심어 가운데 어떤 것으로도 표현할 수 없는 장면들입니다. 조금도 들어 본 적이 없는 것처럼 사람의 마음을 기묘하게 하는 장면들입니다. 그분의 생애는 친숙한 빛뿐만 아니라 낯선 빛 속에서도 거듭거듭 반짝이면서, 항상 새롭게 굴절하는 불가사의한 빛을 우리의 놀란 눈 속으로 들여보내는 다이아몬드와 같습니다.

이 비유도 이처럼 낯선 구석을 지니고 있습니다.

평소에 예수께서는 유인하는 분으로서, 잃은 양을 부르는 목자의 음성을 지닌 분으로서, 그분과 함께할 때 기대되는 모든 것의 영광을 안전, 평화, 해방된 새 삶으로 끊임없이 기술하는 분으로서 우리에게 영향을 미치십니다. 평소에 그분은 "내게로 오너라!"라고 말씀합니다. 그러던 분이 이제는 이렇게 말씀합니다. "'누구든지 내게로 오는 사람은, 자기 아버지나 어머니나, 아내나 자식이나', 자기가 사랑하는 모든 것을 '미워하지 않으면, 내 제자가 될 수 없다.' 나를 신뢰하기로 작정하는 사람은 다른 모든 것을 불신해야 한다. 그는 나 이외의 친숙한 모든 것을 불신해야 한다." 그분은 매혹하시기는커녕 밀쳐내시며 자기를 조심하라고 주의시키시고, "내가 너희에게 **영원한** 생명을 준다"라고 말씀하기는커녕 "너희가 이 생명 안에서 조달해야만 하는 비용을 생각해 보고, 너희가 나를 뒤따를 만큼 성장했는지를 숙고해 보아라"라고 말씀합니다. 그분은 고무하시기는커녕 얼어붙게 하십니다. 그분은 이제까지의 내 모든 삶을 바치도록 격려하시기는커녕 내 마음속에 근심과 염려를 불어넣어 커다란 균열을 내십니다. 이 모든 것을 함께 파악하려면 어찌해야 할까요?

이처럼 친숙한 접근과 낯선 수수께끼의 지속적 교대는 더 깊은 의미를 지니고 있습니다. 예수와 더 오래 교제한 사람은 누구나 그 의미를 두고 엄청난 것들을 보고할 줄 알 것입니다.

우리 인간들은 자신이 좋아하는 특정한 사상을 거듭거듭 형성하는 경향이 있습니다. 예컨대 우리는 "기독교는 '사랑'과 '인도주의'의 종교다"라는 사상에 동의합니다. 역사적 권력 투쟁 한가운데서, 우리 경쟁자들과의 논쟁 한가운데서, 판에 박힌 일상사의 무미건조함 한가운데서, 이 세상에 딱딱함보다는 부드러움이, 성과보다는 사랑이, 오성보다는 마음이 통하는 법정이 있음을 아는 것은 좋은 일입니다. 참으로 많은 사람들에게는 암울한 일상생활의 보상으로서 종교와 같은 것이 필요합니다. 많은 사람들에게 저 고요하고 멀리 계신 구세주의 모습은, 그들이 어린 시절부터 시작하여 무미건조하고 공허해진 성인의 생활 속에 보존하고 싶어 하는 즐거운 기억, 가령 성탄절에 불가항력으로 떠오르는 기억입니다.

어째서 우리는 빌헬름 라베와 같은 작가를 좋아하는 것일까요? 매우 현대적으로 보이는 불안, 권태, 공허함의 세상에서 어머니처럼 위안을 주는 인물들이 그의 작품 속에 등장하기 때문입니다. 『아부 텔판』속 어머니 클라우디네가 그러하고, 『배고픈 목사』(Der Hungerpastor)

속 아주머니 슐로터베크가 그러하며, 『영구차』(Schüdderump) 속 병원에서 나온 노부인이 그러하며, 『불안한 손님들』(Unruhige Gästen) 속 푀베가 그러합니다. 숨 막히는 세상에 이런 인물들이 있고, 잿빛 생활 풍경 속에 이런 광원(光源)이 있다는 것은 실로 위안이자 힘의 원천이 아닐 수 없습니다. 나사렛 예수를 자신의 삶을 떠받치는 인물로 여기지 않아도, 이런 분이 계신다는 사실만으로도 많은 이에게 기쁨과 위로를 줍니다. 그렇습니다. **일찍이** 사랑만 하신 분이 계셨습니다. **일찍이** 우리의 동경을 구체화하신 분이 계셨습니다.

그러나 우리의 마음이 스스로 바라고 꿈꾸며 낳는 것은 나사렛 예수가 아니라, 위급한 경우에 없어지고 마는 몽상과 거품일 뿐입니다. 예수에 관한 이 꿈은 수많은 방공호에서 진부한 감상주의가 되어 날아가 버렸고, 무서운 죽음의 유령에게 자리를 비켜 줄 수밖에 없었습니다. 올스도르프 묘지에 있는 끔찍할 정도로 아름다운 기념물에는 저승 뱃사공의 모습과 그가 거룻배에 태워 어두운 강 너머로 건네다 주는 사람들의 절망적이고 공허한 시선이 새겨져 있는데, 이는 대체로 인간의 상황과 태도를 나사렛 사람의 십자가보다 더 구체적으로, 더 그럴싸하게 표현합니다.

모든 것이 이러하기에, 예수께서는 우리 스스로 만든 이미지와 몽상의 세계에서 우리를 거듭거듭 벗어나게 하시고, 우리에게 수수께끼가 되셔서, 우리가 그분의 말씀을 귀여겨듣고 그분의 말씀으로 실존을 느끼도록 하십니다. 이 경청과 실존 **속에서** 그분의 비밀을 점점 더 깊이 파고들게 하십니다. 우리는 몽상가가 되어선 안 되고, **실제**의 예수를 발견하는 현실주의자가 되어야 합니다. 우리를 자유롭고 새롭게 해주는 것은 이 **실제**의 예수이지, 우리의 몽상이 아니기 때문입니다.

그런 까닭에 우리는 우리의 몽상과 공상이 상상할 수 있는 것과는 전혀 다른 이분 앞에서 항상 놀랄 수밖에 없고, 얼어붙을 수밖에 없습니다. 그런 까닭에 우리가 붙잡고 씨름하는 그분 형상의 모든 비밀은 우리를 우리 자신에게서 계속 멀어지게 하고, 그분에게로 좀 더 가까이 다가가게 합니다. 예수께서 수수께끼 같은 어투를 좋아하신다는 사실도 그 비밀에 속할 것입니다. 그래서 오늘은 망대 건축에 관한 비유의 이면—유인하기보다는 경고하고, 연결하기보다는 잘라내는 말씀들의 이면—에 숨어 있는 그 수수께끼를 숙고해 보려고 합니다.

먼저 예수께서 자기를 뒤따르는 무리를 심하게 모욕하신 사실은 정말 기이한 일이 아닐 수 없습니다. 그때까지 그분은 하나님을 위해 세상을 되찾고, 길을 잃어 비명을 지르는 사람들, 불성실해서 불행해진 사람들의 무리를 아버지께로 다시 데려가기 위한 길을 걸으셨기 때문입니다. 그분이 그 길을 걸으면서, 이렇다 할 성공을 거두는 것 같았지요. 그래서 사람들이 그분 주위에 몰려들고, 그분의 입술에 매달렸습니다. 그분이 그들의 마음을 사로잡자, 절망해 있던 수많은 눈과 슬픔에 젖어 있던 수많은 얼굴에서 새 희망의 빛이 타올랐습니다. 이 무리와 이분을 성공적으로 연결하면, 활활 타오르는 불이 초원지대의 화재처럼 그들 모두의 위로 그리고 더 많은 다른 사람들에게로 번질 터였습니다. 그러면 낡고 타락한 세상이 폐허와 잿더미가 될 테고, 그 잔해들 위에서 하나님의 새로운 세상, 구원받은 세상이 생겨날 터였습니다.

그러나 기이하게도, 예수께서는 우리의 시대에 즉시 떠오르는 것과 같은 집단 행위를 포기하십니다. 그분은 위대한 순간의 암시도 포기하시고, 열광의 횃불도 포기하십니다. 오히려 그분은 (하필이면 이 순간에!) 사람들에게 계산해 보라고, 총결산해 보라고, 냉정하게 비용 계산서를 작성해 보라고 촉구하십니다.

그분은 어째서 그러시는 걸까요? 먼저 우리는 이런 예비 질문을 던집니다. 도대체 이 대중은 무엇을 가지고 있는가? 이들은 예수에게서 무엇을 찾고 있는가?

하나님이 존재하신다는 사실에 그다지 주의를 기울이지 않고 말하거나 처신하는 사람들조차도, 한 가닥 가느다란 끈으로 성인과 연결되려고 하는 성향을 지니고 있습니다. 아마도 그들은 예배당 안에 들어가 오르간 소리를 알아듣거나 예식을 포착하기도 할 것입니다. 자신들의 회사에 그리스도인이나 목사가 있을 때, 그들은 이들의 메시지를 원하지 않으면서도, 군인들처럼 매우 즐겁게 그렇게 할지도 모릅니다. 이는 마치 작은 손가락으로 제단의 뿔을 만져보고 싶어 하는 것과 같습니다. 하나님과 거리가 먼 세상에서 완전히 침몰하기보다는 아주 작디작은 별이라도 조망하고 싶어 하는 것입니다.

예수를 따르는 대중 속에는 확실히 **다른** 부류의 사람도 있습니다. 그들은 소위 양다리를 걸치는 사람입니다. 주일이 되면, 그들은 기꺼이 예배에 참석하여 잠깐이나마 그것에 감동합니다. 그러나 월요일이 되어, 자신들의 일터, 자신들의 기계 장치, 자신들의 사무실로 돌아가자마자, 그들은 운전대를 다른 쪽으로 돌려놓은 것과 같은 상태가 됩니다. 다른 사람을 동료나 경쟁자로만 여기고, 그리스도께서 만나시는 이웃으로는 여기지 않는 것입니다. 그들은 성취와 성공을 얻고자 애쓸 뿐, 하나님이 그들의 일을 복되게 하신다는 사실은 조금도 생각하지 않습니다. 그들은 온갖 분주함과 노동 이후에 휴식을 추구하면서도, 생각을 가다듬고 "나는 어디에 서 있는가? 나는 어디로 가고 있는가?"라는 물음을 피하지 않을 때 회복이 이루어진다는 사실을 생각하지 않습니다.

예수께서는 이 모든 사람이 자기 주변에 모여드는 것을 보십니다. 여러분과 나, 우리도 그 가운데 끼어 있습니다. 그분이 보시니, 이 사람들은 불행하고 기쁨도 없습니다. 도대체 왜 그럴까요? 그들이 두 마음을 품고 있기 때문입니다. 그들은 하나님을 조금만 원합니다. 그들의 양심을 불안하게 하고, 그들에게서 거리낌 없음을 빼앗기에는 약간의 하나님만으로도 충분하기 때문입니다. 그들은 영원을 원하지만, 자기들의 마음이 무거워져서 철저한 방향 전환을 해야 할 정도로는 원하지 않습니다. 그들은 약간의 영원만으로도 평정을 잃을 수 있기 때문입니다. 하나님과 세상 사이에서 이리저리 흔들리는 사람, 양다리를 걸치려고 하는 사람, 곧 반은 경건하지만 반은 속물이 되려고 하는 자는 틀림없이 불행하게 되고 말 것입니다. 결국 그는 마음을 다해 미워하지도, 마음을 다해 사랑하지도, 마음을 다해 만족하지도, 마음을 다해 일하지도 못합니다. 그의 내면에서 다음과 같이 고통스러운 질문이 타오르기 때문입니다. "너는 어디에 서 있느냐? 네가 그토록 열중하는 모든 것이 하나님의 눈에 어떻게 보이겠느냐? 그 모든 것이 결국 무슨 의미가 있느냐?" 다른 한편, 그는 마음을 다해 기도하지도 못하고, 하나님과의 대화에 잠겨 영원한 평화를 맛볼 때의 희열을 조금도 체험하지 못합니다. 다른 일에 너무 많이 매달리고, 기도하는 중에도 자기가 처리해야 할 일을 생각하고, 자기에게 이윤을 가져다 주는 일을 생각하고, 저녁 만남을 생각하기 때문입니다. 약간의 하나님과 약간의 영원은 언제나 위험합니다. 그것은 우리의 내면을 얼마간 괴롭히고, 화상을 입히고, 우리를 불안하게 하기 때문입니다.

이처럼 "어중간한" 그리스도인이 되면, 그는 거리낌 없는 세상 사람들을 떠올리며 선망하게 마련입니다. 세상 사람들은 방해물, 성가신 경쟁자를 제거해 버리기 때문입니다. 그들은 동쪽에 있는 우리 형제들의 운명으로 인해 괴로워하며 수단과 방법을 모색하고, 몇몇 사람을 도와서 돈과 시간을 마음대로 쓰게 하는 것과 같은 감상을 달갑지 않게 여깁니다. 그들은 자신들의 양심에 뚜렷한 생채기나 부스럼도 내지 않고 약간의 탈세나 간통을 저지릅니다. 우리와 같은 사람들, 곧 우리 어중간한 그리스도인들은 그런 짓을 저지를 때, 양심의 거리낌, 양심의 가책, 불쾌감을 느낍니다. 우리는 저들처럼 싱싱하고 활기찬 죄인도 되지 못하고, 적어도 그런 죄를 하나님의 벗들이 느끼는 더 고상한 기쁨과 바꾼 성인도 되지 못합니다. 우리는 둘 가운데 어느 쪽도 제대로 되지 못합니다. 이것이 우리의 비애입니다. 그래서 우리 어중간한 그리스도인들은 심한 불쾌감을 느낍니다. 우리는 언제나 어중간한 속력으로만 달립니다.

중세의 위대한 신학 사상가들이, "어중간한 기독교는 언제나 슬픔('나태', acedia)으로 이어진다"라고 말한 것도 바로 이 때문입니다. 그렇습니다. 그들이 직설적으로 말한 대로, 우울증은 언제나 그러한 마음의 갈등에서 기인합니다. 우직한 사람만이 기뻐할 수 있습니다. 우직함만이 명확한 방향, 명확한 목표를 지니기 때문입니다. 우직한 사람만이 구원자를 온전히, 부단히, 선명하게 모실 수 있습니다. 하나님을 조금만 원하는 사람은 하나님을 항상 제동기로만, 장애물로만, 고통으로만 경험합니다. 그러나 하나님 전체를 원하는 사람은 하나님이 발동기와 같은 분이심을 알게 됩니다. 그분에게서 자유와 추진력을 얻을 수 있음을 알게 됩니다. 그분을 뒤따르는 것이 이 세상에서 가장 즐

기다리는 아버지

거운 일임을 알게 됩니다. 그분은 어중간한 마음의 소유자를 꾀어 괴롭히는 모든 것, 양쪽에서 잡아끄는 모든 것으로부터 그를 자유롭게 해주시기 때문입니다. 우울증이라는 그늘에 맞서 싸우려면, 그것이 마음의 분열 때문일 수 있음을 고려해야 합니다.

이제 우리는 예수께서 어떤 의도로 우리에게 이토록 철저한 결단을 요구하시는지를 이해할 것입니다.

이 요구는 언뜻 보면 매우 엄격하고 가혹해 보입니다. 그러나 그것은 의사이신 분의 가혹함일 뿐입니다. 그분은 우리에게 말씀하십니다. "철저한 수술만이 너에게 효과가 있어. 내가 지금 네 살을 충분히 깊이 째지 않고 살갗만 대충 꿰맨다면, 몇 주 뒤 새 종양에서 피고름이 다시 생겨날 거야." 예수께서는 자신의 급진성을 통해 우리를 저주받은 분열에서 해방하는 것 이외에 아무것도 바라지 않으십니다. 그분은 우리에게 말씀하십니다. "네가 나를 따르려거든, 그리고 이 따름이 너에게 선물로 주는 모든 것을 네가 중시한다면, 너는 방향을 철저히 전환해야 한다. 네가 집착하는 많은 것에 작별을 고해야 한다. 그렇지 않으면, 너는 기독교에 상처를 입은 사람이 될 뿐이야. 더 정확하게 말하면, 너는 그 상처를 계속 긁다가 심한 이방인으로 머물게 될 거야." 예수께서는 어중간한 것을 조금도 원하지 않으십니다. 그분은 뜨겁거나 차가운 것을 원하실 뿐, 미지근한 것은 원하지 않으십니다.

그분이 소시민적 기독교의 몇 가지 생채기와 허튼짓을 위해 죽었다고 착각해서야 되겠습니까? 그분은 우리를 곧장 아버지에게 이르는 길로 데려가서 아버지의 마음에 닿게 하려 하십니다. 그분은 제자리에서만 맴도는 사람들, 아버지를 원하면서도 악마를 놓아 보내려 하지 않는 사람들, 그래서 전진하지 못하는 사람들을 조금도 원하지 않으십니다. 이 비유에서 실제로 말씀하시는 것처럼 그분이 엄격한 이유는, 그분이 자비로우시기 때문입니다. 그분이 우리에게서 무언가를 빼앗아 가는 이유는, 그분이 우리에게 더 많은 것, **모든 것**을 주고 싶어 하시기 때문입니다.

만일 우리가 낙담하여 "이 주님의 뒤를 따르는 것은 거친 치료와 수술이 필요할 거야. 그걸 생각하면 몸서리가 나"라고 말한다면, 이는 옳지 않은 일일 것입니다. 우리 삶의 중포탄(重砲彈)을 새끼손가락으로 제거할 수 있다는 생각은 과연 진지한 생각일까요? 그러나 우리는 거친 수술의 고통 속에서도 우리 양심의 담석과 신장 결석이 떨어져 나가는 순간의 해방과 행복을 더욱 고대해야 할 것입니다.

대규모로 주님의 주위에 서 있는 것은 아무 도움이 되지 않습니다. 제자가 될 것인지, 아니면 단순가담자와 습관적인 그리스도인이 될 것인지를 지금 **결정해야** 합니다. 단순가담자는 언제나 상처만 입을 뿐입니다. 그들은 발길을 끊는 것이 더 나을 것입니다.

이제는 예수의 이 엄격함이 이해될 것입니다. 하지만 우리에게 충격을 주는 것이 더 남아 있는 것 같습니다. 주님이 멈추지 않고 말씀하시기 때문입니다. "자기 아버지나 어머니나, 아내나 자식이나, 형제나 자매뿐만 아니라, 심지어 자기 목숨까지도 '미워하지' 않으면, 내 제자가 될 수 없다." 한 입으로 원수 사랑을 요구하면서 동시에 이웃을 미워하라고 요구하다니, 어찌 된 영문일까요? 우리는 바로 이 대립에 깜짝 놀라서, 다음과 같이 추측하지 않을 수 없습니다. 이를테면 예수께서는 "미움"이라는 단어로 특정한 것을 말씀하려 하시고, 이를 위해 일부러 과격한 단어, 소위 시끄러운 단어를 고르셨다는 것입니다. 이는 마치 누군가가 사이렌의 스위치를 켜서, 그것의 비상하고 충격적인 음향으로 어떤 위험에 주의를 기울이게 하려는 것과 같습니다.

실제로, 그리스도께서는 이 비유에서 경보를 내리는 방식으로 우리의 주의를 어떤 위험으로 유도하려 하십니다. 즉, 그분은 우리에게 이렇게 말씀하십니다. "너희의 삶 전체와 너희의 개인적인 삶의 관계들을, 그것들이 너희를 나에게 더 가까이 데려다 주는지, 아니면 너희와 나를 갈라놓는지의 관점에서 면밀하게 조사하고 검사해 봐라. 너희는 그렇게 전수 조사를 수행하면서 매우 놀라운 점을 발견하게 될 거야. 어쩌면 너희는 이렇게 말할지도 몰라. '우리가 죄라고 부르는 것, 곧 삶의 크고 작은 부도덕, 약간의 악의 없는 거짓말, 약간의 게으름, 약간의 시기와 몰인정이 우리의 살아 있는 제자도를 방해하는구나.' 아, 너희는 이런 깜찍한 죄들을 짓지 않으려고 조심하는 사람일 거야. 너희는 '옳은 일을 하고 아무도 두려워하지 말라'라는 격언에 따라 행동하는 사람일 거야. 그러나 너희는 악마가 너희의 도덕성을 정면으로 공격하지 않고 회피책을 마련한 채, 너희가 예상하지 못하는 너희 옆구리나 뒷덜미를 공격한다는 것을 알지 못하느냐?"

악마가 우리의 자식 사랑을 이용하여 우리와 하나님을 이간할 수 있다는 것을, 우리 가운데 누가 생각이라도 하겠습니까?

그렇습니다. 제대로 들었습니다. 제가 말하는 것은 우리의 자식 사랑입니다. 물론 저는 우리가 어떻게 대답할지를 잘 압니다. 우리는 당연히 이렇게 대답하려고 할 것입니다. "하나님께서 나에게 자식을 주셨어. 내가 그 애를 사랑한다면, 그것은 옳은 일이야. 내가 그렇게 한다고 해서, 그것이 나와 하나님을 갈라놓지는 못해."

매우 그럴듯하게 들리는 대답입니다. 하지만 문제는 조금 더 복잡합니다. 도대체 우리는 우리의 아이를 얼마나 사랑할까요? (물론 이렇게 물어도 될 것입니다. 나는 내 아내를, 내 남편을, 내 친구를 얼마나 사랑할까요?) 아마도 우리는 우리의 아이를 자연스러운 맹목적 사랑으로, 엄밀히 말하면 매우 격렬하게 이기적으로 사랑하면서 모성의 감정이나 부성의 감정을 마음껏 분출하려고 할 것입니다. 우리는 우리의 아이를 어르고, 기르고, 좋은 옷을 입힙니다. 우리 아이에게 부족한 것이 전혀 없게 해 줍니다. 그런데 외적인 것이 아니라 아이의 내면이 어떤 모습인지 생각해 보신 적이 있는지요? 아이에게 죄의 힘, 슬픔의 힘, 죽음의 힘에 맞설 수 있도록 마음의 준비를 시킨 적이 있는지요? 주님께 아이를 연결해 드려서, 그분이 처음부터 끝까지 데리고 다니게 해드린 적이 있는지요? 아이를 우리에게 선물로 주시고 맡기신 분께, 우리는 날마다 기도와 생각으로 그 아이를 다시 데려가는지요?

우리가 이런 생각들을 비판적으로 숙고해 보면, 우리의 자식 사랑이 우리를 하나님께로 데려가는지, 아니면 하나님으로부터 멀어지게 하는지를 곧바로 알게 될 것입니다. 예컨대 아이를 세심한 맹목적 사랑—모성의 기본 성향으로 명명할 수 있는 것—으로만 사랑하는 어머니는, 아이를 빼앗기거나 교통사고로 잃는 순간 신음하며 다음과 같이 따지려고만 할 것입니다. "사랑의 하나님이라는 분이 어찌 이런 일을 허용하실 수 있단 말입니까?" 이렇게 말하는 사람은 자기 아이를 하나님보다 더 사랑한 사람입니다. 물론 그것은 인간적으로 지당한 말입니다. 누가 여기서 심판하겠습니까! 그러나 하나님은, 날마다 자기 아이를 그분의 손에서 새롭게 받는 사람, 자기 아이를 거듭거듭 그분에게 바치는 사람, "자기 아이가 바른길을 걸으면서 주님의 평화 안에 살아갈 것인가"라는 물음을 결정적인 물음으로 삼는 사람을 가장 힘겨운 상실의 순간에 위로해 주시고, 가까이 계시면서 그를 보살피실 것입니다. 그가 자기 아이를 맹목적으로 사랑한 것이 아니라, "하나님 안에서" 사랑하고, 하나님의 보호 아래 사랑했기 때문입니다.

희생을 감수하며 의식주와 교육을 제공하는 일에만 전념하고, 아이들의 내면에서 무슨 일이 일어나고 있는지는 조금도 생각하지 않는 부모의 사랑은 어떨까요? 한 젊은이가 스스로 목숨을 끊기 전에 저에게 편지를 보내왔습니다. "내 계획을 목사님에게만 말합니다. 목사님이 내 부모님에게 그것을 전해 주십시오. 그분들은 몹시 놀랄 것입니다. 온갖 보살핌에도 불구하고, 정작 나를 알지는 못했으니 말입니다. 내가 좋아하는 음식─어머니가 정성껏 요리한 음식─을 게걸스럽게 먹을 때면, 그분들은 나를 명랑하고 매력적인 젊은이로 여깁니다. 그분들은 자신들이 나를 양육했다고 생각하지만, 나는 아사(餓死) 직전이었습니다. 그분들은 나에게 고향을 마련해 주었다고 생각하지만, 나는 추위에 떠는 실향민이었습니다."

「이유 없는 반항」[44]이라는 영화 속 젊은이는 (너무 일찍 사고를 당한 젊은 배우 제임스 딘의 입술을 통해) 뭐라고 말합니까? 영화는 우리에게 한 부모를 보여줍니다. 청년기의 자식에게 미국의 온갖 생활의 편리를 제공하는 부모입니다. 그들은 그가 신체적으로 잘 자라서 인생에 쓸모 있는 사람이 되게 하려면, 자신들이 무엇을 해야 하고, 얼마의 돈을 들여야 하는지를 아주 많이 생각합니다. 하지만 그들은 무엇이 그 젊은이의 내면을 채우고 있는지, 그 젊은이가 무엇에 몰두하는지는 알아채지 못합니다. 그 젊은이가 자신의 무시무시한 삶의 곤경과 자신의 풀리지 않는 문제들을 분출하자, 그의 아버지는 그에게 이렇게 말합니다. "좀 기다려라. 10년이 지나면 모든 것이 지나갈 거야. 그러면 너는 그것을 다르게 생각할 거야." 그러나 그 젊은이는 고성을 지르며 말합니다. "**지금** 그것을 알아야겠어요, **지금**요! 바로 오늘 필요한데, 당신들은 나에게 아무 답도 주지 못하는군요. 당신들의 맹목적 사랑은 나를 위한 게 **아니에요**. 나는 지금 조언을 받아야 하는 절망적 처지인데, 당신들은 부재 통고만 하잖아요." 이 말과 함께 그 젊은이는 자기 아버지에게 폭력을 가하며 목을 조른 다음, 제 불행 속으로 사라집니다.

과연 이 부류의 부모는, 이 모든 보살핌은 정말로 사랑한 것일까요? 그들은 부성의 감정과 모성의 감정만을 진정시킨 것이 아닐까요? 그들은 자신들에게 맡겨진 이들을 홀로 방치한 것이 아닐까요? 그들은 자신들에게 맡겨진 이들을 자살이나 반항아들의 운명에 넘겨준 것이 아닐까요? (늘 그런 것은 아니지만) 재앙이 닥치면, 그들은 법정에 서서 자제력을 잃고 말합니다. "나는 그 애를 위해 담배와 음식과 휴가 여행을 줄였습니다. 나는 그 애에게 좋은 옷을 입히려고 허수아비처럼 입고 다녔습니다. 그러나 내 아이의 영혼은 내 인생의 지도에서 미답지(未踏地)였습니다. 나는 그 구역에 발을 전혀 들여놓지 못했습니다."

이 모든 것은, 악마가 하나님의 위대한 선물에 독을 주입하고, 우리의 가장 사랑하는 사람들, 우리의 가장 친한 사람들과의 관계를 해치며, 우리를 하나님의 마음과 연결해 주는 것을 분리 장벽으로 삼는다는 것을 보여 주는 몇 가지 보기일 뿐입니다. 우리를 하나님께 **더 가까이** 데려가기는커녕 오히려 우리와 보살핌을 받는 이들을 하나님으로부터 **멀어지게** 하는 사랑, 희생할 용의, 돌봄도 있는 것입니다.

열 사람의 나병환자 이야기가 이것을 암시합니다. 예수께서 그들 모두를 건강하게 해주셨습니다. 건강은 하나님의 선물이기도 합니다. 그런데도 대개의 사람은 그것을 놓고 그분께 감사하지 않습니다. 이것은 그들이 자신들에게 건강을 선물로 주신 구원자보다는 자신들의 건

기다리는 아버지

강을 더 사랑한다는 뜻입니다. 그분은 그들의 궤양을 치료해 주실 만큼 선한 분이었고, 그들은 비참한 상태로 앉아 있다가 그분을 뒤따라 달리며, 그분 뒤에서 울며 기도하던 자들이었습니다.

건강이 나빠지면, 참으로 많은 사람이 기도합니다! 그러다가 건강이 좋아지면, 모든 경건한 분위기가 싹 사라집니다. 어째서 그럴까요? 그들이 하나님을 목적을 위한 수단으로만 여겼기 때문입니다. 방공호에서 다시 살아나오는 것, 수술을 이겨내는 것, 시험에 떨어지지 않는 것, 건강을 회복하는 것이 그 목적입니다. 하나님의 선물에 감사하지 않으면, 그 결과로 다음과 같은 상태가 되고 맙니다. 이를테면 주신 분보다 **선물**을 더 중요하게 여기고, 자기 **목숨**을 더 중요하게 여기며, 자기 **자녀**를 더 중요하게 여기며, 자기의 **성공**을 더 중요하게 여기는 것입니다. 그러나 자기의 상태가 이러하다는 것을 알아채는 사람은, 자기 삶의 가장 가치 있는 것과 제일 사랑스러운 것에 대하여 회의적이고 비판적인 자세를 취하며 그것을 검사해야 합니다. 이는 자기를 화나게 하는 자기의 눈, 곧 하나님의 가장 그윽한 선물을 뽑아서 팽개치는 것과 같아야 합니다.

흔히들 이 모든 것을 오해하여, 부정적인 말만 들으려고 할 것입니다. 그러나 예수께서는 언제나 긍정적인 분입니다. 그분은 우리에게서 가장 사랑스러운 사람과 사물을 빼앗아 가기만 하고, 우리에게 "이런저런 것과 거리를 두어라. 이런저런 것을 버려라!"라고 소리치는 분이 결코 아닙니다. 오히려 예수께서는, 우리가 이 모든 것을 그분께 넘겨드리고 그분 앞에 내려놓을 때, 우리에게 모든 것을 새로이 전혀 다르게 다시 선물로 주십니다. 더 자세히 말하자면, 사람들을 "그리스도 안에서" 사랑하게 되는 것입니다. 이것이 우리가 그들과 연결되는 전혀 새롭고도 긍정적인 방법입니다.

이 말이 무슨 뜻인지는, 설교자들이 교우들에게 말을 걸 때 쓰는 인사말에서 분명하게 이해됩니다. "주 그리스도 안에서 사랑하는 교우 여러분!" 이 말이 공허한 빈말과 단순한 관용구가 아니라면, 그것은 다음의 사실을 의미할 것입니다. "나는 설교자로서 여러분 앞에 서 있습니다. 내 말을 믿으십시오. 내가 이곳 높은 설교단에서 여러분 앞에 서 있고, 여러분이 나의 모든 말에 귀를 기울이신다니, 나의 옛 아담이 몰래 기뻐하는군요. 아마도 여러분은 나중에 이렇게 말할지도 모르겠습니다. '오, 그의 오늘 설교는 아름다웠어.' 물론, 이 말은 저에게도 이롭습니다. 저는 제 자신과 제 안의 이 옛 아담을 잘 아는 까닭에, 청중에 대한 사랑, 제가 그들의 곤경을 알고서 양심의 가책을 받는 이들에 대한 사랑을, 악마가 직접 오염시키고 망가뜨려 육욕의 아양 떨기로 변질시킬 수 있다는 사실을 압니다. 그러므로 저는 설교자로서 미리 제의실(祭衣室)에서 노년의 엘리아스 슈렌크(Elias Schrenk)처럼 '당신의 피를 나의 이곳저곳에 골고루 뿌리셔서, 악한 원수가 나에게 접근하지 못하도록 해주십시오'라고 기도하지 않으면 안 됩니다."

이 기도의 보호를 받으면 회중은 설교자에게 다르게 보이며, 그러면 설교자는 설교단 아래서 깊은 인상을 받는 "청중"을 보지 않고, 예수 그리스도께서 쓰라린 죽음을 겪으시고 구원하신 사람들, 그분이 비싼 값을 치르고 사신 사람들을 봅니다. 하지만 그들은 이 사실을 전혀 모를 수도 있습니다. 그래서 설교자는 그들이 영원을 잃을 수 있고, 예수께서 헛된 죽음을 맞으신 것이 될 수도 있음을 그들이 알도록 큰 소리로 절박하게 외칩니다.

그러면 그의 우쭐대는 거짓 사랑이 그에게서 사라지고, 예수께서 이른바 그와 회중 사이에 서십니다. 그러면 그는 진실로 "주 그리스도 안에서 사랑하는 교우 여러분!"이라고 말하거나 생각할 수 있게 됩니다. "오, 내 육체가 사랑하는 청중 여러분!"이라고 말하거나 생각하지 않게 되는 것입니다.

그러나 처음부터 끝까지 예수 그리스도를 통하여 다른 사람을 사랑하려고 애쓰는 사람, 자신의 사랑을 그분께 맡겨 그분이 정화하고 여과하시도록 하는 사람만이, 이 마음의 전환으로 행복을 얻고, 억수 같이 감격스러운 삶을 얻게 된다는 것을 압니다. 예수가 우리에게 어떤 분인지를 조금도 알지 못하는 가련한 자들만이, 우리 그리스도인을 다른 이들이 근심 없는 휴양지에서 영위하는 삶을 늘 피해야 하는 자로, 그런 삶을 영위해선 **안 되는** 자로 생각할 것입니다.

예수가 우리에게 어떤 분이신지를, 그들이 알았으면 좋겠습니다! 사람은 예수와 함께할 때 비로소 삶이 실제로 무엇을 의미할 수 있는지를 알고, 하나님과 더불어 누리는 평화는 정지상태가 아니라, 활기이고 행복이라는 것을 알게 됩니다. 그는 그 행복에 휩쓸리지 않고, 멋지고 아름다운 것들, 사랑스러운 사람들, 풍경이 주는 기쁨, 예술 경험조차도 자신과 하나님을 더는 갈라놓지 못한다는 것을 알게 됩니다. 이는 하나님이 그의 마음을 차지하셨기 때문이며, 그분이 들판보다 아름다우시고, 숲보다 아름다우시며, 청소년기의 매력적인 사람들보다 아름다우시기 때문입니다. 우리 삶의 행복한 변화와 예수께서 우리의 삶 속에 불어넣으시는 창조의 입김을 우리에게 매우 밝고 화려하게 알리는 찬송가가 있습니다. 무명작가의 이 찬송가는 「가장 아름다우신 주 예수님」(Schönster Herr Jesu)[45]입니다.

마지막으로 짚고 넘어가야 할 물음이 있습니다. 어떻게 비용을 계산해야 할까요? 망루를 세우려고 하는 사람들이 하는 것처럼, 왕이 선전 포고하기 전에 하는 것처럼, 그리스도인이 되는 데 얼마의 비용이 드는지를 실제로 계산해야 할까요?

이미 분명해진 대로, 이것은 "예"나 "아니오"로 간단히 대답할 수 있는 문제가 아닌 것 같습니다. 우선은 "나는 예수를 진지하게 대하는가? 나는 과감히 그분과 함께하는가?"라는 물음 앞에 서는 사람은 모든 계산과 저울질을 그만두어야 한다고 말해야겠습니다. 그는 예수께서 자기에게 모든 것을 어떻게 주시는지를 아직 알지 못하고, 하나님과 더불어 평화를 누리는 것이, 그 평화를 자기 마음속에 품는 것이 어떤 행복인지를 아직은 알지 못하기 때문입니다. 비용 견적을 내려면, 문제가 되는 모든 항목을 알아야 합니다. 그러나 여기서는 결정적인 항목을 미리 알 수 없습니다. 예수께서는 자기의 상품을 미리 선전하는 상인이 아닙니다. 우리는 과감히 그분과 함께할 때만 그분이 주시는 것을 경험할 수 있습니다. 우리가 그분과 오래 함께하면 함께할수록, 우리는 그분의 풍부하심 속으로 점점 더 깊이 들어가 자라게 될 것입니다. 물론 우리는 비용 견적을 피하지 않습니다. 언젠가 임의의 시간에 그 견적을 내게 될 것입니다. 우리는 너나없이 평화와 같은 것을 원하고, 우리의 양심도 진정되기를 바라기 때문입니다. 무신론자들이나 종교적인 사람들은 종종 그리스도인에게 이렇게 말합니다. "나는 당신의 믿음이 부럽습니다. 당신은 우리와 달리 염려나 근심을 하지 않아도 되잖아요. 당신은 천국의 수장을 모시고 있고, 그가 당신을 대신하여 생각하잖아요. 적어도 당신은 이 수장이 있다고 행복하게 **믿을 수 있잖아요.**"

그렇습니다, 우리는 모두 예수의 **선물들**을 좋아합니다.

기다리는 아버지

그러나 우리는 이 선물들과 이 풍부함을 십자가 없이 소유해서는 안 됩니다. 우리는 죽기까지 많은 것을 베풀고, 많은 것을 떠나보내야 합니다. 그래야 그분에게 바치는 모든 것을 백 배로 돌려받게 될 것입니다. 그러므로 우리는 먼저 희생할 용의가 있어야 합니다. 한 찬송가는 성탄의 환호성 한가운데로 다음과 같이 파고들며 말합니다. "이 아기를 기쁘게 껴안고 입 맞추려는 이는, 먼저 큰 고통과 고난을 그와 함께 많이 겪어야 하네."[46] 우리는 하나님과 더불어 평화를 누리기 위해 오직 십자가로 나아갑니다. 이 십자가에서 견뎌 내는 사람만이 텅 빈 무덤을 보고, 부활절의 영광도 보게 될 것입니다.

우리는 십자가에 못 박히신 분을, 그분이 우리에게 선물로 주시는 행복보다 더 사랑해야 합니다. "먼저 하나님의 나라를 구하십시오. 그리하면 이 모든 것―기뻐하는 양심, 엄청난 평안, 실존적 불안으로부터의 해방, 인간들과 이 세상의 아름다움에 대한 새로운 접근법―을 여러분에게 더하여 주시고, 이 모든 것을 덤으로 주실 것입니다." 그러면 우리는 공중의 새를 새로운 눈으로 보고, 각기 제 길을 가는 구름, 공기, 바람도 새로운 눈으로 보게 될 것입니다. 우리는 마티아스 클라우디우스(Matthias Claudius)[47]처럼 달과 별들을 보게 될 것입니다. 그리고 우리는 우리를 괴롭게 하는 사람들까지도 예수께서 그들을 위해 죽으시면서 부여하신 고귀함에 싸여 빛나는 사람들로 보게 될 것입니다.

예수 그리스도께서 다스리시는 곳에서는 모든 것이 바뀝니다. 눈이 다르게 보고, 심장이 다르게 뜁니다. 우리가 감당하기 어려운 일에 맞닥뜨릴 때마다, 주님이 주시는 위로의 인사가 우리에게 다다르고, 멈추지 않는 손이 우리를 붙잡습니다.

14.

악한 종

그때 베드로가 예수께 다가와서 말하였다. "주님, 내 형제가 나에게 자꾸 죄를 지으면, 내가 몇 번이나 용서하여 주어야 합니까? 일곱 번까지 하여야 합니까?" 예수께서 대답하셨다. "일곱 번만이 아니라, 일흔 번을 일곱 번이라도 하여야 한다. 그러므로, 하늘나라는 마치 자기 종들과 셈을 가리려고 하는 어떤 왕과 같다. 왕이 셈을 가리기 시작하니, 만달란트 빚진 종 하나가 왕 앞에 끌려왔다. 그런데 그는 빚을 갚을 돈이 없으므로, 주인은 그 종에게, 자신과 그 아내와 자녀들과 그 밖에 그가 가진 것을 모두 팔아서 갚으라고 명령하였다. 그랬더니 종이 그 앞에 무릎을 꿇고, '참아 주십시오. 다 갚겠습니다' 하고 애원하였다. 주인은 그 종을 가엾게 여겨서, 그를 놓아주고, 빚을 없애 주었다. 그러나 그 종은 나가서, 자기에게 백 데나리온 빚진 동료 하나를 만나자, 붙들어서 멱살을 잡고 말하기를 '내게 빚진 것을 갚아라' 하였다. 그 동료는 엎드려 간청하였다. '참아 주게. 내가 갚겠네.' 그러나 그는 들어주려 하지 않고, 가서 그 동료를 감옥에 집어넣고, 빚진 돈을 갚을 때까지 갇혀 있게 하였다. 다른 종들이 이 광경을 보고, 매우 딱하게 여겨서, 가서 주인에게 그 일을 다 일렀다. 그러자 주인이 그 종을 불러다 놓고 말하였다. '이 악한 종아, 네가 애원하기에, 나는 너에게 그 빚을 다 없애 주었다. 내가 너를 불쌍히 여긴 것처럼, 너도 네 동료를 불쌍히 여겼어야 할 것이 아니냐?' 주인이 노하여, 그를 형무소 관리에게 넘겨주고, 빚진 것을 다 갚을 때까지 가두어 두게 하였다. 너희가 각각 진심으로 자기 형제자매를 용서해 주지 않으면, 나의 하늘 아버지께서도 너희에게 그와 같이 하실 것이다."

마태복음 18:21-35

"주님, 내 형제가 나에게 자꾸 죄를 지으면, 내가 몇 번이나 용서하여 주어야 합니까?" 베드로가 무슨 동기로 이렇게 기이한 질문을 했는지 정확히 확인할 수는 없습니다. 하지만 대략 두 가지 다른 동기를 추정할 수 있을 것 같습니다. 먼저, 베드로는 "내가 뒤따르는 이 나사렛 예수께는 악인이 정말로 없군"이라고 속으로 생각했을 것입니다. '공창(公娼)이나 점령국 관리, 실제 세금 징수관을 만나는 것은 불쾌한 일이야'라고 남몰래 속으로 생각할지라도, 주님께서는 그런 만남을 대수롭지 않게 여기셨기 때문입니다. 그분은 이런저런 사람들을 친절하게, 너그럽게 대하십니다. 그러나 그분의 친절과 너그러움은 처음 접했을 때는 깊은 인상을 주겠지만, 두 번째 볼 때부터는 스트레스를 받게 될지도 모릅니다. 그가 무한히—그래요, 무한히!—너그럽다면, 거기에는 그의 주변 사람들에게 건네는 도덕적 요구와 같은 것이 있을 테니까요. 이 요구는 다음과 같을 것입니다. "저는 여러분도 미움받을 때 미움으로 갚지 않고, 죄를 지어 의기소침해진 이웃을 만날 때 은밀한 바리새주의의 부추김을 받지 않기를 바랍니다." 베드로는 이렇게 생각했을 것입니다. '이 요구에 끊임없이 노출되는 것, 분통을 터뜨리지 않으려고 마음을 다하고 힘을 다하는 것은 그야말로 내적으로 피곤한 일입니다. 영원한 너그러움과 항구적 친절도 언젠가 끝이 있지 않을까요? 언젠가는 분통을 터뜨려도 되는 때가 있어야 합니다.'

기다리는 아버지

베드로는 자신의 질문으로 전혀 다른 것도 원했을 것입니다. 아마도 그는 이렇게 생각했을 것입니다. '나는 예수께 일곱 번 용서할 것을 제안할 거야. 이 일곱 번은 꽤 많은 횟수의 친절이지. 그분은 이 횟수를 진정으로 기뻐할 것임이 틀림없어.' 그러면서 베드로는 그분이 자신에게 반대의견을 다음과 같이 말하실 거라고 생각할 것입니다. '베드로야, 용서를 너무 많이 하지 마! 너무 많이 하면, 그들은 죄를 진지하게 대하지 않을 거야. 일곱 번 용서하는 것은 너무 많이 하는 거야. 베드로야, 기독교 신자의 과도한 열의는 금물이야! 그것은 비교육적이야.'

베드로가 질문하게 된 동기를 어떤 식으로 이해하든, 다음 한 가지는 확실합니다. 그는 이웃 사랑의 한계를 예수로부터 확인받는 것을 중시한다는 것입니다. 선한 양심과 이웃 사랑의 의무를 언제 어디서 **그쳐도** 되는지를 알면, 여러모로 위안이 되겠다는 것입니다. 이것을 아는 것이, 언제 어디서 이웃 사랑을 **시작해야** 하느냐는 물음보다 대체로 더 흥미롭고 더 중요하다는 것입니다.

첫째, 우리가 다음과 같은 말을 듣는다면, 우리의 도덕적 편안함이 커질 것입니다. "네가 사랑의 의무와 관용의 의무를 실제로 이행했으니, 누구도 그 이상의 것을 너에게 요구하지 않을 거야. 하나님도 그것을 요구하시지 않아." 인간의 의무들, 곧 일, 희생, 사랑, 예의 바름에 일정하게 정해진 횟수를 지정하고, 인간이 그 횟수를 채우면 의무를 면하게 해주는 것이야말로 모든 율법 종교가 가진 매력입니다. 의무를 다했으니 이제부터는 자유시간이고, 양심이 마음 편히 사지를 뻗어도 된다는 것입니다.

둘째, 사람들이 이 사랑하는 의무의 한계에 관심을 기울이는 이유는, 우리의 경건한 체하는 육신이 다음과 같은 물음을 끊임없이 제기하기 때문입니다. "나는 언제 화를 내도 되는가? 나는 언제 폭발할 권리를 얻는가?" 제가 신학생 시절에 한 극악한 여주인이 있었습니다. 그녀는 저의 기독교적 이웃 사랑과 인내심을 시험해 볼 기회를 저에게 베푼 사람입니다. 하지만 저의 기독교적 사랑과 인내심을 시험해 보는 것은 바보 같은 짓이었고, 저는 이 용(龍)과 같은 사람에게 한 방 먹이려면 어찌해야 하는지를 놓고 저보다 나이 많은 친구와 숙고했습니다. 그때 그는 이렇게 말하더군요. "자네는 장차 목사가 될 몸이니 그리해서는 안 되네." 저는 이렇게 말했습니다. "그러나 따지고 보면 나도 한 인간에 지나지 않네. 그녀의 처사는 너무해."

그렇습니다, 너무하고 지나친 처사입니다! 베드로는 그 지나친 처사를 두고 물은 것입니다. 그는 그 지나친 처사를 언제 끝장내야 하는지를 알고 싶었습니다. 아시다시피 그는 성깔이 있었고, 자신이 온 힘을 다해 성깔을 부리지 못한 채 절망적인 상태에 빠지는 것을 두려워했기 때문입니다. 그도 이렇게 생각했을 것입니다. "나도 한 인간에 지나지 않아." 우리가 이런 식으로 말한다면, 그것은 일반적으로 다음과 같은 생각을 바탕에 깔고 하는 말일 것입니다. "결국 나는 남이 나를 어떻게 대하느냐에 따라 반응하는 사람이기도 해. 따지고 보면 나도 내 주변 사람들의 메아리일 뿐이야. 그래서 나는 다른 사람이 나에게 가하는 모든 것을 꾹꾹 참아선 안 돼."

이제야 비유의 주제에 정확히 이르렀습니다. 주님께서 우리에게 다음 두 가지를 제시하시기 때문입니다. 첫째, 우리는 우리 주변 사람들의 메아리가 아니라, 하나님이 우리에게 행하신 모든 일의 메아리라는 것입니다. 둘째, 우리는 분노의 폭발을 통해서 사람이 되는 것이 아

기다리는 아버지

니라, 하나님이 우리에게 선물로 주신 것을 펼치고 전달함으로써 사람이 된다는 것입니다.

우리의 본문이 말하는 주범은 자기의 왕과 자기의 이웃 사이에 서 있는 사람입니다. 그는 이중관계 안에 서 있습니다. 인간은 언제나 이 이중관계 안에 서 있습니다. "도대체 인간이란 무엇인가?"라고 묻고, 인간에게서 볼 수 있고 관찰할 수 있는 거라고 답하는 것은 어리석은 일일 것입니다. 이 경우에는—내가 어떤 책에서 읽은 대로 말해도 된다면!—"인간은 깃털 없는 두 발 동물이다"라고 말해야 할 것입니다. 하지만 이렇게 말하면, 이는 인간을 "깃털 뽑힌 닭이나 캥거루나 뜀새앙쥐와 똑같이" 취급하는 셈이 될 것입니다. 바로 여기서 다음과 같은 결론이 도출됩니다. 말하자면 인간의 외적 모습을 기술하는 것으로는 인간의 결정적인 점, 곧 그와 여타의 모든 피조물을 구분해 주는 것을 파악할 수 없다는 것입니다. 인간의 결정적인 점은, 그가 이중관계 속에, 곧 자기 왕과 자기 이웃 사이에 서 있다는 것입니다. 그가 이 이중관계를 만족시키지 못하고, 뭔가가 부족할 경우, 그는 자기의 생을 그르치게 될 것이고, 그러면 그 생은 몰락하고 말 것입니다. 바로 이것이 우리의 비유가 말하는 점입니다.

먼저 왕, 곧 하나님과의 관계는 어떤지 살펴보겠습니다. 이것은 어려운 문제입니다. 비유는 "그 사람"이 왕에게 4천만 마르크의 빚을 졌다고 말합니다. 어마어마한 액수입니다. 그는 자기 목숨과 자기 가족의 목숨으로만 그 빚을 갚을 수 있습니다. 그림을 곁들이지 않고 말하면, 빚을 진다는 것, 죄인이 된다는 것은, 우리가 우리의 존재와 소유 등 모든 것을 하나님께 빚지고 있다는 뜻입니다. 제가 꼭 삽화로 설명해야 하겠습니까? 우리는 이것이 무슨 뜻인지를 선천적으로 매우 정확히 알고 있지 않습니까? 하나님은 우리를 지으셨습니다. 그런 까닭에 그분은 우리를 놓아 보내신 것과 똑같이 우리의 반환을 요구하실 수도 있는 것입니다. 이것은 엄청난 단언, 정말로 도발적인 진술입니다.

하나님이 우리를 어떻게 놓아 보내셨습니까?

그분은 그분의 영광을 보도록, 우리에게 **눈**을 주셔서 보내셨습니다. 하지만 어이없게도, 우리의 눈은 실제로 무엇을 보았습니까! 우리의 눈은 얼마나 많은 것을 욕망하고, 얼마나 많은 것으로 더러워졌습니까!

그분은 그분을 찬미하고 이웃과 소통하도록, 우리에게 **입**과 말하는 은사를 주어 보내셨습니다. 하지만 어이없게도, 우리는 이 입으로 무슨 말을 하고, 무슨 말을 속삭이고, 무슨 욕을 했습니까! 얼마나 많은 저주가 기도 근처에 있었습니까! 우리는 이 입으로 얼마나 자주 부인하고, 비방하고, 파괴하고, 타락시키고, 고통을 주고, 죽였습니까!

그분은 그분의 이름으로 섬기고, 일하고, 돕도록, 범사에 그분의 영광을 위해 깍지 끼고 기도하도록, 우리에게 **손**을 주어 보내셨습니다. 하지만 어이없게도, 우리는 이 손으로 무슨 일을 했습니까! 이렇게 상황을 상세히 묘사하자니 소름이 돋는군요. 이제 하나님은 우리가 그분의 영원하고 선한 손에서 놓여난 그대로 우리의 반환을 요구하십니다. 모든 은밀한 말, 모든 꿈, 그 속에서 솟아오르는 우리의 무의식과 "나의" 무의식, 내 거친 말의 이면에 자리한 내 모든 생각, 밤의 무대 뒤에서 이루어진 모든 행위 등 우리의 모든 것을 알고 계신 그분 앞에 설 때, 어떤 일이 벌어질지 상상해 보십시오. 우리는 이분 앞에서 풀이 죽어 쥐구멍에라도 들어가려고 할 것입니다. "참회해야 하지 않는가"라는 물음을 마주한 적이 있는 사람은, 참회가 얼마나 값진 승리인지, 참회가 어떤 죽음인지 알 것입니다.

참회할 때 이루어지는 일이 있습니다. 사람이 실제로 하나님 앞에 서서, 그분께 모든 것을 자백하고 고백하는 것입니다. 바로 이것이 그의 사형 선고입니다. 그는 땅속에라도 들어가려고 생각할 뿐 아니라, 실제로도 땅바닥에 주저앉습니다. 하나님을 진지하게 대한다면, 그분 앞에 서 있을 수 없기 때문입니다.

왕은 어두운 음모로 제 주인의 소유를 탕진한 이 가련하고 부패한 자를 바닥에서 일으켜 세우고, 그와 악수하고, 그를 놓아주고, 그에게 새 출발을 선사합니다. 우리는 이 왕의 불가해하고 놀라운 대응을, 이 장면이 원래는 전혀 다르게 전개되어야 한다는 사실을 염두에 두고 볼 때만 제대로 평가할 수 있습니다. 이 모든 것은 전혀 논리적이지 않습니다. 오히려 주범이 제 동료 종에게 한 소행이 논리적입니다. 자기에게 진 빚—비길 데 없이 적은 빚—을 갚게 하는 것입니다. 빚과 변제는 서로 긴밀하게 연결되어 있습니다. 이것이 논리적입니다.

이제 기적이 일어납니다. 하나님이 우리를 이 두려운 논리에서 벗어나게 하시면서 "다시 내 자녀가 되어라" 하고 말씀하시는 것입니다. 그분이 이렇게 말씀하시는 이유는, 그분이 까다롭지 않아서가 아니라, 다정다감하시고 그래서 가혹하실 수 없기 때문입니다. 비유의 종결부는 하나님이 얼마나 한없이 가혹하고 엄격하실 수 있는지를 보여줍니다. 보델슈빙은 자신의 네 자녀를 디프테리아로 잃고 나서 이렇게 말했습니다. "하나님이 얼마나 가혹하실 수 있는지 이제야 비로소 알겠습니다." 그렇습니다. 하나님은 우유부단하시지 않습니다. 우리도 우유부단해서는 안 되며, 용서라는 이름으로 우리 이웃의 모든 것을 나무라지 않고 그냥 넘어가서도 안 됩니다. 그리스도인은 이 세상에서 가장 좁다란 저항의 장소가 되어서는 안 됩니다. 그리스도인은 종종 사실에 근거하여 계산해야 합니다. 비유 속 왕도 계산하고, 사실을 근거로 삼습니다. 그는 악한 종이 4천만 마르크를 착복한 사실을 숨겨 주지도 덮어 주지도 않습니다.

그러나 이제 놀라운 일이 일어납니다. 하나님이 여러분과 나를 한없는 사랑으로 찾으시는 것입니다. 그분은 모든 계산과 모든 사실성 한가운데서 "사실"만을 보시지 않고, 사실 이면에서 자신의 불행한 "자녀"를 보십니다. 그분은 가치만 보시지 않고, 사람도 보십니다. 그분은 죄에는 저주를 내리시지만, 우리에게는 저주를 내리시지 않습니다. 그분은 나의 **죄**를 콕 집어 거명하지만, 동시에 내 이름으로, 내 아이 때의 이름으로 **나**를 부르십니다.

그분의 아들이 십자가에서 숨을 거두십니다. 그러므로 우리는 이 사건에서, 그분이 자신의 거룩한 정의의 논리를 억누르고 우리의 아버지로 머무르기 위해 어떤 대가를 치르시는지를 알아채게 됩니다. 확실히, 이 비유에는 모든 것을 사랑의 보자기로 덮어주기만 하는 "하나님"이 없고, 형이상학적 순진함도 없습니다. 이 비유에 등장하는 하나님은 거룩한 분이어서 추방하다가도, 추방령을 깨고 우리에게 자녀 됨의 기적을 선물로 주시는 분입니다.

비유 속 주범은 이 탕감 장면 뒤에 어떻게 떠나갔습니까? 탕감받기 전의 그는 풀 죽은 자였습니다. 언젠가는 청산해야 한다는 숨 막히는 의식이 가는 데마다 그를 따라다녔습니다. 이 의식이, 그가 4천만 마르크를 착복하여 구매한 값비싼 양탄자를 시켜 양탄자가 그를 위협하는 것만 같았고, 최고급 샴페인은 시고 떫기만 했고, 한밤중에 식은 땀을 흘리며 깨어나야 했습니다.

그랬는데 이제 이 모든 것이 갑자기 사라졌습니다. 불안과 수치심과 양심의 갈등이 싹 사라진 것입니다. 그는 전보다 더 부유해져 떠났습니다. 왕의 형언할 수 없는 관용을 경험했기 때문입니다. 이 관용은 그가 전에 조금도 알지 못하던 관용이었습니다. 그는 행복한 체험과 환희가 정말로 있다는 것을 배웠습니다. 그는 누군가를 마음을 다해 신뢰하고, 감사의 마음으로 누군가를 사랑하는 것이 아름다운 일이라는 것을 배웠습니다. 용서받고 사는 것, 그것은 기쁨과 안심의 상태입니다. 반면에 그가 부정직한 돈으로 구매한 대리 기쁨은 엉터리에 지나지 않았습니다. 그는 이제야 비로소 인생이 무엇인지 알게 되었습니다. 그렇습니다. 감히 말씀드리건대, 양심의 짐을 다 벗은 사람만이 인생의 즐거움이 무엇인지, 기쁨이 무엇인지 알 수 있습니다. 그가 상인이라면 더는 미심쩍은 세금 문제에 시달리지 않고, 기꺼이 모종의 물질적 손해를 입을 것입니다. 그가 젊은이라면 더는 자신의 혈기에 정죄당하거나 짓눌리지 않고, 자신의 가족 안에 미치는 주님의 손길을 느낄 것입니다. 양심의 짐을 벗은 사람들은 자신들이 어떤 **행복**을 선물로 받았는지를 알 것입니다.

그러나 우리의 이야기는 놀랍게도 방향을 급격하게 전환합니다. 우리의 이야기는 그 사람이 자기모순에 빠지고, 감동적으로 새로워진 삶의 물결이 다음 순간 독을 품어 악취를 풍기는 오수가 될 수 있음을 보여줍니다. 비유의 중심인물이 다시 실생활에 임하자마자, 곧 그가 입궁하여 알현할 때 그를 둘러싸던 축제 분위기에서 물러 나오자마자, 그를 기쁘게 하던 경험이 갑자기 사라지고 맙니다.

언젠가 그가 약간의 돈을 빌려준 한 가련한 사람이 등장합니다. 그가 제 주인에게 빚진 액수에 비하면 몇 푼 안 되는 액수, 대단히 미미한 액수입니다. 아마도 그는 이 대부금을 제 돈에서 내주지 않고, 자신이 횡령한 돈에서 내주었을 것입니다. 이 악한 종을 "아무개 씨"라고 부릅시다. 아무개 씨는 갑자기 자기 동료를 마주합니다. 조금 전에 왕이 아무개 씨를 마주한 것과 똑같은 상황입니다. 비길 데 없이 자애로워지기만 하면 됩니다. 고작 몇 푼 안 되는 액수이니까요. 하지만 그는 제 주인이 자기에게 한 것과는 정반대로 제 동료를 대합니다.

그는 빚과 변제의 논리를 전면적으로 전개합니다. 누구도 그를 비난할 수 없습니다. 정의의 원칙에 따라 돈을 회수하는 것이기 때문입니다. 그가 형 집행을 가혹하게 하는 것을 보고 다른 동료들이 격분합니다. 그러나 이것은 인간적인 감정의 격앙일 뿐입니다. 실제로는 그의 형 집행에 대해 아무런 이의도 제기할 수 없습니다. 실제로 그렇지 않습니까? 공정한 게임 규칙이 있는 인간 사회의 수준을 추구하는 한, 그의 형 집행을 반대하거나 이의를 제기할 수 없습니다. 여기에 관련된 눈에 보이지 않는 요소, 곧 이 사람에게 하나님과 함께한 이야기가 있으며, 하나님과 함께한 그의 경험이—이것이 진짜이고 사실이었다면—그의 주변, 그의 직장, 그의 회사, 그의 동료 관계와 이웃 관계 안에서도 유효해야 한다는 점을 참작하지 않는 한, 그의 형 집행을 반대할 명분이 없습니다.

아무개 씨는 메아리 법칙에 따라 자기 주변 사람들을 대합니다. "네가 나에게 하는 만큼 나도 너에게 할 테야. 네가 나에게 빚을 져서 내가 회수하는 것이고, 이자도 물리는 것이야. 이것은 인간적이고 정당한 거야"라는 원칙을 따르는 것입니다. 아무개 씨는 기대한 바와 다

기다리는 아버지

르게 자기가 하나님께 받아들여졌으며, 그래서 자기는 자신에게 일어난 자비의 메아리로 살아야 하며, 사람들이 자기에게 저지르는 부당한 짓의 메아리로 살아서는 안 된다는 걸 잊고 말았습니다(여러분도 잊고 말았습니다!). 우리도 너나없이 메아리로 살고 있습니다. 그렇지만, 중요한 문제는 "무엇의 메아리로 사느냐"입니다.

다른 어떤 물음이 아니라 바로 이 물음으로 우리가 예수의 제자인가 아닌가가 결정됩니다. 그것은 결단코 믿음으로만 결정되는 것이 아닙니다. 바울과 루터를 오해해선 안 됩니다. 아무개 씨도 믿고 신뢰하고 용서를 구했습니다. 그러나 그의 삶은 이 사건의 메아리가 아니라, 사실상 인간들의 메아리로 머물렀습니다. 그래서 왕에 대한 그의 믿음은 곧바로 부패하여 벌레들에 먹히고 말았습니다. 전 세계 기독교 박제관에는 썩어서 악취를 풍기는 믿음이 참으로 많이 자리하고 있습니다! 그리고 세상의 자녀들은 이 냄새와 악취를 맡는 예민한 코를 가지고 있습니다. 문제는 그리스도인들이 날마다 또는 적어도 주일마다 왕을 알현하러 가서 용서와 은혜를 사재기하면서도, 궁궐 계단에서는 걸인을 무시하고, 바깥 궐문 앞에서는 왕이 자신들에게 한 것과 정반대로 행동한다는 것입니다. 그들은 자신들의 이기심에 도움이 될 때는 법을 맹신하는 자가 되고, 자신들의 불행을 하나님께 맡겨 제거하는 것이 중요할 때는 은혜를 맹신하는 사람, 곧 하나님의 가짜 자녀가 됩니다.

그리스도인 신분을 믿을 수 없게 하는 참으로 역겨운 자기모순, 음울한 위선은 다음과 같습니다. 이를테면 하나님은 우리가 그분을 업신여기는 것을 감내해야 하지만, **우리를** 업신여기는 자는 그 결과를 체감해야 한다는 것입니다. 우리는 끊임없이 **하나님께** 반항합니다.

우리 운명의 뭔가가 이해되지 않거나 그것이 우리의 심기에 거슬리면, 우리는 얼굴을 찌푸리며 "어떻게 하나님이 이것을 허용하실 수 있지?"라고 말합니다. 그러면서도 우리는 어떤 사람이 **우리**에게 반항하고 비난하고 이해해 주지 않으면, 불쾌한 반응을 보입니다. 우리는 하나님을 위해 진심으로 시간을 내거나 마음속에 공간을 마련하는 일이 거의 없고 대체로 돈도 내지 않습니다. 하지만 괴롭게도 누군가가 우리에게 관심을 조금도 기울이지 않고, 속상하게도 우리를 무시하면, 우리는 그것에 대해 그에게 앙갚음하려고 합니다. 우리는 끊임없이 두 가지 척도로 잽니다. 용서받고 죄와 속죄의 관계에서 벗어나, 하나님이 선물로 주시는 새 기회를 얻는 것, 우리는 이것을 전적으로 옳고 지당한 것으로만 여기고, 당연하게 하나님의 "분야"로 여깁니다. 반면에 우리는 우리의 채무자들에게 종래와 똑같이 합니다. **우리**는 이것을 **우리**의 분야로 여기고, 인간적인, 너무나 인간적인 것으로 여겨, 즐겨 내세우기까지 합니다. 세상일은 그런 식으로 흘러간다는 것입니다.

그러나 이제 하나님이 참지 않으신다는 사실이 드러납니다. 하나님은, 용서를 받았으면서도 그것을 건네지 않는 사람을 참지 않으십니다. 그분은 그 용서를 철회하십니다.

하나님이 우리를 용서하신다는 것은 더없는 기회입니다. 기회는 한정된 집행유예 기간입니다. 하나님은 나를 친절히 대하시고, 나를 자녀로 삼으시고, 내 양심을 자유롭게 해주시겠다고 자기 아들의 피로 정성껏 서명하여 확약하셨습니다. 그분은 이 계약서를 나에게 건네십니다. 이제는 내가 이 계약을 비준해야 합니다. 내가 이 계약을 비준한다는 것은, 하나님이 나에게 선물로 주신 것을 내 이웃에게 다시 선물로 주는 것을 의미합니다. 내가 그렇게 하지 않으면, 이는 내가 삶과 실천으로 약관을 이행하지 않고, 계약을 파기하는 셈이 될 것입니다. 우리는 신약성경을 주머니 속에 가지고 있거나 집에도 가지고 있을 것입니다. 성경이 바로 이 계약서입니다. 그러나 우리가 이 계약을 비준하지 않으면, 우리는 한 권의 무가치한 종이 뭉치를 주머니 속에 가지고 있는 셈이 될 것입니다. 아니, 정정해서 말씀드립니다. 우리가 주머니 속에 가지고 있는 것은 그저 한 권의 무가치한 종이 뭉치가 아니라 고소장입니다. 하나님이 우리에게 하신 모든 행위를 우리가 계속 흐르게 하지 않는다면, 그 모든 행위는 고소장이 될 것입니다. 그러면 우리는 하나님의 자비를 착복한 셈이 될 것입니다. 그러면 우리는 다시 4천만 마르크의 빚을 지는 셈이 될 것입니다. 그러면 우리는 예수께 헛된 죽음을 맞도록 해드리는 셈이 되어, 살인자나 다름없게 될 것입니다. 그러면 "주인이 노하여, 그를 괴롭히는 사람에게 넘겨주고, 빚진 것을 다 갚을 때까지 가두어 두게 하였다"라는 말씀대로 될 것입니다. 우리는 어디에 있습니까? 신약성경을 가방 속에 넣고서, 오늘의 설교를 우리를 괴롭히는 사람의 귀에 들려주려고 빠르게 달려가려 합니까?

"지나친 처사를 언제 끝장내야 합니까? 언제 인내와 용서를 그치고 다시 폭발해야 양심에 거리낌이 없을 수 있습니까?"라고 베드로가 묻자, 주님이 대답하십니다. 우리는 주님의 대답을 다음과 같이 요약할 수 있습니다.

첫째, "베드로야, 네 물음은 정말 잘못된 물음이야. 네 물음은 사람을 거듭거듭 용서하는 것은 도덕적으로 피곤한 일, 자제력의 엄청난 낭비라는 전제에서 출발하고 있기 때문이야. 언뜻 보면 실제로 그렇게 보일 거야. 갑이 개찰구에서 을의 발을 밟고서 이 행위에 대해 뻔뻔스럽게 '아이고, 이런'이라는 말밖에 하지 않는다면, 갑에게 씩씩거리며 화를 내거나, 갑의 발을 밟는 것이 훨씬 쉬울 거야. 확실히 마음껏 '화 내는 것'이 후련할 거야. 자신의 감정을 억누르고, 자연스러운 반응의 동력을 줄이고, 노여움을 꾹 참는 것은 피곤한 일일 거야. 그러나 우리가 사태를 이런 식으로 본다면, 이는 사태를 도덕의 수준으로 옮기는 셈이 되고, 그러면 모든 것이 잘못될 거야. 여기서 우리가 '자제력'을 주제로 삼는 즉시, 용서는 의지의 기능이 되고 말아. 그러면 우리는 이 의지의 고갈과 피로를 당연한 것으로 받아들일 수밖에 없게 돼. 일곱 번보다 더 많이 용서해야 해. 동력과 의지력을 기준으로 들이대는 것은 참 피곤한 일이야."

예수께서는 이 모든 도덕성의 수준으로부터 우리를 끌어내며 말씀하십니다. "어떻게 너희가 하나님의 감정을 상하게 해드렸는지, 어떻게 그분이 너희를 끊임없이 용서하시는지, 어떻게 너희가 글자 그대로 아침과 저녁마다 '우리의 죄를 용서하여 주십시오'라고 아뢸 수 있는지, 어떻게 그분이 실제로 너희의 죄를 용서해 주시는지를 너희가 진지하게 생각한다면, '자제력'에 관한 물음, 너희 이웃을 거듭거듭 용서해야 하느냐는 물음을 더는 던지지 않을 거야. 네 이웃이 네게 악을 행하면, '나는 그리스도인이니 싫은 일을 당해도 불쾌한 기색을 보이지 않겠어. 자연인처럼 반응하지 않겠어. 나는 속으로 꿈쩍도 안 하고 관용을 성취할 거야'라고 말하지 말아라. 이런 식으로 말하면, 너는 그리스도인으로서 다시 도덕의 문제로 돌아가게 될 거야. 게다가 긴장 상태가 되어, 강박관념이 생길 거야. 상대방은 이런 식의 관용을 달가워하지 않을 거야."

그렇습니다. 이것은 정말 중요한 문제입니다. 우리는 예수와 함께 자유로워지고, 놓여나고, 홀가분해져야 합니다. 그러니 여러분의 의

지력에 경보를 내리지 말고, 다음과 같이 솔직한 기도를 드리십시오. "주님, 주님은 참으로 나를 거듭거듭 용서하시고, 나를 반복해서 영접해 주셨습니다! 주님은 심지어 고통스러운 죽음을 겪으심으로써 내가 하나님의 자녀가 되도록 해주셨습니다. 그러니 내가 악한 종이 되어, 나에게 몇 가지 사소한 죄를 지은 이웃을 대하는 일이 없게 해주십시오." 이때 중요한 것은 엄청난 의지력을 발휘하는 것이 아닙니다. 시선을 아주 조금이라도 돌려 십자가를 바라보는 것이 중요합니다. 그러면 의지가 저절로 작동하면서 "닫힙니다." 그러면 어떤 피로도 없습니다. "우리는 하나님의 자비를 힘입어서 지치지 않습니다"(고후 4:1).[48] 게다가 하나님도 우리로 인해 지치는 일이 없게 됩니다.

둘째, 우리가 배운 것이 있습니다. 그것은, 우리가 이렇게 되기를 거듭거듭 거부하고, 우리의 세입자, 우리의 가족, 가까운 동료에 대한 반감에 치일 경우, 우리는 우리의 신경이 거부하는 것인지, 우리의 자제력이 이 지구력 시험을 더는 감당하지 못하는 것인지를 물을 것이 아니라, 우리가 하나님의 용서를 충분히 구했는지를 숙고해보아야 한다는 것입니다. 용서를 직접 받는 사람만이 용서를 전달할 수 있습니다. 너무 빨리 긴장하여, 우리 안의 영적인 사람이 실제로 병드는 일이 없게 하십시오. 지치는 사람은 자신을 위해 자비를 충분히 구하지 않은 사람입니다.

셋째(끝으로), 우리는 용서를 즉시 전달할 때만 해방하는 용서를 선사 받을 수 있다는 것입니다. "우리의 죄를 용서하여 주시고"와 "우리에게 잘못한 사람을 용서하여 준 것 같이", 이 두 가지는 서로 연결되어 있습니다. 용서는 계주의 계주봉과 같습니다. 계주봉은 계속 건네야 합니다. 혼자 계속 달리면서 그것을 안간힘을 다해 쥐고 있으면,

틀림없이 실격하고 말 것입니다. 계속 건넴을 위해 있는 것, 바로 이것이 계주봉의 존재 이유입니다. 악한 종이 어리석은 것은, 그가 이 기본적인 규칙을 어기고 실패를 자초했기 때문입니다.

　우리 가운데 죄책감과 불안에 시달리는 사람이 있다면, 우리 가운데 거반 죽을 정도로 용서와 평안을 갈망하며 거듭거듭 기도하는데도 용서의 확신과 평안을 얻지 못하는 사람이 있다면, 그는 자기 형제와 자매를 분명하게 용서하고, 예수의 이름으로 영원한 원한을 내려놓아야 합니다. 그가 평안을 얻지 못하는 이유는, 그가 "자비와 은혜"라는 주제에 관해 들었던 모든 설교와 기도를 강철 금고에 보관하듯이 자기 마음속에 보관만 했기 때문입니다. 아마도 그는 신성한 유가 증권들과 은혜의 구절들을 되풀이해서 은밀히 비공개로 세어 보고, 그것들을 기뻐하지 않을 것입니다. 그런 것들은 악취를 풍기는 영적 자산에 불과합니다. 결국 그는 "이 모든 것은 나에게 아무 도움도 되지 않는 무가치한 증권에 지나지 않아"라고 말할 것입니다. 하나님은 우리에게 참된 자산을 주십니다. 우리가 이 자산을 운용할 때만, 우리는 부유한 사람이 될 수 있습니다. 여러분의 형제자매를 용서하십시오. 그러면 여러분 자신도 평안을 얻게 될 것입니다. 그렇지 않으면 여러분은 죽은 영적 자산가가 되고 말 것입니다.

　모든 것이 그러합니다. 은혜는 썩어 없어질 수 있습니다. 용서는 기회여서, 우리가 잃어버릴 수도 있습니다. 그래서 죄 용서의 기쁨에는 두려움과 떨림이 반드시 있어야 하고, 실패라는 어두운 배경이 그 기쁨 뒤에 버티고 있어야 합니다. 교회의 옛 언어로 말하면, 복음에는 그 적수인 율법이 항시 덧붙습니다. 은혜는 싸구려가 아닙니다. 은혜는 불로 소득이 아닙니다. 은혜는 손쉽게 얻는 것이 아닙니다.

보십시오, 언젠가 루터가 말한 대로, 여러분의 이웃이 여러분에게 "한 사람의 그리스도가 되려고" 여러분의 문 앞에 서 있습니다. 여러분의 한 손이 하나님의 손안에 있는 것이 느껴지는지요? 그리고 여러분의 다른 손은 무엇을 하고 있는지요? 그 손으로 주먹을 쥐어, 하나님의 생명의 능력이 흐르는 것을 닫히게 하고 있는지요? 아니면 그 손을 여러분의 이웃에게 뻗어, 그 흐름이 창조주의 생명력으로서 여러분 안에 통하게 하고 있는지요? 우리의 왼손은 우리의 오른손이 하는 것과 다른 일을 할 수 있습니다. 이는 마치 우리의 내면이 "분열되어" 여러 주인의 차지가 되는 것과 같을 것입니다. 그렇게 되면 우리의 자아는 분열되고 파괴되며, 우리를 비틀거리게 하여 아버지 집의 입구를 놓치게 할 수도 있습니다. 이 입구를 놓친다는 것은, 내가 나를 놓치고 아버지의 **계획대로** 되지 않았다는 뜻이기도 합니다. 우리는 악한 세상의 메아리와 그 표본—이따금 내 신경을 건드리는 표본!—이 되도록 정해지지 **않고**, 십자가에서 시작된 끝없는 사랑의 메아리가 되도록 정해졌기 때문입니다!

15.

자비로운 사마리아 사람

어떤 율법교사가 일어나서, 예수를 시험하여 말하였다. "선생님, 내가 무엇을 해야 영생을 얻겠습니까?" 예수께서 그에게 말씀하셨다. "율법에 무엇이라고 기록하였으며, 너는 그것을 어떻게 읽고 있느냐?" 그가 대답하였다. "'네 마음을 다하고 네 목숨을 다하고 네 힘을 다하고 네 뜻을 다하여, 주 너의 하나님을 사랑하여라' 하였고, 또 '네 이웃을 네 몸같이 사랑하여라' 하였습니다." 예수께서 그에게 말씀하셨다. "네 대답이 옳다. 그대로 행하여라. 그리하면 살 것이다." 그런데 그 율법교사는 자기를 옳게 보이고 싶어서 예수께 말하였다. "그러면, 내 이웃이 누구입니까?" 예수께서 대답하셨다. "어떤 사람이 예루살렘에서 여리고로 내려가다가 강도들을 만났다. 강도들이 그 옷을 벗기고 때려서, 거의 죽게된 채로 내버려 두고 갔다. 마침 어떤 제사장이 그 길로 내려가다가 그 사람을 보고 피하여 지나갔다. 이와 같이, 레위 사람도 그 곳에 이르러 그 사람을 보고, 피하여 지나갔다. 그러나 어떤 사마리아 사람은 길을 가다가, 그 사람이 있는 곳에 이르러, 그를 보고 측은한 마음이 들어서, 가까이 가서, 그 상처에 올리브 기름과 포도주를 붓고 싸맨 다음에, 자기 짐승에 태워서, 여관으로 데리고 가서 돌보아 주었다. 다음 날, 그는 두 데나리온을 꺼내어서, 여관 주인에게 주고, 말하기를 '이 사람을 돌보아주십시오. 비용이 더 들면, 내가 돌아

오는 길에 갚겠습니다' 하였다. 너는 이 세 사람 가운데서 누가 강도 만난 사람에게 이웃이

되어 주었다고 생각하느냐?" 그가 대답하였다. "자비를 베푼 사람입니다." 예수께서 그에

게 말씀하셨다. "가서, 너도 이와 같이 하여라."

누가복음 10:25-37

　　어떤 사람이 예수와 논쟁하려고 합니다. 누구나 한 번쯤 신앙의 문제에 대해서 다른 사람과 논쟁한 적이 있을 것입니다. 우리가 나사렛 예수와 함께하는 사람들이라는 말을 우리의 친구나 동료가 듣는다면, 그는 조롱기 있는 눈 깜박임으로든 진지한 물음으로든, 언젠가 한 번은 반응을 보일 것입니다. 그는 우리에게 "여보게, 그 기이한 일들과 함께하다니, 그것은 정상적인 것이 아닐세"라고 말하거나 "자네는 신이 존재하는지, 죽음 이후에 무엇이 오는지를 나에게 증명하지 못할 것이네"라고 말할 것입니다.

　　전에 말씀드린 대로, 이런 식으로 묻거나 말하는 사람들은 두 부류로 나눌 수 있습니다.

　　한 부류의 사람들은 실제적인 관심이 생겨서, 심지어는 지적인 필요가 생겨서 묻는 사람들입니다. 그들이 믿음을 공격하고 거부하고 논박하는 것은, 그들이 논박을 받아 믿음을 억누르던 상태에서 벗어나기를 애타게 바라기 때문입니다.

　　반면에 다른 부류의 사람들은 끝없이 논쟁하기를 좋아합니다. 이런 식으로 해야 주 그리스도를 가장 잘 멀리할 수 있다는 것을 알기 때문입니다. 그들은 이렇게 함으로써 주 그리스도를 묵살하고, 그분의 공동체를 의도적으로 무시하고, 그분을 멀리할 수 있다고 생각할지도 모릅니다. 그러나 그들은 그 일을 해내지 못합니다. 그들도 어딘가에

기다리는 아버지

서 그분과 마주친 적이 있기 때문입니다. 그들은 소위 "피격된 자"입니다. 그들은 그리스도의 증인들과 논쟁하고 말하면서 다음과 같은 것을 증명하려고 합니다. 이를테면 그분을 믿는 것은 바보 같은 짓이며, 찬성과 반대, 정립과 반정립의 무한한 연속이 나타날 뿐이며, 여기서는 목적을 달성할 수 없으니 그분과 관계를 맺지 않는 것이 이롭다는 것입니다. 이로써 그들은 자신들의 양심의 고뇌를 애써 무시하고, 자신들의 무신앙에 대한 도의적 변명을 제시하려고 합니다.

제 생각에는 본문 속 율법 교사도 이 두 번째 부류에 속하는 것 같습니다. 그의 질문은 다음과 같습니다. "제가 무엇을 해야 영생을 얻겠습니까?"

"예수를 시험하여"라는 표현이 괜히 등장하는 게 아닙니다. 그것은 그가 진심이 아님을 의미합니다. 그는 그분을 속이고 싶었던 것입니다. 아마도 그는 유대교 최고 관리 위원회가 보낸 첩자일 것입니다. 어쩌면 그는 탁월한 논쟁에서 자신의 명민함을 갈고 닦아 모든 청중에게 자기가 똑똑하다는 것을 증명하려는 위험한 욕구를 가졌을지도 모릅니다.

물론 예수께서는 그에게도 깊은 인상을 남겼습니다. 그는 그분의 손과 눈이 닿으면 사람들이 안팎으로 건강해지는 모습을 끊임없이 보았을 것입니다. 그는 형언할 수 없는 사랑이 그분에게서 쏟아져 나온다는 말을 듣고 직접 목격도 했을 것입니다. 그 사랑은 전에 아무도 신경 쓰지 않던 사람들, 곧 불쾌하고 지긋지긋한 병에 걸린 사람들, 사회의 멸시를 받아 잔뜩 주눅이 든 죄인들, 자신들의 비참한 상태를 다른 사람들이 보지 못하도록 감추던 우울하고 절망적인 사람들을 그들의 은신처에서 매우 환한 곳으로 유인해 내는 사랑이었습니다.

이 모든 사람이 그분 주위에 몰려들었고, 그분은 그들의 실패한 인생 속에 살리는 입김, 창조의 숨을 불어넣으셨습니다. 게다가 이 나사렛 예수께서는 하늘에 계신 아버지에 관해 말씀하시며, 자신이 어떻게 그분과 밀접히 접촉하는지, 자신이 어떻게 날마다 그분으로부터 살아 있는 생기를 받는지를 일러 주셨습니다. 그분은 자신의 눈과 말로 사람을 사로잡을 줄 아셨습니다. 어쨌든 그는 그분이 안 계신 것처럼 굴 수는 없었습니다.

내면의 목소리, 양심이 이 율법 교사를 놀리면서 말했을 것입니다. '그분이 **옳다면**, 당신은 예전의 사람으로 머물러 있어선 안 돼요. 하나님의 말씀을 연구하면서도 가난한 사람들의 비참함에 더 이상 신경 쓰지 않는 배부른 신학자가 되어선 안 돼요. 개인적인 삶을 영위하면서, 민중, 대중, 일상의 수천 가지 재미없는 문제와 쿠르츠말러(Hedwig CourthsMahler)의 감상주의를 지닌 단순한 바보들과 더는 관계하지 않는 교만한 지성인이 되어서도 안 돼요. 자신의 개인적 문화생활, 자신의 잘 꾸며진 주거 공간을 영위하면서, 자기 호화주택에서 200미터가량 떨어진 바깥에 누추하고 과밀한 반원형 막사들이 있다는 사실을 망각하는 '부자 젊은이'가 되어서도 안 돼요. 날마다 하녀를 시켜 자신의 기도 의자에 경건한 마음으로 왁스를 칠하게 하면서도, 이 하녀의 이름이 무엇인지 모르고, 그녀에게 병든 어머니가 있다는 사실을 알지 못하는 제사장이 되어서도 안 돼요. 이 나사렛 예수가 옳다면, 더는 그렇게 지내선 안 돼요.'

이 율법 교사는 약간의 불안이나 신경과민도 없이 이렇게 생각합니다. '내 양심 안으로 스며들어 와 졸라대는 이 성가신 녀석을 간단히 밖으로 쫓아내려면 어찌해야 하는가?'

그러고는 속으로 아주 단순하게 말합니다. '삶의 궁극적인 배경과 의미와 관련된 모든 것, 하나님과 영원한 생명과 관련된 모든 것, 양심의 문제와 이웃 사랑과 관계있는 모든 것은 증명되지 않아. 증명되는 것은 평범한 것뿐이야. 예를 들면 2 곱하기 2는 4라는 거지.' 그는 계속 추론합니다. '증명되지 않는 문제 때문에 불안해하거나 양심에 괴롭힘을 당할 필요는 없어. 간단히 말하자면, 예수에게 논쟁을 신청해서, 그가 아무것도 증명하지 못한다는 사실을 밝히는 것이 가장 좋겠어. 게다가 나는 철학 교육을 상당 정도 받고, 수백 개의 성경 인용구를 알고 있어서 임의로 해석하고 뒤집고 이용할 수 있는 몸이니 말이야. 그리고 그가 자신의 언변과 사고력으로 나를 사로잡아 제압하려고 해도, 나는 그에 상응하는 변증법적 회피책을 알고 있잖아. 게다가 나는 몇 가지 수사학적 술수도 마음대로 부릴 수 있고, 이미 내기를 할 수 있는 몸이잖아. 설령 모든 것이 허사로 끝난다고 해도—오, 율법 교사는 노회한 토론 경험자입니다!—나는 적어도 내 양심의 평안을 다시 얻고, 그러면 모든 것이 예전처럼 변함없는 상태로 있을 거야.'

율법 교사는 이렇게 생각하고 이 내기의 첫 번째 수를 둡니다. "내가 무엇을 해야 영생을 얻겠습니까?"

이 질문은 확실히 그가 고르고 고른 질문입니다. 우리 삶의 의미와 목표를 묻는 물음이기 때문입니다. 예로부터 철학자들이 이 문제 때문에 골머리를 앓았고, 수천 개의 낡은 세계관과 새로운 세계관이 이 문제의 길가를 난파선처럼 장식하고 있습니다. 그러니까, 그에게는 저 나사렛 사람이 결정적인 답을 말하며, 이 오류들의 희극을 끝장낼 줄 아는 최초의 사람으로 여겨지지 않았을 것입니다. 어쨌든 논쟁 상대인 예수가 "나, 곧 나사렛 예수가 네 삶의 의미다"라는 주장으로 응수할 때, 즉시 반론을 펴지 못한다면 율법 교사 자신이 웃음거리가 될 터였습니다.

그래서 율법 교사는 있을 수 있는 다른 수도 몇 가지 생각해 두었을 것입니다. 만일 예수가 "믿음을 통해 영생에 이를 수 있다"라고 대답하면, 그는 이 대답에 대하여 "그렇다면 하나님은 어째서 제사를 명하신 것입니까?"라고 대꾸할 테고, 예수가 "마땅한 순종을 보이고, 너에게 요구되는 제물을 드려라"라고 대답하면, 그는 "아, 아닙니다! 내가 제물을 꼭 드려야 합니까? 참 이상하네요! 전에는 늘 믿음에 관해 말씀하시던데요!"라고 말할 터였습니다.

이처럼 율법 교사는 이 토론 전략 전체를 자기 집에 있는 "모형 모래 상자"에서 차례차례 모의했을 것입니다. 이 나사렛 사람은 그에게 상대가 되지 못할 터였습니다. 다음 시간에 무슨 일이 벌어질지 생각만 해도 짜릿하고 흥미로웠습니다. 신학적 펜싱은 전문가에게 맞는 것이니까요. 그는 이 예수가 자신의 영혼을 붙잡으려고 하면, 약삭빠르게 그 손에서 빠져나가고 싶어 좀이 쑤십니다. 그는 자신의 속사람을 비누로 문질러 놓은 상태입니다. 이는 수많은 이들이 하는 짓입니다. 목사라면 이처럼 미끈거리는 영혼들에 관해서 할 말이 많습니다.

실로 그는 자신의 질문을 품고 예수 앞에 섭니다. 누군가가 갑자기 예수 앞에 서고 예수께서 그 사람을 보실 때, 그 느낌이 어떠할까요?

율법 교사는 먼저 자신이 그토록 면밀하게 준비한 그물에 자신의 대화 상대가 걸려들지 않는 것을 알고 놀라지 않을 수 없었습니다. 그분은 그의 질문에 당장 대답하지 않고, 오히려 "율법에 무엇이라고 기록하였느냐?"라고 반문하십니다.

율법 교사는 자기가 초등학생이나 받을 법한 질문을 받았으며, 예수께서 다음과 같이 암시하신다는 것을 알고 상당히 당혹스러웠을 것입니다. "어찌하여 당신은 오래전부터 알고 있는 것을 묻는 겁니까? 하나님의 백성 가운데서 자란 사람이라면 누구나 삶의 근본 문제인 영생 얻는 법을 알고 있을 텐데!" 예수께서는 그의 작은 도전에 응하지 않으시고, 영의 넓은 길에서 그와 경합하기 위해 문을 열 준비를 하지 않으시고, 오히려 그에게 어린 시절의 종교 수업을 상기시키심으로써 그를 조금 남부끄럽게 하십니다. 그는 약간 당황하며 그분께 초등학생처럼 대답합니다. "'네 마음을 다하고 네 목숨을 다하고 네 힘을 다하고 네 뜻을 다하여, 주 너의 하나님을 사랑하여라' 하였고, 또 '네 이웃을 네 몸같이 사랑하여라' 하였습니다."

그는 이 구절을 암송하면서 기묘해졌을 것입니다. 이 말씀은 그가 속속들이 아는 것이라고 할 수 있었습니다. 적어도 여러분과 제가 굵은 활자로 인쇄된 성경 구절 가운데 몇 구절을 알고 있거나, 불에 탄 좌우명을 날마다 보는 것과 똑같습니다. 그러나 기이한 것이 있습니다. 그러한 말씀—"믿음, 사랑, 소망"이나 "너의 길을 주님께 맡겨라"와 같은 말씀—을 수백 번 듣고 읽고 암송하다 보면, 이 죽은 듯한 말씀이 영혼과 같은 것을 얻어 움직이며 나에게 다가오는 시간, 새까맣게 탄 말씀이 불현듯 눈을 얻어 나를 바라보는 시간이 갑자기 닥치는 것입니다. 아마도 이런 일은 사랑하는 사람이 임종하여, 내가 그 사람 없이 어떻게 살아갈 것인가를 물을 때 일어나거나, 또는 고향에서는 내가 지나갈 때마다 사람들이 모자를 벗어들고 인사했지만, 내가 난민이 되어 어딘가로 표류하면서 낯선 사람들 사이에서 업신여김을 당하며, 부탁과 은혜로운 들어줌에 기댈 때도 일어날 것입니다. 지하 공습 대피소에서 다음 순간이 나를 죽음이나 혹독한 가난에 빠뜨릴 수 있을 때도 그런 일이 일어났을 것입니다. 갑자기 내 인생의 헛간에서 먼지를 뒤집어쓴 채 있던 말씀, 내가 오래전부터 잘 알고 있던 말씀과 함께 알 수 없는 변화가 일어나, 말하고 판단하고 위로하기 시작했을 것입니다. "염려하지 마라!", "너의 길을 주님께 맡겨라", "오, 너 믿음이 적은 사람아!"라는 말씀이 크고 안전한 망토처럼 나를 감싸고, 어머니처럼 강인한 손으로 나를 불 사이로, 낯선 사람들 사이로 인도하고, 불안의 바다 가운데서 내가 얕은 데를 찾을 수 있게 했을 것입니다.

율법 교사가 예수 앞에서 하나님 사랑과 이웃 사랑이라는 오래된 말씀, 자기가 잘 아는 말씀을 암송했을 때―아니, 그가 암송하지 않고, 주님 앞에서 각각의 단어가 그의 곁을 천천히 지나가다가 멈춰 서서 그를 바라보았을 때―그리고 가장 친숙한 단어와 함께 다음과 같은 일, 곧 단어들의 섬뜩하고 갑갑한 사열식, 단어들의 포위가 이루어졌을 때, 어떤 일이 일어났습니다. 바로, 그가 이전까지는 얼마간 가지고 놀았던 단어들이 이제는 그의 주변에 빙둘러서서 그를 깜짝 놀라게 한 것입니다.

지금까지 우리는 "하나님은 사랑의 하나님이시다"라고 얼마나 쉽게 말했는지요. 우리는 이 문장을 얼마나 쉽게 입에 담는지요! 게다가 이 문장은 다소 진부하게 들리기까지 합니다. 그러나 갑자기 예수께서 생생히 곁에 서 계시면서 우리를 바라보시면, 이 경건한 문장은 고발하는 문장이 됩니다. 그러면 우리는 갑자기 그 문장을 거지가 말하는 문장으로 듣게 됩니다. 그는 내가 어제 문간에서 쫓아낸 사람입니다. 또한 우리는 그 문장을 하녀가 말하는 문장으로 듣기도 합니다. 그녀는 내가 그녀의 임신을 이유로 해고한 사람입니다. 또한 우리는 그 문장을 이웃이 말하는 문장으로 듣기도 합니다. 그 이웃은 최근에 남부

기다리는 아버지

끄러운 일로 신문에 기사화되어, **내가** "항상 성실과 정직으로 행동하라"는 리듬에 맞춰 행진하고 있음을 그에게 느끼게 해주고 있습니다. 갑자기 우리는 그 문장을 이 모든 사람이 말하는 문장으로 듣게 됩니다. 이 말씀은 구름 위를 거니시는 하나님하고만 관계있는 것이 아니라, 이 모든 사람과도 어느 정도 관계있는 말씀입니다. 주님의 눈이 직접 그들 안에서 나를 주시하기 때문입니다.

율법 교사가 사랑의 종교에 관한 금언을 암송하고, 예수께서 그에게 "그대로 행하여라. 그리하면 살 것이다"라고 말씀하시면서, "그러면 네 모든 질문에 대한 답도 얻게 될 것이다"라고 이해시키실 때도 같은 일이 벌어집니다.

율법 교사는 사랑이나 영생에 관한 철학적 대화를 나누고 싶었습니다. 사상사 전체를 훑으면서, 오늘날과 마찬가지로 당시에도 가장 흥미로운 사상들을 찾아낼 수 있을 터였습니다. 이를테면 사랑과 영생에 관해 플라톤이 어떻게 말했는지, 구약성경이 어떻게 말했는지, 토마스 아퀴나스가 어떻게 말했는지, 괴테가 어떻게 말했는지 찾아낼 수 있을 터였습니다. 그다음에는 마음 편히 잠자리에 들거나, 몇 가지 지적인 별미를 맛있게 먹을 수도 있을 터였습니다. 그러나 예수께서는 "먼저 사랑에 대해 숙고하지 말고, 사랑을 실천하여라"라고 말씀하십니다. 행위 속에서만, 실천 속에서만 알 수 있는 것이 참 많습니다.

물론 그것은 결코 쉬운 일이 아닙니다. 실천하기보다는 논쟁하기가 훨씬 쉽습니다. 율법 교사가 되는 것이, 경건하게 되는 것이, 주일에 예배에 출석하는 것이, 사랑에 관한 강연을 경청하는 것이, 그런 강연을 직접 하는 것이, 하나님이 친히 사랑으로 지옥을 비우시고, 모든 이를 구원으로 부르시는 것은 아닌지를 숙고하는 것이 오늘날 가난하고 무력한 사람을 위하여 한 시간을 희생하는 것보다 훨씬 쉬운 일입니다.

율법 교사는 이 사실을 알고 깜짝 놀랍니다. 어쩌면 오늘 아침에도 자기보다 조금 더 성공한 동료를 미워하고 시기했음을 떠올리고는 괴로움을 느낄지도 모르겠습니다. 그 선한 사람은 자신의 신학적 교훈 담화, 자신의 교육 대화가 이토록 갑자기 끝나가는 듯해서 실망합니다. 영적인 문제들이 이토록 단순하고 간단하다니, 영적인 문제들이 사소한 일상, 이웃들, 친구들, 행상인들, 아무 말도 하지 않는 하찮은 직원들과 관계있다니 참 난처합니다. 그가 던진 물음은 인생의 의미 물음이었고, 그가 제기한 주제는 고상한 주제였는데, 이것들이 뒷전으로 밀려나고 만 것입니다! 실로 울거나 웃을 일이 아닐 수 없습니다. 그러니 떠나는 것이 상책입니다. 이 나사렛 사람과 대화해선 안 됩니다. 그분은 매우 불편한 분입니다. 그분은 지적인 분이 아니라고 할 수 있습니다. 그분은 실천과 함께 곧바로 오는 분이니 말입니다. 그러나 율법 교사는 그분에게 또 하나의 토론을 강요하며 실천을 멀리할 방법을 갑자기 생각해 냅니다. 그 방법이면, 자기가 뒷골목으로 보내지지 않고 영예롭게 교양 있고 지적인 수준의 사람으로 남을 수 있겠다 싶었던 것입니다.

그래서 그는 문제를 만들어 질문하기 시작합니다. 이는 우리가 잘 아는 일이기도 합니다. 살다 보면 종종 이런 일이 일어납니다. 하나님의 말씀에 양심을 찔려 재빨리 다음과 같이 말하면서 도망칠 준비를 하는 것입니다. "도대체 신이 존재하기는 하는 걸까? 나는 존재하지 않을 수도 있는 누군가가 나를 불안하게 하는 것을 용납하지 않겠어!" 율법 교사는 그대로 합니다. 더 자세히 말하면 "내 이웃이 누구입니까?"라고 말하는 것입니다. 그는 이 질문으로 다음과 같은 것을 이해시키려고 합니다. "나사렛 예수여, 누가 내 이웃인지가 불확실합니다. 예컨대 이면 가옥에 있는 사람이 내 이웃인가요? 아니면 아침마다 우유를 사러 오는 곤궁한 노부인이 내 이웃인가요? 아니면 다른 사람들(예컨대 내가 사업상 뭔가를 얻는 내 고객이나 내 공급자!)이 나에게 훨씬 더 가까운 이웃인가요? 이것이 명확하지 않으니(그는 이것이 조금도 명확하지 않다고 단언하고 안도의 한숨을 쉬면서 혼자 조금 소리 내어 웃습니다), 나는 사랑을 실천할 의무도 없는 것입니다. 사랑의 수취인을 모르는데, 내가 어찌 사랑할 수 있겠습니까!"

이제 그의 마음은 다시 가벼워집니다. 경건한 의문을 품는 동안은 행동할 필요가 없고, 짧은 유예 기간까지 얻게 되기 때문입니다. 게다가 이 유예 기간은 그의 기분까지 좋게 합니다. 많은 사람이 그를 구도자로, 진지하게 숙고하는 사람으로 여기기 때문입니다. 무엇보다도 이론가의 안전한 지위를 너무 빨리 포기하지 않아도 되고, 구속력이 없는 지대에 좀 더 머물러도 되며, 자신이 깬 결혼생활을 회복하며 아내에게 용서를 구하지 않아도 되고, 이와 동시에 사회규범을 따르지 않아도 되며, 가난한 사람들의 냄새가 진동하는 뒷골목에 당분간은 발을 들여놓지 않아도 되기 때문입니다.

율법 교사는 잔뜩 긴장한 채 예수를 바라봅니다. 그분은 율법 교사가 용의주도하게 펼친 문제의 그물에 걸려들까요? 이제 이 나사렛 사람은 스스로 사색하기 시작해야 하고, 이웃의 개념과 본질, 사회질서, 의무와 성향의 관계에 관해 말하지 않으면 안 됩니다. 그래야 자신이 영리한 사람으로 여겨지고 진지하게 받아들여질 테니까요.

곤혹스럽게도, 예수께서는 다시 한번 전혀 다르게 반응하십니다.

그분은 언제나 사람들이 기대하는 바와는 정반대로 하십니다. 그분은 이야기(짧은 이야기, 소위 일화!)를 들려주십니다. 율법 교사는 자신의 근본적인 질문에 예수께서 짧은 이야기로 응수하셔서 어이가 없었을지도 모르겠습니다. 부인회 또는 양로원에서나 할 법한 이야기를 **그에게** 하시다니요? 하지만 이 이야기에는 매우 주목할 만한 점이 있습니다. 율법 교사는 신경을 곤두세웁니다.

예수께서는 "어떤 사람이 예루살렘에서 여리고로 내려가고 있었다"라고 말씀하십니다.

율법 교사는 "오, 시작이 좋군"이라고 생각합니다. "저분이 말하는 '어떤 사람'은 내가 궁금해했던 그 이웃일지도 몰라. 대단히 일반적인 시작이니, 그 표현은 상투적 표현이라고 할 수 있을 거야. 동포도 아니고, 내 회사의 구성원도 아니고, 내 아내도 아니고, 내 아이도 아닌 그 어떤 사람, 임의의 아무개가 내 이웃일까? 혹은 함부르크 번화가에서 아코디언을 연주하는 사람이 내 이웃일까? 인간이라 불리고 두 다리로 걷는다는 이유로 모든 사람이 똑같이 취급된다면, 이거 재미있게 되겠는 걸. 이번에는 초등학생처럼 나의 짧은 격언을 암송하지 않고, 저분에게 '역공'을 펼 테야!"

"어떤 사람이 상처를 입어 누워 있다"라고 예수께서는 계속 이야기하십니다. 그 사람은 습격을 받고서, 지독한 고통, 창상열(創傷熱), 고립무원의 엄청난 불안에 시달리고, 습격의 공포로 인한 신경 쇼크에도 시달립니다. 성직 복장의 누군가가 오는 것이 보입니다. 그도 예루살렘에서 내려오는 중입니다. 극도의 공포는 사람을 매우 명민하고 총명하게 할 수 있어서, 이 가련하고 불구가 된 사람의 아픈 머리를 번개처럼 관통합니다. "저이는 성전에서 곧장 내려오는 중일 거야! 성전에서

기다리는 아버지

하나님 사랑과 이웃 사랑에 관한 설교를 듣거나 아니면 그런 설교를 직접 했을지도 몰라. 아유, 고마워라. 저이가 성전의 선명한 인상을 두르고 내 곁을 지나가려고 오다니! 저이가 틀림없이 도와줄 거야."

같은 순간에 제사장도 그 사람을 보았습니다. 다친 사람은 제사장이 자기를 보았음을 바로 알아차렸습니다. 그러나 제사장은 이웃이라는 개념에 대해 다친 사람과 생각을 달리합니다. 이는 늘 있는 일입니다. 우리는 곤경에 처할 때면 이런 생각을 하고는 합니다. "우리보다 더 돈 많은 사람들이 우리 이웃이야. 그러니 그들은 우리를 도와줄 의무가 있어." 동쪽에서 온 난민이 이곳에 내렸는데 수중에 작은 트렁크밖에 없을 때, 그는 모든 사업가를 자기 이웃으로 여기고, 그들에게 일자리를 구합니다. 그는 독일의 기적에 충격을 받았지만, 정작 자신은 경제적으로 영락한 상태였기 때문입니다. 난민인 그는 다른 사람을 대신하여 역사적 파산 비용을 지급할 수밖에 없었습니다. 그런데도 그는 살인자들 사이에서 쓰러지고 맙니다. 그에게는 도움이 절실합니다. 그래서 큰 사업가는 그의 이웃이 될 수 있습니다. 하지만 이 건실한 시민은 사정이 다릅니다. 그는 동독의 곤경, 베를린 구호 특별세, 이쪽에 상륙한 늙고 병든 다수의 사람, 심지어 재통일까지 자신과 서독 전체에 짐이 되며, 따라서 바짝 경계해야 한다는 것을 압니다. 이것은 명확하고 논리적인 이의 제기입니다. 난민의 생각도 명확하고 논리적이었습니다. 이제 두 사람은 "내 이웃이 누구입니까?"라는 물음을 놓고 전혀 상반된 해답에 이르렀습니다. 이는 삶 속에서 늘 일어나는 일입니다. 그리고 이것은 우리가 여기서 인식해야 하는 첫 번째 사실이기도 합니다. 즉, 도움을 요청받는 사람과 도움이 필요한 사람은 이웃이라는 개념을 전혀 다르게 이해한다는 것입니다. 이웃이라는 개념은 적어도 하나님의 존재만큼이나 불확실하고 논쟁의 여지가 있습니다. 하나님은 눈에 보이지 않지만, 이웃은 늘 눈에 보이는데도 그렇습니다.

그러므로 우리는 우리의 이웃이 실제로 누구인지를 알기 위해 우리의 생각에 대해 매우 비판적인 자세를 취하지 않으면 안 됩니다. 무엇보다도 우리는 어느 정도 부유한 사람들로서 다른 사람, 곧 난민, 과부, 곤궁한 이웃이 **우리를** 이웃으로 여기고 있는지 먼저 숙고해야 합니다. 또 우리가 이미 다른 사람들에 대한 의무들을 지고 있다고 생각하여 값싼 위로를 건네며 그를 너무나 쉽게 외면하는 것은 아닌지도 숙고해 봐야 합니다.

비유 속에서 그와 같은 일이 벌어집니다. 제사장은 속으로 이렇게 생각합니다. "저런, 불쌍한 사람! **그대**는 아직 뼈라도 온전하니 참 다행이야." 어쩌면 그는 이 온전한 뼈들을 두고 하나님께 감사까지 할지도 모르겠습니다. 왜냐하면 자신은 경건한 사람이고, 하나님이 자신을 강도들과 모든 재앙으로부터—고향 탈출, 폭격 피해, 전쟁미망인의 운명 등등으로부터—자비로이 지켜 주셨기 때문입니다. 하지만 어이없게도, 제사장은 자신의 경건한 숙고를 멈추고 이렇게 생각합니다. "그렇다고 해서 내가 저 불쌍한 사람을 도와줘야 한다는 뜻은 아니지! 아직 강도들이 백 미터의 거리에 매복한 채, 나마저 죽일 기회를 노리고 있을지도 몰라." 그러나 그의 양심이 그에게 다음과 같이 생각하도록 강요합니다. "여기서 돕지 않으면, 그것은 비겁한 짓이 될 거야. 하나님은 내가 이 가련한 사람을 만나게 하셨어. 성전에서 들은 말씀 그대로야. 이를테면, 비겁하다는 것은 하나님을 부인하고 그분의 계명을 어긴다는 뜻이지."

그는 이 숙고의 압박을 받고서 하나님을 위한 희생의 걸음을 떼겠다고 결심합니다. 벌써 그는 손수건을 향해 손을 뻗습니다. 다친 사람을 싸매어 주려고요. 그는 이미 자기도 모르는 사이에 그 사람을 향해 몇 걸음을 내디딘 상태입니다.

하지만 마지막 순간에 제사장에게 한 생각이 떠오릅니다. 괴롭고 위험한 의무를 단숨에 면제시켜 주고, 비겁하다는 자책을 날려 버리는 생각입니다. 이 제사장이 도피처로 삼는 그 생각은 다음과 같은 질문에 담겨있습니다. "도대체 내 이웃이 누구지? 내가 알지 못하는 이 사람이 내 이웃일까? 무뢰한이 내 이웃일까? 아니면 나무줄기에 머리를 들이박은 주정뱅이가 내 이웃일까? 내게는 내 가족이 더 가까운 이웃이야. 나 개인이라면 그를 위해 목숨을 바치겠지만, 나는 내 가족, 내 직장, 나의 진짜 '이웃'을 돌봐야 해. 강도들이 내 두개골**마저** 때려 부수도록 내버려 둔다면, 이는 순종이 아니라 죄가 될 거야. 이는 누구나 믿을 수밖에 없을 만큼 중대한 사실이야. 이 패거리가 **한** 명이 아닌 두 명을 불구로 만든다면, 이는 아무에게도 도움이 되지 않을 거야. 그냥 무시하고 지나가는 것이 하나님도 섬기고 이웃도 섬기는 길이야. 더욱이 나는 예루살렘 성전에서 바치는 헌금 전액을 주머니에 넣고 다니잖아. 하나님의 소유인 이 돈을 강도들의 수중에 떨어뜨린다면, 이는 주제넘은 짓일 거야!" 이 사람이 결코 이웃이 아니라고 여길 만한 수백 가지 다른 이유가 갑자기 그에게 떠오릅니다. 뭔가를 살그머니 피하려고 할 때면 언제나 여러 이유가 생겨납니다. 가장 어리석은 사람도 회피의 이유를 찾아야 할 때면 갑자기 수학 교수만큼 명민해집니다. 지옥으로 이어진 길은 선한 의도로만 포장되어 있는 것이 아닙니다. 지옥으로 이어진 길은 선한 이유들로도 포장되어 있습니다.

그래서 그는 (원문의 글자 그대로) 반대쪽으로 피하여 갑니다. 이는 양심의 진정이 순조롭게 이루어지지 않았다는 표시입니다. 그는 피하여 지나가면서 그 불쌍한 사람을 보지 않습니다. 그 불쌍한 사람의 얼굴이 그를 고발하며 그의 손을 쳐서 수많은 이유를 떨어뜨릴 수 있기 때문입니다. 그래서 부자도 가난한 나사로를 문 밖에 있게 했었지요. 그가 나사로를 자기 집에 들이지 않은 것은, 나사로에게서 이가 옮을까, 또는 자기가 결핵에 걸릴까 두려워서가 아니라, 나사로를 보고 싶지 않아서였습니다. 우리는 자진해서 모든 이를 제대로 보려고 하지 않습니다. 이웃의 불행을 보는 것, 이것이 이웃 사랑의 첫 번째 행위인데 말입니다. 사랑은 먼저 찾도록 하고, 발견하게 합니다. 사랑은 눈을 먼저 사로잡고, 그다음에 손을 사로잡습니다. 눈을 감으면, 손도 할 일이 없게 됩니다. 결국엔 양심도 잠들고 맙니다. 걱정되는 이웃이 내 시야에서 사라졌기 때문입니다. 따라서 최후 심판의 때에 우리의 눈이 먼저 심판을 받습니다. 예수께서 최후 심판의 때에 사람들에게 "내가 헐벗은 사람, 주린 사람, 갇힌 사람의 모습으로 너희와 마주쳤지만, 너희는 나를 도와주지 않았다"라고 말씀하시자, 피고들은 특이하게도 다음과 같은 반문으로 대답합니다. "주님, 우리가 언제 주님께서 굶주리신 것이나, 목마르신 것이나, 헐벗으신 것이나, 병드신 것을 보았다는 것입니까?"(마 25:44)

　이 말씀을 제대로 이해하겠습니까? 그들은 "우리는 주님을 **보지 못했습니다**"라고 말합니다. 제사장도 장차 그렇게 말할 것입니다. 그러면 그의 발자국이 넓은 호를 그리면서 다친 사람 주위를 둘러싼 채, 그가 개별자를 알지 못했고, 그래서 구원자를 알지 못했으며, 원인과 결과를 혼동하기만 했다는 것을 입증할 것입니다. 그가 다친 사람을 외면한 것은, 그의 걸음이 너무 넓은 호를 그리며 다친 사람 주위를 둘

기다리는 아버지

러싸서가 아니라, 다친 사람이 보이는데도 보지 않으려고 피했기 때문입니다. 이렇게 피하고, 아무것도 보지 않는 것은 참 쉬운 일입니다. 신문에 게재된 비참한 통계를 무시하고, 우리에게 도와달라고 외치는 주제를 라디오에서 다룰 때, 라디오를 끄는 것은 참 쉬운 일입니다. 당시에 우리 가운데서 강제수용소와 유대인 학살에 대해 듣고 안 사람은 소수였는데, 그 이유가 무엇이겠습니까? 우리가 이 모든 것을 흘려들으려 했기 때문이고, 우리가 우리의 세계관과 우리 내면의 안정을 걱정했기 때문이며, 그 당시에 도출될 수밖에 없는 어떤 결과들을 우리가 두려워했기 때문입니다. 그래서, 다시 한번 말씀드립니다. 여러분의 눈과 나의 눈, 곧 우리의 눈은 심판을 받을 것입니다. 내가 보려고 하지 않은 어떤 사물들과 사람들이 구원자였을지도 모르는데, 내가 외면하고 말았던 것입니다.

이웃 사랑의 제1계명은 눈을 검사하는 것입니다!

레위 사람도 피하여 지나갑니다. 그도 비슷하게 숙고했을 것입니다. 어쩌면 그는 저녁에 여리고에서 이웃 사랑에 대해 강연하기로 되어 있었는지도 모릅니다. 그의 계산은 빠르고 정확했습니다. "저 가련한 사람과 함께 있으면, 내 강연이 취소될 거야. 내가 여기서 저 사람을 도울 수도 있지만, 이웃 사랑에 관한 내 강연은 사마리아인 협회의 설립을 위한 자극제가 될 거야." 그러므로 계산 문제는 명백합니다. 악마는 언제나 뛰어난 수학자여서, 논리적 오류를 범하지 않습니다. 레위 사람은 이 악마의 수학으로 인해 자신이 다음과 같은 두 개의 서로 다른 선로 위를 달리고 있음을 조금도 알아채지 못합니다. 이를테면 이웃 사랑에 관한 자신의 강연을 위해 이웃의 불행을 방치하고, 하나님을 섬기려고 하면서 그분의 자녀들을 모욕하고, 기도하면서 자기 주님의 얼굴에 침을 뱉는 것입니다.

그러므로 이웃 사랑의 제2계명은 다음과 같습니다. "우리의 삶터를 검사하라!" 우리의 거주지에서 성상을 모셔 꾸며 놓은 자리 옆에 악마의 제단이 자리하고 있지는 않은지 조사하는 것입니다. 우리 마음의 집에는 거처가 매우 많습니다. 그곳에 엄청난 것들이 서로 아주 가까이 있습니다.

사마리아 사람이 다친 사람에게 다가가던 순간, 곧 가장 불쌍한 사람이 완전히 절망하고 실망한 나머지, 더는 아무것도 기대하지 않던 순간을 군이 묘사해야 할까요? 사마리아 사람이 일에 착수하여 어떤 돌봄을 제공했는지를 군이 묘사해야 할까요? 그가 강도들을 두려워하지 않은 것을 군이 칭찬해야 할까요? 그가 중시한 것은 신경의 흥분에 지나지 않을 한순간의 동정이 아니었음을 군이 언급해야 할까요? 그가 열이 있는 사람을 돌보고, 여관 주인과 협의하고, 나중에도 그 사람을 책임질 용의가 있었음을 군이 언급해야 할까요? 사마리아 사람으로서 **자신**의 교리문답서에서 이웃 사랑의 의무를 부과하는 말씀을 율법 교사와 레위 사람만큼 배운 적도 없고, 사랑의 이론을 매우 불완전하게 소유하고 있었는데도, 그가 이 모든 일을 한 것입니다!

이 모든 것을 묘사할 필요는 없을 것입니다. 이 비유는 우리가 우리 자신을 제사장 및 레위 사람과 동일시하며 가슴을 치기를 바라기 때문입니다. 이 비유는 우리의 내려진 눈꺼풀을 들어 올리고 싶어 합니다. 이 비유는 우리에게 일을 지체 없이 시작하는 법을 가르치고 싶어 합니다. 이 비유는 대화의 첫머리와 같은 말씀으로 끝을 맺기 때문입니다. "가서, 너도 이와 같이 하여라!"

기다리는 아버지

먼저 하나님의 말씀을 숙고하고, 그런 다음에 일을 시작하는 것은 잘못된 것입니다. 그런 일로 우리는 너무 많은 시간을 보냈습니다. 예정 및 자유의지와 어떤 관계가 있는지, 믿지 못하거나 그리스도에 관해 조금도 들어 보지 못한 사람들과 함께할 때 무슨 일이 일어나는지, 어째서 골고다의 십자가와 속죄 교리가 있어야만 하는지, 그리고—마지막으로 결코 무시하지 못할 것으로서—도대체 내 이웃이 누구인지를 먼저 알려고 한다면, 우리는 최후 심판의 때까지 그 일을 마치지 못할 것입니다. 다만, 우리가 "가서, 이와 같이" 할 때 비로소 우리는 이 모든 것을 이해하게 될 것입니다.

여기서 실제적인 생활 규칙 몇 가지를 다시 제시하겠습니다. 하나님의 아들의 신분이나 동정녀 탄생이나 기적과 같은 것이 있는지를 숙고하는 것으로는 예수 그리스도가 어떤 분인지를 알 수 없습니다. 예수 그리스도가 어떤 분인지는 갇힌 형제자매들, 굶주리는 형제자매들, 걱정하는 형제자매들을 통해서만 알 수 있습니다. 그분은 그들 안에서 우리를 만나고 싶어 하시기 때문입니다. 실로 그분은 언제나 깊은 데 계십니다. 나는 눈을 뜨고 내 주위의 비참함을 볼 때만 이 형제자매들에게 접근할 수 있습니다. 나는 사랑할 때만 눈을 뜰 수 있습니다. 내가 먼저 "내 이웃이 누구입니까?"라고 묻는다면, 나는 다가갈 수도 없고, 행할 수도 없으며, 사랑할 수도 없습니다. 악마는 내가 이 물음을 던지기만을 기다립니다. 내가 이 물음을 던지는 순간, 악마는 가장 쉬운 답만을 내게 속삭입니다. 그리고 우리 인간들은 언제나 가장 쉬운 것에 속아 넘어갑니다. 내가 사랑할 수 있으려면, 나는 "내 이웃이 누구입니까?"라는 율법 교사의 물음을 예수께서 말씀하시는 의미로 뒤집어야 합니다. 이 물음을 뒤집으면 다음과 같이 됩니다. "**나는**

누구의 이웃입니까? 누가 **내** 발 앞에 뉘어 있습니까? 누가 **내** 도움을 바라고 있습니까? 누가 **나를** 이웃으로 여깁니까?" 바로 이 질문 전환이 이 비유의 요점입니다.

사랑하는 사람은 언제나 자기중심적인 계획과 의도에서 벗어나야 합니다. 하나님이 **오늘** 나에게 맡기시는 과제를 기다릴 용의가 있어야 합니다. 하나님은 언제나 나에게 즉석 실행을 요구하십니다. 왜냐하면 하나님이 맡기시는 과제는 언제나 의외성을 가지고 있고, 갇히거나 다치거나 걱정하는 형제자매들은—구원자께서는 이들의 모습을 하고 나를 만나십니다—내가 하필 다른 일을 계획하거나 전혀 다른 의무들에 몰두할 때 결정적으로 내 앞길에 자리하기 때문입니다. 하나님은 언제나 의외성을 띠는 분이십니다. 그분이 나를 도우시는 방법—내가 상상하는 것과는 전혀 다른 방향에서 그분의 도움이 오므로—뿐 아니라, 그분이 나에게 과제를 맡기셔서 사람들에게 보내시는 방법도 의외성을 띱니다.

그러므로 사랑을 위한 세 번째 지침은 민첩하게 즉각적인 실행을 준비하는 것입니다!

여기서 이 비유를 말씀하시는 분은 예수 그리스도이십니다. (이 모든 말이 기초로 삼고 있기는 하지만) 이 사실을 기억하지 않고서, 이 설교를 마무리할 수 없습니다. 우리가 듣는 이 비유는 우리의 가장 자비로운 사마리아 사람이시며 우리에게 이웃이 되어 주시는 분의 입에서 나온 비유입니다. 우리는 임종할 때 다음과 같이 노래하며 고백해도 됩니다. "나 이제 기쁘게 내 형제 그리스도께로 가네."[49] 그때가 되면 우리 주위는 완전히 고요해지고, 사랑하는 사람들도 뒤에 남을 것입니다.

바로 그때 그분이 우리의 이웃이 되셔서, 우리를 떠나지 않으실 것입니다. 그분은 마지막 쓰라린 여정을 우리와 함께하시려고 강도에게 맞아 죽은 분이시기 때문입니다. 우리가 아무도 우리를 이해해 주지 않는 곤란으로, 우리에게 가장 지독한 고독을 떠안기는 불안으로 괴로워할 때, 한 분이 우리의 이웃이 되어 주십니다. 그분은 십자가에서 나와 함께 궁극적인 고독의 어두운 지하 감옥에 감금당하신 분이기 때문입니다. 내가 아무도 알아채지 못하는 무거운 죄책감에 홀로 시달리고, 나의 친구들마저 그것을 모르고 나를 버릴 때, 예수께서는 나의 이웃이 되어 주십니다. 그분은 어두운 심연을 두려워하지 않는 이웃이십니다. 그분은 하늘로부터 불행과 죄책의 가장 깊은 수직갱으로 내려오신 분이기 때문입니다. 예수께서는 나를 사랑하십니다. 그래서 나를 찾는 분이기도 합니다. 그분은 나를 사랑하십니다. 그래서 나를 잘 아는 분이기도 합니다. 그분은 나 자신보다도 나를 더 잘 아시는 까닭에, 나에 대해 갈피를 못 잡는 분이 아니며, 변함없이 나의 친구로, 나의 가장 가까운 이웃으로 머무십니다.

이 복된 확신의 이름으로 우리는 새롭게 일을 시작할 수 있습니다. 그분이 친히 우리의 이웃이 되어 주셨는데, 누가 그분의 마음에 드는 일을 수행하고 싶지 않겠습니까! 누가 가난하고 비참한 형제자매들 안에 계신 그분께 경의를 표하고 싶지 않겠습니까!

그러므로 이웃 사랑의 맺음말은 다음과 같습니다.

모든 사랑의 일은 우리 자신이 사랑받는 존재라는 사실, 우리가 사랑 안에서 거룩해졌다는 사실을 놓고 하는 감사의 행위입니다. 우리는 받은 것을 전달하면서 점점 자라서 하나님의 모든 신비 안으로 들어가게 될 것입니다. 또한 우리, 곧 예수의 제자들은 베풂과 희생으로 가난해지는 것이 아니라, 점점 더 부요해지고 행복해지며, 미력하게나마 하나님께 드린 것을 열두 광주리로 돌려받는다는 것을 경험으로 알게 될 것입니다. 하나님은 후히 주시고, 그분의 자비는 예상할 수 없을 만큼 충만하기 때문입니다.

"그러므로 우리는 하나님의 자비를 힘입어서, 낙심하지 않습니다."[50]

기다리는 아버지

16.

밭에 숨겨 놓은 보물과 값진 진주

하늘나라는, 밭에 숨겨 놓은 보물과 같다. 어떤 사람이 그것을 발견하면, 제자리에 숨겨 두고, 기뻐하며 집에 돌아가서는, 가진 것을 다 팔아서 그 밭을 산다. 또 하늘나라는, 좋은 진주를 구하는 상인과 같다. 그가 값진 진주 하나를 발견하면, 가서, 가진 것을 다 팔아서 그것을 산다.

마태복음 13:44-46

성경에 등장하는 인물들이 모두 똑같은 사람은 아닙니다. 그러니 우리는 우리에게 반쯤은 낯설고, 반쯤은 우리가 경탄하며 알아주는 특별한 종교 체험의 소유자들이나 경건의 소유자들, 우리 현대인들에게는 없는 특별한 종교적 촉각의 소유자들만이 중요했다고 말해선 안 됩니다. 오히려 성경은 사람들의 다양한 유형과 갈망과 성격을 풍부하게 보여줍니다. 그리고 그들은 그들의 삶처럼 다채롭게 섞여 있습니다.

천성적으로 신앙의 담대함과 용기를 지닌 베드로, 자학적인 회의론자 도마, 모든 면에서 갈피를 잡지 못하며 끔찍하게 실패하는 유다

사이의 간격은 실로 큽니다. 우리는 성경의 곳곳에서 그런 사람들을 만납니다. 한쪽에는 자기 삶의 실현을 구하면서도 결정적인 순간을 놓치는 부자 청년이 있고, 다른 한쪽에는 아무것도 구하지 않고—"아무것도 구하지 않는 것, 그것이 그의 마음입니다"[51]—그저 자신의 일상적인 일을 처리하면서 예상과 달리 "모든 것"을 얻는 농부가 있습니다.

여러분과 저도 여러 유형, 여러 성격, 여러 운명으로 이루어진 이 풍부한 연극의 어딘가에 등장할 겁니다. 그러니 이 농부와 이 상인의 무엇이 우리 안에 자리하고 있는지 물어봅시다.

도대체 이 농부는 어떻게 하나님 나라를 발견했을까요?

첫째, 우리가 알아 두어야 할 것이 있습니다. 하나님 나라는 숨겨져 있으며, 하나님은 거리 위에 계시지 않는다는 것입니다. 엄밀히 말해, 하나님은 자신을 드러내는 일에 시큰둥하시고, 밖으로 나타나시는 일이 거의 없거나 아예 없습니다. 그래서 나무나 자동차를 보고 말하는 것처럼 "저기 봐, 그분이 계셔, 저기에 계셔!"라고 말할 수 없다는 것은 매우 불편한 일이 아닐 수 없습니다. 쇠고기 5백 그램이 있으면 맛 좋은 수프를 만들 수 있습니다. 이것은 아주 확실합니다. 그러나 하나님께 있는 것 중에서 확실한 것이 있을까요?

하나님이 신앙의 모험 속에서만 우리를 위해 계시려 하고 탐색할 수 없는 지대에 머무르신다면, 이는 너무 미심쩍은 일이 아닐까요? 그런 확실성이란 바람을 잡으려는 것 같은 허황된 일이 아니겠습니까? 우리도 무신론자들의 유행가처럼 "쇠고기 수프와 하나님"이라고 외칠 수밖에 없을까요? 오, 그렇습니다. 사소한 것조차도 이따금 문제의 핵심을 꿰뚫을 수 있습니다.

언젠가 어떤 사람이 주 그리스도를 거리로 나서게 하여, 모든 사

기다리는 아버지

람이 그분을 볼 수 있게 하려고 했습니다. 그는 그분에게 깃발과 주권의 상징을 마련해 드려, 그분을 널리 알리려고 했습니다. 그러나 이렇게 하려고 한 자는 다름 아닌 악마였습니다. 그리스도가 거리로 나서도록, 그분이 모습을 드러내어 사람들이 발견할 수 있도록 하자는 악마의 제안은 매우 매혹적이었습니다. 제자들은 환호했을 것입니다. 이 가시적이고 확실한 영광 가운데 약간의 광채가 자신들에게도 떨어질 테니까요. 아무도 그들을 경멸하지 못했을 것입니다. 그들은 한 위대한 군주의 장관들이 되고, 한 신정 국가의 명예시민이 될 테니까요. 요한도 감옥에서 전갈을 보내어, 이 예수가 정말로 자신이 기다렸던 그분인지, 이 예수가 세상의 운명을 성취할 그분인지를 문의할 필요가 없었을 것입니다. 그리스도께서 거리로 **나섰다면**, 요한은 의심할 필요가 없었을 것입니다. 그러나 보십시오. 그리스도께서는 다른 길을 걸으십니다. 그분은 가장 외진 문, 있을 것 같지 않은 문을 통해 이 세상에 들어오셨습니다. 그분은 세상의 가장자리에 있는 촌구석에서 가난한 아기로 태어났습니다. 그분은 우는 사람들을 위로하시고, 어린아이들을 축복하시고, 절망하는 사람들에게 손을 얹으셨습니다. 그러나 이 가난한 사람들, 병자들, 비참한 사람들은 왕이 행차하곤 하는 승리자의 길(via triumphalis)에서 만날 법한 사람들이 아닙니다. 그들은 어둡고 외진 귀퉁이에 서 있거나 웅크리고 있는 사람들입니다. 그들은 다락방이나 가난한 이들의 움막에 거주하는 사람들입니다. 물론 그들이 상사의 방에 외롭게 있을 때도 간혹 있습니다.

어째서 그분은 자신에게 열려 있는 권력과 여론을 붙잡지 않으시고, 이 길을 걸으셨을까요? 예수께서는 열두 천사 군단의 행진으로 사람들을 **압도하려고** 하지 않으셨습니다. 그분은 십자가에 달리실 때,

그들에게 출동 경보를 내릴 수도 있었지만, 그들을 소집하지 **않으셨습니다.** 지난 천 년을 생각해 볼 때, 그분은 사람들이 기독교 문화와 기독교 국가들을 통해, 간단히 말하면 출생과 자연스러운 기독교 관습을 통해 기독교와 세례 증서 소유자들의 거대한 자루 안에 들어갔으면서도 나사렛 예수와 인격적 관계를 전혀 맺지 않는 상황을 조금도 원하지 않으셨을 것입니다. 어쩌면 이 모든 것을 우리의 수중에서 부서뜨리는 것이 하나님의 선하신 뜻일지도 모르겠습니다.

어쨌든, 예수께서는 이 모든 것을 바라지 않으셨습니다. 그분은 일괄적인 대중 기독교를 원하지 않으십니다. 그분은 교회의 무절제한 선전을 바라지 않으십니다. 오히려 그분은 우리 각 사람을 매우 고요히, 매우 솔직하게 만나고 마주하고 싶어 하십니다. 그때 우리는 그분 앞에 완전히 홀로 고요히 서게 될 것입니다. 우리는 자기 안에 내주하는 하나님의 충만하심으로 인해 내면이 밝아진 그분 앞에서 갑자기 다음의 사실을 알아채게 될 것입니다. 이를테면 우리가 하나님을 잃어버리고 고향 없는 자들이 되었으며, 우리와 우리 아버지 사이에 심연이 입을 쩍 벌리고 있다는 것입니다. 우리는 그분의 평온한 모습을 마주하여 그것을 분명히 깨달음과 동시에 그분이 그 심연 안에 서서 우리를 도와 건너가게 해주시며, 그분의 십자가가 다리처럼 그 심연 위에 가로놓여 있음을 알아채게 될 것입니다. 우리는 그분이 어떻게 우리와 함께 고난받으시고, 죽으시고, 죄를 짊어지시는지 보게 될 것입니다. 또한 우리는 그분이 어떻게 모든 것 안에서 우리 중 한 사람이 되시고, 죽음과 심연 속에서 우리의 친구가 되시는지 보게 될 것입니다.

그분이 열두 천사 군단의 정점에 있는 왕이었다면 이 모든 일을 하실 수 있었을까요? 그분이 자색 망토를 걸치고 사열식 거리를 걸었다면, 그분이 저명인사이자 스타였다면, 그분이 자기 뒤에서 행진하는 무리의 등등한 리듬을 듣는 분이었다면, 그런 일을 하실 수 있었을까요?

아닙니다. 그분이 그리하실 수 있었던 것은, 그분이 자기를 낮추셨기 때문입니다. 그래서 우리는 저마다 이렇게 말할 수밖에 없습니다. "나도 가난하지만, 나의 이 형제는 나보다 더 가난해. 나는 극한 상황에 처해 마땅하지만, 나의 이 형제는 그 상황을 나보다 더 심하게 겪었어. 나는 하나님께 버림받았다고 느끼지만, 나의 이 형제는 그 분리의 고통을 나보다 더 혹독하게 겪었어. 나의 이 형제는 내가 가장 어두운 시간에 필요로 했던 것보다 더 큰소리로 골고다의 밤에 외쳐야 했어."

그래서 예수께서는 열두 천사 군단을 거느린 메시아 왕으로 이 세상을 다니지 않으셨습니다. 그분이 메시아 왕으로 이 세상을 다니셨다면, 우리는 멀리서만 그리고 면밀한 격리와 거리 두기를 거쳐서만 그분을 보고 인사할 수 있었을 것입니다. 그래서 그분은 다른 수천의 사람처럼 목수의 아들이 되셨습니다. 그래서 그분은 자기의 인간 형제들처럼 숨을 거두셨습니다. 그래서 그분은 다른 사람들도 짊어져야 하는 것을 조금도 피하지 않으셨습니다. 겉으로는 꽤 괜찮은 모습을 하고 있어도, 우리 모두의 내면은 어딘가 측은합니다. 어딘가에서 우리는 너나없이 "빗속에 외로이" 있습니다. 예수께서는 가난한 우리 자아의 **이러한** 층 안에서도 우리의 형제이십니다.

그러므로 이것은 다른 결과인데, 그분은 숨겨진 왕, 알려지지 않은 왕이 되셨습니다. 그분은 사람들이 못 보고 지나칠 정도로 숨어 계십니다. 그분은 사람들이 나사렛과 베들레헴과 골고다라는 밭을 지나면서도, 그분을 알아볼 수 없을 정도로 숨어 계십니다. 교회라는 밭을 지나면서도 온갖 먼지와 작은 체크무늬의 피복에 싸인 진주를 알아볼 수 없을 정도로 그분은 숨어 계십니다. 하나님은, 하나님의 아들이라는 진주를 황금 테에 끼워 넣어 우리 대도시의 축제 진열창 안에 두고서, 보통 사람들은 그것을 얻을 수 없고, 이 세상의 영리한 사람들, 부유한 사람들, 재벌들만이 구매할 수 있도록 하는 걸 달가워하지 않으십니다. 오히려 그분은 다른 모든 이가 그러는 것처럼 그 진주를 매우 평범한 밭 속에, 곧 수고하고 무거운 짐을 진 사람들이 밟고 지나가는 밭 속에 두시고, 가장 가난한 사람도 그것을 발견할 수 있게 하기를 좋아하십니다.

어쨌든 우리는, 바로 이 시간 다음 한 가지를 배울 수 있습니다. 우리는, "나사렛에서 무슨 선한 것이 나올 수 있겠소?"라고 거만하게 묻는 사람들처럼, 진주를 품고 있는 가난한 돌투성이 밭에 반감을 품어선 안 된다는 것입니다. 우리는 세상사의 변두리에 있는, 여러 면에서 낯선 시골 밭에 이 진주—예수 그리스도—가 자리했다는 사실에 반감을 품어선 안 됩니다. 우리는 그런 사실 때문에 그분을 상대화하려고 해서도 안 됩니다. 원자 시대이자 제트기 시대인 우리 시대를 더 뛰어난 시대로 여길지라도, 우리는 이전의 한 시대에 그 진주가 나타나서 우리 앞에서 반짝이기 시작했다는 사실에 반감을 품어선 안 됩니다.

다만 그 진주를 사랑하는 것이 좋겠습니다. 그 이유는 그 진주가 자신을 너무 좋게 여기지 않고 저 가난한 밭에 묻혀있기 때문이고, 오늘날에도 자신을 너무 좋게 여기지 않고 우리의 가난한 빈손에 의해 높임을 받으려고 하기 때문입니다. 우리는 이 손으로—무슨 일이든 했던 이 손으로!—하나님의 영광을 붙잡아 껴안을 수 있습니다. 그리고 우리는 이 입으로—악한 말과 파괴의 말을 내뱉던 이 입으로!—주님의 식탁에서 은총의 선물을 받을 수 있습니다. 주님은 밭을 너무 더럽게 여기지 않으시니, 우리의 손도 더럽게 여기지 않으실 것입니다.

이처럼 하나님은 사랑과 심오한 겸손으로 숨어 계십니다. 그분은 밭 속에 숨어 계십니다. 우리는 그림 퍼즐의 모양을 찾듯이 그분을 찾지 않으면 안 됩니다.

이 밭은 무엇을 의미할까요? 이 밭은 내 삶이 펼쳐지는 터전입니다. 이 밭은 우리의 활동과 일 또는 배회가 이루어지는 우리의 실생활입니다. 바로 이 밭에 보물이 숨겨져 있습니다.

밭에 보물이 숨겨져 있듯이, 우리의 실생활에 하나님이 숨어 계십니다. 우리가 살면서 만나는 아픔 속에, 가령 우리가 사랑하는 사람의 무덤가에 서 있을 때, 우리가 여러 해 동안 감옥에 갇혀 향수병에 시달릴 때, 우리의 결혼생활이 깨질 때, 또는 사람들이 우리에게 부당한 짓을 범할 때, 우리가 견뎌내야 하는 시련 속에는 진실로 많은 진주가 숨겨져 있습니다.

이 일꾼은 자신의 쟁기가 장애물에 부딪혔을 때 처음에는 깜짝 놀라면서 이렇게 생각했을 것입니다. "아, 이 지긋지긋한 돌부리!" 우리 삶의 쟁기가 가혹한 운명에 맞닥뜨릴 때, 운명이 우리를 방해할 때, 우리는 얼마나 자주 욕하고 분개하는지요. 사실은 진주가, 보물이 우리를 기다리고 있는데 말입니다.

우리 가운데는 10년간의 포로 생활을 마치고 하나님께 감사의 서약을 지키기 위해 이곳에 오신 분이 있을지도 모르겠습니다. 그는 아직은 이 끔찍한 세월의 그물에서 벗어나기가 쉽지 않다는 것을 알 겁니다. 끝까지 견뎌 낸 지루한 절망, 사람들이 그에게 가한 잔혹 행위가 히드라의 촉수처럼 그를 향해 손을 뻗어, 그를 진정으로 고향에 있지 못하도록 할 것입니다. 어느 날 아침 해변에서 깨어난 오디세우스가 이타카에서 그랬던 것처럼, 그도 여전히 두 세계, 곧 자신이 뒤로한 어두운 잿빛 세계와 아직은 자신에게 이해되지 않고 의문만 돋우는 세계 사이의 무인 지대에서 불안하게 서성일 수밖에 없을 것입니다.

하지만 그는 회고하면서 (자신이 견뎌 낸 비참함이 꿈속에서까지 자신을 뒤쫓고 있는데도) 잿빛 속의 잿빛 가운데 또는 이 악마적 세월의 핏빛 속에도 저 신비스러운 진주가 반짝이고 있었다고 고백하지 않을까요? 그는 일상의 안전을 영위하는 사람들이 조금도 알지 못하는 위로들을 경험하지 않았을까요? 극도의 어둠 속에서만 작용하는 광도(光度)를 지닌 복음이 이따금 그에게 주어지지 않았을까요? 그는 위를 향한 출구를 찾으면서, "정상적인 삶"의 매끈한 아스팔트 도로에는 없는 위로들, 위에서 오는 위로들을 받도록 강도 높은 지시를 받지 않았을까요? 그가 귀향할 때 「다 감사드리세」라는 찬송이, 우리가 교회 안에서 노래할 때는 결코 들을 수 없는 소리로 그의 귀에 울리지 않았을까요? 천사들을 빼고 그처럼 그런 찬송을 들은 사람이 있을까요? 꽃다발을 든 아이들—어쩌면 자기 아이들—의 눈망울에 감격하여 그처럼 압도당하는 사람이 있을까요? 이 형언할 수 없는 귀향의 빛도 가장 어두운 밭 속에 있는 저 진주의 광채 덕분이지 않을까요?

괴로운 것과 빛나는 것, 이 모든 것은, 기이한 인도하심의 온갖 수수께끼 속에 숨겨져 있는 하나님의 은혜를 보게 하고, 우리의 삶을 위해 주는 더 높은 생각을 신뢰하게 하려는 비길 데 없는 외침이 아닐까요?

요컨대 진주는 고통 속에 숨겨져 있으며, 고랑을 낸 밭에 보물로 감추어져 있습니다.

그러나 우리의 비유가 제시하는 것이 더 있습니다. 말하자면 어떤 사람이 희생을 감수하고, 자기가 가진 것을 다 팔아서 그 보물을 취득한다는 것입니다. 재정적 희생과 비교하여 가치가 전혀 없어 보이는 밭을 취득하려고 도무지 이해할 수 없는 비용을 쓸 때, 이웃과 친구들의 대경실색하는 얼굴을 상상해 보기만 해도, 이 행위가 얼마나 터무니없는 행위인지 이해할 수 있을 것입니다. 사람들은 실제로 이렇게 생각했을 것입니다. "저 사람 돌았군!" 그는 글자 그대로 자기가 가진 것, 기본적인 생필품에 속하는 것까지 다 팔아서 그 밭을 삽니다. 부자 청년이 하지 않았던 일을 하는 것입니다.

이로써 본문은 미묘한 지점을 건드립니다. 그 지점은 지금 그리스도인이건 앞으로 그리스도인이 되려고 하건 간에, 우리가 씨름하지 않으면 안 되는 지점입니다. 본문이 말하는 바는 다음과 같습니다. 이를테면 하나님은 우리가 쉽게 얻을 수 있는 분이 아니며, 뭔가를 요구하는 분이라는 것입니다. 어떤 이들은 예수께서 사랑을 담은 관대함으로 길 잃은 사람들을 찾으시고, 세리의 사무실이나 선술집까지 하찮게 여기지 않으시는 것을 보고, 그분이 사람들의 의사와 관계없이 그들에게 너무 치근대신다고 오해하면서 이렇게 말할지도 모릅니다. "영원의 문제를 해결할 시간이 아직 많이 남아 있는 거야. 우리가 너무 일찍 온 건지도 몰라."

아닙니다. 하나님은 우리가 쉽게 얻을 수 있는 분이 아닙니다. 이 세상에 있는 것을 얻으려면 값을 치러야 합니다. 하나님을 얻는 일도 마찬가지입니다. 우리는 하나님이 실적주의를 기준으로 삼지 않으시며, 형언할 수 없는 은혜 베푸심에서 모든 것이 온다고 고백합니다. 하지만 하나님의 은혜는 넝쿨째 떨어지는 호박과 관계있는 것이 아니라,

가진 것을 다 동원하여 사야만 하는 진주와 보물에 관계가 있습니다.

이 점에서 우리가 지나온 시련의 시기와 동쪽에 있는 우리 형제자매들이 여전히 겪고 있는 시련의 시기가 설명하는 데 도움이 될 것 같습니다. 왜냐하면 믿음은 넝쿨째 떨어지는 호박이 아니기 때문입니다. 기독교 신앙이 뭔가를 요구하기 시작했습니다. 이곳 서독은 바람이 다소 잠잠할 때도 그다지 안전하지 않거든요! 로버트 융크(Robert Jungk)의 책 『미래는 이미 시작되었다』(*Die Zukunft hat schon begonnen*)만 읽어보아도 확인할 수 있지만, 어느 날 꼭두각시들이 다시 춤추기 시작할지도 모른다는 우려가 이미 진행되고 있습니다. 예수 공동체가, 여러분과 내가 실제로 또 한 번 루터 찬송가[52]의 가혹한 양자택일, 곧 "재물, 명예, 자녀와 아내"를 **택할 것**인가, 아니면 "우리를 영속하게 해줄 그 나라"를 **택할 것**인가라는 물음 앞에 세워지지 말라는 보장이 없으며, 하나님도 그것을 보증하지 않으십니다.

설령 그런 날이 오지 않는다고 해도, 우리는 이렇게 자문해야 합니다. "우리는 우리 삶의 많은 것을 예수 그리스도보다 더 가깝고 더 중요한 것으로 여기지 않는가? 그렇게 여긴다면, 우리는 어느 날 이 더 가깝고 더 중요한 것, 곧 정욕, 특정한 생활양식, 불성실, 사업 조작을 사기 위해 우리의 기독교 신앙을 팔아넘기지 않을까? 이 어두운 녀석의 가면은 어떻게 보이고, 어떻게 불릴까?"

서 있다고 생각하는 사람은 넘어지지 않도록 조심하십시오.[53] 어쨌든 우리는 신앙의 참나무들이 쓰러지는 것을 보았습니다. 하나님의 세계에 뿌리 박고 있던 나무들이 결정적인 순간에, 나무줄기에 불어와 그것을 찢어 버리는 시대의 바람과 경합하지 못한 것입니다. 우리가 언젠가 우리의 뿌리와 저 바람 사이에서 선택해야 하는 것은 아닌지 누가 알겠습니까?

그러니 우리는 오래된 단어들을 다시 생각해 볼 필요가 있습니다. 예로부터 그리스도인의 삶을 지배해 온 까닭에 수많은 이들이 뜨거운 쇠로 여겨, 건드리지 않는 게 더 낫다고 생각하는 그 성가신 단어들은 다름 아닌 "이것이냐, 저것이냐"입니다. 이것은 팔고 저것은 그대로 두라는 겁니다! "하나님과 재물을 아울러 섬길 수 없다"[54]는 겁니다.

우리 그리스도인의 삶에는 이 포기의 뺄셈부호가 늘 있지 않습니까? 비유 속 남자도 그랬습니다. 그는 사실상 보물을 사기 위해 자기 삶을 채워 주던 모든 것을 포기해야 했습니다.

그러나 그의 얼굴만 봐도 그 기분이 어떠한지 알 수 있을 것입니다. 그의 얼굴은 그가 "기뻐하며 집에 돌아가서는", 가진 것을 다 팔았음을 보여줄 것입니다. 그는 고통으로 일그러져 자신에게 "이제 나는 하나님의 가장 진지한 요구를 알게 되었으니, 좋든 싫든 결과를 감수해야 해"라고 말하지 않고, "뛸 듯이 기뻐하며" 집으로 돌아갔습니다. 그것은 엄청난 깨달음이었습니다. 이를테면 이 보물과 이 진주는 모든 것과 값이 같다는 것입니다. 이 보물과 이 진주는 모든 손실을 무색하게 하고, 이웃 사람들의 온갖 조롱, 익숙한 습관과 아끼는 물건들에 대한 온갖 집착까지 무색하게 한다는 것입니다. 이 보물과 이 진주는 내가 이 한 가지, 곧 내 삶의 가장 위대한 것을 얻기 위해 감수해야 하는 모든 물질적 손해, 내 생활 수준의 온갖 절제를 백 배로 갚아준다는 것입니다.

이 본문의 메시지는 다음과 같습니다. 말하자면 기독교 신앙은 세상 사람들이 조금도 하지 않는 갈등 속으로 우리를 데려간다는 것입니다. 본문은 우리를 양자택일 앞에 세웁니다. 이 양자택일은 모종의 긴장을 유발하고, 우리가 나약한 순간에 우리와 무관한 사람들의 거리 낌 없는 삶을 어느 정도 시샘하며 보게 합니다.

그러나 강조점은 잃는 데 있지 않고, 얻는 데 있습니다. 그런 이유로 그리스도인들은 사자의 아가리를 향해 이를 악물고 다가가지 않고, 찬양하며 다가갔습니다. 그런 이유로 여성 제자들은 게르트루트 폰 르 포르트(Gertrud von le Fort)가 이야기해 주는 것처럼 단두대 앞에서 찬송을 불렀습니다. 그러므로 우리가 "삶도 죽음도 아무것도 존중하지 않게 하시고, 예수를 얻게 하소서. 필요한 것은 이 한 가지뿐입니다"[55] 라고 노래한다면, 이는 음울한 고행이 아니라, 날개를 단 희망일 것입니다.

이 진주의 빛은 캄캄한 지하 묘지에서 반짝이고, 실로 우리가 예수 때문에 겪었고 또 겪게 될 모든 고통의 어둠을 두루 환하게 비춥니다. 이것을 아는 이들은 대피소와 감방과 병실이 어두우면 어두울수록 진주가 더 환히 빛나기 시작했다고 증언합니다. 그러므로 그리스도인 들은 원래부터 기뻐하는 사람들이기도 합니다. 그리스도인들이 유머를 잃는다면, 이는 그들의 주님을 부인하는 것이나 다름없습니다.

우리가 좀 더 숙고할 것이 있습니다. 그것은 그 사람이 보물을 발견했을 때, 그의 모든 것이 변했다는 것입니다. 그는 전혀 새롭고 다른 눈으로 세상을 들여다봅니다. 언제나 그렇듯이, 인생의 반려자, 친구, 직업적 성취와 같이 대단히 값진 것을 발견한 사람은 다른 모든 것을 그것과 비교하여 평가하고 이선으로 밀어내며 상대화합니다. 그 사람은 그 밭을 전혀 다르게 바라보았습니다! 그는 그 밭을 더는 고유의 가치인 생산력으로 평가하지 않고, 보물을 품은 것으로 평가했습니다. 평범한 눈에는 그 밭이 다른 모든 밭과 똑같아 보였습니다. 그러나 농부는 그 토지에 자리한 비밀을 알고 있었습니다.

　이처럼 예수를 뒤따르는 우리 그리스도인들은 다른 마음뿐 아니라, 다른 눈도 얻습니다. 우리는 사물들 속에서 진주를 봅니다. 속속들이 그리합니다. 우리가 진주와 보물을 발견했을 때는 자연이 다르게 보이고, 해돋이가 다르게 보이며, 가을철 밭의 열매가 다르게 보입니다! 그러면 우리는 이 모든 것을 더는 미적으로, 아름다운 대지의 단순한 한 조각으로 즐기지 않고, 시편 104편의 눈으로 환호하며 창조주를 찬양하는 것으로 보게 되고, "구름, 공기, 바람"을 통해, 이 영광의 정원 한가운데서 우리를 사랑스러운 자녀가 되게 하셔서, 모든 눈으로 당신을 느껴 알게 하시는 아버지의 마음속을 곧바로 들여다보게 됩니다. 우리는 갑자기 자연을 다른 눈으로 바라보게 됩니다. 이는 농부가 보물을 발견하고 나서 그 밭을 전혀 다른 눈으로 바라보는 것과 같습니다.

　그리고 갑자기 이웃도 다르게 보입니다! 이웃은 이제 우리에게 도움이 되거나 해가 되는 사람, 우리에게 동정적이거나 동정적이지 않은 사람으로 보이지 않습니다. 갑자기 이웃이 우리의 눈에 값진 진주를 품은 사람으로 보입니다. 설령 그가 가난하거나 악한 사람이라고 해도, 비록 그가 아무짝에도 쓸모없는 돌투성이 밭이자 비생산적인 밭이라고 해도, 우리는 그를 구원자께서 비싼 값을 치르고 사신 사람으로, 구원자께서 지금도 눈길을 보내고 계시는 사람으로, 구원자께서 그를 영원히 얻기 위해 자기 몸을 내주신 사람으로 보게 됩니다. 루터가 표현한 대로, 우리는 새로워진 눈으로 갑자기 그를 목에 금목걸이를 걸고 있는 사람으로, 은밀한 보물을 지닌 사람으로 보게 됩니다. 예수께서 우리 삶 속에 들어오시면, 변하지 않는 것이 없습니다. 그분은 모든 것을 뚫고 들어가서서 갈아 젖히십니다. 예수께서 우리를 보시면, 우리는 다른 눈의 소유자가 됩니다. 다른 사람들, 곧 농부의 이웃들이 돌투성이 밭만 보는 곳에서, 우리는 하나님의 값진 비밀을 알아봅니다.

농부가 가진 것을 다 팔아서 넘겨주고, 행복과 기쁨을 포기하는 이유를 이제 이해하시겠습니까? 다음의 사실이 그에게 명백해졌습니다. "필요한 것은 한 가지뿐이야. 다름 아닌 보물이지. 내가 그 보물을 얻는다면, 나는 다른 모든 것도 얻는 셈이 될 거야. 그러나 먼저 그 보물을 얻어야 해."

우리는 너나없이 하나님을 한 분, 곧 유일하신 분으로, 생명 자체로 여기지 않고, 종교 생활의 덤으로만 여기는 잘못을 범하고 있습니다. 잿빛 일상과 성과를 위한 고투 한가운데 자리한 "약간의" 하나님, "약간의" 영원, "약간의" 종교. 누가 이것 없이 지내려고 하겠습니까! 이것이 일상적인 불행의 어둠을 조금이나마 밝혀 주기 때문입니다. 이것은 삶의 작은 쿠션 같아서 하루의 혹독함을 부드럽게 해주고 완화해 주는 효과가 있습니다. "약간의" 하나님!

그러나 하나님은 결코 덤이 아닙니다. 진주는 우리가 고된 순간에 보고 기뻐하는 집의 장신구가 아닙니다. 그 사람이 여타의 모든 것을 진주보다 못한 것으로 여기지 않았다면, 그가 모든 것을 팔지 않고 중도에 그만두었다면, 그는 진주를 얻지 못한 채 멀리서만 바라보며, 진주의 광휘를 못 보고 지나쳤을 것입니다. 심지어 그는 불행해지기까지 했을 것입니다. 진주를 잊을 수 없었을 테니까요.

실제로 예수 그리스도를 통해 그러한 갈등과 불행에 빠지는 사람이 많습니다! 그들은 "그분을 모셔야 했는데, 그분이 내 삶을 부요하

기다리는 아버지

고 새롭게 해주셨을 텐데"라고 탄식합니다. 그러나 동시에 그들은 다른 것을 사랑하며 잃으려고 하지 않습니다. 단절이 없어야 하는 경력, 사람들 앞에서 조롱받지 않으려는 명예, 이웃의 필요에 따라 사용하려고 하지 않는 돈과 편의시설 등. 그들이 이 모든 것을 잃으려 하지 않고, 두 길 보기를 하며 두 어깨에 물을—하나님의 물과 맘몬의 물을—짊어지려고 하기에, 그들은 결코 진주를 얻지 못하고, 그들의 마음은 갈등으로 녹초가 되며, 이 갈등은 불안을 일으키는 그리스도에 대한 노골적인 증오로 옮아갑니다. "반거충이는 자유와 천국을 조금도 얻지 못한다"[56]라는 말은 여기서도 통합니다. 우리를 불안하게 하고 갈등하게 하는 이는 예수 그리스도가 아닙니다. 이것도 하면서 저것도 잃으려 하지 않는 우리의 어중간함이 그렇게 하는 것입니다.

그러므로 "필요한 것은 한 가지뿐이다"라는 예수의 말씀은 투쟁의 호소입니다. 우리를 여전히 사로잡아 점유하려고 하는 모든 것에 맞서 싸우라는 호소입니다.

그러나 이 투쟁의 호소가 우리를 평화로 이끌어 줄 것입니다.

우리는 그 싸움을 통하여 다만 한 가지, 곧 평온한 눈과 긴 호흡을 얻게 될 것입니다. 이 평온한 눈과 긴 호흡은 날마다 맞닥뜨리는 모든 것에 대한 두려움과 걱정과 희망에 사로잡히지 않는 사람들의 것입니다. 이 평온한 눈과 긴 호흡은 다른 모든 것이 무너질 때 무엇이 마지막까지 남는지를 아는 사람들의 것입니다. 이 평온한 눈과 긴 호흡은 하나님 나라에서 통용되는 크고 작은 것을 재는 기준을 얻는 사람들의 것입니다. 이 평온한 눈과 긴 호흡은 세상 사람들이 서슴없이 참여하는 일에 참여하지 않고 움찔하며 뒤로 물러서는 사람들의 것입니다.

이 평온한 눈과 긴 호흡은 세상 사람들이 평정을 잃는 곳에서 노래하고 찬송하고 웃는 사람들의 것입니다.

우리의 눈이 새로워지지 않았습니까? 우리의 호흡이 새로워지지 않았습니까? 우리가 하나님의 비밀을 맡은 사람이 될 때, 실로 그 밭이 다르게 보이고, 세상도 다르게 보일 것입니다! 전에 우리 눈에 크고 탐낼 만한 것으로 보이던 많은 것이, 이제는 작고 값싼 것으로 보일 것입니다! 전에 우리가 업신여기던 많은 것이, 흥미롭고 이로운 것으로 보일 것입니다! 바로 이것이 예수 따르기로 인해 일어나는 모든 가치의 전도(顚倒)입니다.

기다리는 아버지

17.

곤경에 처한 과부

예수께서 제자들에게, 늘 기도하고 낙심하지 말아야 한다는 뜻으로 비유를 하나 말씀하셨다. "어느 고을에, 하나님도 두려워하지 않고, 사람도 존중하지 않는, 한 재판관이 있었다. 그 고을에 과부가 한 사람 있었는데, 그는 그 재판관에게 줄곧 찾아가서, '내 적대자에게서 내 권리를 찾아 주십시오' 하고 졸랐다. 그 재판관은 한동안 들어주려고 하지 않다가, 얼마 뒤에 이렇게 혼자 말하였다. '내가 정말 하나님도 두려워하지 않고, 사람도 존중하지 않지만, 이 과부가 나를 이렇게 귀찮게 하니, 그의 권리를 찾아 주어야 하겠다. 그렇게 하지 않으면, 그가 자꾸만 찾아와서 나를 못 견디게 할 것이다.'" 주님께서 말씀하셨다. "너희는 이 불의한 재판관이 하는 말을 귀담아 들어라. 하나님께서 자기에게 밤낮으로 부르짖는, 택하신 백성의 권리를 찾아주시지 않으시고, 모른 체하고 오래 그들을 내버려 두시겠느냐? 내가 너희에게 말한다. 하나님께서는 얼른 그들의 권리를 찾아 주실 것이다. 그러나 인자가 올 때에, 세상에서 믿음을 찾아볼 수 있겠느냐?"

누가복음 18:1-8

예수의 비유는 이따금 매우 대담해 보입니다. 그래서일까요? 우리는 본문의 비유를 듣고서 깜짝 놀라지 않을 수 없습니다.

언젠가 예수께서는 하나님을 불의한 청지기에 비유하시더니, 여기서는 신뢰할 수 없는 재판관이라는 미심쩍은 인물을 내세워, 우리의 기도와 하나님의 관계를 설명하고 계십니다.

그런데 이것은 따지고 보면, 기도의 비밀을 휘감는 커다란 질문의 사슬에 그저 고리 하나를 더 추가하신 것이라고 하겠습니다. 이 비유에서 우리가 맞닥뜨리는 여러 수수께끼 가운데 하나는, 하나님이 자신의 기도하는 공동체에 세상 통치에 대한 관여를 제안하신다는 것입니다. 우리는 소돔과 고모라의 운명을 바꾸는 데는 열 명의 의인과 한 명의 기도자가 중요했다고 말하는 이야기를 알고 있습니다(창 18:20 이하). 그리고 우리는 모세가 전쟁 중에 두 손을 들고 기도했으며, 그가 두 손을 높이 쳐드느냐, 아니면 피로해서 두 손을 내리느냐에 따라 이스라엘과 아말렉의 전쟁 양상이 바뀌었다는 오래된 보도도 기억하고 있습니다(출 17:11 이하).

이 오래된 이야기들은 우리에게 무엇을 말하는 것일까요! 오늘날 우리는 세상 통치에 대해 숙고하면서 권력관계로 인해 발생하는 상황을 분석합니다. 이를테면 역사를 만드는 사람들은 어떤 이념적 자원, 어떤 경제적 자원, 어떤 군사적 자원을 등에 업고 있는지를 알아보는 것입니다. 우리는 동독이 얼마나 많은 사단을 보유하고 있는지, 또 서독은 얼마나 많은 사단을 보유하고 있는지, 미사일 무장과 철강 생산은 어떠한지를 조사합니다. 우리에게 역사의 장기판에서 중요한 것은 현실적인 요인들입니다. **큰 범법자들**이 돈을 많이 버는 것 같고, **그들이** 권력 게임을 지휘하는 것 같습니다.

이 비유는 하나님께서 **기도하는 사람**을 세상 통치에 관여시키신 다고, 우리가 평화를 위해, 온화한 날씨를 위해, 우리 조국의 재통일을 위해, 폭정으로부터의 해방을 위해 기도해야 한다고 우리에게 말하며, 우리의 믿음에 요구합니다. "기도는 하나의 세상 권력이다"라는 말을 진지하게 생각한다면, 이 말은 우리를 전율케 할 것입니다. (이 말을 진 지하게 생각하지 **않는다면**, 우리의 믿음은 아무것도 아닐 것이고, 우리는 모든 사람 가운데서 가장 비참한 사람, 가장 심하게 배신당한 사람일 것입니다.)

하지만 더 큰 일이 벌어집니다.

이 비유는 기도하는 공동체를 한 과부의 이미지로 제시합니다. 과 부는 부당한 일을 당하여 적대자들에게 완전히 무력하게 맞서는데, 재 판관에게서도 냉담한 무관심이라는 단단한 벽에 부딪힙니다. 그녀는 남편의 보호를 받지 못하는 까닭에 종종 사람들로부터 거친 대접을 받곤 합니다. 사람들 대다수는 무정하고 냉정해서, 힘을 등에 업고 있 거나 죽을힘을 다해 저항하는 이에게만 깊은 인상을 받기 때문입니다. 과부는 종종 하찮은 사람(Quantité négligeable), 미미한 존재로 취급받 습니다. 사람들은 그녀를 무시합니다.

하필이면 남편의 팔과 보호가 없는 무방비 상태의 과부로 표상되 는 공동체가, 하필이면 무방비 상태의 표시로 두 손을 깍지 끼고 있는 이 공동체가, 하필이면 이 공동체가 하나님의 보좌 앞에 서서 세상 통 치에 관여하면서, 전쟁과 평화, 저주와 복을 처리하는 하나님의 권한 을 공유해야 한다니요? 이는 너무 비현실적인 요구가 아닐까요? 그러 나 이보다 못한 것은 우리에게 보증도 아니고 약속도 아닙니다.

폭탄들이 지배하고, 우리의 아들들, 남편들, 형제들이 무자비하 게 처단되던 때가 어땠는지 아시지요? 우리가 무방비 상태로 항복하고 강대국들의 승리에 끌려 들어가던 때가 어땠는지 아시지요? 그때 기도하는 사람들의 힘이 반짝이는 무기처럼 갑자기 우리 앞에서 빛났는데, 아시는지요? 우리는 기도하는 사람들이 범법자들의 무력한 놀이와 소위 현실적인 요인들보다 더 현실적이라는 것을 알게 되었는데, 지금도 알고 계시는지요? 그 당시에 라인홀트 슈나이더(Reinhold Schneider)의 소네트가 수천 장 필사되어 너덜너덜한 쪽지 형태로 유포되어 우리를 위로했는데, 기억하시는지요?

> 기도하는 사람만이
> 우리 머리 위에 있는 칼을 막을 수 있지(…)
> 범법자들은 결코 하늘을 제압할 수 없기 때문이지.
> 그들이 통합하는 것은 다시 쪼개지고,
> 그들이 쇄신하는 것은 밤사이에 낡아지며,
> 그들이 창설하는 것은 곤경과 재앙을 가져올 뿐이지.

범법자들과 소위 현실적 요인들은 모두 타자(ein Anderer)가 감독하는 게임에 본의 아니게 빠져든 것이 아닐까요? 그렇지 않고서야 세계사의 범법자가 자기 뜻을 현실화하는 프로그램을 실제로 실행했겠습니까? 결국 그의 행동은 구부러지고, 그의 법령은 밀려나서 불가사의한 파도를 타고 그에게서 멀어지지 않았습니까? 그도 **타자**가 수립한 프로그램 위에 서 있었던 것이 아닐까요? 그는 꿈속에서 자신만을 보는 까닭에 그 타자를 꿈에서 조금도 보지 못했던 것이 아닐까요? 도대체 고레스와 느부갓네살, 히틀러와 스탈린은 저 타자가 창작하고 연출하는 드라마, 마지막 막이 하나님의 보좌 앞에서 끝나고 주님의 재림을 보게 될 드라마의 배역들에 대해 무엇을 알았겠습니까? 예수 공동체는 확실히 무방비 상태의 과부입니다. 예수 공동체가 교회 정치를 추구하고 전술에 골몰한다면, 이는 멀리 가지 못할 것입니다. 그것은 갑옷을 입은 거인을 향해 쏘아 보내는 한 개의 초라한 화살에 지나지 않을 것입니다.

그러나 이 공동체는 한 가지를 가지고 있습니다. 세계사적 드라마를 굴리는 타자에게 접근하는 통로가 그것입니다. 그런 까닭에 예수 공동체는 반짝거리는 갑옷을 입고 등장하고 퇴장하는 화려하고 거만한 인물들보다 더 큰 힘을 가지고 있습니다. 결국에는 예수 그리스도께서 세계 무대 위에 서실 것입니다. 그러면 역사의 이 웅대한 피날레를 가리키는 신비한 특성, 말하자면 질서 정연한 목적이 세계 드라마의 모든 막을 관통하고 있음이 분명히 감지될 것입니다. 위인을 자처하던 사람들, 무대에 등장했다가 퇴장한 사람들, 우리를 보잘것없는 사람들로 여겨 잠시도 가만두지 않던 사람들, 이들 모두 결국 하나님의 이 장엄한 **한순간**을 초래하는 일밖에 할 수 없었음이 분명해질 것입니다. 그들은 이 피날레에 관해 아무것도 알지 못했습니다. 그들은 단역으로만 출연하고, 잠시 화려한 무대의상을 입고 무대 위를 걷다가, 무대 안의 다른 쪽으로 사라지면서도, 자신들이 세계 드라마를 지휘하고 있다는 착각에 빠져 있었기 때문입니다.

이 비유를 둘러싸고 있는 텍스트들을 조사해 보면, 그것들이 역사의 이 마지막 순간에 관해 말하며, 이 마지막 날의 관점에서 읽지 않으면 청원하는 과부의 말을 이해할 수 없음을 알게 될 것입니다. 공동체는 "아버지의 나라가 오게 하소서!"라고 기도할 수 있습니다. 이렇게 함으로써 공동체는 마지막 날에 **영향**을 미칩니다. 공동체에는 지나간 모든 날뿐 아니라, 세계 드라마의 1막, 2막, 3막도 맡겨집니다. 이 모든 것은 하나님의 위대한 승리를 목표로 신비스럽게 배열된 것이기 때문입니다. 세상 나라는 가고 있는 반면에, 하나님 나라는 오고 있습니다. 비록 예수 공동체는 과부의 무력함과 같은 팔을 가지고 있지만, 깍지 낀 손으로 저 지렛대를 내리누를 수 있는 반면에, 다른 쪽에서는 지렛대가 짧아서 모든 열강과 범법자의 무게, 그들이 보유한 사단들의 중량과 수백만 톤의 철강조차 지레를 단 일 밀리미터도 내리누를 수 없습니다. 저 가련한 과부는 세상사의 전략적 요충지에 자리하고 있습니다. 그녀는 하나님의 마음에 자리하는 까닭에, 하나님은 그녀의 청원을 들으시겠다고 약속하십니다. 하나님의 마음에 영향을 미치는 사람이 세상을 지배합니다. 저 가련한 과부도 하나의 열강입니다.

그녀가 **어떻게** 기도하는지를 관찰하는 것은 매우 의미 있는 일입니다. 그렇게 관찰하다 보면, 우리가 처음에 비유를 읽으면서 낯설게 여기던 많은 것이 분명해질 것입니다.

이 여인의 기도에서 우리의 관심을 끄는 첫 번째 사실은, 엄청난 집중력입니다. 그녀는 이 집중력으로 자신의 청을 말합니다. 그녀는 사람들에게 에워싸여 있습니다. 그녀를 가옥에서 몰아내고, 그 자녀들의 멱살을 잡으려고 하는 자들에게 둘러싸여 있습니다. 이제 그녀는 극도의 곤경 한가운데서 어떤 것도 도움이 되지 않음을 알게 됩니다. 적대자들에게 부탁하러 갈 수도 없고, 묘수도 없으며, 기력도 없고, 유능함도 없습니다. 자기가 운명의 모든 간계를 헤쳐 나가게 되기를 바랄 것도 전혀 없습니다. 있는 것이라곤 모든 것이 더는 도움이 되지 않는 상황들뿐입니다. 우리도 대부분 이런 곤경에 빠진 적이 있을 것입니다. 그녀는 한 가지만이(실제로 단 한 가지만이!) 자기를 도와줄 수 있음을 알게 됩니다. 자기를 위하는 **한** 사람만 얻으면 되는 겁니다. 단지 이 **한** 사람이 **한** 마디만 해주면 됩니다. 그러면 모든 곤경이 해결될 것입니다. 적격자를 찾아가야 합니다. 인생에서 가장 중요한 것은 적절한 전략적 지점을 찾는 것입니다. 이 지점에서만 고통스럽고 두려운 온갖 상황을 통제할 수 있기 때문입니다. 그런 까닭에 그 과부는 이 카드 **한** 장에 모든 것을 겁니다. 다름 아닌 이 한 사람을 얻는 것입니다.

여기서 우리의 관심을 끄는 것이 있습니다. 그것은 위의 문장들에서 "이 **한** 사람", "이 **한** 가지"라는 표현이 거듭거듭 되풀이된다는 것입니다. 모든 것이 이 **한** 가지에 달려 있습니다. 나도 모르는 사이에 기도 찬송가가 떠오릅니다. "필요한 것은 **한** 가지입니다. 오, 주님, 이 **한** 가지를 나에게 가르치시고 알게 해주십시오!"

주님이 우리에게 실제로 말씀하시려고 하는 것은 바로 이것입니다. "하나님이 다스리시고, 그분이 너 개인의 운명을, 민족들의 평화와 전쟁을 관장하신다는 것을 너희가, 곧 '네'가 진지하게 받아들인다면, 또 너에게 모든 일에 대한 발언권이 있고, 하나님이 네 말을 들어주려 하신다는 사실을 네가 진심으로 받아들인다면, 또 이 한 분과 이 한 가지에 모든 것이 달려 있음을 네가 진심으로 받아들인다면, 너는 이 고집, 이 집중력, 이 추근댐으로 하나님께 조르게 될 것이다." 우리 가운데 누가 시험 삼아 하나님께 돌진해 보았습니까? 우리 가운데 누가 밤새도록 기도해 보았습니까?

제가 이토록 격하게, 거의 고통스럽게, 거칠게 말하면, 누군가는 이렇게 생각하리라는 걸 저는 잘 압니다. "이처럼 하나님께 졸라 대는 것은 무례한 짓이야. 그것은 나 자신을 너무 중요하게 여기는 짓이야." 순수하게 인간적인 영역에서 보면 그렇습니다. 청원자가 우리에게 도

꼬마리 열매처럼 달라붙는다면, 우리는 그를 성가신 사람으로 여길 것입니다. 우리는 그 행태를 지긋지긋하게 여겨, 결국 친절 베풀기를 거부하기 시작할 것입니다.

그러나 하나님은 전혀 다르게 대하십니다. 이 비유 단락들의 유사점은 우리의 기대를 저버립니다. 우리가 **하나님께** 조른다면, 이는 무례함의 표시가 아니라 우리가 그분을 진지하게 받아들인다는, 더 자세히 말하면 그분께 약속의 이행을 요구한다는 표시가 됩니다. 예수 그리스도께서 안 계셨다면, 그리고 하나님이 우리를 사랑하셨으며, 이 사랑을 적잖이 베푸셨으며, 우리를 위해 자기 가슴이 찢어지게 하신 것이 예수 그리스도의 십자가에서 분명히 나타나지 않았다면, 이 모든 것은 당연히 과대망상일 것입니다. 하나님이 우리에게 관심을 기울이신다는 생각을 인간이 어떻게 자발적으로 품을 수 있겠습니까? 그러나 우리는 이제 이 인간 예수의 이름으로 그렇게 할 수 있습니다. 그리고 하나님은 우리가 그렇게 할 때 기뻐하십니다. 그분은 우리가 그분의 마음을 잘 알아서, 그분 앞에서 더는 "경건한" 사람이나 고상한 사람이 아니라, 무력한 아이가 되려고 한다는 것을 잘 아십니다.

우리가 다음과 같이 말한다면, 그것은 어떤 경우에도 거짓 주문이자 거짓 경건일 것입니다. "나는 자잘한 바람들을 가지고 하나님께 나아가지 않을 테야. 여행하기에 좋은 날씨를 달라고 청하지도 않을 테야. 내가 시험을 치를 때, 하늘에 계신 내 아버지께서 나를 도와주실 거라고 기대하지도 않을 테야. 나에게 뭔가가 필요하면 (그분이 모든 것을 아시니!) 그분의 뜻대로 될 거야." 하나님은 이런 식의 과한 경건과 건방지고 거만한 단념을 달가워하시지 않습니다. 이는 우리가 그분의 말씀을 곡해하는 것이기 때문입니다.

기다리는 아버지

입을 열어 진실하게 말하지 않고, 처음부터 "아버지의 뜻이 이루어지게 하소서!"라고 말하는 사람은 하나님을 더는 신뢰하지 않는 사람입니다. 그는 마음속으로 이렇게 말합니다. "운명은 예정된 방향으로 나아가게 돼 있어. 친애하는 하나님은 은퇴하셨어. 그래서 이제는 나를 위해 개입하실 생각이 없으셔. 어쩌면 그분은 운명의 우회적 표현이거나 운명의 의인화에 지나지 않는지도 몰라." 늘 "아버지의 뜻이 이루어지게 하소서!"라고만 말하는 경건한 사람들은, 하나님이 자기 자녀들에게 모든 사안과 각각의 사안에 대한 발언권을 허락하셨음을 진지하게 받아들이지 않는 자들입니다. 그들은 믿음 없이 빈둥빈둥 세월을 허송하다가, 결국에는 "아버지의 뜻이 이루어지게 하소서"라고 말하긴커녕 "모든 것이 될 대로 되라지"라고 말합니다.

그러므로 우리는 조심하지 않으면 안 됩니다. "아버지의 뜻이 이루어지게 하소서"라는 요청이 기계적으로 우리 기도의 첫 마디가 되어선 안 됩니다. 오히려 루터가 언젠가 말한 대로 먼저 외투를 활짝 열어야 합니다. 아버지에게서 얻고자 하는 것이 무엇이든, 먼저 그것을 힘차게, 담대하게, 기탄없이 아뢰어야 합니다. 그분은 우리가 이렇게 하기를 바라시고, 다르게 하기를 바라시지 않습니다. 그분은 (우리가 상상하는) "하나님"이 되려고 하시지 않고, 그분의 자녀들이 명랑하게, 솔직하게 대화하며 허튼소리까지 해도 되는 우리 아버지가 되려고 하십니다. 그 이유는 우리가 기도하면서 아뢰는 말이 사실상 어리석은 말, "보잘것없는 말"인 경우가 자주 있기 때문입니다. 진지한 요청을 드릴 수 있으려면, 실제로 무엇이 나에게 필요한 것인지 **알아야** 하며, 나의 생활사와 다른 사람들의 생활사는 물론이고, 심지어 세계사까지 제대로 해석할 수 있어야 합니다. 그러나 내가 그렇게 할 수 있을까요? 가령 나는 나의 건강을 위해 기도하지만, 사실은 내가 고통이라는 학교에 더 다닐 필요가 있는지도 모릅니다. 나는 나의 출세와 복권 당첨을 위해 기도하지만, 하나님은 어딘가 전혀 다른 데에서 나를 사용하기를 원하실 것입니다. 그분은 내 성격상 성공과 돈이 나를 해치는 독이 되리라는 것을 알고 계시기 때문입니다. 나는 전쟁의 한가운데서 평화를 선물로 달라고 기도하지만, 하나님은 우리가 그 잔을 완전히 비워야 한다는 것을 알고 계십니다. 이처럼 우리는 기도하면서 매우 잘못된 진단, 매우 그릇된 해석을 수행하기에 우리의 기도는 종종 "불순한" 것이 될 수 있습니다. 하지만 우리의 자녀들이 부모인 우리에게 말도 안 되는 소리를 하면서 말이나 포르셰나 제트전투기를 사주기를 바랄 때, 우리가 그 소원을 나쁘게 받아들인 적이 있습니까? 설령 우리가 그렇게 해줄 돈을 가지고 있거나, 아메리카 대륙의 황제라고 하여도, 우리는 그 소원을 들어주지 않을 것입니다. 그것은 아이들에게 좋은 일이 아니기 때문입니다. 우리가 들어주지 않아도, 아이들은 빨리 진정하고 우리에게 못되게 굴지 않을 것입니다. 아이들은 우리가 그들에게 호의를 품고 있다는 것을 확실히 알기 때문입니다.

그러므로 우리는 기도하면서 숨김없이 말한 다음, 끝부분에서 굵은 선을 긋고(이렇게 한 뒤에야 비로소!) 다음과 같이 말해야 합니다. "아버지의 뜻이 이루어지게 하소서. 아버지께서 바로잡아 주시고, 우리의 말도 안 되는 기도에서 올바른 것을 끄집어내실 줄 믿습니다. 아버지께서는 우리에게 실제로 무엇이 필요한지를 가장 잘 아십니다."

어째서 이 과부가 그토록 집중적으로, 그토록 끊임없이, 그토록 직설적으로 격하게 재판관을 귀찮게 하는지 이제 이해하시겠지요? 그래서 다시 한번 묻습니다. 우리 가운데 누가 시험 삼아 그렇게 해보았

기다리는 아버지

는지요? 우리 가운데 누가, 우리의 기도를 **들으시겠다**고, **각각의 기도**에서 올바른 것을 **끄집어내시겠다**고 하신 하나님께 그토록 근본적이고 철저하게 약속의 이행을 요구해 보았는지요?

둘째, 그 과부가 재판관에게 간청하면서 발휘하는 집중력은—원문에는 그녀가 끊임없이 부단히 찾아갔다고 더 분명하게 표현되어 있습니다—재판관이 불공정하고, 돌처럼 굳은 마음의 소유자라는 사실과 관계있습니다. 아주 조심스럽게 표현하건대, 그의 공정한 판단은 첫눈에 알 수 없고, 단번에 얻어 낼 수 있는 것도 아닙니다. 첫눈에 알 수 있고, 단번에 얻어 낼 수 있는 것이었다면, 그 과부는 직접 찾아가지도, 반복적으로 찾아가지도 않고, 짧은 서면 고소만으로 충분했을 것입니다.

그러나 이 공정함이 **숨겨져** 있고 명백하지 않아서, 그녀는 마지막까지 진력하는 수밖에 없었습니다. 주님은 이것으로 우리에게 암시를 주십니다. 이 재판관이 실제로 완고하고 냉정하며 무관심하듯이, 하나님도 그런 분으로 **여겨지기** 때문입니다. 하나님은 우리의 염원들을 거듭거듭 무시하시는 분이 아닙니까? 우리의 기도는 맞은편에서 아무도 받지 않거나(이는 릴케가 언젠가 사용한 이미지입니다), 우리가 **우리의** 주요 화제에 다가갈 때 갑자기 끊어지는 전화 통화와 같지 않습니까? 보잘것없는 우리가 더 높고 사려 깊은 생각을 찾아내지 못할 때, 맹목적 우연이 우리를 거듭거듭 지배하지 않습니까? 볼프강 보르헤르트(Wolfgang Borchert)는 자살을 감행하는 한 소녀에 관한 이야기의 끝자락에서 "유리관이 깨져도, 심장이 부서져도, 하나님은 아무 소리도 듣지 못해서"라고 말하는데, 그의 말이 옳지 않습니까?

(누구나 이런 경험을 해보았을 것입니다!) 이런 경험을 하게 될 때, 우리

는 체념하거나, 함께 부서지거나, 둔중하게 닫힌 하늘을 향해 주먹을 불끈 쥘 것입니다. 그러나 그 과부는 재판관의 이 침묵을 정면으로 돌파하면서 그를 **더욱** 공략할 생각만 합니다.

하나님이 곧잘 침묵하시는 것은, 우리가 숙명론에 사로잡혀 세월을 허송하며 "모든 게 될 대로 되라지"라는 단견에 만족하지 않고, 그분과 대화하고, 그분을 습격하고, 그분과 끊임없이 접촉하는 법을 배우게 하시려는 것이 아닐까요? 하나님의 은혜는 싸구려가 아니며, 신 맥주처럼 제공되는 것이 아닙니다. 그분은 힘을 써서 하늘나라를 낚아채는 사람들을 사랑하십니다(마 11:12). 그런 사람들만이 하나님과 함께하는 경험을 쌓고, 그분에게서 무엇을 얻을 수 있는지를 압니다. 이런 뜻에서 키르케고르는 다음과 같이 말합니다. "하나님은 거듭거듭 '익명 생활' 속으로 들어가신다. 그분이 우리에게 불확실하고 모호하신 까닭은, 그분에 대한 걱정 속에, 동요하며 탐색하는 불확실성 속에 우리를 빠뜨리셔서, 우리 '내면의 한없는 열정'을 깨우시려는 것이다." 우리의 삶도 그러합니다. 내가 사랑하는 사람을 너무나 신뢰하면, 그에 대한 나의 열정은 식어버리고, 사랑에 대한 확신도 진부해지고 맙니다. 의심과 걱정이 없는 관계는 위험합니다. 그러니 하나님이 종종 침묵하시며 기다리시는 것은, 내가 그분을 더 격렬하게, 더 힘차게 찾게 하시려는 것이 아니겠습니까? 곤경에 처한 과부 외에 가나안 여인도 그리하지 않았습니까?

우리의 삶에도 종종 이런 일이 일어납니다. 즉, 우리의 삶에 가장 의미 있는 사람들은 상냥하게 알랑거리는 사람들, 우리가 첫눈에 접촉하게 되는 사람들이 아니며, 가장 깊고 유익한 관계는 우리를 힘들게 하는 사람들, 그래서 우리가 고통스러운 시험 속에서 비로소 알게 되는 **사람들을** 상대할 때 일어난다는 것입니다. 그때 우리는 그들에게서 무엇을 얻을 수 있는지도 알게 됩니다. 하나님이 침묵하실 때도, 하나님이 거절하시는 것처럼 보여도, 거기에는 호의가 숨겨져 있습니다. 그것은 우리가 그분을 더 열정적으로 찾게 하시려는 것입니다. 그분은 그렇게 하시면서 이미 오래전에 우리에게 발견되신 분입니다.

그러나 "믿음 없는 우리의 눈에 하나님이 존재만 하는 것으로 보이듯, 재판관도 그렇게 보인다"라고 우리가 말하는 바로 그 순간, 하늘에 계신 우리 아버지가 이 재판관과 얼마나 현저하게 다른지가 여실히 드러납니다. 재판관은 단지 여인에게 참으로 부드럽게 두들겨 맞기 때문에, 그리고 그녀가 자기에게 과격하게 굴까 봐 두렵기 때문에, 마침내 굴복합니다.

주님은 말씀하십니다. "하늘에 계신 너희의 아버지, 확실히 의로우신 아버지께서 밤낮으로 자기에게 부르짖는, 택하신 백성의 권리를 얼마나 많이 찾아 주시겠느냐?" 이 모든 말씀에는 다음과 같이 약간의 반어법이 들어 있습니다. "신자라고 하는 너희는, 하나님이 너희가 드리는 기도의 첫 속삭임을 즉시 들어주시지 않고 너희의 뜻대로 해주시지 않으면, 곧바로 시르죽는구나. 하지만 하나님은 잠시 위로를 미루시면서 '우리가 그분에게 신실한지'를 보려고만 하신다. 그분이 '너를 해방해 줄' 날만을 기다리시는데도, '네가 깜짝 놀랄' 방식으로 그리하려 하시는데도, '너는 믿음이 가장 적구나.' 이게 너희의 모습이야! 그러니 이제 너희와 달리 적대자를 마주해서도 풀 죽지 않는 과부를 바라보렴. 그녀는 철제 금고처럼 딱딱한 마음을 부수어 열어야 하는데, 너희는 하나님께 드리는 너희의 기도로 활짝 열린 문을 박차고 들어가기만 하면 되잖아. 이 과부를 보고 부끄러운 줄 알아라!"[57]

셋째, 우리는 이 비유의 마지막 특성을 숙고하지 않으면 안 됩니다. 그것은 이 비유가 전적으로 최후 심판의 날에 맞추어져 있으며, "인자가 올 때, 세상에서 믿음을 찾아볼 수 있겠느냐?"라는 물음으로 끝난다는 것입니다. 만약 찾아볼 수 없다면, 사람들이 모두 잠들어 있어서일까요? 깨어 있음, 기다림, 그리고 기도는 서로 긴밀하게 연결되어 있습니다. 기도하는 사람은 깨어 있는 사람입니다.

이것을 이해하고자 한다면, 우리 현대인은 현저히 바뀌어야 합니다. 흔히들 "영리하고", 직장에서 신경을 곤두세우고, 기회를 노리고, 끊임없이 최신 정보를 숙지하고, 항상 근소한 차이로 경쟁자를 앞서고, 부단한 활동력을 보여주는 사람만이 깨어 있는 사람이라고 생각합니다. 그러나 그런 사람은 매우 깊은 의미에서 잠들어 꿈을 꾸는 사람일지도 모릅니다.

이것은 예컨대 우리에게 관리자 병이라고 불리는 현상을 보여줍니다. 외관상 의식이 또렷해 보이고, 끊임없이 고도의 긴장을 유지하는 사람들이 얻는 병입니다. 이들은 어느 날 유명한 순환기 장애와 심장 마비를 얻고 맙니다.

그러나 이 사람들이 불행한 것은 병적인 긴장과 각성 때문만이 아닙니다. 그들이 불행한 것은, 그들이 분주한 활동으로 인해 자신들의 삶의 참되고 결정적인 물음을 잊고, 아예 놓쳐버리기 때문입니다. 결국 그들은 자포자기하며 자문합니다. "이 모든 것은 무엇을 위한 것인가? 이 끝없는 고생은 무엇을 위한 것인가? 도대체 나는 무엇 때문에 곡물 농업인과 경영자가 되어 내 곡물 창고를 가득 채우는 것인가? 이 모든 성공이 나에게 무슨 소용이 있는가? 나는 메르세데스 300을 몰고 어디로 가고 있는 것인가?" 오토바이를 타든 스포츠카를 타든 간

기다리는 아버지

에, 자신으로부터 곧장 **달아날** 수도 있고, 자신으로부터 곧장 **출발할** 수도 있습니다. "새벽 날개를 치며 바다 끝에 가서 거주할지라도"[58]라고 했는데, 그 새벽 날개도 기계화되어 기술적 재고품이 된 지 오래입니다.

우리는 본질적인 것에 관한 질문으로 인해 슬퍼하고, 온갖 성공에도 불구하고 우리 삶의 주제를 놓칠 가능성으로 인해 슬퍼하기 때문에, 이 모든 것을 마비시키려고 더욱 미친 듯이 분주한 활동 속으로 돌진합니다. 그렇습니다, 모든 것을 마비시키려고요! 이해하시겠습니까? "마비", 이것은 다름 아닌 잠을 의미합니다! 겉으로는 의식이 또렷한 현실주의자이자 경영자로서 누구에게도 속아 넘어가지 않으면서도 넋을 잃고 들떠 있는 것입니다.

부유한 곡물 농업인은 "오늘 밤 네 영혼을 네게서 도로 찾을 것이다"라는 말을 듣고 갑자기 자기가 생명을 놓쳐 버렸음을 깨닫습니다. 그는—평소 경제 분야에서 지극히 적은 것까지 계산에 넣었으면서도—자기가 하나님 앞에 출두해야 하는 이 한 밤에 모든 것이 달려 있다는 사실은 놓쳐버린 것입니다.

이제 주님은 우리에게 이렇게 말씀하십니다. "기도하는 사람(일만 하는 사람이 아니라 기도하는 사람)은 깨어 있는 사람이다. 그는 꿈속에서 큰 것과 작은 것을 혼동하는 사람이 아니고, 삶의 실제적 조화를 위해 또렷하고 현실적인 감각을 유지하는 사람이다." "영원아, 시간 안으로 들어가서 밝게 빛나거라, 우리에게 작은 것이 작게 보이고, 큰 것이 크게 보이도록."[59] 기도하는 사람은 오로지 하나님과 의견이 일치하는 것, 다만 이 한 가지가 중요하다는 것을 압니다. 기도하는 사람은 실존적 불안도 버립니다. 그는 역사가—온갖 우발적 사건과 간계에도 불구하고—프로그램대로 최후 심판의 날에 끝나며, 자신이 "미루어 알게 된" 것과 우리에게 "복"이 되는 것 외에는 아무 일도 일어나지 않는다는 것을 알기 때문입니다. 그러나 우리에게서 불안이 없어져야, 악몽도 꾸지 않고 깨어 있게 됩니다. 하나님과 뜻이 일치한 사람은 평화에 의지할 수 있고, 그래서 삶 속에서 소박한 현실주의자가 될 수 있습니다. 흉몽과 염려는 훌륭한 조언자가 아니기 때문입니다. 불안해하는 사람은 모든 것을 잘못 평가합니다. 그는 지푸라기까지 두려워합니다. 지푸라기를 급히 달려드는 각목으로 여기기 때문입니다. 또한 그는 각목에 맞아 죽기도 합니다. 각목을 지푸라기로 여겼기 때문입니다. 기도하는 사람은 흉몽으로부터 현실 속으로 되살아납니다. 그는 영원과 최후 심판의 날을 척도로 삼기 때문입니다.

하나님은 기도하는 사람을 다양한 관리자 병으로부터 구해 내십니다. 그분은 그에게서 다음 날을 위한 염려와 분주한 활동을 빼앗으시고, 태연함과 평화를 선사하시기 때문입니다. 이 태연함과 평화는 최후 심판의 날을 바라보는 사람의 태연함과 평화입니다. 그날은 하나님이 자신의 승리를 축하하고, 근시안적인 우리의 눈에 즉시 기형적일 만큼 중요해 보이던 모든 것이 상대화되는 날입니다.

이제 예수의 비유가 "인자가 올 때, 기도하는 사람을 찾아볼 수 있겠느냐?"라는 물음으로 끝나는 이유를 이해하실 것입니다. 한 가지는 확실합니다. 즉, 우리의 청원을 위에서 들어주신다는 것입니다. 그러나 이곳 아래에 청원자가 있는지요? 우리의 기도를 들어주시느냐가 아니라, 기도하는 사람들이 있느냐, 바로 **이것이** 문제입니다. 우리 인간들이 "도대체 내 말을 들어주시는 하나님은 어디에 계시지?"라고 물으면, 하나님은 "도대체 나에게 청원하는 사람은 어디에 있는가?"라

기다리는 아버지

고 반문하십니다. 양쪽 가운데 어느 쪽 물음이 옳을까요? 날짜와 시간이 아득해도, 그분은 꼭 돌아오십니다. 하지만 그때의 모습은 어떠할까요? 처녀들의 등불이 꺼지고, 거대한 어둠이 지구 위에 깔리고, 그어둠 속에서 황량한 교회당의 윤곽만이 솟아 있을까요? 우리 인간들이 침묵하고 잠들어 있자 하나님도 침묵하실 운명이어서, 심판의 나팔만이 이 정적 속에 소리를 낼까요? 아니면 하나님이 이 캄캄한 세계의여기저기서 반짝이는 지점을 보실까요? 그분은 타오르는 등불들을 찾으실까요? 그 등불들에 의지해 자신의 기도하는 사람들을 알아보실까요? 그 등불들에 의지하여 여기저기서 기다리는 사람, 서 있건 달리고있건 간에 잠들지 않은 사람을 알아보실까요? 우리는 이 빛나는 지점들, 곧 이 캄캄한 세상 안에 있는 유용한 지점들 가운데 하나가 될 수있을까요? 이 지점들이 유용한 까닭은, 하나님이 우리를 발견하실 수있기 때문이고, 그것들이 인간들에게, 우리 이웃들에게, 하나님이 오고 계심을 알리는, 그래서 우리 모두가 하나님을 위해 깨어 있는 것임을 알리는 표지이자 신호이기 때문입니다.

기술 공학의 공상이긴 하지만, 우리에게는 영적 수련이 될 수 있는 것이 있습니다. 그것은 핵기술이 어느 날 우리 지구에 자기 심판을초래하여 생명을 멸절시키고, 우리의 별을 우주에 부유하는 먼지구름으로 만들 수 있음을 상상해 보는 것입니다. 그런 일이 실제로 일어나면, 모든 것이 급격하게 남김없이 끝장날 것입니다. 그러면 모차르트의 선율도 더는 들을 수 없고, 베토벤의 장엄 미사곡도 영구히 멎고말 것입니다. "웬 아이가 보았네! 들에 핀 장미화"라는 노랫말도, 「충성스러운 기병」(Der treue Husar)이라는 노래도 바람에 날려 사라지고말 것입니다. 새들의 노래도, 별이 총총한 하늘도, 봄날의 광휘도 사라지고 말 것입니다. "바다도 없어졌다"라고 오래된 예언은 말합니다(계 21:1). 그렇습니다. 이 모든 것에 대한 기억도 지워질 것입니다. 기억하는 이가 더는 없을 테니까요.

그러면 무엇이 남아 있을까요? 하나님과 함께하는 계속되는 이야기, 기도 안에서 시작되어 결단코 끝나지 않는 이야기 말고 무엇이 있을 수 있겠습니까? (하나님은 그 이야기를 위해 어떤 공간을 정해놓으실까요?) 하늘에 기록되어, 불에 타지 않는 강철 금고 안에 보관되는 우리의 이름 말고 무엇이 있을 수 있겠습니까? 이 화재 이후에 이것 말고 무엇이 있을 수 있겠습니까? 주님은 자신의 비유를 물음으로 끝내십니다. 따라서 이 고찰도 다음과 같은 물음으로 끝나야 합니다. "나는 하나님이 접근하실 수 있는 이 반짝이는 지점들 가운데 하나인가? 나는 불에 타지 않는 이 이름을 달고 있는가?" 귀 있는 사람은 들으십시오!

18.

슬기로운 처녀들과 어리석은 처녀들

"그런데, 하늘나라는 저마다 등불을 들고 신랑을 맞으러 나간 열 처녀에 비길 수 있을 것이다. 그 가운데서 다섯은 어리석고, 다섯은 슬기로웠다. 어리석은 처녀들은 등불은 가졌으나, 기름은 갖고 있지 않았다. 그러나 슬기로운 처녀들은 자기들의 등불과 함께 통에 기름도 마련하였다. 신랑이 늦어지니, 처녀들은 모두 졸다가 잠이 들었다. 그런데 한밤중에 외치는 소리가 났다. '보아라, 신랑이다. 나와서 맞이하여라.' 그 때에 그 처녀들이 모두 일어나서, 제 등불을 손질하였다. 미련한 처녀들이 슬기로운 처녀들에게 말하기를 '우리 등불이 꺼져 가니, 너희의 기름을 좀 나누어 다오' 하였다. 그러나 슬기로운 처녀들이 대답을 하였다. '그렇게 하면, 우리에게나 너희에게나 다 모자랄 터이니, 안 된다. 차라리 기름 장수들에게 가서, 사서 써라.'

미련한 처녀들이 기름을 사러 간 사이에 신랑이 왔다. 준비하고 있던 처녀들은 신랑과 함께 혼인 잔치에 들어가고, 문은 닫혔다. 그 뒤에 나머지 처녀들이 와서 '주님, 주님, 문을 열어 주십시오' 하고 애원하였다. 그러나 신랑이 대답하기를 '내가 진정으로 너희에게 말한다. 나는 너희를 알지 못한다' 하였다. 그러므로 깨어 있어라. 너희는 인자가 올 그 날과 그 시각을 알지 못하기 때문이다."

마태복음 25:1-13

우리가 그리스도인이든, 이방인이든, 늙은 사람이든, 젊은 사람이든 간에, 우리는 우리 삶의 어느 시점을 기다리는 시간으로 이해하는 것이 아닐까요? 그래서 저마다 기다리는 대상이 다른데도, 우리의 마음이 마법에 홀린 듯 대림절 촛불에 끌리는 것이 아닐까요? 블레즈 파스칼(Blaise Pascal)은 확실히 말합니다. "우리는 실제로 사물들을 추구하지 않고, 사물 탐구를 추구한다." 그리고 오르테가 이 가세트(Ortega y Gasset)는 사냥의 비유에서 다음의 사실을 분명히 합니다. 이를테면 우리는 실제로 노획물을 많이 거두어 사냥의 성취를 추구하는 것이 아니며, 매복처에서 기다리는 시간과 사냥 행위 자체에서 기쁨을 얻는다는 것입니다.

우리는 이미 어린 시절부터 기다려 왔습니다. 처음에는 초등학교에 입학하는 벅찬 순간을 기다렸습니다. 그다음에는 처음 입는 긴 양복바지를 기다렸고, 그 뒤에는 취직과 스스로 번 돈을 기다렸습니다. 그다음에는 인생의 반려자와 자녀를 기다렸습니다. 우리는 끔찍한 일과 멋진 일을 기다렸습니다. 전쟁을 기다렸고, 그것이 다가오는 것을 보았습니다. 평화 조약 체결을 기다렸고, 불안스레 기대하며 그것을 살펴보았습니다. 그리고 마침내 우리는 늙고, 자녀들은 집을 떠나고 있거나 이미 떠난 상태입니다. 우리는 평생의 일을 뒤로하고, 우리를 원하는 이도 거의 없거나 아예 없는 상태입니다. 시간이 이상하리만치 텅 빈 채로 우리 앞에 있고, 일상적인 활동의 부차적인 것이 없을 때, 우리는 다음과 같이 물을 것입니다. "**이제** 무엇을 더 기다려야 하는가? **이제** 내 삶에 무슨 의미가 더 있는가? 도대체 내 삶에 의미가 있기나 한가?"

이전에 우리는 쥘 베른(Jules Verne)이 말한, 기술 시대를 통해 도

기다리는 아버지

래하는 유토피아 세계를 기다렸지만, 그것은 오래전에 낡은 것이 되었습니다. 오늘날의 유토피아 소설들은 공포의 환상들을 담고 있습니다. 심지어 니콜라이 베르댜예프(Nicolai Berdjajew)는 다음과 같이 말하기까지 합니다. "전에는 기술의 무한한 가능성을 학수고대했지만, 오늘날 인류는 실현할 수 있게 된 유토피아의 가능성을 피하는 데 노력을 집중하고 있다. 그 가능성이 이제는 가슴을 답답하게 하기 때문이다." 여기서도 다음과 같은 의문이 궁극적으로 생겨납니다. "이제 무엇을 기다려야 하는가? 조지 오웰(George Orwell)이 말한 1984년을 기다려야 하는가? 올더스 헉슬리(Aldous Huxley)가 말한 '멋진 신세계'를 기다려야 하는가? 그 세계는 끔찍한 세계일 수 있는데도?" 우리는 물음을 전환하기 시작하면서, 무엇이 **우리를** 기다리고 있는지를 깨닫고 있습니다.

마르크스주의도 마찬가지입니다. 마르크스주의는 사회정의가 구현된 계급 없는 사회를 기다렸습니다. 그러나 볼셰비키 문헌을 연구하는 사람이라면 누구나 다음과 같이 또 다른 의문이 점점 더 부상하고 있음을 알게 될 것입니다. "이 유토피아의 실현이 이루어진다면, 우리가 더 기다릴 것이 있는가? 그렇다면 역사가 멈추지 않겠는가? 어떤 수단으로 그 역사를 다시 가동하겠는가?" 동쪽의 이념 체계로 인해 전율이 일고 있습니다. 이 전율은 이 한 가지 물음에서 비롯합니다. "인간의 성취가 있다면, 이제 우리가 무얼 더 기다리겠는가?" 세상의 대림절 분위기가 위협받고 있는 것 같습니다. 이 세상은 더는 기다림이 없는 세상이 된 것 같습니다. 촛불들이 꺼지고 있습니다. 우리는 어느 쪽을 향해 가고 있는 것일까요?

그러나 기다림과 그 기다림이 언젠가 끝날지도 모른다는 두려움이 우리의 삶을 붙잡고 결정지을 때, 대림절 분위기가 갑자기 억눌릴 때, 우리는 기다림에 관한 예수의 이 비유를 들으면서 깜짝 놀라게 됩니다.

그러나 우리가 때때로 의심하는 것은 당연합니다. 우리는 나름의 경험이 있어서, 다음과 같이 신속하게 질문합니다. "이것은 또 하나의 유토피아인가? 혹은 더 나쁘게 말해서, 이것은 다시 데워진 옛 유토피아가 아닌가? 이것은 오늘날 기술 시대의 유토피아적 몽상들이 홀연히 사라진 것처럼 터무니없이 무산되는 환상이 아닌가?"

첫눈에 우리는 본질적인 차이를 알 수 있을 것입니다. 우리 인간들이 기다리는 것은 언제나 상황들과 관계있습니다. 이 상황들은 사건들의 진행 중에 "발생"하거나 우리의 실행을 통해 "발생"하거나, 자연스러운 진행(예컨대 우리가 점점 늙어 가거나, 경험과 능력이 자라거나, 우리가 마침내 죽어야 하는 것과 같은 진행)을 통해 발생합니다. 우리는 성공이라고 부를 만한 사건들의 매우 유리한 상황을 기다리거나, 우리의 실행을 통해 뭔가를 이루려고 합니다. 우리가 지닌 유토피아와 희망의 꿈은 항상 인간의 능력을 통해 획득하거나 상황의 진행을 통해 발생하는 미래와 관련되어 있습니다.

그러나 우리의 비유에서는 현대인의 이 유토피아적 꿈에서 울리는 것과는 전혀 다른 음이 울리기 시작합니다. 이 비유에서 중요한 것은 우리 인간들이 다다를 수 있는 어떤 것도 아니고, 우리의 진보 신념이 꿈꾸며 지향하는 목표들도 아닙니다. 이 비유에서는 다른 쪽에서 누군가가 기다리는 사람을 향해 다가옵니다. 이 비유에서 언급되는 사람들이 이 만남을 성사시키기 위해 할 수 있는 일이 전혀 없습니다. 그래서 그들은 목표를 꼭 이루려고 하는 사람들처럼 악착같이 일하지도 않습니다. 오히려 그들은 (슬기로운 사람들과 어리석은 사람들을 막론하고) 잠에 빠져듭니다. 신랑의 옴과 오지 않음을 그들의 마음대로 할 수 없기 때문입니다. 이 잠은 단잠, 근거 있는 잠입니다. 내가 잠자는 동안, 내 스위치가 꺼져 있는 동안, 다른 사람이 제 길을 걸어 나를 찾아오리라는 것을 알기 때문입니다.

우리는 무엇을 기다리고, 실제로 무엇을 기대하기에 주님의 재림을 암시하는 이 말씀을 과감히 입에 담는 것일까요?

이 말씀을 입에 담음으로써 우리는 무엇보다도 다음 한 가지를 말하는 것입니다. 그것은 바로, 역사는 반드시 제 목적지에 다다른다는 것입니다. 우리가 이렇게 말하는 것은, 우리가 우리 삶의 최종 목적지나 역사의 최종 목적지를 향해 나아갈 수 있어서가 아닙니다. 우리는 어린아이들처럼 암중모색하는 사람들입니다. 정치인들도, 역사를 만드는 사람들도 자신들의 계획이 어떻게 될지, 자신들이 진로를 정해놓은 열차가 어디로 달려갈지 알지 못합니다. 우리의 삶이라고 해서 이와 다를까요? 그러나 우리는 이 비유에서 다른 이가 이 목적지를 결정한다는 메시지를 받습니다. 그는 제시간에 세계의 지평에 갑자기 나타나는 분이기 때문입니다.

분명히 말씀드리지만, 이것은 엄청난 진술입니다. 이 진술이 특히 엄청난 까닭은, 이 진술이 옳을 경우, 오늘날에도 우리의 삶 전체가 단숨에 바뀔 것이기 때문입니다. 이것은 놀랄 만한 일입니다. 우리는 대개 먼 미래에는 관심을 기울이지 않고, 오늘과 내일 우리가 계속해야 하는 일에 관심을 기울이기 때문입니다. 우리의 일정 기록용 수첩의 다음 지면들이 그것을 여실히 보여줍니다. 우리는 가까운 장래에 정치 상황이 어떻게 될지, 언젠가 수상한 손이 위험한 계기판을 조종하다가 갑자기 버튼을 눌러 계시록의 기사들[60]에게 출발 신호를 보내는 것은 아닌지도 고려합니다. 그래서 우리는, 예수의 표현을 사용해서 말하면, "다른 날의 일을"[61] 걱정하며 "세상에서 환난을"[62] 당하고 있습니다.

어떤 한 분이 다른 쪽에서 우리를 향해 다가오고 있으며, 세계사가 그분의 발치에서 끝난다는 이 말씀이 사실이라면, 갑자기 상황이 달라질 것입니다. 우리가 위대한 섣달그믐날(최후 심판의 날)에 세상에서 벌어지는 일을 알 수 있다면, 그사이에 자리한 일정 기록용 수첩의 모든 지면을 상대화하게 될 것입니다.

파스칼은, 폭풍에 흔들리고 파도가 넘나드는 배를 타고 가지만, 그 배가 반드시 항구에 안착하리라는 것을 아는 건 멋진 일이라고 확언합니다. 파스칼의 이 말은 항해와 바다 위의 허리케인에 관한 다른 말—베르톨트 브레히트가 「베를린 진혼곡」(Berliner Requiem)에서 한 말—과 기이한 대조를 이룹니다. 브레히트는 이렇게 말합니다. "침몰하는 배 한 척과 깜박이지 않는 해변뿐이에요. 그래요, 그것에 순응해야 해요." 블레즈 파스칼의 말과 베르톨트 브레히트의 말은 우리의 삶이 모험임을 상기시킵니다.

도대체 모험이란 무엇일까요? 그것은 결말을 알 수 없는 상황입니다. 반원형 막사에서 살든, 부자 동네 블랑케네제의 호화주택에서 살든 간에, 우리 가운데 누가 자기 삶이 장차 어떻게 끝날지, 어떤 외로움이, 혹은 어떤 성취가 자신을 기다리고 있을지 알겠습니까? 그렇습니다. 우리는 모험 속에서 살고 있습니다.

제대로 된 범죄 소설(이것은 언제나 모험담입니다)에서는 마지막 페이지 직전까지도 결말이 어떻게 되는지 알 수 없습니다. 그런 소설은 긴장감이 넘쳐서, 독자가 그 긴장감을 더는 참지 못하거나 마지막 페

기다리는 아버지

이지를 넘기고 난 뒤에야 높아진 맥박수가 "80"으로 낮아지는 것을 "엿볼" 수 있습니다.

그러나 전혀 다른 유형의 모험이 있습니다. 이 두 번째 유형도 문학의 예를 들어 설명할 수 있습니다. 인기 있는 범죄 소설의 작가가 정교한 서사 기법으로 이야기의 결말에 연막을 쳐서, 우리를 마지막 순간에 놀라게 한다면, 위대한 시인들, 다름 아닌 고전 시대의 시인들은 부제(副題)에서 미리 말할지도 모릅니다. 자신들의 책에서 중요한 것은 비극이며, 희곡에서 가장 빛나고 가장 감동적인 인물은 결국 몰락하고 만다고요. 그들은 표지에서 그것을 미리 드러냅니다. 호메로스의 대서사시를 보면 첫 페이지만 넘겨도 무엇이 기다리고 있는지를 알 수 있습니다. 그런데도 서사 기법은 독자의 긴장을 늦추지 않으려고 애씁니다. 이 긴장만이 다른 성격, 소위 다른 분위기를 띱니다. 인기 있는 범죄 소설을 읽을 때 사람들은 이렇게 자문합니다. "결말이 어떻게 될까?" 비극을 읽거나 위대한 소설을 읽으면서는 이렇게 자문합니다. "첫 페이지를 넘기면서 알게 된 비극적 결말이나 행복한 결말에 이르기 위해 무슨 일이 일어날까?"

내 생각에, 파스칼은 성경에 귀를 기울였던 것 같습니다. 그는 배의 이미지를 사용하여, 하나님이 우리의 인생을 결말이 불확실한 범죄 모험으로 만들지 않으시고, 첫 페이지에서(성경의 첫 페이지에서, 세례의 축복 기도가 우리 위에 선언되는 순간 우리 인생의 첫 페이지에서) 결말이 어떻게 될 것인지를 미리 드러내신다고 말합니다. 이를테면 결국 승리자만이 전장에 서게 되며, 우리의 소소한 삶의 지평과 역사의 지평에 한 분이 서서 모든 지그재그 길과 에움길을 끝장내신다는 것입니다. 이 확실한 강림의 표지 속에서 영위하는 나의 소소한 삶도 모험—더 높은 질서의 한 모험—입니다. 나는 나의 배가 항구에 안착해 있음을 압니다. 나는 일정 기록용 수첩의 다음 지면들이 이 웅장한 마지막 장에 이르기 위한 서곡만을 담고 있음을 압니다. 나는 내 앞에 놓여 있는 수술도, 내가 감지하는 사업상의 위기도, 나를 기다리는 시험도, 내 아이들과 함께 겪는 곤경도 이 한 지점으로 통하는 길 위의 여러 단계에 지나지 않으리라는 것을 압니다.

조금 대담한 표현을 써도 된다면, "하나님이 어떻게 내 삶의 이야기를 계속 지어가실까? 내가 **부분적인** 결말을 알지 못하는 모험을 그분이 어떻게 구성하셔서, 내가 확신하는 이 최종 목적지에 이르게 하실까?"라는 열렬한 기대에 몰두하는 것은 그리스도인이 누릴 수 있는 인생 경험의 한 부분입니다. 하나님의 관점에서 보면, 모든 것은 푸가의 엄격한, 주제와 관련된 법칙이 됩니다. 그러나 나는 서둘러 음에서 음으로 나아갑니다. 설령 내가 이 모든 것의 연속성을 파악하지 못하더라도, 나는 하나님이 장차 누르실 다음 건반을 흥미진진한 경험으로 받아들일 것입니다. 거장이 악기보다 뛰어나다는 것을 알기 때문입니다.

무엇보다도 우리는 우리의 비유를 읽으면서, 우리의 삶이 어떤 종류의 문학 작품이고 악곡인지를 눈치채야 합니다. 말하자면 우리는 범죄 추적의 모험이나 "무조(無調)"의 모험 속에서 살지 않고 모든 것이 대단원을 향하고 있으며, 우리는 궁극(窮極) 속에서(im Letzten)가 아니라 차극(次極) 속에서만(nur im Vorletzten) 있는 모험가라는 것입니다.

우리 부부는 미국 여행길에 배에서 개 한 마리를 보았고, 돌아오는 길에도 배에서 개 한 마리를 보았습니다. 긴 도항 중에 나는 그 두 마리 개를 아주 꼼꼼히 관찰하며 숙고했습니다. 미국으로 가는 길에 본 개는 큰 목양견이었습니다. 주인이 비행기를 이용하면서 배의 승

기다리는 아버지

무원에게 맡긴 개였습니다. 그 짐승은 피조물의 비통함으로 몸을 떨었습니다. 제가 자주 쓰다듬어 주며 좋게 얼러주었지만 도움이 되지 못했습니다. 그 개는 낯선 세계에 있었고, 자신의 모험이 어떻게 끝날지, 익숙한 개의 세계가 완전히 끝난 것은 아닌지를 알지 못했습니다. 배에는 수목들이 전혀 없었고, 그 개에게는 그것이 정말 끔찍했을 것입니다! 모든 것이 낯설고 으스스한 냄새를 풍기고, 눈에 보이는 세계가 온통 난간들로 끝나있었으니 말입니다. 하지만 난간들 너머에는 적대적인 것이 있었습니다. 그것은 개에게 절대적인 무(Nichts)와 다름없는 것이었습니다. 그 개는 이 낯선 상황이 장차 끝날 것인지, 나무들과 다른 개들을 또 한 번 접하게 될 것인지, 제 주인의 익숙한 냄새를 맡게 될 것인지도 알지 못했습니다. 그 개에게는, 이 낯선 배의 세계가 항법을 따르고 있다는 사실을 설명해 줄 수 없었습니다. 네 개의 금줄이 있는 완장을 차고서 그 개에게 종종 말을 건네던 갈색 옷차림의 양족(兩足) 동물이 항로를 알고 있으며, 이 모든 것이 끝나게 될 기일을 알고 있다는 사실도 설명해 줄 수 없었습니다. 그 불쌍한 개는 피조물 특유의 양상인 허무주의를 선고받은 상태였습니다. 그 개는 공허함 속에서, 끝없는 고통 속에서 빙빙 돌고 있었습니다.

돌아오는 길에도 우리 부부는 개 한 마리를 보았습니다. 이 개는 애완견으로서 크기는 앞서 말한 개의 "절반"에 지나지 않았습니다. 이 개는 약간 노쇠했고, 기력이 쇠한 다리를 떨고 있었습니다. 하지만 비교할 수 없을 만큼 많은 위로를 받고 있었습니다. 여주인이 옆에 있었기 때문입니다. 이 개도 수목들을 그리워했고, 이 낯선 세계에서 무슨 일이 일어나는지를 알지 못했습니다. 그러나 이 개는 자기의 작은 심장이 너무 불안하게 뛰자, "피조물 특유의 신뢰를 품고 말씀드리고 싶어요"라고 말하는 듯 마음을 움직이는 눈빛으로 제 여주인을 바라보았습니다. 이 개는 다음과 같이 말하려는 것처럼 보였습니다. "당신이 계신 곳이 이토록 열악하고 절망적인 곳이어선 안 됩니다. 당신은 나보다 더 고귀한 존재이니까요. 당신이 내 온전한 세계관을 부서뜨리는 이 혼란스러운 세계에 들어오지 않았으면 좋았을 텐데요. 하루가 끝나기 전에, 우리가 원래의 냄새들이 있는 합리적인 세계에 다시 착륙하면 좋겠어요."

하나님은 젖먹이의 입뿐만 아니라 개의 눈을 통해서도 찬양을 받으십니다.

우리 역시 어떤 항법이 우리를 이끌어 이런저런 일을 경험하고 겪게 할지 알지 못합니다. 그러나 나는 다리 위에 서 있는 분을 알고 있습니다. 나는 항구에서 나를 기다리는 분을 알고 있습니다. 이 그림들이 나의 손에서 부서진다면, 나는 역설적 오버랩을 수행하여, 예수 그리스도는 나의 전부라고 말하겠습니다. 그분은 배의 키잡이이자 바람과 파도가 복종하는 분, 큰 물결 위를 걸으시며 그 물결에 개의치 않으시는 분, 등대선의 등에 불을 붙이고 항구에서 나를 기다리시는 믿음직한 분입니다. 그렇습니다. 우리 그리스도인들은 더 높은 질서의 안내를 받는 모험가들입니다. 모든 것이 불확실해도, 우리와 함께하시고, 우리가 목표로 삼고 나아가는 이 한 분만은 확실한 분입니다. 그분에게서 눈을 떼면, 우리의 배는 으스스하고 낯선 배가 되어 텅 빈 바다에서 길을 잃고 말 것입니다. 그분에게로 눈길을 보내면, 낯선 배도 낯익은 배가 될 것입니다. 나는 항법을 이해하지 못하지만, 누가 항법사인지는 알고 있습니다.

슬기로운 처녀들은 자기들이 다다르게 될 이 한순간의 이름으로 사는 사람들, 자기들이 기다리는 이 한 분의 성실하심을 먹고 사는 사람들입니다.

슬기로운 처녀들이 「공중을 쳐다보던 한스」(Hans-guck-in-die-Luft)[63]처럼 먼 미래에 푹 빠져 현재를 잊었을 것이라고 상상해선 안 됩니다. 우리 비유의 작은 특성은 그렇지 않음을 보여줍니다. 즉, 신랑의 도착이 불확실하다는 것입니다. 신랑은 오늘 올 수도 있고, 한 달 뒤에 올 수도 있고, 10년 뒤에 올 수도 있습니다. 키르케고르는 바로 이 불확실성이 우리의 열정과 우리의 경계심을 극도로 자극한다고 말합니다. 제가 모시고 공부한 어느 교수님은 우리 가운데 한 사람을 선발하여 지난 수업의 내용을 발표하게 하는 분이었습니다. 누구 차례가 될지 아무도 알 수 없었습니다. 그래서 우리는 모두 매우 조심했습니다. 다른 교수님들은 다르게 했습니다. 수업 시작 전에 한 학우에게 그런 문서의 작성을 위탁했던 것입니다. 모든 것이 순서대로, 규칙대로 진행되리라는 것을 다들 알고 있었습니다. 아무 일도 일어날 수 없었습니다. 저마다 자신의 기일에 맞게 진행하고, 강의실 벤치에 자기 성명의 머리글자나 하트 모양을 새겨 넣으면 되었기 때문입니다.

우리는 예수께서 언제 다시 오실지, 언제 우리와 만나기로 약속하실지 알지 못합니다. 우리는 우리가 무척 중요하게 여기던 모든 것, 곧 우리의 직업 경력, 우리의 성공, 우리의 실패, 우리의 낙담이 우리 뒤에 가라앉는 순간을 알지 못합니다. 우리는 그분이 언제 유일한 관심사가 되셔서, 홀로 우리에게 접근하실지 알지 못합니다. 그래서 우리는 몹시 조심하며, 매 순간 그분을 고려하지 않을 수가 없습니다. 우리 생의 모든 시간을 특색 있게 하는 것은 이처럼 예측할 수 없는 한순간이기 때문입니다. 그 순간은 우리가 예수만을 마주 보고 서게 되는 순간입니다. 우리가 예수를 놓쳐 버린다면, 우리 삶이 계속될 것처럼 우리가 행동한다면, 우리가 어리석은 처녀들처럼 잠과 "꾸물거림"에 빠져 있다면, 이는 우리 삶의 핵심을 놓친 셈이 될 것입니다.

우리의 비유에서는 매우 어두운 발라드풍의 어조가 감지됩니다. 이를테면 너무 늦을 수도 있다는 것입니다. 내 마지막 시간이 나의 "죽음을 향한 존재"보다 덜 중요하고, 내가 이 마지막 시간에 이르기까지 경과하는 삶의 구간보다 덜 중요하듯이, 이 비유의 본질적 주제는 역사의 마지막 시간이 아닙니다. (아이구, 하나님, 그 시간은 관심 없는 일입니다! 나는 아직 매우 건강하고 팔팔하며 활동하기 좋아하는 소년이거든요!) 훨씬 더 결정적인 사실이 있습니다. 즉, 나의 오늘, 나의 일, 나의 생명, 내 삶의 성가신 것은, 모든 것이 예수 그리스도께 달려 있으며, 그분이 내 삶의 의미와 무의미를 판단하신다는 이 **한** 가지 사실을 통해 결정된다는 것입니다. 신랑의 시간은 알려지지 않았습니다. 그래서 우리는 살면서 희망합니다. 그래서 우리는 극도로 위태롭습니다. 우리가 분별 있는 삶의 사람으로서 의식이 또렷하고, 결단코 속아 넘어가는 일이 없더라도, 신랑은 우리가 비몽사몽일 때 우리와 마주치십니다. 그러나 이 **한** 가지 사실에 모든 것이 달려 있는데도, 우리가 스스로 속인다면 어찌 될까요? "늦었다"라는 말을 듣게 될 것입니다. 하나님은 우리 인생의 소설 밑에다 "훌륭한 작품이다. 생생하고, 흥미롭고, 매혹적이다. 하지만 주제를 놓쳤다"라고 쓰실지도 모릅니다. 그러면 그 소설은 바로 끝나고 말 것입니다. 더는 고쳐 쓸 수 없을 것입니다.

이제는 슬기로운 처녀들의 기다림이 어떠해 보이고, 그들이 기다리면서 어떤 일을 겪는지를 살펴보겠습니다.

그러면 이 비유의 주목할 만한 특징이 우리의 눈에 띄게 될 것입니다. 더 자세히 말하면, 어리석은 처녀들뿐만 아니라 슬기로운 처녀들도 기다리다가 함께 잠들고 만다는 것입니다. 게다가 예수께서 아무 비판 없이 그것을 말씀하신다는 사실도 인상적입니다. 그분은 선하셔서, 자기 사람들에게도 쉼이 필요하다는 것을 아십니다. 그분은 이따금 그들에게 "좀 쉬어라!" 하고 말씀하십니다.[64] 제자들은 종일토록 열심히 일해선 안 됩니다. 주님이 다시 오실 수 있게 하겠다는 듯이 종일토록 기도하거나, 그 이외의 일을 종일토록 하거나 생각해서도 안 됩니다. 슬기로운 처녀들의 기다림을 떠올리면서, 그들이 온전한 기다림과 기도와 찬송 이외에 다른 생각은 일절 하지 않았을 것이라고 상상해서는 안 됩니다. 가장 기독교적인 주부라고 해도 요리할 때는 요리에 신경을 쓰고, 노동자는 기계에 신경을 써야만 합니다. 그렇지 않으면 음식이 눌어붙고, 나사들이 잘못 끼워지게 될 것입니다. 그러나 기다림과 경건을 그런 식으로 이해해선 안 됩니다. 예수께서는 대단히 자비한 분이십니다. 그래서 그분은 우리의 경건과 기다림의 깨어 있는 정도를 잣대로 재지 않으십니다. 그분께는 영적 혈압 측정기가 없습니다. 예수께서는 자기 사람들에게 쉼도 허락하십니다. 그들은 봄에 햇볕을 쬐며 몸을 쭉 뻗고 편히 쉬어도 됩니다. 끊임없이 영적인 생각을 하며 "기다림"을 의식하지 않아도 됩니다. 그들은 저녁에 편히 누워 자면서, 여덟 시간 동안은 기도하고 찬송하고 기다리는 일을 하지 않아도 됩니다. 비유 속 처녀들이 하는 것처럼 편안히 잠자리에 든다면, 이는 하나님을 신뢰한다는 표지이자, 제자가 되었다는 표지일 것입니다. 그들 가운데서 슬기로운 처녀들이 잠자리에 든 까닭은, 그들이 마침내 이렇게 생각했기 때문입니다. "우리는 신랑을, 하나님 나라를 강제로 오게 할 수 없어." 신랑과 하나님 나라는 인간의 의지와 관계없이 반드시 옵니다. 우리의 저녁 찬송들도 그것을 표현합니다. 이를테면 우리가 잠자는 동안, 하나님이 깨어 계시면서 자기 일을 수행하시며, 우리 연약한 인간들이 휴식을 취하는 동안, 이스라엘의 눈과 파수꾼이 되신다는 것입니다. 쉼과 평안하고 안온한 잠 속에서 다음과 같은 찬송이 울려 나옵니다. "당신께서는 참으로 깨어 일하십니다. 우리의 염려와 한탄, 우리의 조급함과 우리의 강요는 우리에게 잠을 주지 않건만, 당신께서는 당신의 사람들에게 잠을 주십니다. 당신의 돌보심을 받으며 살기에, 우리의 불안한 염려가 잠잠해집니다."

그래서 슬기로운 처녀들은 잠이 듭니다. 등불을 조절하고 기름을 준비해 놓은 상태입니다. 그들의 궁극적인 생각은 깨어났을 때 경험하게 될 즐거움에 맞추어져 있었습니다. 왜냐하면 다가오는 날이 그들을 위대한 순간에 더 가까이 데려다주고, 하나님의 선하심이 아침마다 새롭기 때문입니다.

우리가 불면증에 시달리는 까닭은, 우리에게 이 즐거움이 없고, 우리가 "이스라엘의 눈과 파수꾼"이신 분을 신뢰하지 않아서가 아닐까요? 우리가 불면증에 시달리는 까닭은, 우리가 속마음을 보이지 못하며, 긴장을 풀지 못하고 뻣뻣해져, 그분이 은밀히 강림을 준비하시는 동안 잠을 자 두라는 자비로운 제안을 받아들이지 않아서가 아닐까요? 어쩌면 우리의 불면증은 불신앙과도 관계있을 수 있습니다.

그런데 전혀 다른 두 종류의 잠이 있습니다. 어리석은 처녀들의 잠은 슬기로운 처녀들의 깜박 잠듦과 동렬에 놓일 수 없는 잠입니다. 어리석은 처녀들은 영원한 기다림에 지쳐서 깜박 선잠이 듭니다. 희망 없이 기다리는 사람, 허무주의적으로 비참하게 살아가는 사람은 매우 빨리 지쳐 낙담하고 졸게 마련입니다. 실제로 어리석은 처녀들은 잠들고 맙니다. 신랑이 한 번 더 오시고, 끝과 목표를 정하는 분이 오시리라는 희망을 버렸기 때문입니다. 이는 그들이 자기들의 등불에 넣을 예비 기름을 마련하지 않은 것만 봐도 알 수 있는 사실입니다. 그들이 이 약간의 조달을 중요하게 여기기만 했어도, 다시 말해서 주님의 강림을 진지하게 고려하기만 했어도, 이런 일은 확실히 일어나지 않았을 것입니다.

물론 여기서 잠을 글자 그대로 이해해서는 안 됩니다. 기다리다가 깜박 잠든다는 것은, 다른 일들에 관심을 기울이며 매우 활동적인 상태가 되는 것일 수도 있습니다. 모든 가능한 활동에 뛰어들고, 온 힘을 다해 일하고, 자기 사업에 미친 듯이 몰두하고, 한가한 순간마다 라디오를 듣거나 잡지의 사진 샐러드를 허겁지겁 삼킴으로써, 기다림, 희망, 믿음, 양심을 잠재우는 것입니다. 사람들이 노아의 대홍수 이전에 보였던 행태도 그랬습니다. 이 사람들도 실제로 잠이 들어, 다가오는 하나님의 심판을 생각하지 않았기 때문입니다. 그들은 그렇게 잠자면서도 매우 활동적이었습니다. 먹고, 마시고, 결혼하고, 청혼을 받았던 것입니다. 우리도 마찬가지입니다. 우리는 생활 수준이라는 황금 송아지 주위에서 춤을 추면서, 우리가 무엇을 위해 존재하는지, 누가 우리를 기다리고 있는지를 잊고 있습니다. 확신하건대, 주 그리스도께서 장차 다시 오시고, "너희 잠자는 자들아, 깨어나라!"라는 그분의 외침이 우렛소리처럼 울릴 때, 극소수의 사람만이 침대에서 벌떡 일어나고, 대다수는 작업대에서, 사무실 의자에서, 열차와 자동차 안에서, 영화관이나 술집에서, 무엇보다도 교회 안에서 깜짝 놀라며 벌떡 일어날 것입니다. 그들은 우렛소리를 더는 고려하지 않고, "영원"의 물음을 외면하고 "일상"의 질서로 넘어간 상태이기 때문입니다. "너희 잠자는

자들아, 깨어나라!"는 외침이 그들 위에서 굉음을 내는 동안, 그들은
자신들이 세례를 받으며, 이처럼 강력하게 찾아오시는 주님께 봉헌되
던 날, 성금요일 예배에 참석하던 날, (왜 그랬는지 설명할 수 없지만) 해마
다 그분께 경의를 표하여 대림절 화환과 크리스마스트리에 점등하던
날을 떠올릴지도 모르겠습니다. 그분의 외침이 그들 위에서 굉음을 내
는 동안, 그들은 급작스러운 공포 속에서 예전에 지냈던 축일의 등을
향해 손을 뻗을 것입니다. 그러나 이 등은 거무스름하게 그을린 상태
일 것입니다.

　　그들은 자신들의 생에서 그 등이 타오르던 때, 도중에 그분께 수
줍어하던 때를 떠올릴 것입니다. 그러나 그들이 손을 뻗는 곳에는 공
허와 어둠만이 자리하고 있습니다. 기름은 오래전에 소진되었고, 한때
빛을 발하던 것은 이제 칠흑같이 어두워지고 말았습니다.

　　슬기로운 처녀들과 어리석은 처녀들의 두 번째 차이점은 다음과
같습니다. 그것은 한쪽은 기름을 소지하고 있고, 다른 쪽은 그렇지 않
다는 것입니다. 도대체 기름은 무엇을 의미하는 것일까요?

　　기름은 우리 그리스도인의 신분을 유지하는 데 조금이나마 계속
사용되기에 보충되지 않으면 안 되는 어떤 것을 암시합니다. 보충이
필요한 것을 찾아내기는 어려운 일이 아닙니다.

　　예컨대 다음과 같이 생각하는 그리스도인들이 있습니다. "살면
서 회심하거나, 교회에 등록하거나, 제단 앞에서 결혼하거나, 교회세
(헌금)를 내겠다고 결심하면 돼. 그러면 다 준비된 거야." 이런 사람들
은 제단 앞에서 또는 호적 사무소에서 남편의 결혼 서약을 받고서 다
음과 같이 말하는 여인처럼 여겨집니다. "이제 안심이야. 혼인 계약이
정말로 확정되었으니. 이제껏 나는 그를 위해 나를 끊임없이 아름답게

가꾸고, 나의 가장 매력적인 면을 보여주었어. 먼저 그를 이겨서 나에게 묶어놓지 않으면 안 되었던 거야. 그러나 이제 최종적이고 공식적인 혼인 서약을 받았으니, 제멋대로 행동하며, 외모에 신경 쓰지 않고, 지저분한 여자가 되어도 되겠지." 그러나 모든 노련한 부부가 아는 것처럼, 결혼생활은 날마다 새롭게 완성되어야 하며, 한 사람이 다른 사람을 얻으려고 애써야 합니다. 결혼생활은 언제나 결혼 첫날과 같아야 하고, 그렇지 않으면 이혼하지 않더라도 결혼생활이 파탄에 이르고 만다는 것은 사실입니다. 생기를 잃은 결혼생활과 꺼진 사랑의 등—이 등의 그을음은 이 등에 얼마간 불이 붙어 있었음을 애처롭게 보여줍니다—은 정말 심각한 상태입니다.

우리 그리스도인이 지닌 신분의 등불도 똑같이 꺼질 수 있습니다. 기름이 소진되기 때문입니다. 저는 반복해서 보충되어야 하는 기름을 딱 한 가지만 꼽아 보고자 합니다. 그 기름은 다름 아닌 기도입니다. 우리의 기도 생활도 기름처럼 소진될 수 있습니다. 그러면 갑자기 어둠이 찾아올 것입니다. 기도하지 않는 사람은 언제나 어둠 속에 있습니다. 그의 위에 있는 하늘이 닫혔기 때문입니다. 그래서 그는 끊임없이 불안의 지배를 받기도 합니다. 우리의 기도 생활의 예비 기름은 매우 빨리 바닥날 수 있습니다. 우리가 기도를 위해 시간을 내지 않을 때뿐만 아니라, 우리가 주기도문이나 여타의 기도 문구들만 읊조릴 때도 예비 기름은 바닥나고 맙니다. 그 기도 문구들은 결국 우리에게 지루한 것이 되어, 다 탄 재처럼 우리 손에 놓인 채 더는 불꽃을 일으키지 않을 것입니다. 잠자리에서 일어나 단조롭게 읊조리면서 벌써 아침 식사나 아침 우편물을 생각하는 것입니다. 그런 기도는 빛을 발하기는커녕 오히려 심한 냄새를 풍깁니다. 그것은 기름이 바닥났으며, 불꽃보다는 그을음이 더 많이 자리하고 있다는 신호입니다.

예비 기름의 보충은 어떻게 해야 할까요? 당연히 슬기로운 처녀들처럼, 어디서 기름을 얻어야 하는지, 거기로 가려면 어떻게 해야 하는지, 사정에 따라서는 어떻게 줄을 서야 하는지를 생각해야 합니다.

우리의 영적인 삶도 아주 간결하게 말하면 **노동**입니다. 저는 하나님 "섬김"(Gottes"Dienst")과 같은 단어가 있고,[65] 그것이 "하나님의 쾌락"이나 "하나님의 오락"을 의미하지 않아서 기쁩니다. 신선한 기름과 생생한 불꽃은, 날마다 우리의 마음을 사로잡아 움직이는 모든 것과 기도를 연결함으로써만 얻을 수 있습니다. 나는 내가 늘 자리하는 곳에서—침대에서, 또는 지하철에서, 나의 리무진 안에서—나의 즐거움에 관해서 그리고 나의 근심거리에 관해서도 하나님께 아뢰어야 합니다. 아픈 이웃을 염두에 두고, 나와 사이가 틀어진 동료도 염두에 두어야 합니다. 주기도문에 있는 각각의 청원을 기도로 바치되, 일반적으로 하지 않고, 나에게 적용함으로써 그리할 수도 있습니다. 예컨대 "우리의 죄를 용서하여 주시고"라고 말하면서, 계산서를 상세히 적듯이, 그것을 상세히 아뢰는 것입니다. "저를 용서해 주십시오. 저는 거듭거듭 성(性)의 지배를 받고 있기 때문입니다. 저를 용서해 주십시오. 저는 끊임없이 염려에 시달리며 신뢰심을 기르지 못하고, 당신의 인도를 받지 않기 때문입니다. 저의 시기심과 야심을 용서해 주십시오." 그러면 우리의 기도는 살아 있는 기도가 될 것입니다. 이는 우리의 삶 전체를 바치는 셈이 되고, 기도가 우리의 삶 속에서 **한** 자리를 차지할 것이기 때문입니다.

성경도 마찬가지입니다. 우리의 길에 빛이 되어 줄 성경도 그을음투성이가 될 수 있습니다. 성경을 기도 없이 읽을 때, "하나님이 **나에**

게 무슨 말씀을 하시려는 거지?"라고 끊임없이 묻지 않을 때, 그런 일이 일어납니다. 내가 의무에 따라 예의상으로만 성경 읽기에 몰두한다면, 성경은 곧 가장 시시한 그림 잡지들이나 내 조간신문의 오늘의 뉴스들에 덮이고 말 것입니다. 이는 마치 더 영향력 있는 방송국이 약한 방송국을 큰소리로 압도하는 것과 같습니다.

그리스도인이 되려고 하는 사람은 주님으로부터 끊임없이, 신속하게 일을 배정받습니다. 우리에게 순전한 은혜로 모든 것을 선사하겠다고 하신 하나님의 약속은 게으름뱅이들을 위한 것이 아닙니다. 하나님의 은혜는 우리에게 싼값으로 던져지는 투매 상품이 아닙니다. 하나님의 은혜는 싸구려와는 전혀 다릅니다. 우리는 일상의 일 속에서 고요한 시간을 얻기 위해 고투하고, 사정에 따라서는 더 이른 시간에 기상해야 합니다. 중보기도에 담을 사람들의 목록도 만들고, 하나님이 우리에게 원하신다면, 힘들고 어려운 일도 해내야 합니다. 그러나 이 모든 일은 우리의 등에 기름이 보충되고, 우리의 그리스도인 신분이 싱싱한 상태가 되어 그을리지 않음으로써만 유용해집니다.

우리 주님을 기다리는 일, 타는 등불을 들고 신부처럼 기다리는 일은 확실히 수동성과는 아무 관계가 없습니다. 기다림은 아첨으로 무슨 일이 일어나게 하는 것을 의미하지 않습니다. 그런 것은 피곤하고 지루한 일일 것입니다. 등불이 꺼진 사람은 매우 빨리 잠들고 말 것입니다. 직설적으로 말하면, 살아 있는 기도자가 아닌 사람은 분주하게, 공허하게 움직이는 행위자가 되고 말 것입니다. 그런 다음 그는 갑자기 숨 막히는 질문 앞에 서게 될 것입니다. "**어째서** 내가 악착같이 일하는 거지? 다 소용없어. '영원한 창조가 도대체 무슨 소용인가! 창조

된 것이 무(無)로 끌려 들어가는데!'[66]"

그러나 타는 등불을 들고 있으면, 빨리 잠들지 않습니다. 이 등불의 빛은 장차 영광 가운데 나타나실 주님의 광휘를 미리 보여주는 빛이기 때문입니다. 모든 살아 있는 기도, 마음에서 우러나오는 기도는 세상의 거대한 밤중에 보이는 점멸 신호, 우리가 어디에 박혀 있고, 우리를 어디서 발견할 수 있는지를 주님께 알리려고 우리가 점화하는 신호불입니다. 모든 기도는 우리가 여전히 깨어 있음을 알리는 신호입니다. 그것은 동시에 우리를 깨어 있는 상태, 신선한 상태로 유지해 주고, 우리의 구원이 가까워졌기에 우리의 머리를 들게 하는 빛이기도 합니다.

이를 염두에 두고 우리가 대림절 화환과 양초에 불을 밝혀, 모든 공허한 감상을 몰아내면 좋겠습니다. 우리의 화환과 양초는, 지구의 어둠을 박차고 떠오를 준비를 하며 미리 움직이는 영광의 광채입니다. 그것들은 우리가 위로를 받고 기뻐하는 순례자로서 여행 중이며, 우리의 마음이 더는 놀라지 않아도 되며, 쇄도하는 어둠도 우리의 촛불 앞에서 물러날 수밖에 없음을 알리는 표지가 되어야 합니다.

우리 가운데서 오늘 그리고 이어지는 몇 주 동안 양초에 불을 밝히는 사람은, 이 일이 매우 마땅하고 정취가 넘치는 일이어서 기계적으로 하는 것이 아니라, 간절히 바라건대 자기 영의 작은 제물을 바친다는 생각으로 해야 합니다. 내가 말하고 권하는 그 생각은 다음과 같습니다. 이를테면 이 작은 양초는 하나의 표지로서, 내가 어둠 가운데서 목표로 삼는 항구의 등이자 동시에 다음과 같은 물음이라는 것입니다. "내 삶의 등불이 꺼져 있는 것은 아닌가? 내가 표류하고 있는 것은 아닌가? 내가 등불을 가린 채 밤길을 가고 있는 것은 아닌가? 내 안

기다리는 아버지

에 타오르는 것이 있는가? 나는 점멸 신호를 보내어, 나를 발견하게 하고 있는가? (이것은 궁극적인 물음인데) 나는 내 삶의 주제를 붙잡았는가? 날마다 내 삶의 소설을 한 줄 한 줄 써 내려가면서도 주제를 놓친 것은 아닌가? 나는 **주제**를 유념하고 있는가?"

그러므로 깨어 있으십시오. 여러분은 비상사태의 때가 언제 들이닥칠지 모르기 때문입니다.

19.

왕실 혼인 잔치

예수께서 다시 여러 가지 비유로 그들에게 말씀하셨다. "하늘나라는 자기 아들의 혼인 잔치를 베푼 어떤 임금에게 비길 수 있다. 임금이 자기 종들을 보내서, 초대받은 사람들을 잔치에 불러오게 하였는데, 그들은 오려고 하지 않았다. 그래서 다시 다른 종들을 보내며, 이렇게 말하였다. '초대받은 사람들에게로 가서, 음식을 다 차리고, 황소와 살진 짐승을 잡아서 모든 준비를 마쳤으니, 어서 잔치에 오시라고 하여라.' 그런데 초대받은 사람들은, 그 말을 들은 척도 하지 않고, 저마다 제 갈 곳으로 떠나갔다. 한 사람은 자기 밭으로 가고, 한 사람은 장사하러 갔다. 그리고 나머지 사람들은 그의 종들을 붙잡아서, 모욕하고 죽였다. 임금은 노해서, 자기 군대를 보내서 그 살인자들을 죽이고, 그들의 도시를 불살라 버렸다. 그리고 자기 종들에게 말하였다. '혼인 잔치는 준비되었는데, 초대받은 사람들은 이것을 받을 만한 자격이 없다. 그러니 너희는 네 거리로 나가서, 아무나, 만나는 대로 잔치에 청해 오너라.' 종들은 큰길로 나가서, 악한 사람이나, 선한 사람이나, 만나는 대로 다 데려왔다. 그래서 혼인 잔치 자리는 손님으로 가득 차게 되었다.

임금이 손님들을 만나러 들어갔다가, 거기에 혼인 예복을 입지 않은 사람이 한 명 있는 것을 보고 그에게 묻기를, '이 사람아, 그대는 혼인 예복을 입지 않았는데, 어떻게 여기에 들어왔는가?' 하니, 그는 아무 말도 하지 못하였다. 그때 임금이 종들에게 분부하였다. '이 사람의 손발을 묶어서, 바깥 어두운 데로 내던져라. 거기서 슬피 울며 이를 갈 것이다.' 부름받은 사람은 많으나, 뽑힌 사람은 적다."

마태복음 22:1-14

이 비유는 우리의 주의를 끄는 어조로 우리에게 한 광경을 상상해 보게 합니다.

당시의 청중만이 이 비유를 듣고 세상의 종말과 메시아의 나라에 대한 기대에 부풀었던 것이 아닙니다. 진실로 모든 시대가 하나님 나라를 꿈꾸었습니다. 이 꿈은 성경의 마지막 책에 나오는 천년왕국 사상에서 시작하여, 마르크스의 계급 없는 사회와 노동자들의 낙원에까지 손을 뻗었습니다.

그리고 다음의 사실 안에도 같은 열망이 반영되어 있습니다. 이를테면 언젠가는 고통의 비밀, 정신병원들의 비밀, 집단 묘지들의 비밀이 풀리고, 언젠가는 과부들과 고아들의 비밀도 풀리리라는 것입니다. 언젠가는 "나중"이 닥쳐오고, 그때가 되면 우리가 이 모든 것을 알게 되리라는 것입니다. 언젠가는 한쪽의 정의와 다른 쪽의 맹목적 주사위 놀이 사이의 끔찍한 반목이 해소되리라는 것입니다. 언젠가는 부자와 빈자 사이의 긴장, 삶의 양지와 섬뜩하고 숨 막히는 공포 지대 사이의 긴장이 해소되리라는 것입니다. 이 종말 실현의 빛은 모든 과도한 정치적 문화적 목표를 어느 정도 조명합니다.

그러나 우리가 이렇게 말하는 순간, 우리는 전혀 다른 세상을 감지하게 됩니다. 이 비유의 첫대목에서 그 세상이 열립니다.

이 비유에서 전혀 다른 것으로서 우리의 주의를 끄는 첫 번째 사

기다리는 아버지

실은, 하나님 나라는 세상의 한 상태가 아니며, 민족들의 이상적인 질서와 생활 질서도 아니라는 것입니다. 하나님 나라는 다만 **한 분**을 중심으로 돕니다. 말하자면 왕이신 하나님이 친히 우리가 숙고하게 될 방식으로 사건을 일으키신다는 것입니다. 이 왕은 결혼식 피로연을 엽니다. 이로써 처음부터 한 사실이 분명해집니다. 그것은 하나님 나라에서는 사회적 정치적 강령을 현실화하고 싶어서 유토피아를 추구하는 인간의 개혁 노력이나 혁명적인 노력이 중요하지 않고, **하나님**이 중요하다는 것입니다. 그분은 성대한 잔치를 준비하십니다. 그러므로 우리는 어떤 인간도 스스로 주장할 수 없는 사실을 어느 정도 알아두어야 합니다. 이를테면 하나님이 우리에게 축하연을 준비해 주려고 하신다는 것입니다. 그분은 우리가 그분의 무료 손님이 되기를 바라시고, 우리가 그분과 연합하고, 그분과 더불어 평화를 누리기를 바라십니다.

이런 이상은 인간이 정당하게 **여길 수 있는 것**이 아닙니다. 하나님께는 우리를 진지하게 대하시거나 "사랑하실" 이유가 전혀 없기 때문입니다. 이 하나님이 우리를 자신의 식탁에 초대하신다는 사실이야말로 큰 기적이 아닐 수 없습니다. 이 기적은 그것을 접하는 이들이 말하는 수밖에 없습니다. 왜냐하면 우리가 (적지 않은 것을 중시하더라도) 이 엄청남을 추측할 만한 조짐이나 근거가 전혀 없기 때문입니다. 조짐들, "징후들"이 전혀 다르게 보이니까요.

니체는 인류를 "지구상의 해충"으로 불렀습니다. 이것은 다소 과격한 말일지 모르나, 적어도 인간 존재의 변변치 않음을 표현한 말입니다. 그런데도 인간은 지나치게 높은 권리들과 지나치게 빵빵한 열정을 품고 행보합니다. 하나님이 그런 존재에게 관심을 가지겠습니까?

프리드리히 대제(Friedrich der Große)는 인간은 협잡꾼이라고 말합니다. 이 단언은 그의 인생철학의 결론 가운데 하나입니다. 이처럼 수상쩍은 별종에게 하나님이 구원사와 같이 호화찬란한 것을 낭비해야 했을까요? 그런 별종을 위해 골고다의 드라마가 연출되고, 하나님의 은혜라는 개념이 힘써야 했을까요?

이 모든 것은 제가 다소 과장된 방식으로 표현한 것입니다. 하지만 이로써 깊고 근본적인 문제가 우리에게 분명해집니다.

우리가 어려서부터 기독교 교육을 받으면서 맞닥뜨리는 가장 음울한 문제가 있습니다. 그 교육이 우리를 반복적으로 속여 이 경이로움, 이 놀라움을 가로채고, 전례 없는 것을 평범한 것으로, 기적을 당연한 것으로, 초자연적인 것을 "제2의 자연"으로 만들어 버린다는 것입니다. 우리는 세례와 첫 성찬식을 거치는 도중에 우리에게 흘러드는 은혜에 대해 버릇이 조금 잘못 들었습니다. 그래서 우리는 저 초대의 환희를 좀처럼 느끼지 못합니다. 그러나 기독교의 배부름은 배고픈 이교보다 더 나쁩니다. 그렇지 않다면 주리고 목마른 사람들에 관한 말씀이 산상설교에 들어 있지 않을 것입니다. 우리 가운데 이 배고픔을 느끼고 그것을 달래는 법은 모르지만, 어떻게 해야 그리스도인이 되기 시작하는지를 아는 사람은, 자기가 이 배고픔을 느낀다는 사실을 가장 먼저 기뻐할 것입니다. 배고픔이 있는 사람은 그가 배부르게 될 것이라는 약속, 곧 그가 하나님 나라에서 가장 작은 자가 아닐 것이라는 약속을 받기 때문입니다. "향수병에 걸린 사람은 복이 있습니다. 그들이 귀가하게 될 것이기 때문입니다"(장 폴).

어찌해야 이 예기치 않은 초대를 더 정확히 볼 수 있는지를 아는 것이 매우 중요합니다. 먼저 이 초대가 진짜 "초대"이며, 어떤 경우에도 소집령이 아니라는 것을 알아야 합니다. 메시지는 "너는 ~해야 한다"와 같은 정언 명령으로 오지 않습니다. 메시지는 의무나 법규로 우리에게 다가오지 않습니다. 하나님은 우리에게 자신을 친구와 초대자로 알리십니다. 그분은 어마어마한 선물을 주시는 분으로, 온갖 훌륭한 은사와 기쁨을 주시는 분으로 우리에게 다가오십니다. 그 이유는 결혼식 피로연에 가시는 길이기 때문입니다.

우리 그리스도인들은 이 지점에서 항상 결정적인 잘못을 범할 것입니다. 작업 중 휴식 시간이나 저녁 대화 시간에 누군가가 우리에게 (마음을 가다듬고) "여보게 자네, 자네처럼 내적 지원을 받고, 평화와 같은 것을 얻으며, 인생의 전선에서도 깨어 위로를 받으며 끝까지 견디려면, 실제로 어떻게 해야 하는가?"라고 물으면, 우리는 너무나 자주 잘못 대답합니다. 더 자세히 말하면, 우리는 때때로 다음과 같이 말하곤 합니다. "먼저 이것을 하고 저것은 그만두어야 하네. 춤추고 즐겁게 지내면 아무 일도 없을 것이네. 자네의 삶에도 여러 가지 어두운 지점이 있을 것이네. 그 지점들을 먼저 정리해야 하네. 올바른 것을 바라고, 철저히 달라져야 하네!"

우리가 어떤 사람들에게 이런 대답을 건네거나, 그들에게 누군가를 찾아가서 이런 감동적인 대답을 받도록 주선한다고 해도, 이 호소와 교화는 아무 도움이 되지 않습니다. 이것은 사람을 망가뜨리기만 하고, 그에게서 마지막 남은 조금의 용기마저 빼앗는 짓입니다. 우리가 가장 의심스러운 일들과 가장 암담한 속박들에 직면하여 그것들과 맞붙어 싸우는 바로 그 순간, 우리를 실제로 위협하는 것이 있습니다. 그것은 우리의 의지가 너무 약해서 목표를 이루지 못하고, 마음을 다하려고 하지 않는 것입니다. 그래서 루터가 다음과 같이 말하지 않았나 싶습니다. "율법, 곧 소집령은 도로 표지판일 것이다. 그러나 율법이 우리의 다리에 힘을 더해주지는 못한다. 그래서 이 율법이 우리를 더욱 비참하게 하는 것이다."

어쨌든 하나님의 방식은 다릅니다. 확실히, 그분은 우리에게 순종을 요구하십니다. 우리는 이 요구에 부응하여 우리의 삶 전체를 바꾸는 수밖에 없습니다. 그러면 우리는 우리의 모든 것을 치르고 그리스도인의 신분을 얻게 됩니다. 하지만 그분이 먼저 우리에게 뭔가를 선물로 주시고, 그분이 먼저 우리를 있는 그대로 초대하십니다.

우리는 종들의 전언을 통해 아주 분명한 깨우침을 받습니다. 즉, 예수의 제자는 자극하고 유인하고 제안만 할 뿐, 자기가 아버지 집의 행복을 맛보더라도, 성대한 잔치의 즐거움에 관해, 아버지 집의 평화와 안전에 관해 아름답고 생생하게 말해선 안 된다는 것입니다. 이는 손님이 나중에 이 집의 조명이 켜진 홀에, 참으로 장중하고 유쾌한 그리스도인 신분에 들어서서, 자기가 방금 은혜를 입고 벗어난 외지의 어둠과 캄캄함을 깨닫고, 그것을 슬퍼하며 회개하게 하려는 것입니다.

제가 매우 이단적으로 들리는 내용을 말하는 것일까요?

회개는 언제나 일찍 찾아오지만, 기쁨은 일찍 찾아오지 않습니다. 예수 그리스도를 아는 우리는 전하는 기쁨만을 받습니다. 우리는 유인하시고 부르시고 선사하시는 왕께서 어찌하시는지만 생각해야 합니다. 산상설교가 시작되는 대목을 생각해 볼까요? 성경에서 이 대목만큼 우리 실존의 가장 내밀한 부분을 문제 삼는 대목은 없습니다. 이 대목만큼 그렇게 날카로운 급진성을 요구하는 대목은 없습니다. 이 대목만큼 우리에게 삼키는 빛을 비추어, 우리의 기진맥진 상태를 속속들이 들여다보게 하는 대목도 없지요. 그런데도 산상설교의 이 첫 장은 여러 번의 "복이 있다"라는 말로 시작합니다.

하지만 이것이 말하는 것은 다음의 사실뿐입니다. "다 이쪽으로 오너라. 내가 너희에게 뭔가를 알려주겠다. 내가 너희에게 말하려는 것은 확실히 어렵다. 그것은 너희의 가장 내적인 위기를 보여주고, 너희가 결국에는 하나님과 함께하게 될 것임을 보여준다. 그러나 내가 말하기 전에, 너희는 먼저 내가 구원자로서 너희 한가운데 서 있으며, 내가 너희와 함께하는 동안은 아무것도 너희를 아버지의 손에서 빼앗아 갈 수 없으며, 너희가 이제부터 경험하게 될 가장 거대한 어둠과 가장 깊은 좌절조차도 그리할 수 없다는 걸 알아두어라. 너희가 그리해야, 내가 비로소 너희에게 '내가 함께하는 사람들, 주리고 목마른 사람들, 마음이 가난한 사람들, 내가 나의 형제자매라고 부르는 사람들이 복의 선언을 받을 수 있다'라고 말해 줄 수 있다. 이 복이 너희에게 선물로 주어지고, 너희가 아버지와 더불어 누리는 이 불멸의 평화를 알고 나면, 너희에게 무엇이 요구되는지를 듣고, 너희가 어디에서 실패할 수 있는지를 들어라."

왕의 심부름꾼들이 초대라는 기쁜 소식을 전달하자, 초대받은 사람들이 바로 터무니없는 반응을 보입니다. 초대에 응하지 않겠다는 것입니다. 과도한 요구에 응하지 않는 것은 이해할 수 있는 일입니다. 우리 가운데 많은 사람이 과도한 요구를 받고 있습니다. 실로 많은 사람이 우리에게 뭔가를 요구합니다. 돈을 좀 달라거나, 이런저런 사람을 보증해 달라거나, 숙소를 제공해 달라거나, 일자리를 제공해 달라거나 하면서 말입니다. 과도한 요구를 받은 사람이 이따금 화를 내며 "그만, 나를 귀찮게 하지 마!"라고 말하는 것은 이해할 수 있는 일입니다.

그러나 이 비유에서는 다릅니다. 이 비유에서는 사람들이 초대에 응하지 않습니다. 우리가 착한 일을 하려고 하는데 사람들이 냉담한 반응을 보일 때, 어떤 기분인지 다들 경험하신 적이 있지요? 사람들이 왕의 심부름꾼들을 사정없이 내치고 "모욕하면서" 이 고통스러운 일이 일어납니다.

참으로 이해할 수 없는 처사입니다. **어째서** 그들은 의아한 반응을 보이는 것일까요?

우리의 본문과 유사한 누가복음 텍스트에서는 다른 표현을 사용합니다. 누가복음 텍스트에는 "모욕했다"라는 표현이 없고, 그들이 "핑계를 대기 시작했다"라는 표현이 있습니다(눅 14:18 이하). 한 사람은 밭을 샀고, 다른 사람은 겨릿소를 샀으며, 또 다른 사람은 장가를 들었다고 말합니다. 직설적으로 말하면, 그들은 자기들 삶의 일상적인 일, 곧 자기들 손에 직접 닿는 일—자기들이 작성해야 하는 공문, 자기들이 내려야 하는 중요한 결정, 자기들이 참석해야 하는 칵테일파티, 자기들의 만족을 위해 수행하는 정원 일—을 영원으로부터 걸려 온 전화 앞에, 그들에게 제공될 큰 기쁨 앞에 맞세운 것입니다.

이 모든 일과 활동은 그 자체로는 나쁘지 않습니다. 공문을 작성하고 결정을 내리는 등의 일은 우리의 책무 가운데 하나입니다. 그것을 이행하지 않으면 극히 적은 것도 얻지 못합니다. 그러나 지옥으로 이어진 길은 대개 범죄와 쓰레기로 포장되어 있지 않고, 순진함과 단정함으로 포장되어 있습니다. 그 이유는 순진함과 단정함이 우리의 삶에서 부적절한 지위를 차지하고 있다가 갑자기 빛을 발하기 때문입니다. 비유 속 사람들에게도 갈망과 기다림이 있었습니다. 그렇지 않다면 그들은 사람이 아닐 것입니다. 그들도 천편일률적인 삶, 동등한 위치의 시계를 섬기던 삶에서 위대한 성취와 평화를 갈망했습니다. 그들

기다리는 아버지

도 빛의 꿈을 꾸었습니다. 그런데 이제는 이 모든 것이 존재하면서 그들의 생활 영역을 건드리는 곳을, 그들이 포기하고 있는 것입니다. 언뜻 보기에 이 모든 것이 전혀 믿을 수 없는 것으로 여겨져서 그러는 것일까요? 그 사람들의 입장이 되어 생각할 만큼의 사랑이 없는 사람, 주 그리스도를 영접하지 않았을 때의 기분이 어떠했는지를 알지 못하는 사람은 그들이 그러는 이유를 이해하지 못할 것입니다. 그들이 그러는 이유는, 자신들이 애호하고 애착하는 것을 포기하고 큰 기쁨을 얻으려고 하지 않기 때문입니다. 부연하자면, 그들이 이렇게 하려 하지 않는 이유는, 그들이 약속받은 기쁨을 알지 못하고, 기존의 것을 얼마만큼 희생하고 떠나보내야 유용한지를 미리 판단할 수 없기 때문입니다. 평범한 눈으로 보면 의무적이고 그래서 부담스러운 복종 관계에 들어가는 것으로 보이지만, 바로 **이것이** 가장 큰 자유임을 그들은 이해하지 못하고, 이해할 수도 없을 것입니다. 거듭거듭 부정만을 말해야 하고, 기쁨과 터질 듯한 충만함이 더는 지배하지 않는 포기의 상태로 여겨지지만, 바로 이것이 평안이고 완전한 만족임을 그들은 알지 못합니다.

우리가 그리스도인인데도 유머가 풍부하고 활기차며 기운찬 사람이라서, 우리에게 유감을 표하는 동료나 친구가 있지 않았는지요?

그러나 저는 우리 그리스도인들이 이런 면에서 우리 주님을 잘못 대리할까 두렵습니다. 담석이 있는 것처럼 여겨지는(실제로 있는 분들은 저를 용서해 주시기 바랍니다!) 여러 그리스도인의 언짢고 뿌루퉁한 표정은 저 결혼식의 기쁨을 잘못 전달하는 표정입니다. 그들은 아버지의 축하연에 참석하고 온 것이 아니라, 집행관을 만나고 왔다는 추측을 유발합니다. 그들의 죄에 최고 가격을 제시하고 경매에 부쳐 그들의 근심을 키워서, 그들이 더는 아버지의 축하연에 접근할 수 없게 하는 집행관 말입니다. 언젠가 니체는 "내가 그들의 구원자를 믿으려고 했을 때, 그들은 구원받은 자의 모습을 보여주지 못했다"라고 말했는데, 이는 올바른 관찰이 아닐 수 없습니다.

많은 사람이 초대에 응하지 않는 것은, 그들이 무엇을 선물로 받게 될지 모르기 때문이며, 우리가 그들에게 그 소식을 바르게 알려 주지 않았기 때문입니다. 모든 사람이 살면서 많은 것을 후회하지만, 주님의 제자가 된 사람은 제자됨을 조금도 후회하지 않아야 합니다. "구원자와 함께하는 것이 어떤 것인지 알았더라면, 틀림없이 오늘날에도 많은 사람이 그리스도인이 되었을 텐데"[67]라는 다소 감미로운 찬송 시구의 소원이 더 위대한 시인을 만나지 못해서 유감스럽습니다. 그런 시인을 만났더라면, 아버지께서 그리스도인이라는 화려한 신분을 주시려고 기다리시는 왕궁의 문턱을 넘는 순간, 회의주의가 사라질 뿐 아니라 가장 대담한 기대 그 이상의 일이 일어난다는 것을 사람들에게 알려주었을 텐데 말입니다. 우리의 그리스도인 신분에는 잔치 같고 즐거운 것이 있어야 합니다. 그렇지 않으면 사람들은 우리가 왕의 심부름꾼이라는 것을 믿지 않을 것입니다. 열등감에 시달리면서도 이웃에게 예수에 관해 뭔가를 말하려고 하는 사람은 하늘에서 온 천사처럼 말해도, 그의 목소리에 담긴 특정한 어조가 그의 거짓말을 책망할 것입니다. 그때 그는 자신의 메시지에 대해 사람들이 분개했다고 변명해서는 안 됩니다. 그가 신뢰를 얻지 못한 것은, 그가 믿을 수 없는 사람이었기 때문입니다.

어쨌든, 더 나은 사람들이 초대에 응하지 않았습니다. 그들은 일어나서 곧장 자신들의 일을 그만두고 지붕 위의 특정한 비둘기들을

기다리는 아버지

쫓아가는 것보다 더 중요한 일을 하려고 합니다. 우리 각자에게는 살면서 포기하고 싶지 않고, 넘겨주고 싶지 않은 특정한 영역이 있습니다. 어쩌면 그 영역은 직업적 야심일 수도 있습니다. 야심은 때로 나를 동료 및 경쟁자와의 그릇된 관계 속으로 밀어 넣어, 내가 그와 함께 왕의 식탁에 앉지 못하도록 하기도 합니다. 그러면 나와 이웃 사이에 질투가 자리하고, 나와 왕 사이에는 부적절함이 자리하게 될 것입니다. 어쩌면 그 영역은 왕이 알아서는 안 되는, 당연히 왕실 홀의 휘황한 조명을 꺼리는 영업 방침일 수도 있습니다. 내가 신중히 고수하는 영역은 성생활의 영역일 수도 있습니다. 하나님이 다 가지셔도, 이 한 가지만은 가지실 수 없다는 것입니다! **다른** 자리에서는 그분을 기꺼이 내 삶에 모셔 들이면서도, **여기**, 곧 이 **한** 자리에서만은 그분을 모셔 들이지 **않는** 것입니다. 나는 선량하고, 남에게 나쁜 것을 바라지 않고, 마음도 여리고, 좋은 점도 많이 지니고 있어서, 그분이 나의 이웃 사랑을 가지실 수 있지만, 이 **한 가지**만은 가지실 수 **없다**는 것입니다! 나는 이상주의자이고, 이상을 추진하는 능력과 형상화하려는 의지도 지니고 있어서, 그분이 나의 능력을 가지실 수 있지만, 이 **한 가지**만은 가지실 수 **없다**는 것입니다!

그렇지만 하나님께서 다른 어떤 자리에서 내 삶에 들어오려 하시지 않고, 내 삶의 가장 어려운 바로 이 지대를 거쳐서만 나에게 다가오시겠다고 결심하셨다니, 이는 확실히 이상한 사실이 아닐 수 없습니다. 가장 적은 저항의 법칙을 따르지 않고, 내 삶의 가장 두껍고 단단한 벽을 골라서, 이 벽으로만 진입하는 것, 바로 그것이 하나님 나라의 특징입니다. 내가 그 나라에 열려 있지 않으면, 그 나라는 틀림없이 되돌아가고 말 것입니다. 우리 삶의 어느 자리에 그 가장 두꺼운 벽이 세워져 있는지 아십니까? 이 문제에 대해 숙고해 보는 것은 유용한 일입니다.

우리의 비유에서 초대받은 사람들은 "다음번에는 당신의 초대에 기꺼이 응하겠습니다. 다만 지금 당장은 곤란합니다. 내가 **오늘** 하려고 하는 일은 당신이 필요한 일이 아니니, 내 길을 가로막거나 방해하지 말아 주십시오"라고 말했을 것입니다.

그러나 다음의 사실은 여기서도 통합니다. 즉, 그들이 **오늘** 자신들의 가장 곤란한 자리에서 문을 열지 않으면, 하나님이 되돌아가셔서, 다른 곳으로 진입하신다는 것입니다. 예를 들면, "두 번째 뇌졸중" 후에는 경건해지기가 더 쉬울 수 있습니다. 빌헬름 부쉬(Wilhelm Busch)의 말대로 "모든 것을 뒤로한" 상태이기 때문입니다(노령과 이 상태도 자기 "고집"이 있기는 하지만 말입니다). 그러나 하나님은 내 삶의 오르막길이나 정점에서, 나의 일과 나의 고투와 나의 열정이 그분이 건네시거나 나에게 요구하시는 많은 것과 상충하는 곳에서, 지금 당장 나를 원하고 계십니다. 내가 나중에 내 연금(年金) 생활의 완만한 저지대 초지에서 하나님을 만나겠다고 약속한다면, 또 한 번 오시겠다는 약속을 받지 못할 것입니다. 그리고 그 초지가 정말로 완만하기만 하겠습니까?

이 대목에서 이 비유의 중요한 특징을 하나 더 알아 두면 좋겠습니다.

더 자세히 말하면, 초대받은 손님들은 초대에 응하지 않는 것으로, 잔치에 함께 오지 않는 것으로 그치지 않는다는 것입니다. 그들은 왕의 심부름꾼들을 모욕하고 죽였습니다. 이로써 하나님 나라 이야기의 깊은 비밀이 언급되었습니다. 그것은 사람들이 그리스도의 메시지

기다리는 아버지

에 대해 소극적인 자세를 취하지 않는다는 것입니다. 사람들은 그리스도의 메시지에 대해 오랫동안 적극적으로 대응하게 마련입니다. 바로 여기에 예언자에 대한 이스라엘의 모든 적대감의 뿌리가 있고, 바로 여기에 현대 반(反)기독교 세계의 온갖 광신과 극단화의 뿌리가 있습니다. 사람들은 지체하지 않고 그리스도와 그분의 대리자들을 눈에 띄지 않는 곳에 두려고 합니다. 그리스도와 그분의 대리자들은 끊임없이 비난하면서, 사람들이 제 삶에만 골몰하려 한다고 거침없이 말하기 때문입니다. 그리스도와 그분의 대리자들을 눈에 띄지 않는 곳에 두려고 하는 이유는, 줄곧 사람들이 그리스도의 메시지에 맞서 긴장 가운데 살 수도 없고, 그 메시지에 맞설 자격 증명을 제출하거나 그 메시지가 필요하지 않음을 스스로 증명해야 하는 진퇴양난에 계속 처해 있을 수도 없기 때문입니다. 관용의 자세로 그리스도를 거부하는 것(자신은 그리스도를 거부하면서도 다른 사람들이 신앙을 갖는 것은 기꺼이 내버려 두는 것), 소위 종교적 신앙고백의 민주적 자유를 장려하는 식의 관용은 일시적인 고요에 지나지 않습니다. 하나님 나라의 비밀을 아는 사람은 언젠가 폭풍이 갑자기 재발하리라는 것을 압니다. 이런 일들이 어떻게 진행되는지는 제3제국의 예(이 제국도 관용을 베풀면서 출범했습니다!)를 떠올리지 않아도 알 수 있을 것입니다.

더 나은 형편의 사람들이 초대에 응하지 않고 거절하자, 왕은 심부름꾼들을 또 한 번 보냅니다. 이 심부름꾼들은 산울타리와 거리에 있는 사람들에게로 갑니다. 그들 가운데는 악한 사람도 있고 선한 사람도 있습니다. 정직한 사람도 있고 불량배도 있습니다. 하나님은 자기의 계획을 반드시 관철하십니다. 느부갓네살로부터 유다로 이어지는 큰 반대자들과 현대의 반(反)기독교 대변자들은 하나님의 계획을 망쳐놓을 수 없습니다. 그들까지도 이 계획에 들어 있습니다.

따라서 그분의 축제는 물거품이 되지 않습니다. 천재들이 거절해도, 하나님은 끄떡없으십니다. 기독교 전통의 지지자들과 교인들이 파업을 일으키고, 교리를 꼬치꼬치 따지고, 교회 정치에 몰두하더라도, 하나님은 새로운 이교도들을 불러오셔서, 그들에게 젊고 신선한 그리스도인 신분을 주시며 기뻐하십니다. 하나님께는 선입견이 없기 때문입니다. 그러니 그분께는 있는 모습 그대로 와도 됩니다. 몹시 가난한 사람, 죄를 많이 지은 사람, 사랑할 만하지 않은 사람, 자기에게서 하나님이 무엇을 찾으시는지를 알지 못하는 사람도 하나님께 올 수 있습니다. 그분은 그 사람에게 아무것도 찾지 않으시지 않고, 그를 어엿한 사람으로 만드십니다. 그를 자기의 사랑스러운 자녀로 삼으시는 것입니다.

이제 그들 모두 차려진 식탁에 앉습니다. 거지와 창녀, 사기성 파산자와 영락한 천재, 누구도 진지하게 대해주지 않는 불쌍한 바보와 교활한 도둑—이들이 한데 모여 흠잡을 데 없는 사회를 이룹니다.

그리고 왕이 모습을 드러냅니다.

그분을 뵙고 그분과 대화할 수 있다는 것이 요지입니다. 이 초대의 진정한 의의는 그분을 뵙고 그분과 대화하는 것이지, 천상의 왕관과 영예와 황금빛 거리, 수정 같은 바다, 경건하거나 반쯤 경건한 내세의 북적거림이 아닙니다.

위대한 신학자 아돌프 슐라터(Adolf Schlatter)의 부친이 임종할 때, 동생이 그에게 위로의 말을 건네며 말했습니다. "이제 곧 하늘에 있는 예루살렘의 황금빛 거리에 머무르며, 드넓고 수정 같은 바다를 보시게 될 것입니다." 그러자 그 죽어가던 사람이 그에게 화를 내며 소리쳤습니다. "허튼소리 집어치우게! 나는 그저 아버지의 목에 매달리고만 싶으니." 천국은 우리가 얻는(bekommen) 것에 있지 않고, 우리가 되는(sein) 것에 있습니다. 더 자세히 말하자면, 더는 믿지 않고, 소망하지도 않으며, 그래서 유혹에 넘어가는 사람이 아니라, 오로지 사랑하면서, 전에 믿었던 것을 사랑 안에서 보는 사람이 되는 것입니다.

이제 우리의 비유는 결말을 향해 가면서 또 한 번의 극적인 전환을 맞이합니다. 한 사람이 대단히 불쾌한 일을 당합니다. 혼인 예복을 입지 않아서 홀에서 쫓겨난 것입니다. 이 혼인 예복은 무엇을 의미할까요?

확실히 우리는 있는 모습 그대로 아버지 집으로, 왕실로 들어오라는 부름을 받습니다. 우리는 거리에서 떠돌거나 울타리 앞에서 있는 것을 부끄러워할 필요가 없습니다. 아버지의 자비는 우리의 측은함을 확실히 입증해 보이려고 합니다. 우리는 있는 모습 그대로 도착하면 됩니다.

그러나 이것은 우리가 있는 모습 그대로 왕실에 **발을 들여놓아도 된다**는 뜻이 아닙니다. 바로 **이것이** 이 비유가 혼인 예복의 이미지로 말하려고 하는 바입니다. 즉, 죄를 용서받고도 그것을 계속 지니고 있다면, 이는 축제의 옷을 입지 않고 결혼식 피로연에 앉는 거와 다름없다는 것입니다. "하나님이 심각하게 화내시지 않고, 오히려 못 본 체하시며 관대히 봐주시기에, 자기 죄의 한창때에 평온히 지내는 것이 훌륭한 상태야. 그래서 나는 내 마음을 붙잡고 있는 어떤 수상쩍음을 포기하지 않은 채 영리하게 순진한 표정을 지으며 날마다 새롭게 용서받으러 갈 수 있어. 하이네도 하나님의 용서를 '세 송 메티'(C'est son métier), 곧 '그분의 일'이라고 말했잖아? 그분의 은혜는 서비스센터에서 받을 수 있어. 교회는 은혜의 서비스 센터야"라고 말한다면, 이것도 예복을 입지 않고 결혼식 피로연에 앉는 거와 다름없습니다.

바로 여기서 하나님의 경고가 끼어듭니다. "있는 모습 그대로 와도 된다는 사실이 혼인 예복을 입지 않고 오는 사람을 겸손하게 하기는커녕 오히려 뻔뻔스럽게 하는구나. 성화와 바른 행실을 위해 노력하지 않고, 신적인 은혜를 가지고 경솔하게 장난치는 사람은, **일거에** 거절하는 자들, 왕의 심부름꾼들을 살해하는 자들과 똑같이 고약한 사람이다."

이교도뿐 아니라 그리스도인도 어둠 속에 빠질 수 있습니다. 하나님의 은혜는 우리에게 재앙이 될 수도 있습니다. 그러므로 성만찬에 참석하기 전에 참회하며 잡다한 일들을 정리하는 습관에는 중요한 의미가 담겨 있습니다. 이것은 혼인 예복을 입는 것에 맞먹는 일입니다.

그러나 이처럼 어렵고 압박감 없이는 생각할 수 없는 사상 속에서도 기쁨의 메시지가 나타납니다. 이 메시지는 우리가 오늘 유의하려고 한 마지막 메시지입니다. **기쁨**은 모든 어두운 발라드풍의 구절에도 불구하고 이 비유의 참된 주제입니다.

혼인 예복의 이미지는 어째서 기쁨의 메시지일까요?

예수께서는 성화와 준비에 관해 상징적으로 말씀하시면서, 이것을 침울한 참회의 고행과 고통스러운 금단 요법으로 이해하시지 않고, 오히려 이 모든 것을 위해 혼인 예복의 축제 이미지, 곧 기쁨의 이미지를 사용하십니다. 몇 주 동안 갈망하던 잔치에 참석하기 위해 치장하고 잔치옷을 갈아입는 것인데, 누가 이것을 희생과 부담으로 여기겠습니까? 이처럼 옷을 차려입고 준비하는 것 자체가 이미 잔치의 한 부분이자, 충만한 기쁨이며, 미리 서둘러 발하는 광채입니다. 그것은 기다리는 신부의 기쁨입니다. 신부는 자기가 누구를 위해 치장하는지를 확실히 압니다. 그래서 신부는 수고스러워도 치장하면서 기쁨을 얻습니다.

그림을 곁들이지 않고 실제적으로 냉정히 말하건대, 이것이 의미하는 바는 다음과 같습니다. 이를테면 내가 이웃과 새로운 관계를 맺기 위해 노력하고, 내 안에 있는 근심의 영에 맞서 싸우거나, 나의 난폭한 공상에 맞서 싸우거나, 질투에 맞서 싸운다면, 이것은 언짢은 엄숙주의가 아니고 기쁨이라는 것입니다. 그 이유는 내가 누구를 위해 그렇게 하는지 알기 때문이며, 참회하는 죄인 위에 천상의 기쁨이 옮아오고, 죄인의 이 참회 행위에 기쁨이 붙박여 스스로 작용하기 때문입니다.

참회는 내가 어느 정도 중요하게 여기는 것들을 등지며 울먹이는 것이 아니라, 내가 어떤 것도 더는 중요하게 여기지 않게 되는 집으로 기쁘게 돌아가는 것입니다.

탕자도 아주 흥미롭고 매혹적인 타지를 떠나야 했을 때, 곧 자기 생의 위대한 모험을 그만두어야 할 때 그것을 슬퍼하지 않았습니다. 오히려 그는 자기를 간절히 기다리는 아버지 집의 불 켜진 창을 바라보았습니다. 그때 타지는 그에게 몽롱한 꿈이 되어, 그의 뒤에서 침몰했습니다.

한 사람의 그리스도인으로서 저 조명이 켜진 축제의 홀 안으로, 우리의 생의 실현 안으로 들어가려면 어찌해야 할까요? 이 물음에 대한 나의 대답은 다음과 같습니다. "먼저 다음과 같이 말함으로써만 안으로 들어갈 수 있습니다. '세상을 다스리는 아버지의 마음이 있다. 이 마음이 나를 돌보고 있다. 이 마음이 있어서, 나는 그다지 비참하지도, 그다지 아프지도 않다. 이 마음이 나를 고독과 타향으로부터, 내 삶의 죄과로부터 끌어내어 아버지 집으로 데려다 줄 것이다.'"

누군가는 다음과 같이 대답할 것입니다. "말씀 잘 들었습니다. 다만, 나는 믿음이 부족합니다. 이 모든 것이 너무 그럴싸해서 믿어지지 않습니다. 내적 거부의 목소리와 같은 것이 있는지도 모르겠습니다. 그 목소리가 이 사이렌 소리를 경계하게 하는군요."

예수 그리스도께서는 이것을 확실히 이해해 주실 것입니다. 언젠가 한 젊은이(기독교의 고전적인 인물들 가운데서 "부자 청년"으로 알려진 젊은이)가 예수께 다가와서, 하나님과 더불어 평화를 누리고 그분의 뜻을 따르기 위해 자기가 기울인 헛된 노력에 관해 보고하자, 그분은 그를 눈여겨보시고 사랑스럽게 여기셨습니다(막 10:21).

우리의 눈이 어찌할 바를 모르며 두리번거려도, 예수께서는 우리를 아시고, 우리를 주목하십니다. 이 사실을 아는 것이야말로 위안이 되는 일입니다. 그분은 오래전 내가 의심하던 때에 나를 눈여겨보시고 사랑스럽게 여기셨습니다. 누군가가 너무 정직해서 신적인 기쁨의 메시지를 대번에 믿을 수 없다면, 그가 자기 자신을 두려워하고, 약함으로 인해 굴복하는 것을 두려워한다면, 그는 적어도 예수와 함께 **실험**할 준비를 해야 할 것입니다. 이것은 가장 정직한 사람도 자기에게 요구할 수 있는 일입니다. 가장 냉정한 현실주의자가 되겠다고 결심한 자연과학자도 그런 실험을 수행하기 때문입니다.

따라서 이 예수께 중요한 무언가가 있었으며, 왕의 식탁으로 부르는 저 초대가 실제로 있었다는 작업가설로부터 시작하십시오. 이 작업가설에 의지하여 위로를 받고, 오늘과 내일 마주치는 모든 것에 기뻐

기다리는 아버지

하려고 시도해 보십시오. 그 모든 것은 더 높은 손이 준비하신 것이니 말입니다. (여기서 "이인칭"으로 말할 수밖에 없는데) 당신의 죄과와 당신이 마무리하지 못한 일을, "마치" 하나님이 계신다는 듯이, 그분에게 주저 없이 아뢰십시오. 당신의 신경을 건드리는 동료나, 당신을 괴롭히는 동거인에게 선한 말을 건네되, "마치" 하나님이 계신다는 듯이, 그분의 이름으로, 그분의 명령대로 건네십시오. 이처럼 "예수라는 작업가설"과 함께 실험해 보십시오. 그런 다음 그분이 침묵하시는지, 당신이 그분을 기대해도 된다고 그분이 당신에게 실제로 일러주시는지 확인해 보십시오. 조금이라도 **실행해 보십시오.**

하나님께서는 인색하게 굴지 않으십니다. 그분께서는 자기에게로 나아오는 사람을 내치지 않겠다고 말씀하셨습니다. 그러나 그분께로 나아가고, 그분께로 돌진하여, 저항이 있는지 **확인해야 합니다.**

어찌하여 이것을 시도해 보지 않습니까? 파우스트의 의미 추구와 끝없는 길은 중요하지 않습니다. 귀가(Nach Hause Kommen)의 기쁨이 중요합니다.

그리스도인 신분의 **기쁨**을 이해했으니, 그리스도인 신분의 비밀을 파악한 셈입니다. 우리 인간들만이 늘 기다리며 동경으로 수척해진 것이 아닙니다. 하나님도 우리를 기다리십니다. 그분은 이미 우리를 마중하시려고 문 앞에 서 계십니다.

하나님은 우리를 기다리시고, 가까이 있는 사람들, 멀리 있는 사람들, 고향이 없는 사람들, 시민들을 기다리십니다. 이것이야말로 세상의 가장 깊은 비밀입니다. 이것을 이해한 사람은, 왕실 결혼식 피로연의 희열에 가까이 있는 사람입니다. 그는 어두운 골짜기 한가운데를 다녀도 이미 잔치가 벌어지는 홀의 쇄도하는 빛 가운데 서 있는 사람입니다. 그는 슬픔 속에서도 항상 기뻐하고, 가난해도 많은 사람을 부유하게 하며, 가진 것이 없어도 모든 것을 가진 사람입니다.

주

1 고대 독일의 문자.

2 *Das Gebet, das die Welt umspannt. Reden über das Vaterunser.* 8. Auflage 1959.-*Das Leben kann noch einmal beginnen. Ein Gang durch die Bergpredigt.* 5. Auflage 1959.**

3 Midgardschlange. 북구 신화에서 지구를 휘감고 있다고 전해지는 큰 뱀.

4 Erinnye. 그리스 신화에 등장하는 복수의 여신.

5 Entelechie. 아리스토텔레스 철학에서 질료 속에서 실현되는 본질적 형상이자, 발전과 완성을 성취시키는 유기체의 힘.

6 Der Wandsbecker Bote. 반츠베크에서 하인리히 칼 폰 쉼멜만(Heinrich Carl von Schimmelmann)이 창간한 신문으로, 대중적인 「반츠베크 메르쿠리우스」(Wandsbecker Mercurius)의 계승지(誌). 1770년부터 1775년까지 마티아스 클라우디우스(Matthias Claudius)가 단독 편집장으로서 기사를 썼다.

7 GPU. Gosudarstvennoge političkoje upravlenije의 약어.

8 Gestapo. Geheime Staatspolizei의 약어.

9 막 10:21.

10 프리드리히 실러(Friedrich Schiller)의 극시집 『발렌슈타인』(*Wallenstein*)의 「피콜로미니」(Piccolomini)에 나오는 대사의 변형.

11 눅 12:20.

12 요 14:2-3.

13 함부르크의 도시 산책길.

14 빌 2:12.

15 마 11:12.

16 마 28:18.

17 화형식을 위한 장작더미.

18 엡 6:12.

19 마 7:1.

20 마 26:22.

21 Das Blaue Band. 배의 좌측과 우측에 리본처럼 파란색을 입혀서 붙은 이름으로, 선사(船社)의 명칭이기도 하다.

22 괴테의 시「프로메테우스」(Prometheus) 4연의 한 시구.

23 창 8:22.

24 시 127:2.

25 살전 5:2.

26 요 8:2.

27 마 25:40.

28 마 18:23-35.

29 마 23:37, 눅 13:34.

30 Grossglockner. 오스트리아에서 가장 높은 산.

31 Frau Irene. 이레네 여사는 매우 많이 유포되는 한 주간지의 독자 투고란을 관리하고 있다. 이 투고란에서 그녀는 인간적 곤경에 처한 독자들에게 조언을 베풀고 있다.**

32 마 28:18.

33 괴테의『서동시집』(West-östlicher Divan)에 실려 있는 시구.

34 Hausvater. 저자 사역.

35 Erinnye. 그리스 신화에서 복수의 여신.

36 앙겔루스 질레지우스(Angelus Silesius)의 찬송시「나의 강하신 분이여, 내가 당신을 사랑하렵니다」(Ich will dich lieben, meine Stärke)의 3절.

37 눅 23:34.

38 눅 23:46.

39 막 10:27.

40 쇠렌 키르케고르(Søren Kierkegaard)의 묘비에 새겨진 시의 한 구절.**

41 스위스 작가 콘라트 페르디난트 마이어(Conrad Ferdinant Meyer)의『오두막에서 보낸 마지막 나날』(Hüttens letzte Tage)에 나오는 어구.

42 벧전 5:7의 변형.

43 요 6:37.

44 독일에서는 「그들은 자기들이 무슨 짓을 하는지 모르기 때문이다」(Denn sie wissen nicht, was sie tun)라는 제목으로 상영되었다.

45 한국교회에서는 이 찬송가를 「만유의 주재」라는 제목으로 부른다.

46 「배 한 척이 오고 있네」(Es kommt ein Schiff)의 5절.

47 찬송시 작가.

48 저자 사역.

49 "Mit Freud fahr ich von dannen zu Christ, dem Bruder mein." 독일 찬송가 「나의 생명이신 그리스도」(Christus, der ist mein Leben)의 2절 가사의 일부.

50 고후 4:1.

51 "Und nichts zu suchen, das ist sein Sinn." 요한 볼프강 폰 괴테의 시구 "아무것도 구하지 않는 것, 그것이 내 마음이었네"(Und nichts zu suchen, das war mein Sinn)의 변형.

52 「내 주는 강한 성이요」(Ein feste Burg ist unser Gott).

53 고전 10:12.

54 마 6:24, 눅 16:13.

55 독일 찬송가 「필요한 것은 한 가지입니다. 아, 주님, 이 한 가지」(Eins ist not! ach Herr, dies Eine)의 일부.

56 에른스트 모리츠 아른트(Ernst Moritz Arndt)의 말.

57 작은따옴표 안의 문구는 파울 게르하르트(Paul Gerhardt)의 시 「죽음」(Sterben)에 등장하는 시구의 변형.

58 시 139:9. 개역개정 4판.

59 마리 슈말렌바흐(Marie Schmalenbach)의 시 「영원」(Ewigkeit)의 시구.

60 die Apokalyptischen Reiter. 흑사병, 전쟁, 기근, 죽음을 상징.

61 마 6:34의 "내일 일"의 변형.

62 요 16:33.

63 하인리히 호프만(Heinrich Hoffmann)의 단편 동화.

64 막 6:31.

65 Gottesdienst는 예배를 의미한다.

66 괴테의 『파우스트』에 있는 문구.

67 크리스티안 루돌프 플라트(Christian Rudolf Flad)의 찬송시 「인간으로 태어난 것도 기쁨인가?」(Ist's auch eine Freude, Mensch geboren sein?)의 8절.